Vitruv

Zehn Bücher über Architektur

Vitruv

Zehn Bücher über Architektur

Übersetzt und durch Anmerkungen
und Illustrationen erläutert
von Franz Reber

Anaconda

Die vorliegende Ausgabe erschien erstmals 1865 unter dem Titel *Des Vitruvius Zehn Bücher über Architektur* im Verlag Krais & Hoffmann, Stuttgart. Orthografie und Interpunktion wurden unter Wahrung von Lautstand und grammatischen Eigenheiten auf neue Rechtschreibung umgestellt.

Penguin Random House Verlagsgruppe FSC® N001967

Die Deutsche Nationalbibliothek verzeichnet diese Publikation in der Deutschen Nationalbibliographie; detaillierte bibliographische Daten sind im Internet unter http://dnb.d-nb.de abrufbar.

Umschlagmotive: Reproduction of a woman playing the harp (Hauptmotiv), reproduction of some frescoes depicting decorative cornices (Zierleiste oben), reproduction of House of the Tragic Poet with floor plans and architectural details (oben links), reproduction of a house with a floor plan and architectural details (oben Mitte), plan and architectural details of the House of Castor and Pollux (oben rechts), reproduction of a fresco (Säulen unten). Alle Motive aus: Fausto und Felice Niccolini, *The Houses and Monuments of Pompeii*, 1854-1896 / G. Dagli Orti / De Agostini Picture Library / Bridgeman Images
Umschlaggestaltung: www.katjaholst.de
Druck und Bindung: CPI books GmbH, Leck
Printed in the EU
ISBN 978-3-7306-0808-1
www.anacondaverlag.de

Inhaltsverzeichnis

Drittes Buch

Viertes Buch

Fünftes Buch

Sechstes Buch

Siebentes Buch

Achtes Buch

Neuntes Buch

Zehntes Buch

Vorwort

Chr. L. F. Schultz hat in einer aus dessen Nachlass von seinem Sohne O. Schultz 1856 veröffentlichten Abhandlung »Untersuchung über das Zeitalter des römischen Kriegsbaumeisters M. Vitruvius Pollio« den Beweis zu führen gesucht, dass unser Autor die zehn Bücher über Architektur nicht bloß nicht zur Zeit des Augustus, wie bisher fast allgemein angenommen wurde, sondern gar nicht im Altertum geschrieben habe. Würden wir dieser Behauptung beizupflichten uns gedrungen fühlen, so lägen selbstverständlich die folgenden Blätter nicht vor, und wir wären für alle Zukunft mancher Mühe überhoben. Am kürzesten wäre es freilich, das, was nicht mühelos entspricht, einfach auf die Seite zu schieben. Die Beweisführung von Schultz fand wenig Anklang, doch auch keine eingehende Widerlegung, wie z. B. Bernhardy auch in der neuesten Auflage seiner römischen Literaturgeschichte das Schriftchen nicht einmal der Erwähnung würdigt. Es ist zu einer Widerlegung auch hier nicht Raum und Ort, weil einerseits die Sache zu weitläufig würde, anderseits aber doch nur die an vielen Stellen des Textes angefügten Noten des Übersetzers wiederholt werden müssten.

Die Einzeleinwürfe dürften sich durch eine von der vulgären abweichende Texterklärung in der Hauptsache beseitigt finden. Das kann sicher behauptet werden, dass nichts geradezu für Schultzens doppelte Behauptung spricht, das Werk enthalte manches, was in der Zeit des Augustus oder auch in der Epoche der Flavier, in welche W. Newton den Autor versetzt, unmöglich sei, und verrate überdies an allen Orten, dass der Verfasser gar kein Architekt, sondern ein Kompilator aus der finstersten Zeit des Mittelalters gewesen sei. Wenn man gegen das Unhellenische gewisser Formen und Verhältnisse eifert, so vergisst man eben, dass Vitruv ein

Römer war, welcher, in der aus etrurischen und hellenischen Elementen verquickten römischen Architektur befangen, die griechische Klassik nur aus halb verstandenen griechischen Abhandlungen und auf keinen Fall aus praktischer Übung kannte, und überdies ein Architekt, der, mehr im Ingenieurfach sein Brot suchend und auch da kaum von Bedeutung, in dem einzigen, nachweislich von ihm ausgeführten Gebäude, der ausführlich beschriebenen Basilika von Fanum (S. 174 ff.) ebenfalls keine Palme errungen haben dürfte. Man vergisst, dass wir an unserem Autor nicht einen Schinkel oder Klenze seiner Zeit vor uns haben, sondern einen gewöhnlichen, mit wenig Großem betrauten Architekten, der in seiner geschraubten Vielseitigkeit der soliden Basis des Studiums mustergültiger Monumente verlustig gegangen ist, an den Prachtbauten Roms in der ersten Kaiserzeit keinen Anteil und deshalb wohl auch keine Vorliebe dafür hatte und in seiner Muße, so gut es ging, schriftstellerte, um sein reich aufgespeichertes, wenn auch nicht erschöpfendes und gründliches Wissen an den Mann zu bringen.

Damit fällt namentlich auch der gewichtig scheinende Einwurf, die Sprache unseres Autors widerspreche der römischen Sprache im Zeitalter eines Cicero und Horaz und sei vielmehr in die Zeit des äußersten Verfalls zu setzen. Der Schluss aus dem Stil ohne Rücksicht auf Stand und Verhältnisse des Autors führt leicht zu Fehlgriffen. Vitruvius war nicht von Haus aus zum Schriftsteller geboren. Die Funktionen vom Palier bis zum Baumeister sind auch nicht dazu angetan, zu literarischer Tätigkeit und zur Entwicklung des Stils Zeit und Gelegenheit zu geben, und die Sprache manches Technikers auch unseres Jahrhunderts dürfte sich zu der Goethes genauso verhalten wie die des Vitruvius zu der einer literarischen Größe der augusteischen Epoche. Die Undeutlichkeit und Ausdrucksschwäche, der gelegentliche

Schwulst und ein gewisses kindisches Wesen, was an Vitruv so unangenehm berührt, gehören dem Autor und nicht seiner Zeit.

Obwohl der Übersetzer sich jetzt nahezu ein Jahrzehnt mit dem Autor beschäftigt und dadurch das reichhaltige Werk mit seinen vielen reizenden Dunkelheiten lieb gewonnen hat, so kann er doch nicht umhin, dieses herbe Urteil in vollem Maß geltend zu machen. Was jedoch darüber hinausgeht, muss er bestimmt zurückweisen. Lässt sich z. B. Schultz hinreißen zu erklären, »Vitruv sei ein alberner Mensch, ein Kind, das vom Bauen keinen Begriff hat«, weil er verlangt, dass man die Ziegel erst aufs Dach lege und sie so erprobe, ehe man sie zum Mauern verwende, so verweise ich nur auf meine ganz abweichende Erklärung der betreffenden Stelle (S. 92).

Was die der vorliegenden Übersetzung zugrunde liegenden Ausgaben des Vitruv betrifft, so bekenne ich gerne, dass mir nur die von Schneider, Marini und die unvollendete von Lorentzen vorlagen. Die anderen früheren, von welchen einige auf Anlass von Hinweisungen eingesehen wurden, an welchen allen aber die kritischen Grundlagen wie das richtige architektonische und technische Verständnis fehlt, waren umso entbehrlicher, als die meist ganz willkürlichen Emendationen und Erklärungen derselben von Schneider und noch vollständiger von Marini beigebracht werden. Den vorhandenen deutschen (Rode und Lorentzen), französischen (Perrault), englischen (Newton) und spanischen (Ortiz) Übersetzungen verdankt der Übersetzer einiges, doch ist die Kenntnis antiker Architektur in diesem Jahrhundert zu weit vorgeschritten, als dass an den schwierigsten Stellen bei den älteren Übersetzern noch Rat zu holen wäre, und Lorentzens Verdeutschung ist bei allzu großer Worttreue und bei dem gänzlichen Mangel erklärender Noten kaum viel verständlicher als das Original. Alle besonderen Behelfe und Abhandlungen, worunter die Lorentzen'schen höchst bedeutend, sind in den Anmerkungen verzeichnet. Obwohl die Marini'sche Ausgabe den reichsten und auch am besten verwerteten Apparat beibrachte, so glaubte ich doch bei der Schneider'schen Kapiteleinteilung und äußeren Form verbleiben zu müssen, weil diese Ausgabe zurzeit mit Recht die in Deutschland gebräuchlichste ist; die bedeutenderen Textabweichungen, welchen der Übersetzer der Schneider'schen Ausgabe entgegen folgen zu müssen geglaubt, sind auch in den Noten angegeben, die abweichenden Kapitelziffern der Marini'schen Ausgabe in Klammern eingeschaltet. Es kann übrigens trotz der teilweisen Trefflichkeit der Schneider'schen Ausgabe nicht verhehlt werden, dass diese nicht mehr genügt und dass eine neue Textausgabe auf Grundlage der Marini'schen, welche durch Umfang und Preis einer größeren Verbreitung unfähig ist, als geboten erscheint.

Die Illustrationen, vom Übersetzer entworfen, sind auf das Minimum beschränkt, um die Übersetzung in den Rahmen der Krais und Hoffmann'schen Übersetzungssammlung hineinzupassen. Durch Verzehnfachung derselben würde die Sache für mich und für den Leser noch wesentlich erleichtert worden sein, doch ist wenigstens das Allernötigste in prunkloser klarer Einfachheit gegeben, und ich zweifle nicht, dass auch dies willkommen sein wird.

Das eine oder andere nachträglich zu berichtigen, bin ich vorläufig nicht in der Lage. Nur mag erwähnt werden, dass die Literatur über die Kurvatur des Parthenon, welche in der Anmerkung zu den *scamilli impares* (S. 123) kurz gewürdigt worden ist, nach dem Druck des betreffenden Bogens einen neuen Zuwachs erhalten hat. E. Ziller (Über die ursprüngliche Existenz der Kurvaturen des Parthenon, Erbkam'sche Zeitschrift für Bauwesen. Jahrg. XV. Heft I. und

II., S. 35 ff.) suchte nämlich die Ursprünglichkeit der Kurvaturen aufrecht zu halten und die Bötticher'sche Theorie der Komprimierung des Substruktionsmaterials zu entkräften. Ich werde mich darüber ausführlicher in dem in Bälde erscheinenden zweiten Teil meiner Geschichte der Baukunst im Altertum verbreiten, bemerke aber im Voraus, dass ich ohne ganz zwingende, vom Steinschnitt genommene Beweise und ohne beigebrachte bestimmte Zahlenwerte besonders für die Adjustierung der einzelnen Gebälkblöcke nach der Kurvenlinie selbst dann die Ursprünglichkeit der Kurvatur nicht für annehmbar halte, wenn eine sichere Ursache der nachfolgenden unbeabsichtigten Entstehung derselben vorderhand nicht gefunden werden kann. Denn wie es mir einerseits an Verständnis für das angebliche ästhetische Erfordernis der Kurvatur absolut gebricht, finde ich auch jeden beigebrachten materiellen Zweck derselben viel zu klein im Verhältniss zu der kolossalen technischen Schwierigkeit, welche aus der Durchführung dieses Prinzipes notwendig erwachsen musste und welche durch Zillers Erklärung der Herstellungsweise keineswegs, am wenigsten aber für das Gebälk beseitigt wird.

Somit bleibt mir nur noch übrig, meinen Dank für die Bereitwilligkeit auszusprechen, mit welcher die K. Hofbibliothek zu Berlin die damals an der hiesigen K. Staatsbibliothek noch nicht vorhandene Marini'sche Ausgabe mir zur Verfügung stellte. Auch kann der Anteil nicht unerwähnt bleiben, für den ich meinem Bruder Ferdinand, welcher die Druckbogen vom technischen Standpunkt aus einer Durchsicht unterzog, bezüglich der Berichtigung der Nomenklatur des Maschinenwesens zu danken habe.

München, im Juli 1865
Franz Reber

Erstes Buch

Vorwort

1. Als dein göttlicher und erhabener Geist, Imperator Cäsar, die Herrschaft des Erdkreises übernommen hatte und die Bürger, nachdem durch deine nie besiegte Tapferkeit alle Feinde zu Boden geschlagen waren, im Ruhme deines Triumphes und deines Sieges schwelgten, als alle unterworfenen Völker deines Winkes harrten und das römische Volk und der Senat, befreit von Furcht, durch deine großartigen Gedanken und Pläne geleitet wurde, da wagte ich nicht, das, was ich mit so bedeutendem Zeitaufwand über die Baukunst geschrieben und mit großem Nachdenken entwickelt habe, herauszugeben, aus Furcht, ich möchte dich zur ungelegenen Zeit stören und mir eine ungnädige Stimmung von deiner Seite zuziehen.

2. Da ich aber beobachtete, dass du nicht allein für das öffentliche Leben aller und für die Einrichtung des Staates Sorge trägst, sondern auch für die entsprechende Herstellung der Staats- und bürgerlichen Gebäude, auf dass der Staat durch dich nicht bloß durch Provinzen vergrößert worden wäre, sondern dass auch die Würde des Reiches hervorragender Musterbilder von Staatsgebäuden nicht ermangle, so glaubte ich es nicht unterlassen zu dürfen, sobald als möglich jene Arbeit darüber dir gewidmet herauszugeben: und zwar weil ich zunächst deinem göttlichen Vater bekannt und ein Verehrer seiner herrlichen Eigenschaften gewesen bin und weil, als der Rat der Himmlischen ihn für den Thron der Unsterblichkeit bestimmt und die Herrschaft des Vaters deiner Gewalt überantwortet hatte, meine sich

gleichbleibende Verehrung, in der Erinnerung an ihn fortdauernd, mir auch deine Gunst erworben hat. So bin ich auch mit M. Aurelius, P. Numisius[1] und Cn. Cornelius bei der Zurüstung der Ballisten, Skorpione und bei der Herstellung der übrigen Wurfgeschütze beschäftigt gewesen und habe mit jenen immer Gehalt empfangen, und wie du mir zunächst diesen gewährtest, so hast du mir auch auf Empfehlung deiner Schwester deine Gewogenheit erhalten.

3. Verpflichtet also durch diese Wohltat, infolge deren ich bis zum Ende meines Lebens keinen Mangel zu befahren habe, unternahm ich es, dir dieses Werk zu verfassen, weil ich bemerkte, dass du vieles gebaut habest und noch bauest und auch in Zukunft Sorge tragen werdest für die Staats- und Privatgebäude, angemessen der allseitigen Größe deiner Taten, damit sie auch der Nachwelt ins Gedächtnis gerufen werden. Ich habe bestimmte Vorschriften zusammengestellt, damit du, sie deiner Aufmerksamkeit würdigend, sowohl bezüglich der bereits aufgeführten als der noch aufzuführenden Bauwerke ganz selbstständige Einsicht gewinnen könnest. Denn in diesen Büchern habe ich alle Grundzüge dieser Wissenschaft erschlossen.

Erstes Kapitel

Wesen der Baukunst und Bildung der Baumeister

1. Die Bildung des Baumeisters ist mit mehreren Wissenschaftszweigen und mannigfachen Elementarkenntnissen verbunden, da durch sein Urteil alle von den übrigen

[1] Den P. Numisius bezeichnet auch eine Inschrift als den Architekten des herkulanensischen Theaters, die beiden andern Namen sind sonst nicht bekannt.

Künsten geleisteten Werke erst ihre Billigung finden müssen. Diese Architektenbildung entspringt zunächst aus zwei Faktoren, aus der Praxis und aus der Theorie. Die Praxis ist die immer und immer wieder überlegte Erfahrung, durch welche mit Handarbeit etwas aus einem Stoff, von welcher Art immer er zu dem vorgesetzten Gegenstand der Darstellung nötig ist, hergestellt wird. Die Theorie aber ist es, welche das handwerksmäßig Hergestellte durch inneres Verständnis und aufgrund der Verhältnisgesetze erklären und erörtern kann.

2. So konnten die Baumeister, welche ohne rein wissenschaftliche Schule ihr Bestreben nur auf Handfertigkeit gerichtet hatten, es nicht dahin bringen, ein ihren Leistungen entsprechendes Ansehen zu erlangen; diejenigen aber, welche sich auf Theorien und wissenschaftliche Ausbildung allein gestützt, scheinen einen Schatten und nicht die Sache angestrebt zu haben. Hingegen diejenigen, welche sich beides eigen gemacht, erreichten schneller und mit glänzendem Erfolg ihr vorgesetztes Ziel.

3. Denn wie in allem, so sind ganz besonders auch in der Architektur diese beiden Dinge enthalten: das Dargestellte und das Darzustellende. Dargestellt wird der vorgesteckte Gegenstand, um den es sich handelt, diesen aber stellt dar die aufgrund wissenschaftlicher Gesetze entwickelte Erklärung. Deshalb scheint derjenige nach beiden Seiten hin geübt sein zu müssen, der öffentlich als Baumeister auftritt.

So muss er sowohl talentvoll sein als gelehrig für die Wissenschaft; denn weder Talent ohne Wissenschaft noch Wissenschaft ohne Talent kann einen vollendeten Künstler schaffen; auch soll er stilistisch gebildet sein, kundig des Zeichnens, geschult in der Geometrie, in der Optik nicht unwissend und in der Arithmetik unterrichtet, er soll mehrfache geschichtliche Kenntnisse besitzen, die Philosophen fleißig gehört haben, sich auf Tonkunst verstehen, der Heilkunst nicht unkundig sein, mit den Entscheidungen der Rechtsgelehrten vertraut sein, die Sternkunde und die Gesetze des Himmels kennengelernt haben.

4. Und zwar aus folgenden Ursachen: Stilistisch gebildet muss der Baumeister sein, damit er durch schriftliche Aufzeichnungen ein dauerndes Andenken begründen könne. Dann muss er von der Zeichnungskunst Kenntnis haben, damit er umso leichter durch gemalte Vorbilder die beabsichtigte Gestalt des Werkes darzustellen vermöge. Die Geometrie aber bietet der Baukunst mehrfache Hilfsmittel dar, und sie zunächst überliefert den Gebrauch von Lineal und Zirkel, wodurch hauptsächlich die Risse der Gebäude auf ebener Fläche leichter zustande gebracht werden und die Richtungen der rechten Winkel, der waagrechten Flächen und der geraden Linien. Ferner werden, wenn man der Optik kundig, an den Gebäuden die Fenster von gewissen Himmelsgegenden her richtig angebracht. Durch die Arithmetik aber werden die Kosten der Gebäude berechnet, die Maßeinteilungen entwickelt und schwierige Fragen der Verhältnisse des Ebenmaßes nach geometrischen Gesetzen und Regeln gelöst.

5. Mehrfache geschichtliche Kenntnisse aber muss man besitzen, weil die Baumeister in ihren Werken oft viele Zierden anbringen, worüber sie auf Befragen, warum sie dieselben gemacht haben, den Grund angeben müssen. Wie zum Beispiel, wenn einer weibliche Marmorstatuen mit langem Gewand bekleidet, die sogenannten Karyatiden, in seinem Bauwerke statt der Säulen aufstellt und darüber Gebälke und Gesimse angebracht hat, so wird er denen, die sich danach erkundigen, folgenden Grund angeben: Karya[1], eine

[1] Es scheint in der Peloponnes zwei Städte dieses Namens gegeben zu haben, die eine in Arkadien, welche, als bei Pheneus liegend, Pausanias (VIII. 13,

Stadt in der Peloponnes, stand mit den Persern gegen Griechenland im Einverständnis: Darauf kündigten die Griechen, durch den Sieg ruhmvoll vom Krieg befreit, im gemeinsamen Beschluss den Karyaten den Krieg an. Und so führten sie, nach Einnahme der Stadt, Ermordung der Männer und Vernichtung des Staates, die Frauen derselben in die Sklaverei ab und gestatteten nicht, dass sie ihre langen Gewänder und ihren Frauenschmuck ablegten, auf dass sie nicht bloß einmal im Triumph aufgeführt würden, sondern als dauerndes Beispiel der Sklaverei mit schwerer Schmach belastet für ihren Staat die Strafe zu erstehen schienen. So haben die Baumeister der damaligen Zeit an öffentlichen Gebäuden Nachbildungen derselben, aufgestellt, um eine Last zu tragen, angebracht, damit die bekannte Strafe des Verrats der Karyaten auch dem Andenken der Nachwelt überliefert würde.

6. In gleicher Weise haben auch die Lakedämonier, nachdem sie unter der Anführung des Pausanias, des Agesipolis[1] Sohn, in der platäischen Schlacht mit kleiner Mann-

14) erwähnt, die andere in Lakonien. Die Letztere, mehrfach (Xenophon Hellen. VI. 5; VII. l; Pausanias III. 10. IV. 16; Servius zu Virg. Ecl. VIII. v. 30) erwähnt, war durch einen Tempel der karyatischen Artemis berühmt, in welchem die lakedämonischen Jungfrauen jährliche Feste zu feiern pflegten. Während nun die einen nach Lessings Vorgang die ganze Erzählung des Vitruvius als ein Märchen bezeichnen, beziehen sie die anderen auf die arkadische Stadt. Da aber von dieser sonst nichts bekannt ist, könnte eher in dem von Xenophon (a. a. O.) erzählten Schicksal des lakonischen Karya der Grund der von Vitruvius erzählten Karyatidengeschichte vermutet werden. Freilich waren die Verhältnisse etwas verschieden, denn nicht wegen verräterischen Anschlusses an die Perser, sondern wegen des Bündnisses mit den Thebanern und wegen Abfalls von Sparta, und nicht zu Ende der 75. Olympiade, wie dies nach der Vertreibung der Perser angenommen werden müsste, sondern Ol. 103, 2 wurde Karya zerstört; auch sagt Xenophon, dass die Spartaner alles, was sie in Karya Lebendes fanden, niedermetzelten, mithin nicht die Weiber für die Sklaverei schonten.

[1] Vitruv scheint mit diesem Namen, der übrigens in den Handschriften sehr schwankend ist, zu irren, denn nach Herodot (IV. 8l), Thukydides (I. 94), Pausanias (III. 4), Plutarch u. a. m. war Pausanias der Sohn des Kleombrotos.

schaft die unendliche Schaar des Heeres der Perser überwunden hatten, nach einem ruhmvollen und an erbeuteten Waffen und Schätzen reichen Triumphzug aus der Kriegsbeute die persische Portikus errichtet, die anstatt eines Siegesdenkmals das Lob und die Tapferkeit der Bürger der Nachwelt verkünden sollte; und haben dort die Bildnisse der Gefangenen in ihrer barbarischen Gewänderpracht, zu verdienter Schmach und Strafe für ihren Übermut die Bedachung tragend, aufgestellt, damit einerseits die Feinde, von Furcht vor der Tapferkeit jener ergriffen, eingeschüchtert würden und andererseits die Bürger im Hinblick auf dieses Vorbild von Trefflichkeit und durch den Ruhm jener angeregt, immer zur Verteidigung der Freiheit bereit seien. Und so haben seither viele Perser-Standbilder, Gebälke und deren Zierden tragend, aufgestellt und so aus jenem Vorwurf ihren Bauwerken den erhöhten Reiz der Abwechslung verliehen[1]. So gibt es noch andere geschichtliche Nachrichten der Art, deren Kenntnis der Baumeister besitzen muss.

7. Die Philosophie aber vollendet den Baumeister im Adel der Gesinnung und insoweit, dass er nicht anmaßend, sondern vielmehr gefällig, billig und gewissenhaft sei, ohne Habsucht, was die Hauptsache ist; denn kein

[1] Von der persischen Halle in Sparta spricht auch Pausanias (III. 11), doch scheinen nach ihm die Perserstatuen über den Säulen (ἐπὶ τῶν κιόνων) aufgestellt gewesen zu sein. Technisch möglich ist selbstverständlich eine derartige Stellung bei einer Halle nur, wenn man sich die Statuen nicht unmittelbar über den Kapitellen, sondern erst auf dem Gebälk angebracht denkt. War die Halle einstöckig, so konnten jedoch nach Pausanias diese Statuen die ihnen von Vitruv zugewiesene Funktion nicht haben, sondern dienten als frei stehende Statuen nur als Deckschmuck, war aber die Halle zweistöckig, so wurde das obere Gebälk von diesen Statuen getragen. Möglicherweise bildete auch diese obere Statuenreihe nicht ein besonderes Obergeschoss, sondern nur eine Erhöhung der Portikus, nach Analogie des Inneren vom Zeustempel zu Agrigent, der sogenannten Incantada von Saloniki und der ähnlichen jetzt ganz zerstörten Ruinen von Evora in Portugal und von Bordeaux, welche Letztere, unter dem Namen *les Tutelles* bekannt, unter Ludwig XIV. angeblich aus strategischen Gründen von Vauban geopfert wurde.

Werk kann in der Tat ohne Gewissenhaftigkeit und Lauterkeit der Gesinnung gedeihen; auch soll er nicht begehrlich sein und nicht ausschließend darauf bedacht sein, Aufträge zu erlangen, sondern taktvoll seine Würde wahren, indem er sich in gutem Ruf erhält; denn dies schreibt die Philosophie vor. Überdies gibt die Philosophie Aufschluss über das Wesen der Natur, auf Griechisch Physiologie genannt, was er ziemlich eingehend kennengelernt haben muss, weil ihm viele und verschiedenartige naturwissenschaftliche Fragen vorliegen, wie z. B. bei den Wasserleitungen; denn durch den Lauf und die Biegungen und durch die Einsenkungen bei sonst waagerechter Ebene entstehen auf diese oder jene Weise Luftströmungen, deren Wirkungen niemand wird hemmen können, der nicht aus der Philosophie die Grundgesetze der Natur kennengelernt hat. Ferner wird, wer immer die Bücher des Ktesibios oder Archimedes[1], welche Vorschriften bezüglicher Art verfasst haben, lesen wird, ihrem Sinn nicht folgen können, wenn er nicht über diese Dinge von den Philosophen unterrichtet ist.

8. Die Musik aber muss er verstehen, damit er die Kenntnis von den Gesetzen der Töne und ihren mathematischen Verhältnissen innehabe[2], außerdem damit er die Spannung der Ballisten, Katapulte und Skorpione richtig ins Werk setzen könne. Denn in den Hauptbalken rechts und links sind die Löcher der Zusammenstimmung, durch welche vermittelst Winden und Hebebäumen die aus Sehnen gedrehten Seile gespannt werden, welche Seile nicht abgeteilt, noch festgebunden werden, bis sie dem Ohr des Werkmeisters bestimmte und gleiche

[1] Von den hydrodynamischen Erfindungen dieser Näheres im neunten Buch, achtes Kapitel, und im zehnten Buch.

[2] Vgl. das fünfte Buch, viertes Kapitel.

Töne geben. Denn die Arme, welche in diese Stränge eingeschlossen werden, müssen, wenn sie losgelassen werden, auf beiden Seiten einen gleichmäßigen Schlag hervorbringen, weil sie, wenn sie nicht eintönig sind, die gerade Wurfrichtung der Geschosse verhindern[1].

9. Auch die ehernen Gefäße in den Theatern, welche die Griechen Echeia (Resonanzen) nennen, die man in den Kammern unter den Sitzreihen in mathematischer Berechnung nach den Tonabständen aufstellt, werden nach musikalischen Akkorden oder Zusammenstimmungen geordnet, indem man die Quart, Quint und Doppeloktave im Umkreis verteilt, damit der Schall von der Bühne, sobald er der Verteilung der Gefäße entsprechend an dieselben anschlägt, durch Verstärkung vermehrt deutlicher und angenehmer zu den Ohren der Zuschauer gelange[2]. Auch Wasserorgeln und anderes, was diesen Instrumenten ähnlich ist, wird ohne Kenntnis der musikalischen Gesetze niemand zu verfertigen vermögen[3].

10. Die Wissenschaft der Heilkunde aber muss er kennen wegen der besonderen Eigenschaften des Himmelsstriches, welche die Griechen Klimata nennen, und der Luft und der Orte, die gesund oder Krankheit bringend sind, und des vorkommenden Wassers; denn ohne Berücksichtigung dieser Grundbedingungen kann keine gesunde Ansiedlung angelegt werden.

Auch diejenigen Rechtsverhältnisse muss er kennen, welche bei Gebäuden mit gemeinschaftlichen Seitenmauern bezüglich der Richtung der Dachtraufen, der Abzugskanäle und der Fenster zu beobachten nötig sind. Auch das Leitungsrecht des Wassers und das Übrige der

[1] Näheres im zehnten Buch, zehntes bis zwölftes Kapitel.
[2] Davon weiterhin im sechsten Kapitel des fünften Buches.
[3] Zehntes Buch, achtes Kapitel.

Art muss den Baumeistern bekannt sein, sodass sie schon vor Aufführung der Gebäude sich vorsehen, dass sie nicht nach Vollendung des Baues den Familienvätern Zwistigkeiten hinterlassen und dass bei Ausfertigung der Vertragsbedingungen mit Klugheit sowohl für den Vermieter als für den Abmieter Vorsorge getroffen werde; denn wenn der Vertrag geschickt abgefasst ist, so wird erzielt, dass von beiden Parteien jede sich der Verbindlichkeiten gegen die andere ohne Trug entledige.

Aus der Sternkunde aber erkennt man Osten, Westen, Süden, Norden: auch die Gesetze des Himmels, Tagundnachtgleiche, Sonnenwende, den Lauf der Gestirne; und wenn einer davon keine Kenntnis hat, so wird er die Einrichtung der Uhren ganz und gar nicht verstehen können[1].

11. Da also diese hohe Wissenschaft mit verschiedenartigen und mehrfachen Vorkenntnissen überreich ausgestattet ist, so glaube ich nicht, dass jemand mit Recht so auf einen Schlag als Baumeister öffentlich auftreten könne, wenn er nicht vom Knabenalter an, auf diesen Stufen der Wissenschaftszweige aufwärtssteigend, durch die Kenntnis mehrerer Wissenschaften und Künste genährt, zum höchsten Tempel der Architektur gelangt ist.

12. Aber vielleicht wird es den Unerfahrenen wunderbar erscheinen, dass die natürlichen Kräfte eines Menschen eine so große Anzahl von Wissenschaftszweigen erlernen und im Gedächtnis behalten können. Wenn sie aber bemerkt haben, dass alle Wissenschaftszweige unter sich eine sachliche Verbindung und Gegenseitigkeit haben, so werden sie leicht glauben, dass es geschehen könne; denn die übersichtlich alles umfassende Wissenschaft ist wie ein Körper aus diesen

[1] Davon handelt das neunte Buch.

Gliedern zusammengesetzt. Und so erkennen diejenigen, welche von frühester Jugend auf in verschiedenartigen Vorkenntnissen unterrichtet werden, in allen Wissenschaften dieselben Grundzüge und eine Gegenseitigkeit aller Wissenschaftszweige und erfassen dadurch alles leichter.

Und so sagt sogar von den alten Baumeistern Pytheos[1], welcher den stattlichen Tempel der Athene zu Priene erbaute, in seinen schriftlichen Aufzeichnungen, der Baumeister müsse in allen Künsten und Wissenschaftszweigen mehr zu leisten vermögen als diejenigen, welche es im Einzelnen durch ihren Fleiß und ihre Übung zur höchsten Berühmtheit gebracht haben. Dies aber findet keinen tatsächlichen Beleg.

13. Denn ein Baumeister muss weder noch kann er ein Stilist sein, wie ein Aristarchos[2] war, wohl aber nicht ohne stilistische Bildung; noch ein Musiker wie ein Aristoxenos[3], doch nicht unmusikalisch; noch ein Maler wie ein Apelles, doch in der Zeichnungskunst nicht unerfahren; noch ein Bildhauer wie etwa ein Myron oder Polykleitos, doch der Gesetze der Bildhauerkunst nicht unkundig; noch ferner ein Arzt wie ein Hippokrates, aber in der Heilkunde nicht ununterrichtet; noch in den übrigen Wissenschaftszweigen besonders hervorragend, doch in diesen auch nicht unerfah-

[1] Von diesem spricht Vitruv wiederholt im vierten Buch, drittes Kapitel, und im Vorwort des siebenten Buches. Nach der Inschrift dieses Tempels (C. J. Gr. 2902) ein Zeitgenosse des Alexander. Möglicherweise auch identisch mit dem Pythis, der nach Plinius (XXXIV. 5, 4, 31) das marmorne Viergespann auf der Höhe des Mausoleums von Halikarnas herstellte.

[2] Grammatiker aus Samothrake, blühte um Ol. 156 (nach Euseb.) und war der hervorragendste unter den alexandrinischen Philologen. Seine kritische Strenge, besonders bei seiner Bearbeitung des Homer, gab Veranlassung, dass man alle maßlosen Kritiker Aristarche zu nennen pflegte. Seine Kommentare sind nicht erhalten.

[3] Peripatetiker, Ol. 111 geboren (nach Suidas), hinterließ angeblich 453 Bücher verschiedenen Inhalts, von welchen sich drei Bücher über die Musik erhalten haben.

ren. – Denn bei so großer Verschiedenartigkeit der Dinge wird niemand die vollendeten Feinheiten im Einzelnen erringen, da die Grundfragen derselben zu erfassen und vollständig zu verstehen kaum in seine Macht fällt.

14. Doch nicht bloß die Baumeister können nicht in allen Dingen den höchsten Erfolg erzielen, sondern auch die selbst, welche sich mit den besonderen Arten der Künste an und für sich befassen, bringen es nicht dahin, dass sie alle die höchste Stufe des Lobes erlangen. Wenn daher in den einzelnen Zweigen einzelne Künstler – und nicht alle, sondern nur wenige – mit Aufwand ihrer ganzen Lebenszeit mit Mühe Berühmtheit erlangt haben, wie vermag dann ein Baumeister, der in mehrfachen Künsten erfahren sein muss, nicht allein – was selbst schon bewundernswert und groß ist – das zu leisten, dass ihm nichts von diesen mangle, sondern auch dass er alle Künstler übertreffe, welche auf die einzelnen Zweige ihre ganze Tätigkeit mit dem höchsten Fleiß verwendet haben!

15. Darin scheint also Pytheos geirrt zu haben, dass er nicht bemerkte, dass die einzelnen Künste aus zwei Dingen bestehen, nämlich aus der Ausführung und aus der Theorie derselben, von welchen beiden aber das eine, nämlich die Ausführung des Werkes, denen allein eigen sei, welche in den einzelnen Dingen geübt sind, das andere aber, nämlich die Theorie, allen Gebildeten gemeinschaftlich sei. So ist z. B. den Ärzten und Musikern etwas gemeinschaftlich, einerseits bezüglich des Zeitverhältnisses der Pulsschläge, anderseits bezüglich des Taktes mit dem Fuß; wenn es aber nötig ist, eine Wunde zu heilen oder einen Kranken der Gefahr zu entreißen, so wird nicht der Musiker herbeikommen, sondern dies Geschäft wird ausschließend das eines Arztes sein; ebenso wird auf einem musikalischen Instrument nicht der Arzt, sondern der Musiker nach dem Takt

spielen, sodass die Ohren den ihnen eigenen Reiz durch die musikalischen Vorträge empfinden.

16. In ähnlicher Weise ist den Sternkundigen und den Tonkünstlern die Frage über die Wechselbeziehung der Sterne und über Zusammenstimmungen in Quadraten und Dreiecken in Quart und Quinte gemeinsam, mit den Geometern über das Sehen, auf Griechisch Logos optikos genannt, und in allen übrigen Wissenschaftszweigen sind viele Dinge, ja sogar alle, insofern es sich um die Erörterung handelt, gemeinsam. Ausarbeitung der Werke selbst aber, welche mit der Hand und durch technische Fertigkeiten bis zur vollendeten Schönheit geführt wird, ist Sache derjenigen, welche sich zur Ausübung zunächst einer Kunst ausgebildet haben. Bis zum Überfluss genug scheint daher derjenige getan zu haben, welcher von den einzelnen Wissenschaften die Einteilung und Gesetze in gewisser Beschränkung sich eigen gemacht hat, insoweit sie für die Baukunst nötig sind, sodass es ihm, wenn er über diese Dinge ein Urteil oder ein Gutachten abzugeben hat, nicht an Befähigung dazu gebreche.

17. Diejenigen aber, welchen die Natur so viel Talent, Scharfsinn und Gedächtnis zugeteilt hat, dass sie Geometrie, Sternkunde, Tonkunst und die übrigen Wissenschaften ganz und gar innehaben, diese überflügeln die Aufgabe eines Baumeisters und erschwingen sich zu Mathematikern. Und so können sie sich leicht gegen Fachmänner jener einzelnen Wissenschaften in einen gelehrten Streit einlassen, weil sie mit den Waffen mehrerer Wissenschaftszweige gerüstet sind. Diese aber finden sich selten, Männer wie weiland der Samier Aristarchos[1], die

[1] Dieser Astronom, welcher um Ol. 129 blühte, behauptete zuerst die Bewegung der Erde um die Sonne. Sein Wert über die Größe und Entfernung der Sonne und des Mondes ist noch erhalten.

Tarentiner Philolaos[1] und Archytas[2], Apollonius aus Perga[3], Eratosthenes aus Kyrene, Archimedes und Skopinas[4] von Syrakus, welche viel Instrumente und Uhrwerke, aufgrund von Berechnung und von Naturgesetzen erfunden und erklärt, der Nachwelt hinterlassen haben.

18. Da also eine solche allseitige Begabung von der schöpferischen Kraft der Natur nicht schlechthin ganzen Geschlechtern, sondern nur wenigen Männern zu eigen verliehen wird, die Wirksamkeit des Baumeisters aber Vertrautheit mit allen Vorkenntnissen voraussetzt, die Erwägung des Umfangs der Sache jedoch zulässt, dass er nicht gerade notwenig die höchsten Kenntnisse in den einzelnen Wissenschaften habe, wenn er nur mäßige besitzt: So bitte ich sowohl dich, Cäsar, als auch diejenigen, welche meine Bücher lesen werden, dass man, wenn etwas nicht stilistisch regelrecht vorgetragen wird, Nachsicht üben wolle. Denn nicht wie ein erhabener Philosoph noch als ein in den höchsten Gesetzen der Kunst geübter Stilist, sondern als ein dieser Wissenschaften gerade nicht unkundiger Baumeister habe ich es unternommen, dieses zu schreiben. Ich verspreche aber, über das Gebiet dieser Kunst und über die Theorien, welche derselben zugrunde liegen, in diesen Büchern, wie ich hoffe, nicht bloß für die Bauenden, sondern auch für alle Gebildeten mit der größten Verlässlichkeit und ohne einen Zweifel übrig zu lassen, das Möglichste zu leisten.

[1] Vielmehr aus Kroton, lebte um Ol. 88. Hervorragender Pythagoreer und der erste von diesen, welcher schriftliche Überlieferungen hinterließ.

[2] Ebenfalls Pythagoreer, einer von Platons Lehrern

[3] Perga in Pamphylien. Von Apollonios' Werk über die Kegelschnitte ist das meiste erhalten (lebte um Ol. 144).

[4] Skopinas, von Vitruv abermals im achten Kapitel des neunten Buches genannt, sonst unbekannt.

Zweites Kapitel
Grundlagen der Baukunst

1. Die Baukunst aber beruht auf folgenden Grundlagen: auf der Anordnung, welche auf Griechisch Taxis heißt, auf der Verzeichnung, welche die Griechen Diathesis nennen, auf der Eurhythmie, auf der Symmetrie, auf der Angemessenheit und auf der Verwendung, welche auf Griechisch Oikonomia heißt.

2. Die Anordnung ist eine maßvolle und zweckmäßige Bestimmung der einzelnen Glieder eines Gebäudes für sich und ein symmetrisches Zurechtlegen der Verhältnisse des Ganzen; sie bestimmt sich aus dem Größenverhältnis, welches die Griechen Posotes nennen; das Größenverhältnis aber ist der aus den Gliedern des Werkes selbst genommene Maßstab, das entsprechende Ergebnis aus den einzelnen Teilen der Glieder des ganzen Werkes.

Die Verzeichnung aber ist das passende räumliche Anbringen der Bestandteile und das Erzielen einer hinsichtlich ihrer Bestimmung gewählten Zusammenstellung der Bestandteile eines Gebäudes. Verzeichnungsarten, welche die Griechen Ideai nennen, gibt es folgende: Grundriss, Aufriss und perspektivische Ansicht. Der Grundriss ist die im verkleinerten Maßstab ausgeführte zusammenhängende Verzeichnung der Bodenfläche des künftigen Gebäudes vermittelst Zirkel und Lineal, von welcher die Begrenzungslinien der Gelasse auf der Bodenfläche der Bauplätze entnommen werden. Der Aufriss ist das aufrecht stehende Bild der Stirnseite und eine im verkleinerten Maßstab nach den Verhältnissen des künftigen Gebäudes gemalte Darstellung. Die perspektivische Ansicht ferner ist eine die Stirnseite und die zurücktretenden Seiten darstellende Zeichnung, bei welcher die Richtungen aller Linien einem Zirkelmittelpunkt entsprechen. Diese Verzeichnungen werden durch Überlegung und Erfindung geschaffen. Die Überlegung ist die eifrige, angelegentliche und unermüdliche Bemühung, einen mit Liebe sich vorgesetzten Gegenstand ins Werk zu setzen. Die Erfindung aber ist die Lösung dunkler Fragen und die Auffindung des Grundes einer neuen Sache durch die erregte Kraft des Geistes. Dies die Begriffsbestimmungen für die Verzeichnungen.

3. Die Eurhythmie ist das Ansprechende im Aussehen und ein hinsichtlich der Zusammenstellung der Glieder behaglicher Anblick. Sie wird erzielt, wenn die Glieder des Gebäudes im richtigen Verhältnis der Höhe zur Breite, der Breite zur Länge stehen und überdies alle ihren symmetrischen Gesamtverhältnissen entsprechen.

4. Die Symmetrie ferner ist die aus den Gliedern des Gebäudes selbst sich ergebende Übereinstimmung und das entsprechende Verhältniss eines nach den einzelnen Teilen berechneten (größeren) Teiles zum Totalanblick. Wie am Körper des Menschen nach dem Vorderarm, dem Fuß, der flachen Hand, dem Finger und den übrigen Teilen das symmetrische und eurythmische Verhältnis sich bestimmt, so verhält es sich auch bei Gebäuden: So bestimmt es sich zunächst bei Sakralbauten entweder nach der Säulendicke oder dem Triglyphon (Dreischlitz) oder auch nach dem Embates (griechischer Messschuh), an der Batiste nach der Bohrung, welche die Griechen Peritreton nennen, an den Schiffen nach dem Zwischenraum zwischen den einzelnen Ruderzapfen, welcher Diapektike genannt wird, und auch an den übrigen Werken wird so nach einzelnen Gliedern die Berechnung der symmetrischen Verhaltnisse gefunden.

5. Die Angemessenheit ist das tadellose Aussehen eines aus erprobten Bestandteilen mit Rücksicht auf das aner-

kannte Herkommen aufgeführten Gebäudes. Diese ergibt sich durch Satzung, welche auf Griechisch Thematismos heißt, oder durch Gewohnheit oder durch die Natur der Sache. Durch Satzung, wenn man dem blitzenden Jupiter und dem Himmel und dem Sonnengott und der Mondgöttin Tempel, die im Innern oben offen sind, Hypaithra, erbaut. Denn die Gestalten und Wirkungen dieser Götter sehen wir im offenen und lichten Weltraum gegenwärtig. Der Minerva, dem Mars und dem Herkules wird man dorische Tempel bauen; denn wegen der Mannhaftigkeit dieser Gottheiten ist es angemessen, ihnen prunklose Gebäude zu errichten. Für die Venus, Flora, Proserpina und die Nymphen der Quellen dürften die im korinthischen Stil erbauten Tempel die passenden Eigenschaften haben, weil bei den diesen Gottheiten geweihten Tempeln in Rücksicht auf deren zarte Wesenheit das Schlanke, Blumenreiche und der Blätter- und Spiralenschmuck die entsprechende Angemessenheit zu erhöhen scheint. Wenn man der Juno, Diana, dem Vater Liber und den übrigen Göttern, welche ähnlichen Wesens sind, ionische Tempel errichtet, so wird damit ihren die Mitte haltenden Eigenschaften Rechnung getragen, weil die festgestellte Eigentümlichkeit dieser Tempel sich sowohl von der strengen Sitte der Dorer als der Zartheit der Korinther fernhält.

6. Die auf Gewohnheit beruhende Angemessenheit kommt dadurch zum Ausdruck, wenn man bei Gebäuden, die im Innern prächtig sind, ebenfalls entsprechende und glänzende Vorhallen anbringen wird; wenn nämlich die inneren Räume ein glänzendes Aussehen, die Zugänge aber ein gemeines und unansehnliches haben, so werden sie der Angemessenheit entbehren. Ferner, wenn man bei dorischen Unterbalken (Architrav oder Epistyl) im Gesimse den Zahnschnitt meißeln wird oder wenn

man bei Säulen mit Polster-Kapitellen und ionischen Unterbalken im Fries den Dreischlitz (Triglyphon) herausarbeitet, so wird, indem man die Eigentümlichkeiten des einen auf einen anderen Baustil überträgt, der Anblick gestört werden, indem einmal vorher eine andere Zusammensetzung der Ordnung durch den Gebrauch sich festgestellt hatte.

7. Naturgemäß aber wird die Angemessenheit dann sein, wenn überhaupt für alle Tempel die gesundesten Gegenden und passende Brunnquellen an den Orten ausgewählt werden, an welchen die Heiligtümer angelegt werden sollten; insbesondere aber für die Tempel des Äskulap, der Salus und derjenigen Gottheiten, durch deren Heilmittel die meisten Kranken hergestellt werden sollen. Denn wenn die kranken Körper von einem ungesunden an einen gesunden Ort gebracht werden und ihnen dazu der Gebrauch von Gesundbrunnen dargeboten wird, so werden sie schneller genesen; und so wird bewirkt werden, dass die Gottheit aus der natürlichen Beschaffenheit des Ortes ein größeres und durch Verdienste erhöhtes Ansehen erhalte. Ferner wird es natürliche Angemessenheit sein, wenn für Schlafgemächer und Bücherzimmer die Fenster im Osten angebracht werden, für Bäder und Wintergemächer im Südwesten, für Gemäldezimmer und für diejenigen Teile, welche eine gleichmäßige Beleuchtung nötig haben, im Norden, weil diese Himmelsgegend durch den Lauf der Sonne weder erhellt noch verdunkelt wird, sondern (in Bezug auf das Licht) den ganzen Tag über verlässlich und unveränderlich ist.

8. Die Verwendung aber ist die zweckmäßige Verteilung des Materials und des Raumes und eine sparsame und berechnete Mäßigung des Aufwandes bei Bauwerken. Diese wird so beachtet, wenn fürs Erste der Baumeister

das nicht verlangt, was nicht gefunden oder beschafft werden kann, außer um hohen Preis. Denn nicht allerorts gibt es Grubensand noch Bruchsteine, noch Tannen, noch hochstämmige Fichten, noch Marmor; sondern an einem Ort findet sich dieses, an dem anderen jenes Material, und das Zusammenbringen desselben ist schwierig und mit großem Aufwand verbunden. Man muss aber, wo es keinen Grubensand gibt, Flusssand oder angeschwemmten Meersand gebrauchen. Auch den Mangel an Tannen und hochstämmigen Fichten umgeht man durch die Anwendung der Zypresse, Pappel, Ulme und Pinie, und diesem ähnlich wird auch das Übrige ausfindig zu machen sein. Der Standpunkt der Verwendung wird ein anderer sein, wenn mit Rücksicht auf den Gebrauch von Familienvätern (Vermietung) oder wenn mit Rücksicht auf Geldreichtum oder mit Berücksichtigung der Würde eines öffentlichen Amtes die Gebäude verschieden angelegt werden. Denn anders dürften städtische Häuser errichtet werden müssen, anders diejenigen, in welchen die Feldfrüchte von den ländlichen Besitzungen aufgehäuft werden (Magazine), nicht in gleicher Weise die Häuser für Kapitalisten, anders für reiche und üppige Leute; den Machthabern aber, durch deren Gedanken der Staat gelenkt wird, werden sie nach ihrem Bedürfnis eingerichtet werden, und überhaupt ist der Aufwand bei den Gebäuden allen Personen angemessen zu machen.

Drittes Kapitel

Einteilung der Architektur

1. Die Architektur selbst umfasst drei Teile: das Bauen, die Herstellung von Uhren und die von Maschinen. Das Bauen aber zerfällt in zwei Abteilungen, von welchen sich die eine mit dem Bau der Stadtmauern und den für den allgemeinen Gebrauch bestimmten Werken auf öffentlichen Plätzen, die andere mit der Aufführung der Privatgebäude befasst. Von öffentlichen Bauten aber gibt es eine dreifache Verwendung, wovon die eine sich auf die Verteidigung , die andere auf die Religion, die dritte auf den allgemeinen Nutzen bezieht. Bezüglich der Verteidigung hat man die Grundsätze des Mauer-, Turm- und Torbaus ausgedacht, um beständig die Angriffe der Feinde abzuwehren, bezüglich der Religion die Errichtung der Heiligtümer und Tempel der unsterblichen Götter, und was den allgemeinen Nutzen betrifft, die Anlage gemeinsamer Räume für den öffentlichen Gebrauch wie die Häfen, Marktplätze, Säulenhallen, Bäder, Theater, Hallengänge und anderes, was in derselben Absicht auf öffentlichen Plätzen errichtet wird.

2. Diese Bauten müssen aber so aufgeführt werden, dass dabei der Festigkeit, Zweckmäßigkeit und Schönheit Rechnung getragen wird. Auf Festigkeit wird man Rücksicht genommen haben, wenn die Unterbauten bis zu einer festen Grundschicht hinabgetrieben werden und aus jeder Gattung von Baumaterial sorgfältige und von Habsucht freie Auswahl geschieht. Der Zweckmäßigkeit aber wird Rechnung getragen sein, wenn die Anlage der Räume fehlerfrei und ohne Hemmnis für den Gebrauch und ihre Verwendung nach ihrer Art im Einzelnen der Himmelsgegend angepasst und entsprechend ist. Auf Schön-

heit aber wird Rücksicht genommen sein, wenn der Anblick des Werkes angemessen und gefällig ist und wenn die Maße der Glieder die richtigen symmetrischen Verhältnisse haben.

Viertes Kapitel

Wahl gesunder Plätze

1. Was nun die Stadtmauern betrifft, so werden folgende Grundsätze gelten[1]. Zunächst handelt es sich um die Wahl eines sehr gesunden Ortes. So aber wird er sein, wenn er hoch gelegen, weder dem Nebel noch dem Reif ausgesetzt und weder den heißen noch den kalten, sondern den gemäßigten Himmelsgegenden zugewendet ist, er wird ferner gesund sein, wenn die Nähe eines Sumpfes vermieden wird, denn wenn mit Sonnenaufgang die Morgenlüfte zur Stadt gelangen und die aufsteigenden Nebel sich mit diesen verbinden und die mit dem Nebel vermischte giftige Ausdünstung der Sumpftiere den Körpern der Bewohner durch das Wehen der Morgenlüfte eingehaucht wird, werden sie den Ort ungesund machen. Ferner wird, wenn die Mauern längs des Meeres und in der Richtung gegen Süden oder Westen errichtet werden, die Stadt nicht gesund sein, weil während des Sommers die südliche Himmelsgegend bei Sonnenaufgang warm und um Mittag heiß wird; ebenso wird die gegen Westen gerichtete Seite nach Sonnenaufgang ein wenig erwärmt, um Mittag warm, am Abend glühend.

[1] Dabei ist im Auge zu behalten, dass im Altertum die Herstellung des Mauerrings der Ansiedelung selbst voranzugehen pflegte.

2. Durch den Wechsel der Wärme und Abkühlung nun werden die Körper, die sich an solchen Plätzen befinden, erkranken. Dies kann man aber auch an solchem, was nicht zu den lebenden Wesen gehört, beobachten. Denn in bedeckten Weinkammern bringt man die Fenster nicht von Süden oder von Westen an, sondern vom Norden her, weil diese Himmelsgegend zu keiner Zeit Veränderungen erfährt, sondern beständig fest und unveränderlich ist. Deshalb ändert das Getreide in den Speichern, welche dem Lauf der Sonne zugekehrt sind, schnell seine Güte; und der Speisevorrat, das Obst, welches nicht nach der Himmelsrichtung hin liegt, die dem Lauf der Sonne abgewendet ist, lässt sich nicht lange aufbewahren.

3. Denn immer löst die Wärme, wenn sie aus den Dingen die Festigkeit herauskocht und die natürlichen Vorzüge durch ihre heiße Glut aussaugend entzieht, sie auf und macht sie durch die Glut weich und kraftlos. So bemerken wir es auch am Eisen, das, obgleich von Natur hart, in den Essen vom Sprühen des Feuers durchglüht so erweicht, dass es leicht in jede Art von Form verarbeitet wird, wenn aber dasselbe, nun weich und glühend, in kaltes Wasser getaucht und abgekühlt wird, so erhärtet es wieder und stellt sich in seiner alten Eigentümlichkeit wieder her.

4. Dass dies sich so verhalte, kann man auch aus dem Umstand ersehen, dass im Sommer nicht bloß an ungesunden, sondern auch an gesunden Orten alle Körper durch die Wärme schwächlich werden und dass den Winter hindurch auch die Gegenden, welche höchst ungesund sind, zu gesunden werden, und zwar weil sie durch die Abkühlungen fest werden. In gleicher Weise können auch die Körper, welche von kalten Gegenden in warme versetzt werden, nicht fortbestehen, sondern lösen sich

auf, die aber, welche aus warmen Gegenden unter die kalten Himmelsstriche des Nordens versetzt werden, leiden nicht bloß durch den Wechsel des Ortes nicht an ihrer Gesundheit, sondern werden sogar darin gestärkt.

5. Deshalb dürfte man sich bei Anlegung von Stadtmauern vor denjenigen Gegenden hüten müssen, welche durch die Wärme (schädliche) Ausdünstungen den Körpern der Menschen zuwehen können. Denn wie alle Körper zusammengesetzt sind aus den Grundstoffen, welche die Griechen Stoicheia nennen, nämlich aus Wärme und Feuchtigkeit, aus dem Erdigen und der Luft, so werden durch die Mischungen dieser in natürlichen Maßverhältnissen die Eigenschaften aller lebenden Wesen in der Welt je nach ihrer Gattung gebildet.

6. In welchen Körpern also von den Grundstoffen die Wärme vorwiegt, da tötet sie die übrigen und löst sie auf durch die Glut; diese krankhaften Zustände aber bewirkt von gewissen Seiten her die sengende Hitze des Himmels, wenn sie sich mehr hineinlegt in die Öffnungen der Poren, als der Körper nach seiner Mischung im natürlichen Maßverhältnis verträgt. Ebenso zerfließen, wenn die Feuchtigkeit in den Poren des Körpers das Übergewicht erlangt und sie aus dem natürlichen Verhältnis gebracht hat, die übrigen Grundstoffe, gleichsam von dem Flüssigen verdorben, und die gesunde Zusammensetzung löst sich auf. Ebenso werden durch die Abkühlung der Feuchtigkeit der Winde und Lüfte krankhafte Zustände den Körpern zugeführt. Nicht minder schwächt die Vermehrung oder Verminderung in der natürlichen Zusammensetzung der Luft und auch des Erdigen am Körper die übrigen Grundstoffe; in Hinsicht auf das Erdige durch Überfüllung mit Speise; in Hinsicht auf das Luftige durch die Schwere des Luftraumes.

7. Wenn aber jemand dies noch sorgfältiger durch Wahrnehmung ganz erfassen will, so beobachte er aufmerksam die natürliche Beschaffenheit der Vögel und der Fische und der Landtiere, so wird er den Unterschied des Zusammensetzungsverhältnisses ersehen. Denn eine andere Mischung hat das Geschlecht der Vögel, eine andere das der Fische, und bei Weitem anders ist wieder die natürliche Beschaffenheit der Landtiere. Denn die Vögel haben weniger vom Erdigen, mehr von Feuchtigkeit, einen mäßigen Anteil von Wärme, viel von der Luft, und mithin streben sie, als aus leichteren Grundstoffen zusammengesetzt, leichter gegen den Druck der Luft empor. Die Fische aber, weil ihre für das Wasser berechnete natürliche Beschaffenheit aus einem mäßigen Anteil am Warmen, zumeist aus Luftigem und Erdigem zusammengesetzt ist, aber an Feuchtigkeit ungemein wenig hat, dauern, je weniger sie unter den Grundstoffen an Feuchtigkeit haben, umso leichter in der Feuchtigkeit aus und lassen deshalb, sowie sie an das Land gebracht werden, mit dem Wasser das Leben. Hinwiederum können die Landtiere, weil sie von den Grundstoffen an Luft und Wärme einen mäßigen Teil, weniger Erdiges und das Meiste an Feuchtigkeit haben, eben weil die feuchten Bestandteile (bei ihnen) überwiegend sind, nicht lange im Wasser ihr Leben erhalten.

8. Wenn sich daher dies so zu verhalten scheint, wie wir es dargelegt haben, und wenn wir die Beobachtung machen, dass die Körper lebender Wesen aus solchen Grundstoffen zusammengesetzt sind, und wenn wir so zu dem Urteil gelangen, dass durch Überschreitungen oder Mangel derselben die Körper leiden und aufgelöst werden, so zweifeln wir nicht, dass umso sorgfältiger darauf Bedacht genommen werden müsse, dass wir die gemäßigtsten Himmelsgegenden auswählen, wenn es sich um

eine gesunde Stelle bei Anlage der Mauern für eine Stadt handelt.

9. Und so halte ich dafür, dass man immer und immer das alte Verfahren zurückrufen müsse. Denn unsere Ahnen pflegten, wenn sie das Vieh zum Opfer geschlachtet hatten, welches da weidete, wo entweder Städte oder Standlager abgesteckt wurden, die Leber zu beschauen, und wenn sie bei dem ersten fahl und krankhaft war, so opferten sie noch anderes, noch zweifelhaft, ob sie durch Krankheit oder durch schädliches Futter angegriffen worden sei. Wenn sie mit mehreren den Versuch gemacht und es sich als erwiesen herausstellte, dass die natürliche Beschaffenheit der Leber, insofern sie von Wasser und Futter herrührte, unverletzt und fest war, da legten sie ihre Befestigungswerke an; wenn sie aber die Leber krankhaft fanden, so schlossen sie daraus weiter, dass ebenso in den menschlichen Körpern das an diesen Plätzen hervorquellende Wasser und die dort wachsenden Feldfrüchte Krankheit erzeugend sein würden; und so wanderten sie fort in andere Landstriche, in allen Dingen auf Gesundheit Bedacht nehmend.

10. Dass es aber wirklich der Fall ist, dass im Futter und in den Feldfrüchten die Heil bringenden Eigentümlichkeiten eines Landstriches liegen, das kann man beobachten und erkennen aus denjenigen Gefilden der Kretenser, welche sich zu beiden Seiten des Pothereus[1], eines Flusses, der sich in Kreta zwischen den zwei Städten Gnosos

[1] Ptolemäus (III. 17) nennt den zwischen Gnosos und Gortyna strömenden Fluss Katarrhaktos, und obwohl auch dieser Name kein Eigenname zu sein scheint, so dürfte der Fluss doch mit dem von Vitruv bezeichneten identisch sein. Ob aber Pothereus, oder nach Marini Poterrheus, durch Missverständnis unseres Autors oder der Abschreiber aus dem von Ptolemäus beigebrachten Namen entstanden sei oder ob der vitruvische Name wirklich dem Fluss beigelegt war, ist nicht zu entscheiden, an den Lethäos aber, welcher nach Strabo (X. p. 478) Gortyna durchfloss, ist nicht zu denken.

und Gortyna befindet, hinziehen, denn zur Rechten und zur Linken weiden Schafe; davon haben aber diejenigen, welche zunächst an Gnosos weiden, eine Milz, diejenigen dagegen, welche auf der andern Seite zunächst an Gortyna weiden, haben keine sichtbare Milz. In der Tat haben auch die Ärzte, darüber nachforschend, in dieser Gegend ein Kraut gefunden, welches dem Vieh, das es abgrasete, die Milz verkleinert hatte; und nun heilen sie, dieses Kraut sammelnd, die Milzsüchtigen mit diesem Heilmittel, das die Kretenser auch Asoplenon (das Milzlose) nennen. Daraus kann man ersehen, wie in Feldfrüchten und Wasser die von Natur aus schädlichen oder gesunden Eigenschaften der Orte liegen.

11. Wenn ferner die Stadtmauern in Sümpfen, welche längs des Meeres liegen, angelegt worden und gegen Norden oder zwischen Norden und Osten gerichtet sind und jene Sümpfe höher liegen als die Meeresküste, so scheinen sie mit Überlegung angelegt. Denn durch Ziehung von Gräben wird der Wasserabfluss an die Küste bewerkstelligt, und anderseits, wenn die See in Stürmen hoch geht, wird durch den Wogenandrang die Brandung in die Sümpfe getrieben und verhindert durch ihre bittere Beimischung nicht bloß, dass dort Sumpftiere entstehen, sondern tötet auch die, welche von höhergelegenen Orten schwimmend zunächst ans Ufer kommen, durch den ihnen ungewohnten Salzgehalt. Ein Beispiel davon können die gallischen Sümpfe bieten, welche um Altinum[1], Ravenna, Aquileia und andere Munizipalstädte, die in solchen Gegenden den Sümpfen zunächst liegen, sich ausbreiten, weil sie aus diesen Gründen unglaublich gesund sind.

[1] Fast an der Stelle des heutigen Venedig.

12. An den Orten aber, wo die Sümpfe stillstehend sind und keinen fließenden Abzug weder durch Flüsse noch durch Gräben haben, wie die pomptinischen, da geraten sie durch das Stehen in Fäulnis und entsenden schwere und Krankheit erzeugende Dünste. So war in Apulien die alte Stadt Salapia[1], welche Diomedes auf seiner Rückkehr von Troja oder, wie einige andere geschrieben haben, der Rhodier Elpias gegründet hat, in einer Gegend solcher Art gelegen, weshalb die Einwohner, alljährlich an Krankheit leidend, einst zu M. Hostilius kamen und ihn auf Beschluss der Stadt hin mit Erfolg baten, er möchte ihnen einen geeigneten Platz zur Verlegung ihrer Mauern aufsuchen und auswählen. Darauf zögerte auch jener nicht, sondern nachdem er sogleich die Verhältnisse mit aller Sachkunde untersucht hatte, erwarb er käuflich nahe am Meer an einem gesunden Ort eine Besitzung, erlangte vom römischen Senat und Volk die Erlaubnis, die Stadt zu verlegen, legte die Stadtmauern an und verteilte die Bauplätze und gab sie den einzelnen Munizipalbürgern für je einen Sesterz zu eigen. Nachdem dies geschehen war, gab er dem (nahen) See eine Ausmündung in das Meer und schuf dadurch der Munizipalstadt aus dem See einen Hafen. So wohnen jetzt die Salapiner viertausend Schritte von ihrer alten Stadt entfernt an einem gesunden Ort.

[1] Zwischen Arpi und Canusium.

Fünftes Kapitel
Anlage der Mauern und Türme

1. Wenn also nach diesen Grundsätzen die Gesundheitsverhältnisse bei Anlegung einer Stadt sich herausgestellt haben und Gegenden, reich an Früchten zur Ernährung der Bürgerschaft, ausgewählt sind, bei welchen auch sichere Landwege, günstige Flussverhältnisse oder vermittelst Häfen die Seefahrt bequeme Zufuhr zu der Stadt darbieten, dann sind die Grundbauten der Türme und Mauern in Angriff zu nehmen, und zwar damit, dass man bis auf eine feste Bodenschicht, wenn eine solche gefunden werden kann, und noch in dieselbe, soweit dies je nach der Größe des Werkes geboten erscheint, und zwar in größerer Breite, als die Mauerwände über der Erde dick sein werden, gräbt und diesen Aushub mit ganz massivem Mauerwerk ausfüllt.

2. Ferner müssen die Türme nach Außen vorspringend angelegt werden, damit der Feind, wenn er im Sturm auf die Mauer anrücken will, von den Türmen aus zur Rechten und Linken in den offenen Flanken verwundet werden könne. Am meisten scheint man dafür sorgen zu müssen, dass der Zugang zu der zu stürmenden Mauer nicht leicht sei, sondern ihr Umkreis muss so an abschüssigen Stellen herumgeführt und so ausgedacht werden, dass die Torwege nicht in gerader, sondern in schräger, zur Linken gewendeter Richtung geführt werden. Denn wenn diese Einrichtung getroffen sein wird, so wird die rechte Seite der Anrückenden, welche nicht mit dem Schilde bedeckt ist, der Mauer zunächst sein. Die Städte aber sind nicht im Viereck anzulegen noch mit vorspringenden Ecken, sondern in kreissinnigen Biegungen, sodass der Feind von mehreren Plätzen aus gesehen werden könne; denn bei

den Städten, wo die Ecken vorspringen, ist die Verteidigung schwierig, weil die Ecke mehr den Feind schützt als den Bürger.

3. Die Dicke der Mauer aber ist meines Erachtens so herzustellen, dass zwei bewaffnete Männer, die sich oben begegnen, unbehindert aneinander vorbeigehen können. Dann müssen nach der Dicke der Mauer von innen nach außen laufend ein wenig angebrannte Balken von Olivenholz so häufig als möglich hineingebaut werden, damit die beiden Außenseiten der Mauer, durch diese Balken wie mit Spangen unter sich verbunden, ewige Dauer haben; denn diesem Bauholze kann weder Fäulnis noch Witterung, noch Alter etwas anhaben, sondern selbst in die Erde vergraben oder ins Wasser gesetzt verbleibt es unbeschädigt und immer brauchbar. Und so nicht bloß bei Mauern, sondern auch bei Substruktionen, und auch die Wände, welche in der Dicke einer Mauer gebaut werden sollen, werden, nach dieser Verfahrungsart verbunden, nicht so bald beschädigt werden.

4. Die Zwischenräume der Türme aber sind so abzustecken, dass der eine von dem andern nicht weiter als einen Pfeilschuss entfernt ist, sodass, wenn an irgendeinem der Sturm versucht wird, dann von den rechts und links liegenden Türmen aus durch Skorpione und durch die übrigen Wurfgeschosse die Feinde zurückgeworfen werden können. Auch muss dem Innern der Türme entsprechend die Mauer durch Zwischenräume, die so groß sind als die Türme, unterbrochen werden, sodass die Mauergänge im Innern der Türme und durch eine Balkenbrücke verbunden sind; und auch diese Balken sollen nicht mit Eisen befestigt sein, denn wenn der Feind sich eines Teiles der Mauer bemächtigt hat, so werden die Verteidiger diese Verbindungsbrücken abschneiden, und wenn sie dies

schleunig bewerkstelligen, so werden sie verhindern, dass der Feind in die übrigen Teile der Türme und der Mauer vordringe, wenn er sich nicht herabstürzen will.

5. Die Türme aber müssen rund oder vieleckig gebaut werden; denn die viereckigen werden von den Belagerungswerken leichter zertrümmert, weil die Widder durch ihren Stoß die Ecken brechen; bei Rundungen aber können sie, da sie die keilförmigen Steine nach dem Mittelpunkt treiben, nicht verletzen (Fig. 1).

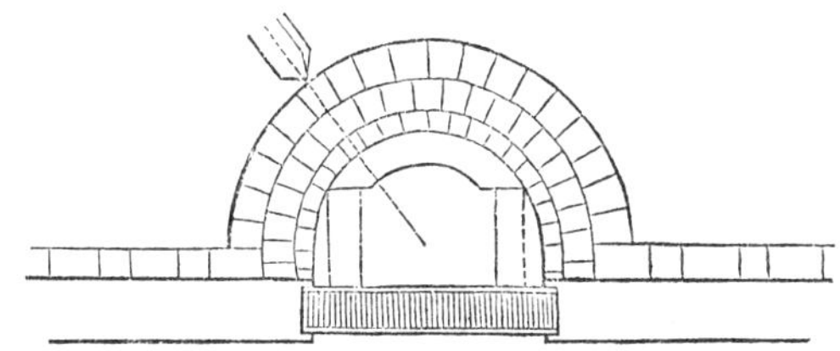

Ganz besonders sicher aber werden ferner die Mauer- und Turmbefestigungen sein, wenn sie mit Wällen verbunden sind, da ihnen dann weder Widder noch Mine, noch andere Belagerungswerke zu schaden vermögen.

6. Allein nicht an allen Stellen eignet sich die Anwendung von Wällen, sondern nur an denjenigen, wo außerhalb der Mauer von einer hoch genug gelegenen Gegend ein ebener Zugang ist, die Mauer zu bestürmen. An solchen Plätzen nun sind zunächst Gräben von größtmöglicher Breite und Tiefe zu ziehen (Fig. 2 a); dann muss eine Grundmauer (b) auf der inneren Seite des Grabens hinabgetrieben und in solcher Dicke aufgebaut werden, dass sie die Erdaufschüttung des Dammes leicht aushält.

7. Ferner ist innerhalb dieses Unterbaus eine andere Grundmauer (c) zu treiben, von der äußeren nach innen zu in so weitem Zwischenraum abstehend, dass die Ko-

horten wie eine Schlachtreihe aufgestellt zur Verteidigung auf der Breite des Walles stehen können[1]. Wenn also die Grundmauern so voneinander abstehend errichtet sind, so müssen quer zwischen ihnen andere angelegt werden, mit der äußeren und inneren Grundmauer verbunden, und zwar in kammartigem Grundriss, so wie die Zähne einer Säge zu sein pflegen (d). Denn wenn dies so gemacht ist, dann wird die Masse der Erdausfüllung (e) dadurch in kleine Teile verteilt und, nicht mit dem Gesamtgewicht lastend, auf keine Weise die den Damm einschließenden Futtermauern hinausdrücken können (Fig. 2).

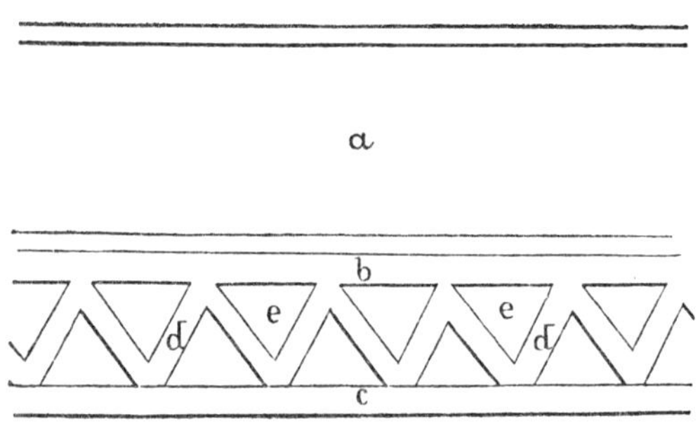

8. Was aber die Mauer selbst betrifft, so lässt sich nicht vorschreiben, aus welchem Material sie aufgeführt und vollendet werden solle, deshalb, weil wir nicht an allen Orten die Baumaterialien haben können, welche wir wünschen. Man muss vielmehr da, wo es eben Quadersteine oder Basaltsteine oder Bruchsteine oder gebrannte oder ungebrannte Ziegel gibt, sich dieser bedienen. Denn es können nicht so, wie man in Babylon bei

[1] Also in der Breite mindestens 30 Fuß, da die Kohorte 10 Mann tief stand, cf. Marquardt.

dem Überfluss an flüssigem Erdharz, anstatt des Kalkes und Sandes, daraus und aus gebrannten Ziegeln eine Mauer hat, in gleicher Weise alle Gegenden oder Plätze von verschiedenen Eigentümlichkeiten so große Vorteile der Art besitzen, dass durch deren Anwendung eine Mauer sich in Ewigkeit vollkommen und unbeschädigt erhalte.

Sechstes Kapitel

Verteilung und Lage der Gebäude innerhalb der Stadt

1. Nachdem der Mauerring gezogen ist, folgt innerhalb der Mauer die Abteilung der Bauplätze und die Anlage der Straßen und Gassen nach der Richtung der Himmelsgegenden. Sie erhalten aber eine geeignete Richtung, wenn auf eine kluge Weise die Winde von den Gassen ausgeschlossen sein werden, da diese, wenn sie kalt sind, unangenehm berühren, wenn sie warm sind, krank machen, wenn feucht, schaden. Deshalb dürfte man diese Nachteile zu vermeiden suchen und darauf denken müssen, dass nicht dasselbe geschehe, was in vielen Städten dadurch vorzukommen pflegt, wie z. B. auf der Insel Lesbos die Stadt Mitylene prächtig und glänzend gebaut, aber nicht mit Klugheit angelegt ist. Wenn in dieser Stadt Südwind weht, so kränkeln die Menschen, wenn der Nordwestwind[1], so husten sie, wenn der Nordwind, genesen sie wieder, aber können in den Straßen und Gassen nicht verweilen ob der grimmigen Kälte.

[1] Corus, richtiger Nord-West-⅓-Nord, wovon weiter unten.

2. Der Wind ist eine strömende Luftwelle mit unbestimmt überflutender Bewegung; er entsteht, wenn die Hitze auf die Feuchtigkeit trifft und der Andrang der Erwärmung einen gewaltig wehenden Hauch herauspresst. Dass dies aber wahr sei, kann man aus den ehernen Aeolipylen (Luftgefäßen) ersehen, und hinsichtlich der verborgenen Gesetze des Himmels durch künstlich erfundene Dinge die göttliche Wahrheit erzwingen. Man macht nämlich eherne hohle Aeolipylen, diese haben eine möglichst enge Öffnung, durch welche sie mit Wasser gefüllt werden, dann stellt man sie ans Feuer, und bevor sie warm werden, zeigt sich keinerlei Hauch, sobald sie aber sich zu erhitzen anfangen, bewirken sie am Feuer ein heftiges Gebläse. So kann man aus dem kleinen und sehr kurzen Schauspiel Kenntnis und Urteil über die großen und unermesslichen Naturgesetze des Himmels und der Winde schöpfen.

3. Durch die Ausschließung der Winde wird man nicht bloß einen für Gesunde zuträglichen Ort schaffen, sondern auch die aus irgendwelchen andern Einflüssen entstandenen Krankheiten, welche an andern gesunden Orten durch entgegenwirkende Heilmittel gehoben werden, dürften an diesen wegen der gleichmäßigen Temperatur durch Ausschließung der Winde leichter beseitigt werden können. Es gibt aber auch Übel, welche in den oben erwähnten Heilplätzen nur schwer geheilt werden, nämlich Beschwerden der Luftröhre, Husten, Seitenstechen, Schwindsucht, Blutauswurf und andere Übel, welche nicht durch Entziehung, sondern durch Zusetzen gelindert werden. Diese werden deshalb schwer durch ärztliche Kunst geheilt, erstlich weil man sie sich durch Erkältung zuzieht; dann weil die Luft, nachdem durch die Krankheit die Kräfte der Kranken herabgekommen sind,

durch die Bewegungen der Winde verdünnt wird und zugleich den kranken Körpern die Säfte entzieht und sie noch siecher macht. Dagegen eine milde und dicke Luft, welche keine heftige Strömung hat noch ein häufiges Hin- und Herfluten, nährt und stärkt diejenigen, welche mit diesen Krankheiten behaftet sind, indem sie an die Glieder derselben ansetzt.

4. Einige halten dafür, dass es vier Winde gebe: von Osten (dem Sonnenaufgang, zur Zeit der Tagundnachtgleiche) den Solanus, von Süden den Auster, von Westen (Sonnenuntergang, zur Zeit der Tagundnachtgleiche) den Favonius, von Norden den Septentrio. Aber diejenigen, welche dies sorgfältiger untersucht haben, überlieferten, dass ihrer acht seien, und zwar hauptsächlich Audronikos aus Kyrrhos[1], welcher auch als ein Vorbild zu Athen den achteckigen Marmorturm errichtete[2]; an den einzelnen Seiten jenes Achtecks aber brachte er die in Stein gehauenen Bildnisse der Winde an, und zwar der Richtung zugewendet, von welcher her jeder derselben bläst, und errichtete dann auf diesem Turm einen marmornen Kegel, auf welchem er einen ehernen, mit der Rechten einen Stab ausstreckenden Triton aufstellte, dabei eine Vorrichtung anbringend, dass er vom Wind herumgedreht wurde und immer gegen den Wind stand und über das Bildnis des eben wehenden Windes den Stab hielt.

5. Und so ist zwischen den Solanus und Auster von Südosten her der Eurus gesetzt, zwischen den Auster und Favonius von Südwesten her der Africus, zwischen den Favonius und Septentrio der Caurus (Nordwest), welchen

[1] In Makedonien oder Syrien, nach dem Namen wahrscheinlich aus Ersterem.

[2] Noch erhalten. Ein ähnlicher Windeturm scheint in Rom existiert zu haben. (*Cod. Urbinas* 1362 in Cesena, nach brieflicher Mitteilung meines Freundes Dr. Detlefsen).

mehrere Corus nennen, zwischen den Septentrio und Solanus der Aquilo (Nordost). Dadurch scheint an dem Turm Zahl, Name und Richtung der einzelnen Winde zum Ausdruck zu kommen.

Da nun dies durch Forschung sich so herausgestellt hat, so wird man, um die Richtung und Herkunft der Winde auszumitteln, folgende mathematische Figur zu beschreiben haben.

6. Man setze mitten innerhalb der Stadtmauern eine Messplatte waagrecht auf oder glätte den Boden nach Richtscheit und Wasserwage so ab, dass man der Messplatte nicht bedarf, und stelle auf dem Mittelpunkt dieses Platzes einen ehernen Zeiger auf, den Schattenwerfer, welcher auf Griechisch Skiatheras heißt. Ungefähr um die fünfte Stunde des Vormittags beobachte man das äußerste Ende von dem Schatten dieses Zeigers und bezeichne es durch einen Punkt. Dann beschreibe man mit einer Zirkelöffnung vom Mittelpunkt bis zu dem Punkt, welcher das Zeichen für die Schattenlänge des Zeigers ist, von diesem Mittelpunkt aus eine Kreislinie, beobachte hierauf auch den nachmittägig wachsenden Schatten desselben Zeigers, und sobald er die Zirkellinie berührt und der nachmittägige Schatten dem vormittägigen gleich lang wird, so verzeichne man auch das Schattenende wieder mit einem Punkt.

7. An diesen beiden verzeichneten Punkten einsetzend, beschreibe man dann mit dem Zirkel zwei sich schneidende Kreisbogen und ziehe durch ihren Durchschnittspunkt und durch den Mittelpunkt eine Gerade, um die nördliche und südliche Richtung zu erhalten. Hierauf nehme man den sechzehnten Teil der ganzen Kreislinie als Zirkelöffnung, setze an jedem der beiden Punkte, wo die Mittagslinie die Kreislinie berührt, als nunmehrigen

Mittelpunkten ein und verzeichne rechts und links, sowohl vom Südpunkt als vom Nordpunkt aus, den sechzehnten Teil der Kreislinie in derselben. Zieht man darauf von diesen vier verzeichneten Punkten aus sich im Mittelpunkt schneidende Gerade von einer Seite des Kreises zur gegenüberstehenden andern, so wird man den achten Teil für den Auster wie für den Septentrio bestimmt haben. Die übrigen Teile, drei auf der rechten und drei auf der linken Seite, sind in gleicher Größe mit diesen an dem ganzen Umkreise abzuteilen, sodass gleich große Abteilungen für die acht Winde in der Figur verzeichnet sind. Hierauf dürften durch die Winkel zwischen zwei Windrichtungen die Straßen und Gassen abzustecken sein (siehe Fig. 4).

8. Denn nach diesen Grundsätzen und bei solcher Einteilung wird von den Wohnungen und Stadtvierteln die lästige Gewalt der Winde ausgeschlossen sein; denn wenn die Straßen den Windrichtungen gerade entgegen angelegt sein werden, so wird der Andrang und das Wehen, von dem offenen Himmelsraum in Fülle herkommend, nun zusammengedrängt in der Enge der Straßen, mit umso heftigerer Gewalt dahinfegen. Deshalb muss man die Richtungen der Häuserreihen von den Windstrichen etwas abwenden, damit, wenn diese ankommen, sie sich an den Ecken der Häuserstöcke brechen und zurückprallend sich zerteilen.

9. Vielleicht werden diejenigen sich wundern, welche noch viele Namen von Winden kennen, dass es nach unserer Auseinandersetzung nur acht Winde gebe. Wenn sie aber ins Auge fassen, dass der Umfang des Erdkreises nach dem Laufe der Sonne und nach den Schatten, welchen der Sonnenzeiger zur Zeit der Tagundnachtgleiche wirft, von dem Kyrenäer Eratosthenes durch mathematische

Gesetze und durch geometrische Untersuchungen 252 000 Stadien betragend gefunden worden sei, was 31 500 000 Schritte ausmacht, wovon aber der achte Teil, welchen ein Wind in Anspruch nimmt, 3 937 500 Schritte beträgt: So werden sie sich nicht wundern dürfen, wenn ein und derselbe Wind bei seinem Herumstreifen in einem so großen Raum durch Abbeugung und Rückneigen Abstufungen hervorbringt.

10. Und so pflegt zur Rechten und Linken vom Auster (S) der Leukonotos und der Altanus zu wehen, um den Africus (SW) der Libonotos und Subvesperus, um den Favonius (W) der Argestes und zu gewissen Zeiten die Etesiä, an der Seite des Caurus (NW) der Circius und Corus, um den Septentrio (N) der Thrascias und Gallicus, rechts und links vom Aquilo (NO) der Supernas und Cäcias, um den Solanus (O) der Carbas und zu gewisser Zeit die Ornithiä, an den Seiten des Eurus (SO), sodass dieser in der Mitte liegt, der Eurocircius und Volturnus.[1]

[1] Marini gruppiert die Nebenwinde etwas abweichend, doch scheint der Text keine andere Ordnung als die gegebene zu erlauben. Lorentzen liest für Eurocircius (*euri circias* in den besseren Handschriften) Eurocäcias.

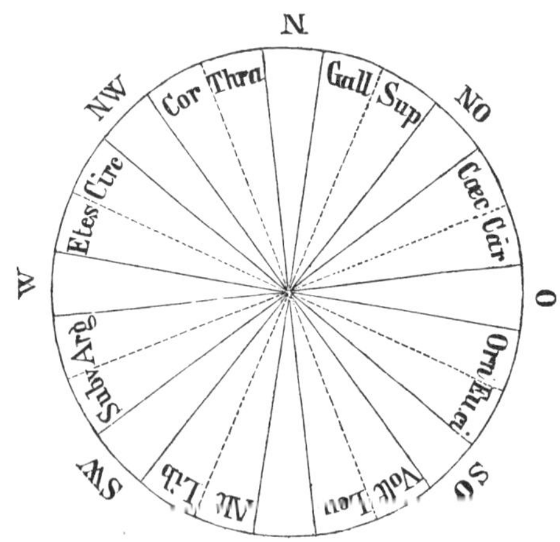

Fig. 3

Es gibt aber auch mehrere andere Namen und Windstriche, von Gegenden oder Flüssen oder von Bergstürmen herrührend.

11. Außerdem die Morgenlüfte, welche die Sonne, wenn sie aus dem unterirdischen Raum auftaucht, erregt, denn[1] in ihrem Umschwung trifft sie auf die Feuchtigkeit der Luft und presst derselben, im Emporsteigen ungestüm vorwärtsdrängend, das Wehen dieser Lüfte mit ihrem dem Tagesanbruch vorangehenden Hauch aus, welches Wehen, wenn es nach Sonnenaufgang fortdauert, in den Eurus (Südostwind) übergeht; und deshalb scheint dieser Wind, weil er aus den Morgenlüften hervorgeht, von den Griechen Euros (Aura) genannt worden zu sein; auch der »morgige Tag« soll wegen der Morgenlüfte durch Aurion bezeichnet worden sein. Es gibt aber auch einige, welche es in Abrede stellen, dass Eratosthenes das wahre Maß des Erdkreises habe ermitteln können. Mag indes dies Maß sicher oder unrichtig sein, so kann darum nicht minder unsere Darstellung keine unrichtigen Grenzbestimmungen der Striche, woher der Hauch der Winde kommt, enthalten.

12. Wenn es aber auch so ist, wie jene glauben, so folgt daraus nur so viel, dass die einzelnen Winde nicht ein bestimmtes Maßverhältnis, sondern einen größeren oder geringeren Andrang haben können. Da wir nun dies in Kürze dargelegt haben, so scheint es mir, damit es leichter verstanden werde, angemessen, am Ende des Buches noch zwei Figuren oder Schemata, wie die Griechen sagen, zu entwickeln: die eine so verzeichnet, dass daraus ersichtlich sei, woher die bestimmten Windströme kommen; die andere, wie durch die von der Strömung derselben abgewendeten Richtungen der Häuserreihen

[1] Die beiden vorstehenden Worte fehlen im Text, sind jedoch konstruktiv unentbehrlich.

und Straßen nachteiliges Wehen vermieden werden könne. Es wird aber in der geebneten Fläche der Mittelpunkt da sein, wo der Buchstabe A ist, der vormittägige Schatten des Sonnenzeigers bis dahin fallen, wo B ist; nun beschreibt man mit einer Zirkelöffnung von dem Mittelpunkt, wo A ist, bis zu dem Schattenzeichen, wo B ist, ringsum eine Kreislinie. Nachdem man nun den Zeiger wieder an seine frühere Stelle gesetzt hat, muss man abwarten, bis der Schatten abnimmt und wieder zunehmend dem vormittägigen Schatten am Nachmittag gleich lang wird und die Kreislinie da berührt, wo der Buchstabe C ist. Dann beschreibe man von dem Punkt, wo C ist, mit dem Zirkel Kreisbögen, die da sich schneiden, wo D zu stehen kommen wird, und ziehe dann durch den Durchschnittspunkt, wo D ist, und durch den Mittelpunkt bis an das andere Ende eine Gerade, an welcher die Punkte E und F sein werden. Diese Gerade wird den Süden und Norden angeben.

13. Dann nehme man den 16. Teil der ganzen Kreislinie in den Zirkel und setze den Zirkel an dem Punkt ein, an welchem die Südlinie die Kreislinie berührt, wo der Buchstabe E ist, und verzeichne zur Rechten und Linken die Punkte, wo die Buchstaben G und H sein werden; in gleicher Weise setze man in dem Berührungspunkt der Kreislinie und der Nordlinie, wo der Buchstabe F ist, den Zirkel ein, und bezeichne zur Rechten und Linken die Punkte, wo die Buchstaben I und K sind, und ziehe von G zu K und von H zu I durch das Zentrum Geraden. So wird der Raum zwischen G und H der Raum des Auster-(Süd-)windes und der Südseite sein, und ebenso wird der Raum zwischen I und K der des Septentrio (Nordens und Nordwindes) sein. Die übrigen Teile, drei auf der rechten und drei auf der linken Seite, sind nach gleichem Maß ab-

zuteilen, die gegen Osten an den Punkten, an welchen die Buchstaben L und M sind, und die gegen Westen an denen, an welchen die Buchstaben N und O sind; von M nach O und von L nach N ziehe man sich schneidende Geraden, und so werden die Räume der 8 Winde gleichheitlich im Umkreis verteilt sein. Nachdem nun dies so verzeichnet ist, wird an den einzelnen Ecken des Achtecks, wenn wir von Süden anfangen, zwischen dem Eurus und Auster an der Ecke der Buchstabe G, zwischen dem Auster und Africus H, zwischen Africus und Favonius N, zwischen Favonius und Caurus O, zwischen Caurus und Septentrio K, zwischen Septentrio und Aquilo I, zwischen Aquilo und Solanus L, zwischen Solanus und Eurus M sein. Nachdem dies so vollendet ist, stelle man zwischen die Winkel des Achtecks den Sonnenzeiger und richte danach die Einteilung der Gassen[1].

Siebentes Kapitel

Wahl der Plätze für öffentliche Anlagen

1. Nachdem die Gassen verteilt und die Straßen abgesteckt sind, ist je nach den günstigen Umständen und dem gemeinsamen Bedürfnis der Bürgerschaft die Auswahl der Bauplätze vorzunehmen, und zwar für die Tempel, den Marktplatz und die übrigen, gemeinsamen Zwecken gewidmeten Orte. Und wenn die Stadtmauern am Meer gegründet sind, so ist der Platz, wo das Forum angelegt werden soll, ganz nahe am Hafen auszuwählen; wenn aber der Mauerring im Innern des Landes erbaut ist, dann

[1] Siehe die Figur auf folgender Seite.

in Mitte der Stadt. Für diejenigen Tempel aber, in deren Gottheiten Schutz hauptsächlich die Stadt zu stehen scheint, für Jupiter, Juno und Minerva, soll man die Bauplätze auf dem höchstgelegenen Ort, von welchem aus man den größten Teil der Mauern überschauen kann, zuteilen. Für Mercurius aber auf dem Forum oder auch, wie für Isis und Seravis, am Landungsplatz; für Apollo und Vater Liber an dem Theater, für den Herkules in den Städten, in welchen weder Gymnasien noch

Fig. 4

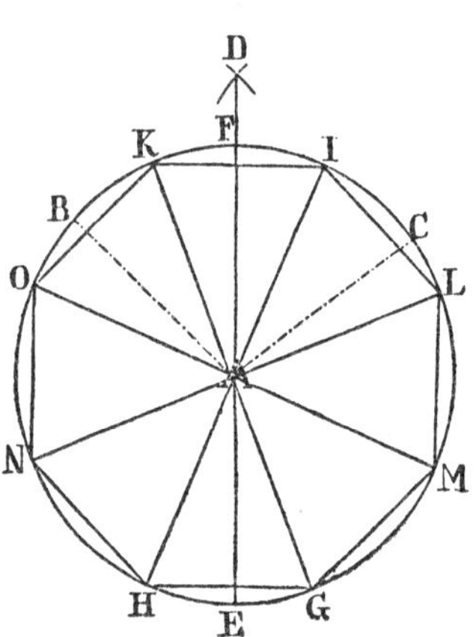

Amphitheater[1] sind, an der Rennbahn; für den Mars außerhalb der Stadt, und zwar am städtischen Tummel-

[1] Die etwas befremdliche Erwähnung der Amphitheater in augusteischer Zeit hat namentlich W. Newton veranlasst, den Vitruvius in die Zeit unter Titus zu verlegen. Doch hat es in augusteischer Zeit gewiss schon in mehreren Städten Italiens steinerne Amphitheater (der lange vorausgehenden hölzernen nicht zu gedenken), ja selbst in Alexandria in Ägypten und in Nysa in Karien, von welchen beiden Städten um 730 d. St. Strabo XVII. 795; XIV. 643 Amphitheater erwähnt, gegeben, wenn auch das von Statilius Taurus i. I. 725 d. St. erbaute steinerne Amphitheater, welches mithin ungefähr in die

platz, und ferner für die Venus am Hafen. Dies ist auch von den etruskischen Haruspices in den Schriften ihrer Kunde so angezeigt, dass die Heiligtümer der Venus, des Vulcanus und des Mars außer der Stadt angelegt werden, deshalb, damit die Genusssucht der Liebe bei den Jünglingen und Familienmüttern nicht einheimisch werde, ferner weil dadurch, dass man die Macht des Vulcanus mit Gebräuchen und Opfern aus den Mauern herausgerufen, die Gebäude von den zu befürchtenden Bränden befreit bleiben dürften, und endlich weil, wenn Mars außerhalb der Mauern eine geweihte Stätte erhalten hat, unter den Bürgern kein bewaffneter Zwiespalt entstehen wird, sondern der Gott die gegen die Feinde verteidigten Mauern vor der Gefahr des Krieges bewahren wird.

2. Auch der Ceres ist ein Platz außerhalb der Stadt zuzuteilen, und zwar an einem Ort, welchen die Menschen, außer zum Opfer, nur höchst selten zu betreten nötig haben, da diese Stätte mit frommer Scheu, keusch und mit heiligen Sitten verehrt werden soll. Auch den übrigen Göttern sind nach der Art ihrer Opfer für ihre Tempel geeignete Plätze zuzuteilen.

Über den Bau der Tempel selbst aber und über ihre zusammenstimmenden Maßverhältnisse werde ich im dritten und vierten Buch Aufschluss geben, weil es mir angemessen schien, in dem zweiten zunächst über das

Zeit des Regierungsantrittes des Augustus gehört, das erste erweisliche derartige Gebäude von Stein in Rom ist. Es hat zwar die frühere Annahme, dass diese Gebäudeform in Etrurien ihre Heimat habe, durch die bisher bekannt gewordenen derartigen Überreste in Etrurien, welche alle römischen Ursprungs sind, keine Bestätigung gefunden, wohl aber gehören wahrscheinlich einige kampanische Amphitheater in die Zeit der Republik (Henzen, *Atti della pontif. acad. di arch. XII. p. 74*), wie namentlich das von Pompeji (Henzen, *Annal. dell' Inst. di Corr. arch,. 1859. p. 211* und Garucci, *Sull' epoca dell' ant. Pomp. Rull. Ital. 1862. p. 13*). Vgl. Friedländer, Darstellungen aus der Sittengeschichte Roms Bd. II. Anhang über die Spiele.

Material, welches für Bauten zu beschaffen ist, von den Vorzügen und der Anwendung desselben ausführlich zu sprechen und dann erst die Maße der Gebäude und die Stilordnungen und die einzelnen Arten der zusammenstimmenden Maßverhältnisse zu behandeln und in den einzelnen Büchern zu entwickeln.

Zweites Buch

Vorwort

1. Der Architekt Deinokrates[1], der viel auf die Fülle seiner erfinderischen Gedanken und auf seine Geschicklichkeit pochte, reiste, als Alexander sich der Weltherrschaft bemächtigte, von Makedonien zum Heer, voll Begierde nach der Gunst des Königs. Er überbrachte aus dem Vaterland von seinen Verwandten Briefe an die Männer des ersten Ranges und purpurbekleidete Würdenträger, um leichter Zutritt zu erlangen; und von diesen entgegenkommend aufgenommen, bat er sogleich, sobald als möglich vor Alexander geführt zu werden. Nachdem sie es versprochen hatten, zögerten sie doch, eine geeignete Zeit abwartend. Deshalb suchte Deinokrates, der sich von diesen hintergangen glaubte, bei sich selbst Hilfe. Er war von überaus stattlichem Wuchs, angenehm von Gesicht und von höchster Schönheit und Würde. Im Vertrauen auf diese Gaben der Natur legte er in der Herberge seine Kleider ab, salbte seinen Leib mit Öl, bekränzte sein Haupt mit Pappellaub, hüllte die linke Schulter in ein Löwenfell, und in der Rechten eine Keule führend, schritt er auf den erhöhten Sitz des Königs zu, der eben Recht sprach.

[1] Deinokrates, dessen Name bei den vielen griechischen und römischen Schriftstellern bedeutend variiert (vgl. Brunn, Geschichte der griech. Künstler II. p. 351), wird auch noch als der Wiederhersteller des Artemistempels von Ephesos nach dem herostratischen Brand und als der Architekt des Scheiterhaufens des Hephästion genannt. Der Plan vom Athos wird auch von anderen Berichterstattern erwähnt. Während Vitruv den Architekten als Makedonier bezeichnet, war er nach Eustathius (*ad Il. p. 229*) von Rhegium, nach Pseudo-Kallisthenes I. 31 und Julius Valerius (*De r. gest. Alex.* I. 21) von Rhodos.

2. Als die Neuheit der Sache das Volk abzog, erblickte ihn Alexander; verwundert befahl er, ihm Platz zu machen, dass er näher trete, und fragte ihn, wer er sei. Jener aber erwiderte: Ich bin Deinokrates, ein Architekt aus Makedonien, der dir Entwürfe und Pläne bringt, die deines Ruhmes würdig sind; denn ich habe den Berg Athos in Gestalt eines männlichen Standbildes gezeichnet, in dessen linker Hand ich die Mauern einer mächtigen Stadt und in dessen rechter ich eine Schale, welche das Wasser aller Flüsse, die nur auf dem Berge sind, aufnehmen soll, damit es sich von da in das Meer herabergieße, angebracht habe.

3. Alexander, über den Plan entzückt, fragte sogleich, ob Ackerland in der Umgebung sei, welches den Getreidebedarf der Bürgerschaft decken könne. Als er nun fand, dass diesem nur durch überseeische Zufuhr Rechnung getragen werden könne, so sprach er: Deinokrates! Ich empfinde die größte Teilnahme für deinen trefflich ersonnenen Plan und bin darüber entzückt; aber ich bemerke, dass, wenn jemand dort eine Niederlassung gründen wollte, seine Einsicht getadelt werden würde. Wie nämlich ein neugeborenes Kind ohne die Milch der Amme nicht aufgezogen und nicht zu der Stufe des selbstständigen Wachsens und Gedeihens gebracht werden kann, so kann auch eine Stadt ohne Ackerland und ohne den Zufluss der Früchte desselben in ihre Mauern nicht gedeihen noch ohne reichliche Speise zahlreiche Bevölkerung haben und das Volk ohne Vorräte nicht erhalten. Sosehr ich deshalb deinen Plan billigen zu müssen glaube, so bin ich doch der Ansicht, dass dieser Ort nicht zu billigen sei; dich aber will ich um mich haben, weil ich gesonnen bin, von deinen Diensten Gebrauch zu machen.

4. Seitdem verließ Deinokrates den König nicht mehr und folgte ihm nach Ägypten. Als Alexander dort einen

von Natur sicheren Hafen, einen trefflichen Landungsplatz, die getreidereichen Gefilde ringsum durch ganz Ägypten und die großen Vorteile des mächtigen Nilstroms bemerkt hatte, befahl er ihm, seines Namens würdig, die Stadt Alexandria zu erbauen. So gelangte Deinokrates, durch sein Antlitz und die würdevolle Schönheit seines Körpers empfohlen, zu solcher Berühmtheit. Mir aber, o Imperator!, hat die Natur keinen stattlichen Wuchs verliehen, das Alter hat mein Gesicht entstellt, Krankheit die Kräfte entzogen. Und so will ich, weil ich denn von diesen Hilfsmitteln verlassen bin, mithilfe meiner Kenntnisse und meiner Schriften, wie ich hoffe, zu deiner Gunst gelangen.

5. Da ich aber im ersten Buch über die Aufgabe des Architekten und über den Umfang der Baukunst geschrieben habe, ferner über die Stadtmauern und über die Verteilung der Bauplätze innerhalb der Mauern und nun die Reihe an die Tempel und öffentlichen wie Privatgebäude kommen sollte, nämlich die Darstellung der Verhältnisse und symmetrischen Maße, welche sie haben sollen, so glaubte ich doch nicht, dies voraussteilen zu dürfen, bevor ich von dem Baumaterial, aus dessen Zusammenfügung durch Aufmauerung und durch die richtige Behandlung jedes einzelnen Stoffes die Gebäude ausgeführt werden und von den Vorzügen seiner Anwendung gehandelt und davon gesprochen habe, aus welchen Urstoffen dieses Material in natürlicher Zusammensetzung bestände. Aber bevor ich diese naturwissenschaftliche Erörterung beginne, will ich über die Grundverhältnisse der Gebäude, woher sie entsprungen und wie die Erfindungen derselben gewachsen seien, einiges vorausschicken und werde dabei dem Gang der Naturzustände der Vorzeit folgen und denjenigen Ge-

lehrten, welche die Anfänge der Gesittung und diese Erfindungen erforscht und in ihren herausgegebenen Abhandlungen niedergelegt haben. Und so werde ich es, wie ich von diesen unterrichtet bin, darstellen.

Erstes Kapitel

Das Leben der Urmenschen und der Anfang der Gesittung und der bedeckten Wohnungen und deren Verbesserungen

1. Die Menschen wurden in der Urzeit, wie die wilden Tiere, in Wäldern und Höhlen geboren und fristeten ihr Leben, indem sie rohe Nahrung verzehrten. Da entzündeten sich einmal an irgendeinem Ort die besonders zahlreich und dicht stehenden Bäume, von Stürmen und Winden hin und her getrieben und die Zweige aneinanderreibend, und durch das heftige Aufflammen des Feuers erschreckt, flohen die, welche sich rings um diesen Ort befanden. Als sich dies darauf wieder gelegt hatte und sie, wieder näher herzutretend, wahrnahmen, dass die Körper an der milden Erwärmung durch das Feuer eine große Annehmlichkeit empfänden, da warfen sie Holz hinzu und unterhielten das Feuer, führten auch andere herbei und zeigten es ihnen, mit Winken darauf hinweisend, welchen Nutzen sie davon haben würden. Und da bei einer solchen Zusammenkunft von Menschen durch den Hauch Laute verschiedener Art ausgestoßen wurden, so setzten sie durch die tägliche Gewohnheit Wörter, wie sie sich eben dargeboten hatten, fest, und dadurch, dass sie die öfter im Gebrauch vorkommenden Dinge mit Namen bezeichneten, fingen sie

dann fortschreitend von selbst zu sprechen an, und so entstanden die Sprachen.

2. Als daher wegen der Entdeckung des Feuers zuerst unter den Menschen Zusammenkunft, Unterredung und Zusammenleben entstanden waren und mehrere an einem Ort zusammenkamen, welche vor den übrigen lebenden Wesen von der Natur die Gabe voraushatten, nicht vorwärtsgeneigt, sondern aufrecht zu wandeln und die Herrlichkeit der Welt und Gestirne zu schauen, ferner mit Händen und Gelenken jede beliebige Sache leicht zu behandeln, begannen sie, so in Verbindung getreten, die einen von Laub Dächer zu machen, die andern unter den Bergen Höhlen zu graben, einige, die Nester der Schwalben und deren Bau nachahmend, aus Lehm und Zweigen Stätten zu bereiten, wo sie unterkommen konnten. Alsdann andere Wohnungen beobachtend und aus eigener Erfindung Neues hinzufügend, brachten sie von Tag zu Tag verbesserte Arten von Hütten zustande.

3. Da aber die Menschen von Natur aus auf Nachahmung angewiesen und gelehrig waren, so zeigte täglich, seiner Erfindungen sich rühmend, einer dem anderen die erzielten Vorteile seines Hauses, und indem sie so durch Wetteifer ihren Erfindungsgeist übten, wurde von Tag zu Tag bessere Einsicht errungen. Und zuerst errichteten sie gabelförmige Hölzer, und nachdem sie Zweige dazwischen angebracht hatten, bekleideten sie die Wände mit Lehm. Andere trockneten Lehmstücke und bauten daraus Wände, und nachdem sie diese oben mit Holz miteinander verbunden, bedeckten sie dasselbe zur Abwehr von Regen und Hitze mit Rohr und Laub. Da aber während der Winterstürme diese Dächer den Regen nicht aushalten konnten, leiteten sie dadurch, dass sie durch aufgehäuften Lehm Giebel herstellten, von den schrägen Dächern die Regentropfen ab.

4. Dass dies aber aus den oben beschriebenen Anfängen so eingerichtet worden sei, können wir daraus entnehmen, weil bis auf den heutigen Tag bei auswärtigen Völkern wie in Gallien, Spanien, Lusitanien und Aquitanien die Häuser aus diesen Dingen errichtet und mit eichenen Schindeln oder mit Stroh gedeckt werden. Bei dem Volk der Kolcher in Pontus werden wegen des Überflusses an Waldungen ganze Baumstämme zur Rechten und Linken flach auf die Erde gelegt, indem man einen Zwischenraum zwischen ihnen lässt, der so groß ist, als es die Länge der Baumstämme zulässt, dann werden an den Enden dieser andere quer darüber gelegt, wodurch der Innenraum der Wohnung umschlossen wird, indem sie dann (auf je zwei Seiten) abwechselnd die Balken auf den vier Seiten weiter auflegen. Die Enden verbindend und so mit den senkrecht auf den untersten aufgeschichteten Baumstämmen Wände errichtend, führen sie Türme in die Höhe[1] und füllen die Zwischenräume, welche wegen der Dicke des Bauholzes offen bleiben, mit Holzspänen und Lehm aus. Das Dach ferner legen sie darüber, indem sie die Querbalken am Ende immer mehr abschneiden, es stufenweise zusammenziehend; und so führen sie von den vier Seiten her in der Mitte eine pyramidale Spitze in die Höhe, welche sie mit Laub und Lehm bedecken und so auf rohe Art ein vierseitiges Dach ihrer Türme zustande bringen.

5. Die Phryger aber, welche in ebenen Gegenden wohnen, wählen, weil sie wegen Mangels an Waldungen das Bauholz vermissen, natürliche Erderhöhungen, höhlen

[1] Es ist dies der Blockhausbau aus unbehauenen, alterniert nach der Breite und Länge gelegten Baumstämmen, wie er noch in den Alpen für Heumagazine üblich ist, für welche es überdies des Verstreichens mit Lehm nicht bedarf. Die Dachkonstruktion ist jedoch von der gegebenen verschieden.

diese durch Graben in der Mitte aus, treiben von außen Gänge hinein und erweitern den Raum, so viel, als es die Beschaffenheit des Ortes erlaubt. Darüber aber bilden sie mit Pfählen, die sie miteinander verbinden, eine Art von Kegel, welchen sie mit Rohr und Reisig bedecken und darüber einen möglichst großen Erdhaufen aufschütten. Die also beschaffene Einrichtung der Dächer bewirkt im Winter sehr große Wärme, im Sommer sehr große Kühle. Auch bei den anderen Völkern und an einigen Orten werden auf gleiche oder ähnliche Art die Hütten errichtet. Einige bauen sich Hütten, die mit Sumpfgras bedeckt sind. Nicht minder können wir auch zu Massilia Dächer ohne Ziegel bemerken, aus Erde, die mit Spreu geknetet ist. Zu Athen ist das Dach des Areopag, als ein Beispiel des Altertums, bis auf unsere Zeit von Lehm. Ebenso kann uns auf dem Kapitol[1] die Hütte des Romulus die Sitten alter Zeiten ins Gedächtnis rufen und nachweisen und auf der Burg die Dächer der Heiligtümer aus Stroh.

6. Aus diesen Beispielen können wir bezüglich der alten Erfindungen im Häuserbau den Schluss ziehen, dass es sich damit in der angegebenen Weise verhalten habe. Nachdem aber durch die tägliche Übung die Hände zum Bauen immer geschickter geworden waren und durch fortgesetzte Anstrengung des Erfindungsgeistes der Übergang von dem gewohnheitsmäßigen Bedürfnis zu den Künsten gewonnen war, da bewirkte auch die in ihnen dafür erregte Tätigkeit, dass diejenigen, welche darin besonders eifrig waren, als Zimmermeister von Fach auftraten. Da aber dies fürs Erste sich so gestaltet hatte und die Natur die Völker nicht bloß mit den Sinnen, wie die übrigen

[1] Dionysios v. Hal. (I. 79) und Plutarch (Rom. 20) bezeichnen sie als am Palatium, an der Ecke gegen die Rennbahn liegend. Vgl. meine Ruinen Roms, S. 358.

lebenden Wesen, ausgestattet, sondern den Geist auch mit Gedanken und Überlegung gewaffnet und seiner Gewalt auch die übrigen lebenden Wesen unterworfen hat, so haben sie nun, von dem Häuserbau stufenweise zu den übrigen Künsten und Wissenschaften vorwärtsschreitend, die Menschheit von einem wilden und rohen Leben zu einem gesitteten geführt.

7. Dann aber geistig sich ausbildend und mit größeren, aus der Mannigfaltigkeit der Künste entstandenen Gedanken vorausberechnend, fingen sie an, nicht bloß Hütten, sondern auch Häuser mit Grundbau und Ziegelmauern oder aus Bruchstein gebaut und mit Balkenwerk und Dachziegeln gedeckt zu errichten, und entwickelten hierauf durch wissenschaftliche Beobachtungen aus schwankenden und unsichern Urteilen die sicheren Gesetze der symmetrischen Maßverhältnisse. Und nachdem sie bemerkt hatten, dass von der Natur das Bauholz verschwenderisch hervorgebracht werde und dass von ihr Überfluss an Baumaterial bereitet sei, gaben sie, indem sie es verschiedentlich verarbeiteten, dem feineren Geschmack des Lebens Nahrung und schmückten es, nachdem sie ihn durch die Künste vermehrt, mit Genüssen. Über jene Dinge also, welche beim Bauen zum Gebrauch tauglich sind, sowie von der Beschaffenheit und von den Vorzügen, welche sie haben sollen, werde ich, so gut ich kann, sprechen.

8. Wenn aber jemand gegen die Reihenfolge dieses Buches Einwendungen machen will, in der Meinung, es hätte dies an die erste Stelle gesetzt werden müssen, so will ich ihm hiefür, damit er nicht glaube, ich hätte einen Fehler begangen, den Grund angeben: Da ich ein Werk über die gesamte Baukunst schreiben will, so hielt ich es für passend, im ersten Buch zu entwickeln, mit welchen

Vorkenntnissen und Wissenschaften sie geschmückt sei, ihre Arten begrifflich abzugrenzen und anzugeben, aus welchen Dingen sie hervorgegangen sei, und so habe ich dort vorgetragen, was ein Baumeister innehaben müsse. Wie also im ersten Buch über die Aufgabe der Kunst, so werde ich im zweiten über die Beschaffenheit des Baumaterials und welche Anwendung davon gemacht werden soll, handeln. Denn dieses Buch gibt nicht an, woher die Baukunst entstehe, sondern woher die Anfänge der Gebäude genommen sind und durch welche Umstände sie herangebildet worden und stufenweise bis zu dieser Vollendung vorgeschritten sind.

9. Und so wird dies Buch in die gehörige Reihe und an seinen Platz gesetzt sein. Nun will ich zum Gegenstand zurückkehren und bezüglich des Baumaterials, welches zur Ausführung von Gebäuden geeignet ist, erörtern, auf welche Weise es von der Natur hervorgebracht zu sein scheint und durch welche Mischungen die Grundstoffe in das richtige Maßverhältnis zusammentreten, damit dies den Lesern nicht dunkel, sondern völlig klar sei. Denn keine Gattung von Stoff, weder belebte Körper noch Sachen, können ohne eine Verbindung von Grundstoffen entstehen oder gedacht werden, und nicht anders lässt die Natur den Sätzen der Naturphilosophen eine wahrhafte Erklärung zu, wenn nicht die in diesen Dingen enthaltenen Urwesenheiten sowie von welcher Art und warum diese so seien, durch scharfsinnige Gründe Nachweisung finden.

Zweites Kapitel

Von den Grundstoffen der Dinge nach den Ansichten der Naturphilosophen

1. Zuerst glaubte Thales, dass das Wasser der Grundstoff aller Dinge sei. Der Ephesier Heraklit, welcher wegen der Dunkelheit seiner Schriften von den Griechen Skoteinos (der Dunkle) zubenannt wurde, glaubte dies von dem Feuer; Demokrit und der ihm folgende Epikur von den Atomen, welche unsere Landsleute Insecabilia (unzerlegbare Körper), einige Individua (unteilbare) genannt haben. Die Lehre der Pythagoreer aber fügte zum Wasser und Feuer noch die Luft und das Erdige hinzu. Demokrit also, wenn er auch die Dinge nicht besonders genannt hat, sondern bloß unteilbare Körper aufstellte, scheint doch dasselbe gesagt zu haben, weil sie, wenn sie voneinander gelöst sind, weder verletzt werden noch dem Untergang preisgegeben sind, noch durch Zerschneiden geteilt werden, sondern in ununterbrochener Ewigkeit eine unendliche Unveränderlichkeit in sich bewahren.

2. Da also aus dem Zusammentreffen dieser alle Dinge sich zusammenzufügen und zu entstehen scheinen und diese bei den unendlich vielen Arten von Dingen von Natur verschieden sind, so glaubte ich den mannigfaltigen und unterschiedlichen Gebrauch derselben und die Eigenschaften, welche sie bei der Verwendung für Gebäude haben sollten, auseinandersetzen zu müssen, damit, wenn diese bekannt sind, diejenigen, welche zu bauen gedenken, nicht Fehlgriffe machen, sondern das für den Gebrauch geeignete Material für ihre Bauten beschaffen.

Drittes Kapitel
Von den Ziegeln

1. Ich werde also zuerst von den Ziegeln, und zwar davon reden, aus welcher Erde sie gestrichen werden müssen. Denn man soll sie nicht aus sandigem noch aus steinigem, noch aus grießigem Lehm streichen, weil, wenn sie aus diesen Arten gestrichen sind, sie erstlich schwer werden, dann, wenn sie der Regen an den Wänden benetzt, zerfallen und sich auflösen und die Spreu in diesen, wegen der Rauigkeit dieses Lehmes, sich nicht fest zusammenbindet. Sie sollen aber aus weißlicher Kreide-Erde oder aus rötlicher oder aus festgelagertem lehmhaltigen Sand[1] gemacht werden. Denn diese Arten haben wegen ihrer Leichtigkeit auch Festigkeit, lasten nicht schwer in einem Bauwerk und lassen sich leicht kneten.

2. Sie müssen aber in der Frühlings- oder Herbstzeit gestrichen werden, damit sie gleichmäßig trocknen, denn die, welche man um die Zeit der Sonnenwende bereitet, werden deshalb schlecht, weil die Sonne, wenn sie die äußerste Schichte vor der Zeit heftig ausdörrt, den Schein der Trockenheit bewirkt, während das Innere nicht trocken ist, und wenn es sich dann später durch das Trocknen zusammenzieht, so zerreißt es das, was schon vorher erhärtet war, und so werden sie zerklüftet und undauerhaft. Noch brauchbarer aber werden sie besonders sein, wenn sie schon vor einem Zeitraum von 2 Jahren gestrichen sind, denn eher können sie nicht ganz und gar austrocknen. Und wenn daher frische und noch nicht ausgedörrte zum Bau verwendet werden, fahren sie selbst, während der angeworfene Verputz sich bereits fest erhär-

[1] Vgl. Buch VIII. 1, 2. Anm.

tet hat, fort zu schwinden, können dieselbe Höhe wie der Verputz nicht behalten und hängen, durch die Zusammenziehung ihre Lage verändernd, nicht mehr mit ihm zusammen, sondern lösen sich von der Verbindung mit demselben ab. Und so kann der vom Mauerwerk abgetrennte Verputz wegen seiner Schmächtigkeit nicht für sich allein stehen, sondern zerbricht, und die Mauer selbst, hin und wieder sich senkend, wird schadhaft. Deshalb bedienen sich die Uticenser des Ziegels erst dann zur Aufführung von Wänden, wenn er ausgedörrt und bereits vor einem Zeitraum von fünf Jahren gestrichen und wenn durch obrigkeitliches Gutachten bestätigt ist, dass dies sich so verhalte.

3. Es werden aber drei Arten von Ziegeln gemacht: die eine, welche auf Griechisch die lydische genannt wird, ist die, deren man sich bei uns bedient, ein Ziegel dieser Art ist 1 ½ Fuß lang und 1 Fuß breit; aus den beiden anderen Arten werden die Gebäude der Griechen gebaut: Von diesen wird die eine Pentadoron, die andere Tetradoron genannt; Doron aber nennen die Griechen den Palm (die flache Hand breit), weil eine Geschenkerteilung auf Griechisch Doron genannt wird; dies aber wird immer mit der Fläche der Hand ausgeführt. So wird, was nach jeder Seite fünf Handbreiten misst, Pentadoron, was vier misst, Tetradoron genannt, und von den Bauwerken werden die öffentlichen mit dem Pentadoron, die privaten mit dem Tetradoron ausgeführt.

4. Es werden aber neben diesen Ziegeln auch Halbziegel gemacht, und wenn man diese anwendet, so werden auf der einen Seite Reihen aus Ziegeln und auf der anderen Halbziegel gelegt, also auf beiden Seiten waagrecht angebracht, die Wand wird durch abwechselnde Lagen gebunden, und indem die ganzen Ziegel in ihrer Mitte

über die Fugen zu liegen kommen, verleihen sie Festigkeit und ein von beiden Seiten nicht unschönes Ansehen[1].

Es ist aber im jenseitigen Spanien eine Stadt, Maxilva, und ebenda auch Calentum[2] und in Asien Pitane, wo die Ziegel, wenn sie gestrichen und getrocknet sind, ins Wasser geworfen, schwimmen. Es scheint aber, dass sie deshalb schwimmen können, weil die Erde, aus welcher sie gestrichen werden, bimssteinartig ist, und so nimmt sie, an sich leicht, an der Luft getrocknet, die Feuchtigkeit nicht in sich auf, noch saugt sie dieselbe ein. Da also diese Ziegel von leichter und lockerer Beschaffenheit sind und feuchte Einflüsse nicht in das Innere eindringen lassen, so sind sie, wie groß die Last immer sein möge, durch die Natur der Sache gezwungen, sich über dem Wasser zu halten. Sie sind aber deshalb sehr vorteilhaft, weil sie bei Bauten nicht schwer lasten und, wenn sie (gut) gestrichen sind, durch die Regenstürme nicht aufgelöst werden.

[1] Schultz konnte von dieser Stelle nur deshalb sagen: »In §. 4 spricht Pseudo-Vitruvius von Halbziegeln auf eine Art, welche deutlich zeigt, dass er von dem Verband der Steine keinen Begriff hatte«, weil er die Stelle einfach nicht verstand. Die beifolgende Rekonstruktion wird dies belegen.

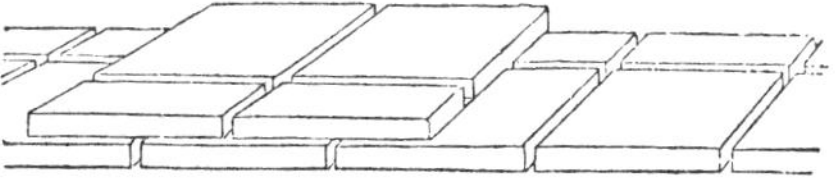

Fig. 5

[2] Der verderbte Text, *est autem in Hispania ulteriore civitas maxima et in galliis*, wird von Marini mit der fast wörtlichen Parallelstelle des Plinius XXXV. 14, 49, »*Pitanae in Asia et in ulterioris Hispaniae civitatibus, Maxilua et Calento, fiunt lateres e. c.*«, richtig hergestellt.

Viertes Kapitel
Der Sand

1. Bei Mauerwerk aus Bruchsteinen muss man zunächst über den Sand eine Untersuchung anstellen, ob er zur Mischung des Mörtels tauglich sei und nicht Erde beigemischt habe. Es gibt aber folgende Arten von Grubensand: schwarzen, grauen, roten und rötlich braunen (Karbunkel[1]). Von diesen wird der der beste sein, welcher in der Hand gerieben knirscht, welcher aber erdig ist, der wird keine Rauigkeit haben. Ebenso wird derjenige tauglich sein, welcher, wenn er auf ein weißes Gewand geschüttet worden, nachher wieder herausgeschüttelt oder herausgeworfen, dies nicht beschmutzt noch Erde darauf zurückgelassen hat.

2. Wenn man aber keine Sandgrube hat, wo er gegraben werden kann, dann wird man ihn von den Flüssen oder aus dem Kies ausscheiden müssen, nicht minder auch von der Meeresküste; aber dieser hat im Mauerwerk folgende Nachteile: Er trocknet schwer und die Wand gestattet keine fortlaufende Belastung, sondern muss in Unterbrechungen ausruhen und erträgt auch kein Gewölbe. Der Meersand aber hat außerdem noch dies, dass auch die Wände, wenn der Verputz darauf angebracht ist, eine salzige Feuchtigkeit absondern und ihn damit auflösen.

3. Der Grubensand hingegen trocknet im Mauerwerk schneller, es hält sich der Verputz und er lässt Wölbungen zu, aber nur der, welcher frisch aus den Sandgruben kommt. Wenn er aber, herausgenommen, längere Zeit liegt, so wird er von der Sonne, dem Mond und dem Reif durch und durch mürbe, löst sich auf und wird erdig, und

[1] Von Karbunkel das Nähere im sechsten Kapitel.

wenn er so zum Mauerbau verwendet wird, so kann er die Bruchsteine nicht zusammenhalten, sondern diese gehen aus den Fugen, und es senken sich die Lasten, welche die Mauern nicht zu tragen imstande sind. Frischer Grubensand aber ist, während er für das Mauerwerk so große Vorzüge hat, für die Verputzung nichts nütze, weil bei der Fettigkeit[1] desselben der mit Spreu vermischte Kalk wegen seiner Hitze nicht ohne Risse trocknen kann. Der Flusssand aber erhält wegen seiner Magerkeit durch das Reiben mit dem Putzhobel, wie beim Scherben-Estrich[2], im Verputz große Festigkeit.

Fünftes Kapitel
Der Kalk

1. Nachdem nun hinsichtlich der Sandvorräte das Nötige vorbereitet ist, hat man auch bezüglich des Kalkes Sorgfalt anzuwenden, dass er von weißem Bruchstein oder Geröll gebrannt werde, und zwar wird der aus dichtem und härterem Stein gewonnene für das Mauerwerk, der aus löcherigem aber für die Verputzung vorteilhaft sein. Wenn er gelöscht ist, dann soll der Mörtel so gemischt werden, dass, wenn es Grubensand[3] ist, drei Teile Sand und ein Teil Kalk

[1] Ich lese *pinguitudine* für das unerklärbare *pinguitudini*.

[2] Scherbenestrich, *opus Signinum*, so genannt von Signia, einer Bergstadt im südlichen Latium, woher diese Erfindung entweder stammte oder wo die schönstfarbigen Töpfergeräte und deren Scherben zu finden waren. Plinius XXXV. 12 sagt, dass das *opus Signinum* aus zerstoßenen Scherben mit Kalk (und wohl auch Sand) geknetet bestehe und zu Fußböden verwendet werde. Man findet diese Arbeit noch in Italien, besonders im Venezianischen. Einen weiteren Gebrauch sowie auch eine andere Behandlungsart des *opus Signinum* beschreibt Vitruv im siebenten Kapitel des achten Buches.

[3] Hier schulmeistert Schultz unsern Autor, dessen sprachliche Korrektheit zwar niemand vertreten kann, besonders herbe. Die Stelle lautet nämlich:

zusammengeworfen werden; denn so wird das Maßverhältniss der Mischung richtig berechnet sein. Auch wird man, wenn man bei Fluss- oder Meersand ein Drittteil gesiebtes Ziegelmehl beigibt, ein für den Gebrauch besseres Mischungsverhältnis des Mörtels erzielen.

2. Warum aber der Kalk, wenn er Wasser und Sand an sich nimmt, dann das Mauerwerk bindet, davon scheint die Ursache die zu sein, dass die Kalksteine, wie auch die übrigen Körper, aus den Grundstoffen nach verschiedenen Verhältnissen zusammengesetzt sind; es sind nämlich die, welche mehr Luft enthalten, zart, die mit mehr Wasser durch die Feuchtigkeit zäh, welche mehr Erde haben, hart, und die mehr Feuer enthalten, zerbrechlich. Und demnach werden diese Kalksteine, wenn man sie, bevor sie gebrannt werden, klein zerstoßen und mit Sand vermischt zum Mauerwerk verwendet, nicht zur harten Masse, noch können sie das Mauerwerk zusammenhalten; wenn sie aber, in einen Ofen geworfen, von der heftigsten Hitze des Feuers ergriffen, die Eigenschaft der früheren Festigkeit verloren haben, dann bleiben sie, wenn ihre Kräfte ausgebrannt und erschöpft sind, mit offenen und leeren Löchern zurück. Nachdem also die Feuchtigkeit, welche im Innern eines solchen Steines ist, und die Luft herausgebrannt und hinweggenommen sind und derselbe nunmehr gebundene (latente) Wärme zurückgeblieben in sich hat, wird er, in Wasser getaucht, ehe er nach ge-

Cum ea (calx) erit extincta, tunc materia ita misceatur, ut, si erit fossitia, tres arenae et una calcis confundantur … Schultz belustigt sich über den »liederlichsten« Schriftsteller, der von einer *calx fossitia* und *calx marina* spreche – als ob *fossitia* sich nicht auch auf *materia* beziehen könnte! Der Autor denkt aber überdies an das unmittelbar nachfolgende Wort *arena*, und jeder denkende Leser wird sich über das Unebene der stilistischen Unbeholfenheit Vitruvs hinweg die *fossitia arena* zusammenfinden können. Ein Beweis dafür, dass der Autor von dem, was er in seinem Buch zusammentrug, nichts verstand, folgt aus solcher Stilschwäche sicherlich nicht.

löschtem Feuer seine Kraft wieder erlangt, durch die in die losen Öffnungen eindringende Feuchtigkeit heiß, und sodann abgekühlt lässt er, nun zum Kalk geworden, die Hitze aus sich entweichen.

3. Deshalb aber können die Steine dem Gewicht, welches sie hatten, als sie in den Ofen geworfen wurden, nicht mehr entsprechen, wenn sie herausgenommen werden, sondern wenn sie gegeneinander abgewogen werden, so findet man, dass sie, obwohl an Größe gleich geblieben, durch das Herauskochen der Feuchtigkeit an Gewicht ungefähr um den dritten Teil vermindert worden sind. Da also ihre porenartigen Löcher offen stehen, nehmen sie die Mischung des Sandes ganz in sich auf und haften auf diese Weise fest aneinander; und eintrocknend gehen sie mit den Bruchsteinen eine Verbindung ein und bewirken die Festigkeit des Mauerwerks.

Sechstes Kapitel

Die Puteolanerde

1. Es gibt aber eine Sandart, welche von Natur wunderbare Dinge hervorbringt. Sie kommt in der Gegend von Bajä und in dem Gebiet der Städte, welche um den Vesuv herum liegen, vor und verleiht in Verbindung mit Kalk und Bruchstein nicht bloß den sonstigen Gebäuden Haltbarkeit, sondern wenn man auch Dämme im Meer damit baut, so erhalten auch diese unter dem Wasser Festigkeit. Dies scheint aber seine Erklärung darin zu finden, dass an diesen Bergen und in diesem Landstrich zahlreiche heiße Quellen sind, welche nicht sein würden, wenn sie nicht zuunterst entweder von Schwefel oder Alaun oder Erd-

harz ungeheure Feuerbrände hätten; das Feuer also und der heiße Dampf der Flamme macht, die Klüfte durchdringend und sengend, jene Erde leicht, und das Gestein, das dort entsteht, ist ein ohne Feuchtigkeit vorkommender Tuff. Wenn also drei auf ganz ähnliche Art durch die Heftigkeit des Feuers gebildete Dinge zu einer Mischung gelangen, so haften sie, nachdem sie plötzlich Flüssiges aufgenommen, fest aneinander und werden, durch die Feuchtigkeit gehärtet, schnell fest verbunden, und weder der Wogenandrang noch die Macht des Wassers vermag sie mehr voneinander zu lösen.

2. Dass aber unterirdische Feuerbrände in diesen Gegenden sind, darauf kann auch der Umstand hinweisen, dass in dem cumanischen Gebirge bei Bajä für Schwitzbäder ausgehöhlte Plätze sind, wo der siedend heiße Dampf, der in der Tiefe entsteht, mit der heftigen Gewalt des Feuers jene Erde durchbohrt und, sie durchströmend, an diesen Plätzen zum Vorschein kommt und so zu Schwitzbädern außerordentlich vorteilhafte Dienste leistet. Nicht minder wird auch berichtet, dass vor Alters die Feuerbrände sich gemehrt, unter dem Berg Vesuv sich übermäßig angesammelt und von da aus loderndes Feuer rings über die Gefilde ausgespien haben. Und so scheint auch damals der sogenannte pompejanische Schwammstein oder Bimsstein durch Ausbrennung aus einer anderen Gattung Stein zu seiner jetzigen Gattungsbeschaffenheit gebracht worden zu sein.

3. Jene Gattung von Schwammstein aber, welche man von dorther nimmt, entsteht nicht allerorts, sondern nur um den Ätna und auf den Hügeln von Mysien, welches bei den Griechen Katakekaumene (das ausgebrannte Mysien) heißt und wo sonst die Gegenden von gleichartiger Eigentümlichkeit sind. Wenn also an diesen Orten heiße

Wasserquellen gefunden werden und in allen Höhlungen warme Dämpfe und von den Alten berichtet wird, dass diese Orte Feuerbrände gehabt haben, welche die Ländereien überfluteten, so scheint es gewiss zu sein, dass durch die Heftigkeit des Feuers die Feuchtigkeit aus dem Tuff und der Erde, wie in den Öfen aus dem Kalk, hinweggenommen worden sei.

4. Nachdem also unähnliche und ungleiche Dinge vom Feuer ergriffen und ein und derselben Gewalt ausgesetzt worden sind, bringt die warme Leere an Feuchtigkeit, plötzlich mit Wasser gesättigt durch die den Körpern insgemein eigene gebundene (latente) Wärme, ein siedendes Aufwallen hervor und bewirkt, dass sie sich mit Begierde verbinden und schnell und gleichmäßig die treffliche Eigenschaft der Festigkeit erlangen.

Es wird noch die Frage übrig sein, warum nun, da ja auch in Etrurien zahlreiche Quellen heißen Wassers sind, nicht auch dort ein Sand entstehe, aus welchem auf dieselbe Art das Mauerwerk unter dem Wasser fest wird. Ich finde es daher angemessen, bevor die Frage gestellt würde, auseinanderzusetzen, warum sich dies so verhalten dürfte.

5. Nicht allerorts und in allen Gegenden entstehen dieselben Erdarten und Steine; sondern einige sind erdig, andere grobkörnig (grießig), ferner auch kiesig, an anderen Stellen sandig. So ist das Material allenthalben unähnlicher und ungleicher Art, wie eben je nach der Verschiedenheit der Gegenden verschiedene Eigenschaften in der Erde liegen.

Vorzüglich aber kann man dies beispielsweise daraus ersehen, dass da, wo das Apenningebirge die Landschaft Italiens und Etruriens einschließt, es fast an allen Orten nicht an Grubensand fehlt; jenseits des Apenninus aber an der Seite gegen das adriatische Meer wird keiner gefunden[1], ferner in Achaia, Kleinasien und überhaupt jenseits des Meeres auch nicht einmal genannt. Es können daher nicht an allen Orten, an welchen zahlreiche Quellen warmen Wassers herauswallen, dieselben Vorteile in ähnlicher Weise zusammentreffen, sondern alles wird, wie es eben die Natur eingerichtet hat, nicht nach dem Verlangen der Menschen, sondern durch Zufall verschieden hervorgebracht.

6. Wo also die Berge nicht von erdiger Beschaffenheit, sondern aus zarterem Stoff sind, da versengt diesen die Gewalt des Feuers, durch seine Adern einen Ausweg suchend, und was davon weich und zart ist, brennt sie heraus, lässt aber, was rau ist, übrig. Wird daher in Kampanien aus der ausgebrannten Erde aschenartiger Sand, so entsteht in Etrurien aus der durchglühten Erdmasse der Karbunkel, ein rotbrauner Sand, beide aber sind vorzüglich für Mauerwerk, der eine aber erweist sich bei Gebäuden auf dem Land, der andere hingegen bei Bauten im Meer als vortrefflich. Es ist aber jene Erdmasse von weicherer Beschaffenheit als der Tuff, von festerer als die gewöhnliche Erde, und ist jene von unten auf durch die heftige Hitze des Dampfes versengt, so bildet sich daraus an einigen Orten jene Sandart, welche Karbunkel genannt wird.

[1] Ein Irrtum, den auch Plinius XXXVI. 54 teilt, der hier, wie häufig, unserem Autor allzu getrost nachschreibt. Denn dass nicht bloß von Pozzuolanerde, wie Marini glaubt, die Rede sei, geht daraus hervor, dass Vitruv oben diesen Sand Etrurien abspricht, während er hier Etrurien an Grubensand reich nennt.

Siebentes Kapitel

Die Steinbrüche

1. Von den Verschiedenheiten und besonderen guten Eigenschaften des Kalkes und Sandes habe ich gesprochen, es kommt nun die Reihe an die Erklärung der Steinbrüche, aus welchen sowohl die Quadersteine als auch der Bedarf an Bruchsteinen zu den Gebäuden genommen und beschafft werden. Man findet aber, dass diese von ungleichen und unähnlichen Eigenschaften sind. Es sind nämlich die einen weich, wie um Rom der Rotstein[1], der Pallienser-[2], der Fidenater-[3], der Albanerstein[4], andere sind von mittlerer Härte, wie der Tiburtiner-[5], Amiterner-[6], Soraktinerstein und welche sonst in dieser Gegend sind; einige sind hart, wie die Basalte. Es gibt aber auch

[1] Rotbrauner Tuff. Ob die *Rubrae* an der Station Sara Rubra, acht Miglien von Rom, an der Via Flaminia (jetzt Prima Porta) oder am Anio, in der Mitte zwischen Rom und Tivoli, wo man noch jetzt in der Gegend von Cervaretta staunend die Felsengewölbe der antiken Steinbrüche durchwandert, zu suchen sind, ist zweifelhaft.

[2] Die *Pallienses* sind nicht näher bekannt. Es ist daher wohl möglich, dass die etwas schwankenden Handschriften insgesamt nicht den richtigen Namen enthalten. Fea vermutet *Allienses*, wobei man wohl an die freilich etwas entfernteren Steinbrüche von Cervaretta denken müsste, aber Strabo (V. 364) scheint darauf hinzuweisen, dass Marinnis Korrektur in *Gabienses* mehr Wahrscheinlichkeit für sich habe. Die Steinbrüche von Gabii an der Via Pränestina werden, außer von Strabo, auch von Tacitus (Annal. XV. 43) erwähnt.

[3] Auch von Plinius (XXXVI. 22, 48) erwähnt; die Brüche waren sieben Miglien von Rom, an der Via Salaria und am Tiber.

[4] Wie der Gabiner von grauer Farbe und deshalb, noch jetzt im Gebrauch befindlich, jetzt Peperino genannt.

[5] Einst und jetzt (Travertino) am meisten im Gebrauch; die antiken und modernen Steinbrüche liegen unfern voneinander an der Via Tiburtina vor Ponte Lucano, welchem namentlich die antiken zur rechten der Straße nahe sind.

[6] Für das *Amiternae* der Cod., welches sich allerdings durch die Entfernung von Amiternum von Rom und durch die Abwesenheit von Steinbrüchen in jener Gegend wenig empfiehlt, schlägt Fea und nach ihm Marini *Antemninae* vor, da man am Zusammenfluss des Anio und des Tiber in der Tat ein solches Gestein bricht.

noch mehr andere Arten, wie in Kampanien der rote und schwarze Tuff, in Umbrien, in Picenum und im Venetischen der weiße Tuff, welcher auch mit einer gezahnten Säge wie Holz geschnitten wird.

2. Alle diese Arten aber, welche weich sind, haben den Nutzen, dass sie, wenn man aus ihnen die Blöcke gebrochen hat, beim Bau sich leicht bearbeiten lassen, und wenn sie an bedeckten Orten angebracht sind, so halten sie ihre Lasten aus, wenn aber an unbedeckten und offenen, so verwittern sie, von den Frösten und dem Reif angegriffen, und zerklüften sich; ferner werden sie an der Meeresküste von dem Salzwasser zerfressen und verwaschen, auch ertragen sie den Wogenandrang nicht. Der Tiburtinstein aber und alle Steine derselben Art halten sowohl die Belastung als auch die Unbilden der Witterung aus, aber sie sind nicht feuerfest, und sowie sie vom Feuer angegriffen sind, bersten und zerfallen sie deshalb, weil sie ihrer natürlichen Zusammensetzung nach wenig Feuchtigkeit, ferner auch nicht viel Erdiges, aber sehr viel an Luft und Feuer haben; da also das Feuchte und das Erdige in diesen minder enthalten ist, so dringt auch das Feuer, nachdem durch die Berührung und Gewalt des Dampfes die Luft daraus verdrängt ist, ganz an dessen Stelle, und indem es die leeren Zwischenräume einnimmt, macht es durch seine Glut die nach den Bestandteilen den seinigen ähnlichen Steine brennend.

3. Es sind aber ferner mehrere Steinlager im Gebiet von Tarquinii, welche die anicinischen genannt werden und der Farbe nach wie die albanischen sind, deren Brüche besonders um den Vulsinersee, ferner in der Präfektur von Statonia sich befinden. Diese aber haben unendlich gute Eigenschaften, denn diesen kann weder die Zeit der eisigen Fröste noch die Berührung des Feuers schaden,

sondern sie sind fest und deshalb bis zu hohem Alter ausdauernd, weil sie nach ihrer natürlichen Mischung nur wenig von Luft und Feuer haben, von Feuchtigkeit aber einen mäßigen Anteil und sehr viel Erdiges, und so durch dichte Zusammenfügung fest gemacht, werden sie weder von dem Wetter noch durch die heftige Gewalt des Feuers beschädigt.

4. Dies aber kann man besonders an den Denkmälern beurteilen, welche um die Stadt Ferentum aus diesen Steinbrüchen errichtet sind, denn man hat dort sowohl große, trefflich gearbeitete Bildsäulen als auch kleinere Figuren, Blumenschmuck und Akanthusblätter fein gemeißelt, welche, obwohl sie alt sind, doch so neu erscheinen, wie wenn sie eben gefertigt worden wären. Ebenso ziehen auch die Erzgießer dadurch, dass sie von diesen Steinbrüchen her Formen für das geschmolzene Metall herstellten, aus ihnen für den Erzguss den größten Nutzen. Und wenn diese in der Nähe Roms wären, so wäre es angemessen, dass aus diesen Steinbrüchen alle Bauten ausgeführt würden.

5. Da also wegen der Nähe die Notwendigkeit dazu zwingt, sich des Materials aus den Rotsteinbrüchen und aus den palliensischen und welche sonst der Stadt zunächst liegen, zu bedienen, so wird, wenn einer fehlerlos bauen will, bei der Beschaffung Folgendes zu beobachten sein. Wenn etwas gebaut werden soll, so sollen die Steine zwei Jahre vorher, und zwar nicht im Winter, sondern im Sommer gebrochen werden und an ungeschützten Orten liegen bleiben; die aber, welche in diesem Zeitraum von zwei Jahren durch das Wetter augegriffen und verletzt worden sind, diese senke man in den Grundbau; die übrigen, welche nicht beschädigt sind, werden dann, als von der Natur erprobt, wenn sie zum Bau über der Erde ver-

wendet werden, auszudauern imstande sein. Und dies ist nicht bloß bei Quadersteinen zu beobachten, sondern auch beim Mauerwerk aus Bruchsteinen.

Achtes Kapitel
Die Arten des Mauerwerks

1. Es gibt folgende Arten von Mauerwerk: das Netzwerk, welches jetzt allgemein im Gebrauch ist, und die alte Bauart, welche die unregelmäßige genannt wird[1]. Von diesen ist das Netzwerk zwar die schönere, aber geneigt, Risse zu bekommen, deswegen, weil die Lagen und Fugen nach allen Seiten hin ungebunden fortlaufen. In der unregelmäßigen Bauart aber bieten die Bruchsteine, die einen über die anderen gelegt und unter sich hineingefügt, zwar kein schönes, aber ein festeres Mauerwerk dar als das Netzwerk.

2. Beide Arten aber müssen aus sehr kleinen Steinen ausgeführt werden, dass die Wände, durch die aus Kalk und Sand bestehende Mörtelmasse stark gesättigt, länger

[1] Die technischen Ausdrücke der beiden Arten waren *opus reticulatum* und *incertum*. Von dem Ersteren (a) gibt es zahlreiche Reste, besonders in den Kaiserpalästen auf dem Palatin, von dem Letztern (b) sind sie etwas seltener, ein schönes Beispiel bietet jedoch die unvergleichliche Ruine des sogenannten Vestatempels von Tivoli.

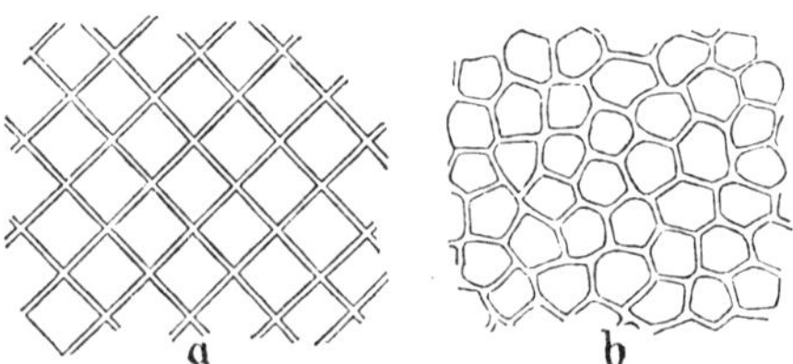

Fig. 6

zusammengehalten werden. Denn wenn sie (die Steine) von weicher und poröser Natur sind, so trocknen sie, aussaugend, den Saft aus dem Mörtel, wenn aber die Menge von Kalk und Sand überwiegt und im Überfluss vorhanden ist, so wird die Wand, da sie mehr Feuchtigkeit hat, nicht schnell schwindend werden, sondern dadurch zusammengehalten. Wenn aber der feuchte Bestandteil aus dem Mörtel durch das Poröse der Bruchsteine aufgesaugt ist, so wird auch der Kalk von dem Sand sich scheiden und ablösen, ebenso können auch die Bruchsteine nicht mehr mit diesen zusammenhangen, sondern bewirken, dass die Mauern mit der Zeit verfallen.

3. Dies kann man aber auch an einigen Denkmälern, welche rings um Rom aus Marmor oder Quadersteinen erbaut, innen in der Mitte aber mit solchem Mauerwerk ausgefüllt sind, ersehen. Nachdem der Mörtel, mit der Zeit ausgesogen durch die poröse Beschaffenheit der Bruchsteine, schwindend geworden, senken sie sich und fallen, nachdem durch den Verfall die Verbindungen der Fugen sich gelöst haben, auseinander.

4. Wenn also jemand solchen Nachteilen aus dem Weg gehen will, so lasse er in der Mitte innen zwischen den Außenwänden einen leeren Raum und baue anlegend aus Quadern von Rotstein oder gebrannten Ziegeln oder aus regelmäßigen Kalksteinblöcken zwei Fuß dicke (Futter-) Wände und verbinde diese Außenwände unter sich mit eisernen und verbleiten Klammern; denn so wird das Werk, wenn es nicht aufgefüllt, sondern regelmäßig gebaut ist, immerwährend, ohne schadhaft zu werden, bestehen können, weil Lagen und Fugen desselben, unter sich festsitzend und mit Verbindungen festgehalten, das Bauwerk nicht auseinanderdrängen noch die gegenseitig verbundenen Außenwände werden weichen lassen.

5. Deshalb ist das Mauerwerk der Griechen nicht zu verachten; denn sie bedienen sich nicht eines außen geglätteten Mauerwerks aus weichem Bruchstein, sondern wenn sie auch vom Quaderbau abgehen, legen sie aus gewöhnlichem oder hartem Stein regelmäßige Blöcke, und so, wie im Ziegelbau sie schichtend, binden sie die Fugen derselben mit abwechselnden Lagen, und dadurch insbesondere bewirken sie die Eigenschaft ewiger Festigkeit. Diese Steine aber werden auf zwei Arten geschichtet, von welchen die eine Isodomon (gleich gebaut), die andere Pseudisodomon genannt wird.

6. Isodomon heißt sie dann, wenn alle Lagen aus gleich hohen Steinen geschichtet werden, Pseudisodomon aber, wenn die Reihen der Lagen von ungleicher Stärke sind. Diese beiden Arten sind deshalb fest, weil erstlich die Bruchsteine selbst von dichter und fester Beschaffenheit sind und nicht aus dem Mörtel das Feuchte heraussaugen können, sondern ihn in seiner gehörigen Feuchtigkeit bis in das höchste Alter erhalten, und dann[1] lassen ihre Lagen selbst, eben und waagrecht gelegt, den Mörtel nicht sinken, sondern in ununterbrochener Mauermasse verbunden, werden sie bis zum höchsten Alter zusammengehalten.

7. Ein anderes Mauerwerk ist das, was die Griechen Emplekton[2] (Füllmauer) nennen, dessen sich auch unsere Landsleute bedienen; indem man nämlich Futtermauern regelmäßig aufführt, fügt man das Übrige aus Steinen, wie sie eben zur Hand sind, mit Mörtel hinein und bindet dies durch die abwechselnd vorstehenden Steinlagen (der Futtermauern). Aber unsere vorzugsweise Schnelligkeit

[1] Das unmögliche *primum* des zweiten Satzes, wo auf das *primum* des ersten nur ein *iterum* oder dergl. folgen kann, scheint der Berücksichtigung der Herausgeber entgangen zu sein.

[2] Plinius (XXXVI. 22, 51) nennt das Mauerwerk, welches innen mit Bruchsteinstücken ausgefüllt ist, Diamicton (διὰ μικτῶν?).

anstrebenden Landsleute stellen dünne Wände her und bedienen sich dieser als Futtermauern, die Mitte nun füllen sie mit Gussmasse aus Bruchsteinstückchen und Mörtel aus; so werden bei jenem Mauerwerk drei Schichten aufrecht nebeneinandergestellt, die zwei der beiden Futtermauern und die eine mittlere des Gusswerks (Fig. 7 a). Die Griechen dagegen machen es nicht so, sondern indem sie die Schichten durchgehend waagrecht aufeinandersetzen und die Länge ihrer Blöcke abwechselnd nach der Dicke zu legen, füllen sie nicht dann den Innenraum mit Gusswerk aus, sondern halten ihn mit den Futtermauern in fortgesetzter Verbindung und machen ihn, einen kompakten Mauerkörper herstellend, sehr dauerhaft. Außerdem legen sie in Zwischenräume einzelne durch die ganze Dicke (der Mauer) laufende Blöcke, welche auf beiden Seiten die Stirnseite zeigen und welche sie Diatonoi nennen, die ganz besonders bindend die Festigkeit der Wände erhöhen (Fig. 7 b).

8. Wenn daher jemand aus diesen Notizen etwas abnehmen und eine Art von Mauerwerk auswählen will, so wird er der Dauerhaftigkeit Rechnung tragen können. Denn nicht dasjenige Mauerwerk, welches aus weichem Bruchstein und dabei von sorgfältig gearbeitetem schönen Äußern ist, kann auf die Dauer vor dem Verfall bewahrt

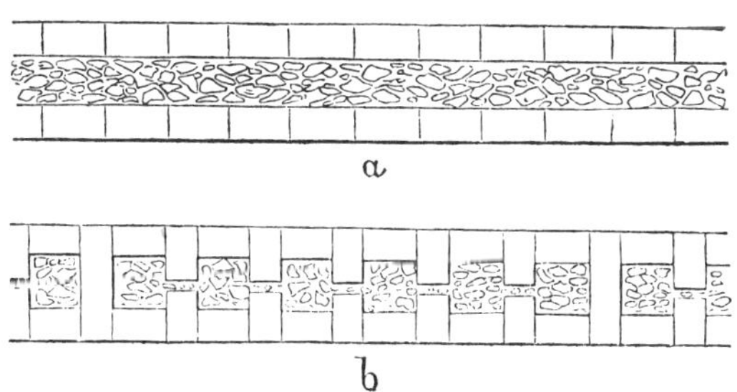

Fig. 7

bleiben. Wenn daher bezüglich gemeinschaftlicher Mauern Schätzleute beigezogen werden, so schätzen diese sie nicht so hoch, wie sie im Bau zu stehen gekommen sind, sondern wenn sie aus den Verzeichnissen den Baupreis derselben ermittelt haben, ziehen sie jeden 80. Teil für die einzelnen bereits vergangenen Jahre ab und fällen so den Schiedsspruch, dass der von der Gesamtsumme übrig bleibende Teil für diese Wände bezahlt werde und dass diese nicht länger als 80 Jahre ausdauern können.

9. Von Ziegelmauern aber, wenn sie nur senkrecht stehen, wird nichts abgezogen, sondern sie werden immer so hoch geschätzt, als sie einst beim Bau zu stehen gekommen. Deshalb kann man in einigen Städten sowohl öffentliche Bauten als Privathäuser, auch königliche (Residenzen) von Ziegeln gebaut sehen, und zwar erstlich zu Athen die Mauer an der Seite gegen den hymettischen und den penetlischen Berg, ferner zu Paträ im Tempel des Jupiter und Herkules die Cellae aus Ziegeln, während ringsum am Tempel das Gebälk (Architrav) und die Säulen von Stein sind; in Italien zu Arretium eine alte vortrefflich gebaute Mauer; zu Tralles die den attalischen Königen erbaute Residenz, welche immer demjenigen, welcher das Priesteramt der Stadt führt, zur Wohnung gegeben wird. Ferner zu Lakedämon hat man aus einigen Wänden sogar die Gemälde vermittelst Durchsägen der Ziegel herausgeschnitten, in hölzerne Namen eingeschlossen und zur Verherrlichung der Ädilität des Varro und Murena auf das Comitium gebracht.

10. Die Residenz des Krösus, welche die Sarder ihren Mitbürgern zur Ruhe in der Muße des Alters und für die Ratsversammlung der Alten als Gerusia geweiht haben. Ferner zu Halikarnassos hat der Palast des überaus mächtigen Königs Mausolos, obwohl alles daran mit prokonnesischem

Marmor ausgeschmückt ist, aus Ziegeln gebaute Wände, welche bis auf diese Zeit eine vorzügliche Festigkeit zeigen und durch Verputzwerk so geglättet sind, dass sie die Durchsichtigkeit des Glases zu haben scheinen. Und jener König tat dies nicht aus Mittellosigkeit, denn er war reich an unendlichen Einkünften, weil er ganz Karien beherrschte.

11. Seinen Scharfsinn aber und seine Erfindsamkeit bei der Anlage von Bauten kann man aus Folgendem ersehen: Denn obwohl er zu Mylasa geboren war, doch schlug er, da er bemerkt hatte, dass zu Halikarnassos der Platz von Natur befestigt, der Stapelplatz gelegen, der Hafen zweckmäßig sei, dort seine Residenz auf. Dieser Ort aber ist der Krümmung eines Theaters ähnlich. Daher wurde zuunterst zunächst am Hafen der Marktplatz angelegt. In der Mitte der aufsteigenden Krümmung und Umgürtung ist eine sehr breite Straße geführt, in deren Mitte das Mausoleum mit so vortrefflichen Kunstwerken geschmückt gebaut ist, dass es unter den sieben Weltwundern genannt wird[1]. Mitten auf der Höhe der Burg ist das Heiligtum des Ares mit einem Kolossalstandbild, dem sogenannten Akrolithos, von der berühmten Hand des Leochares gefertigt. Diese Bildsäule aber halten die einen für das Werk des Leochares[2], die andern für das des Timotheos[3]. An dem äußersten Flügel der Krümmung zur Rechten befindet sich das Heiligtum der Aphrodite und des Hermes unmittelbar neben der Quelle Salmakis.

[1] Nähere Beschreibungen davon bei Plinius (XXXVI. 4) und Philo (*De septem Spect.*) Bezüglich des Werkes selbst vgl. Newton, *Discoveries at Halicarnassus, Cnidus and Branchidae, Lond. 1862*, Fergusson, *The Mausoleum at Halicarnassus, Lond. 1862* und Urlichs, Skopas und seine Werke, 1863.

[2] Wahrscheinlich von Athen, zwischen Ol. 102–114 tätig, einer der Genossen des Skopas, fertigte den plastischen Schmuck der Westseite des Mausoleums. Auch sonst vielseitig beschäftigt.

[3] Ebenfalls Genosse des Skopas. Möglich, dass er mit Leochares gemeinsam an dem Ares gearbeitet.

12. Von dieser aber glaubt man fälschlich, dass sie diejenigen, welche aus ihr trinken, mit einer geschlechtlichen Krankheit behafte; ich werde es mir jedoch nicht verdrießen lassen auseinanderzusetzen, weshalb diese Meinung durch ein falsches Gerücht sich über den Erdkreis verbreitet hat. Denn das kann nicht sein, was gesagt wird, dass man durch dieses Wasser üppig und unzüchtig werde, sondern diese Quelle ist ihrer Eigenschaft nach ganz klar und von vorzüglichem Geschmack. Als aber Melas und Arevanias von Argos und Trözene aus eine gemeinschaftliche Kolonie an diesen Platz führten, vertrieben sie die barbarischen Karer und Leleger. Diese aber streiften, nachdem sie sich auf die Berge geflüchtet und zusammengeschart hatten, herum, und indem sie dort Räuberei trieben, verwüsteten sie grausam ihr Gebiet. Später schlug einer von den Ansiedlern bei jener Quelle wegen der Güte des Wassers, des Erwerbes halber, eine Bude mit allen Warenvorräten auf, und indem er dieses Geschäft betrieb, lockte er die Barbaren an. So wurden sie, einzeln herzulaufend und sich da zu Zusammenkünften vereinigend, umgewandelt und von ihrer harten und wilden Sitte freiwillig zur Lebensart und Gesittung der Griechen herübergeführt. Also hat dieses Wasser nicht als Ursache einer unzüchtigen Krankheit, sondern von der Milderung der Barbarengemüter durch die Anmut der Bildung einen solchen Ruf erlangt.

13. Es erübrigt nun noch, da ich mich einmal auf die Erörterung jener Anlagen eingelassen habe, das Ganze, so wie es ist, zu beschreiben. Denn wie auf der rechten Seite das Heiligtum der Venus und die oben beschriebene Quelle sich befinden, so steht auf dem linken Flügel der Krümmung die königliche Residenz, welche der König Mausolos nach seinen Plänen erbaute. Man überblickt

nämlich von ihr aus zur Rechten den Marktplatz und den Hafen und den ganzen Umkreis der Mauern; zur Linken einen gesonderten, unter den Bergen versteckten Hafen, sodass niemand das, was in demselben geschieht, zu sehen noch zu wissen vermag und sodass der König selbst von seiner Residenz aus den Ruderknechten und Soldaten ohne Mitwissen irgendeines andern das Nötige befehlen konnte.

14. Als daher nach dem Tod des Mausolos seine Gemahlin Artemisia regierte, liefen die Rhodier, unwillig darüber, dass ein Weib die Städte von ganz Karien beherrsche, mit einer Kriegsflotte aus, um sich dieses Reiches zu bemächtigen. Sobald dies der Artemisia gemeldet worden war, setzte sie die verborgene Flotte instand und hielt Ruderknechte und Seesoldaten versteckt; den übrigen Bürgern aber befahl sie, sich auf der Mauer einzufinden. Als aber die Rhodier mit ihrer gerüsteten Flotte in den größeren Hafen eingelaufen waren, befahl sie, ihnen von der Mauer aus Beifall zu klatschen und zu versprechen, dass sie die Stadt übergeben wollten, und als diese, die Schiffe leer zurücklassend, in das Innere der Stadt eingedrungen waren, führte Artemisia plötzlich durch einen künstlichen Kanal die Flotte aus dem kleineren Hafen in das offene Meer und steuerte so in den größeren Hafen hinein; die durch die Ausschiffung der Soldaten leere Flotte der Rhodier aber führte sie in die hohe See ab. Als so die Rhodier nichts mehr hatten, wohin sie sich zurückziehen konnten, wurden sie in der Mitte eingeschlossen und auf dem Marktplatz selbst niedergemetzelt.

15. Artemisia besetzte nun die Schiffe der Rhodier mit ihren Soldaten und Ruderknechten und fuhr nach Rhodos. Die Rhodier aber nahmen, als sie ihre Schiffe mit Lorbeer bekränzt herankommen sahen, in der Meinung,

dass ihre Bürger als Sieger zurückkehrten, die Feinde auf. Darauf errichtete Artemisia, nachdem sie Rhodos eingenommen und die hervorragendsten Bürger getötet hatte, in der Stadt Rhodos ein Denkmal ihres Sieges und ließ zwei eherne Standbilder machen, von welchen das eine die Stadt der Rhodier, das andere ihr eigenes Bild vorstellte, und ließ das Letztere so darstellen, wie es eben der Stadt der Rhodier das Sklavenzeichen aufdrückt. Deshalb aber haben später die Rhodier, durch religiöse Gewissenhaftigkeit gehindert, sie zu beseitigen, weil es ein Frevel ist, geweihte Siegeszeichen zu entfernen, rings um jenen Platz ein Gebäude aufgeführt und dies mit einer beständigen griechischen Wache gesperrt, damit jenes Denkmal niemand sehen könnte, und befohlen, das Gebäude Abaton (das Unzugängliche) zu nennen.

16. Da also Könige von so großer Macht, denen es sowohl durch ihre Einkünfte als auch öfter durch Beute zu Gebot stand, das Mauerwerk nicht bloß aus Bruch- oder Quadersteinen, sondern auch aus Marmor zu haben, die Ziegelmauern nicht verschmäht haben, so glaube ich nicht, dass man die Gebäude tadeln dürfe, welche aus Ziegelwerk hergestellt sind, wenn sie nur gehörig gedeckt sind[1]. Aber warum diese Art von dem römischen Volk in Rom nicht ausgeführt werden dürfe, will ich auseinandersetzen und die Ursachen und Gründe dafür anzugeben nicht unterlassen.

17. Die öffentlichen Gesetze gestatten an gemeinschaftlichen Mauern[2] keine größere Dicke als 1 ½ Fuß; die übrigen Wände aber werden, damit nicht der Raum zu eng wer-

[1] Die Erklärung von dem »richtig gedeckt« findet sich sogleich unten im nächsten Abschnitt (c. 8, 18).

[2] *communi loco*, zum Unterschied von den eigentlichen Scheidewänden, weil hier auch die gegen die Straße hin sehenden Mauern als in Berührung mit einem gemeinschaftlichen öffentlichen Platz verstanden sind.

de, von derselben Dicke aufgeführt. Ziegelmauern aber vermögen nur bei der Dicke von zwei oder drei Ziegellängen, nicht aber bei einer Dicke von 1 ½ Fuß, mehr als ein Stockwerk zu tragen. Bei dieser mächtigen Bedeutung Roms aber und bei der unendlichen Menge von Bürgern ist es notwendig, unzählige Wohnungen zu beschaffen. Da also das Erdgeschoss eine solche Menschenmenge zum Wohnen in der Stadt nicht mehr aufnehmen konnte, so zwang die Sache selbst zum Auskunftsmittel der Aufhöhung der Gebäude. Und so mit steinernen Pfeilern, Backsteinmauern und Bruchsteinwänden hoch aufgebaut und mit mehrfachen Balkenlagen und Bretterböden versehen, ermöglicht die Höhe der Gebäude die höchst nützliche Abteilung der Stockwerke. Da mithin der Stadtumkreis durch die verschiedenartigen Stockwerklagen nach der Höhe vervielfacht ist, so hat das römische Volk ohne Behinderung vortreffliche Wohnungen.

18. Es ist also hiermit der Grund angegeben, weshalb in Rom wegen der zwingenden Beschränktheit des ebenen Raumes Ziegelmauern nicht geduldet werden; wenn es aber außerhalb der Stadt nötig ist, sich dieser zu bedienen, so wird man es, damit sie, ohne schadhaft zu werden, ein hohes Alter erreichen, also zu machen haben. Zuoberst auf den Wänden soll nämlich unter den Dachziegeln Mauerwerk aus gebrannten Ziegeln in einer Höhe von ungefähr 1 ½ Fuß angebracht werden, und dieses soll eine vorspringende Krönung bilden; so werden die Schäden vermieden werden können, welche bei diesen Wänden einzutreten pflegen. Wenn nämlich Ziegelplatten auf dem Dach gebrochen oder vom Wind herabgeworfen sind, sodass es bei Platzregen durchregnen kann, so wird die Backsteinbrustwehr den Ziegel nicht beschädigen lassen, sondern durch den Vorsprung der Krönung die

Regentropfen außerhalb der senkrechten Wandlinie abwerfen und aus diesem Grund das Mauerwerk der Ziegelwände unversehrt bewahren.

19. Was aber den gebrannten Ziegel selbst betrifft, so kann niemand sogleich beurteilen, ob er für das Mauerwerk sehr gut oder schlecht sei, weil er erst dann, wenn er, dem stürmischen Wetter und der Sonnenhitze ausgesetzt, in der Ziegelhütte aufgestellt war, sich bewährt, ob er fest ist. Denn derjenige, welcher nicht aus gutem Ton oder zu wenig gebrannt ist, der wird dort durch die Berührung der Fröste und des Reifes sich als schlecht erweisen. Welcher also in den Ziegelhütten die Unbill der Witterung nicht wird auszuhalten vermögen, der kann auch im Mauerwerk nicht tüchtig sein, eine Last zu tragen. Deshalb werden die aus alten Dachziegeln gebauten Mauern eine besondere Festigkeit haben können[1].

20. Von dem Fachwerk aber wollte ich, es wäre gar nicht erfunden worden; denn wie viel es durch die Schnelligkeit (seiner Ausführung) und durch die Raumerweiterung nützt, zu so viel größerem und allgemeinerem Unglück gereicht es, weil es für Feuersbrünste gleichsam wie Fackeln geschaffen ist. Es scheint daher besser zu sein, durch die Kosten des Backsteinbaues in größeren Aufwand, als durch die Ersparnis beim Fachwerk in Gefahr versetzt zu sein. Auch macht es durch die Verteilung der aufrecht stehenden und der querliegenden Balken (Ständer und Riegel) Risse in dem Verputz; denn wenn sie überstrichen werden, schwellen sie, die Feuchtigkeit aufnehmend, an und ziehen sich dann während des Trocknens wieder zusammen, und so schwin-

[1] Ich verstehe unter den Worten *in tecto collocata* nicht die gewöhnliche, allerdings unpraktische Art, Ziegel zu erproben, dadurch, dass man sie erst aufs Dach legt. Ich verstehe vielmehr unter *tectum* hier die Ziegelhütte, die auch jetzt noch zumeist nur aus einem Dach besteht. Vgl. den Ausfall bei Schultz S. 14 ff. u. S. 33 ff.

dend, zerreißen sie die feste Schicht des Verputzes. Aber weil doch einige die Eile oder der Mangel oder die Notwendigkeit, in einem oberen Geschoss eine Wand zu ziehen, der keine Mauer des Untergeschosses entspricht, dazu zwingt, wird man es in folgender Weise machen müssen. Der Unterbau muss hoch aufgeführt werden, damit das Fachwerk mit der Estrichmasse und dem Fußboden außer Berührung ist, denn wenn das Fachwerk darin eingerammt ist, wird es mit der Zeit morsch, und dann sich senkend, neigt es sich und verunstaltet zerklüftend das Aussehen des Verputzes.

(IX.) Über die Wände und die Beschaffung des Materials derselben nach seinen Arten, welche gute und schlechte Eigenschaft sie haben, habe ich, soviel ich konnte, ausführlich gehandelt; nun aber werde ich über das Balkenwerk und die Holzarten desselben, über die Art und Weise der Zurichtung, damit sie bis zu hohem Alter dauerhaft bleiben, sowie die Natur der Sache darauf hinweist, mich erklären.

Neuntes Kapitel
Das Bauholz

1. Das Bauholz muss gefällt werden von Anfang des Herbstes bis zu der Zeit, unmittelbar ehe der Favonius (Westwind) zu wehen beginnt. Denn im Frühling werden alle Bäume (gleichsam) schwanger und geben alle ihnen eigentümlichen guten Eigenschaften an das Laub und die jährlich wiederkehrenden Früchte ab. Da sie also durch die notwendigen Verhältnisse jener Zeiten gehaltlos und aufgebläht sind, werden sie taub und durch ihre poröse

Beschaffenheit kraftlos, so wie auch die Körper der Weiber, wenn sie empfangen haben, bis zur Entbindung nicht als unversehrt erachtet werden und auch beim Sklavenkauf im Zustand der Schwangerschaft nicht für gesund gelten, deshalb, weil die im Körper wachsende Leibesfrucht von allen Kräften der Speise die Nahrung an sich zieht und, je stärker sie gegen die Geburtsreife hin wird, desto weniger den Körper, aus welchem sie selbst geboren wird, im strammen Zustand lässt. Nach der Entbindung nun zieht er, nachdem das, was vorher für ein anderes Wachstum entzogen wurde, durch die Lostrennung der Geburt wieder frei geworden ist, den Saft durch die leere und offene Porosität des Körpers saugend wieder an sich, wird so wieder stramm und kehrt zu seiner früheren natürlichen Festigkeit zurück.

2. Aus demselben Grund erholen sich die Bäume, wenn in der Herbstzeit nach der Reife der Früchte das Laub welkt, aus der Erde durch die Wurzeln den Saft in sich aufnehmend, wieder und werden zu ihrer alten Festigkeit hergestellt. Anderseits aber zieht sie die Kraft der Winterluft während der oben beschriebenen Zeit zusammen und festigt sie. Wenn man also aus dem Grund um die oben angegebene Zeit das Bauholz fällt, so wird es rechtzeitig gefällt sein.

3. Man muss es aber so fällen, dass man in die Dicke des Baumes bis mitten in den Kern einschneide und ihn dann stehen lasse, damit der Saft dadurch tropfenweise heraustrockne. Wenn nun so die unnütze Flüssigkeit, die sich im Innern befindet, durch den Splint[1] abfließt, muss nicht der Saft in demselben absterben und die Eigenschaft des Bauholzes verderben. Dann aber, wenn der

[1] Die rings umlaufende weichere Holzschicht zwischen dem Kern und der Rinde.

Baum trocken ist und nicht mehr tropft, dann soll er vollends gefällt werden und wird so am besten für den Gebrauch sein.

4. Dass dies sich so verhält, kann man auch an den Baumpflanzungen beobachten; denn wenn die Bäume derselben jeder zu seiner Zeit durch Einbohren bis in das Innerste geschnitten werden, lassen sie die überflüssige und schädliche Flüssigkeit, welche sie in sich haben, durch die Bohrlöcher ausfließen, und so trocknend, erlangen sie lange Dauer. Die Feuchtigkeit aber, welche keinen Ausweg aus den Bäumen hat, gerät, sich verdichtend, innerhalb in Fäulnis und macht sie hohl und schadhaft. Wenn also die stehenden und grünen Bäume durch das Austrocknen nicht absterben, so werden sie ohne Zweifel, wenn sie zu Bauholz gefällt werden, nachdem sie auf diese Weise behandelt worden sind, bei Gebäuden bis zu hohem Alter großen Nutzen gewähren können.

5. Die Bäume aber haben voneinander abweichende und unähnliche Eigenschaften, wie die Eiche, die Ulme, die Pappel, die Zypresse, die Tanne und die übrigen, welche besonders für Bauten geeignet sind. Denn die Eiche leistet nicht das, was die Tanne, die Zypresse nicht das, was die Ulme leistet, noch haben die übrigen von der Natur dieselben unter sich ähnlichen Beschaffenheiten, sondern die einzelnen Arten gewähren bei den Bauwerken, je nach ihrer eigentümlichen Zusammensetzung der Grundstoffe, einen von einer andern Art verschiedenen Erfolg.

6. Und was fürs Erste die Tanne betrifft, so ist sie, da sie sehr viel Luft und Feuer und sehr wenig Feuchtigkeit und Erdiges enthält, mithin von Natur aus von leichtern Grundstoffen gebildet ist, nicht schwer von Gewicht. Und so in natürlicher Starrheit gespannt, wird sie nicht leicht von einer Last gebogen, sondern verbleibt gerade im Bal-

kenwerk, aber weil sie viel Wärme in sich hat, erzeugt und nährt sie den Holzwurm und wird durch diesen beschädigt; deshalb gerät sie auch schnell in Brand, weil in ihrem Körper Luftporen enthalten sind, und sowie diese offen stehen, sie Feuer fangen und auf diese Weise in einen heftigen Brand ausschlagen.

7. Der Teil der Tanne aber, welcher vor der Fällung der Erde zunächst ist, wird, durch die Wurzeln aus der unmittelbaren Nähe die Feuchtigkeit empfangend, knorrenfrei und glatt. Der obere Teil dagegen, welcher infolge der heftigen Wärme durch die Knorren die Äste in die Luft getrieben, wird, in einer Höhe von ungefähr zwanzig Fuß abgeschnitten und behauen, wegen der Härte der Verknorrung das Knüppelholz genannt. Der unterste Teil von demselben Baum aber wird, nach der Fällung vierfach gespalten mit Beseitigung des Splintes, wie das Knüppelholz zu äußeren, so dies zu Tischlerarbeiten verwendet und Schaftstück genannt.

8. Die Eiche aber hat im Gegenteil von den Grundstoffen eine übermäßige Sättigung an Erdigem und nur wenig Feuchtigkeit, Luft und Feuer; sie ist deshalb, wenn sie bei Erdarbeiten eingerammt wird, unendlich ausdauernd; sie kann aber, wenn sie von der Feuchtigkeit berührt wird, in Ermangelung der porösen Löcher wegen ihrer Dichtigkeit die Flüssigkeit nicht in sich aufnehmen, sondern, vor der Feuchtigkeit weichend, widersteht sie und krümmt sich und bewirkt, dass diejenigen Bauwerke, in denen sie angebracht ist, Risse bekommen.

9. Die Wintereiche (oder Speiseiche) ist, da sie von allen Grundstoffen einen gemäßigten Anteil hat, bei Bauten von großem Nutzen, aber wenn sie der Feuchtigkeit ausgesetzt ist, wird sie, durch ihre Öffnungen die Flüssigkeit durch und durch aufnehmend, nachdem Luft und Feuer

ausgetrieben sind, durch die Einwirkung des feuchten Grundstoffes schadhaft.

Die Zerreiche (Zirneiche) und die Buche, welche eine gleichmäßige Mischung von Feuchtigkeit, Feuer und Erdigem, am meisten an Luft enthalten, werden, durch ihre Poren die Feuchtigkeit durch und durch aufnehmend, schnell morsch.

Die weiße und schwarze Pappel, ferner die Weide, die Linde, das Keuschlamm scheinen dadurch, dass sie mit Feuer und Luft gesättigt sind, während sie einen mäßigen Anteil Feuchtigkeit, aber wenig Erdiges haben, weil sie in einem leichteren Mischungsverhältnis zusammengesetzt sind, im Gebrauch eine vorzügliche Starrheit zu besitzen. Während sie also nicht hart sind durch die Beimischung des Erdigen, sind sie wegen ihrer porösen Beschaffenheit weißlich glänzend und gewähren bei Schnitzwerken eine bequeme Bearbeitung.

10. Die Erle aber, welche zunächst an den Flussufern gedeiht und ein am wenigsten nützliches Bauholz zu sein scheint, hat doch vortreffliche Eigenschaften in sich. Denn sie ist aus sehr viel Luft und Feuer zusammengemischt, aus nicht viel Erdigem und wenig Feuchtigkeit. Daher stirbt sie, in sumpfigen Gegenden unter den Grundmauern in dichtem Pfahlwerk eingerammt, in aller Zukunft nicht ab, erträgt ungeheure Lasten von Mauerwerk und erhält es ohne Schaden. So ist dieser Baum, welcher über der Erde nur kurze Zeit bestehen kann, in Feuchtigkeit versenkt von unvergänglicher Dauer.

11. Man kann dies aber besonders zu Ravenna sehen, weil dort alle, sowohl die öffentlichen als die Privatbauten, unter den Grundmauern Pfähle dieser Art haben.

Die Ulme aber und die Esche haben sehr viel Feuchtigkeit und sehr wenig Luft und Feuer, während die Beimischung des Erdigen in ihrer Zusammensetzung mäßig ist. Sie sind, wenn sie für Bauwerke gezimmert werden, zäh und haben wegen des Überflusses an Feuchtigkeit keine Starrheit und krümmen sich schnell. Sobald sie aber durch Alter trocken geworden sind oder sobald, wenn sie auf freiem Feld angeschnitten wurden, der Saft, welcher in ihnen enthalten ist, abstirbt, während sie noch stehen, werden sie härter und gewinnen bei Verbindungen und Zusammenfügungen durch ihre Zähigkeit eine feste Verklammerung.

12. Ferner die Hagebuche (Hainbuche) ist, weil sie nur einen sehr geringen Mischungsanteil an Feuer und Erdigem hat, aber von dem höchsten Mischungsgrad von Luft und Feuchtigkeit gebildet wird, nicht brüchig, sondern ist für die Verarbeitung überaus nützlich. Daher nennen sie auch die Griechen, weil sie aus diesem Holz die Joche für das Zugvieh machen, welche Joche bei ihnen Zyga heißen, Zygia. Nicht weniger ist es auch von der Zypresse und der Kiefer zu verwundern, dass sie, indem sie einen Überfluss an Feuchtigkeit und eine gleichmäßige Mischung der übrigen Grundstoffe haben, wegen der Sättigung an Feuchtigkeit in Bauwerken sich zu krümmen pflegen, aber bis zu hohem Alter sich unbeschädigt erhalten, weil nämlich die Flüssigkeit, welche ihr Inneres ganz und gar durchdringt, einen bitteren Geschmack hat, welcher wegen seiner Schärfe weder Fäulnis noch jene Tierchen, die schädlich sind, eindringen lässt. Und so verbleiben die Bauwerke, welche aus diesen Holzarten errichtet werden, in ewiger Dauerhaftigkeit.

13. Die Zeder ferner und der Wachholder haben dieselben guten Eigenschaften und denselben Nutzen, wie aber aus der Zypresse und Kiefer das Harz, so entsteht aus der Zeder ein Öl, welches Cedreum genannt wird, und

wenn damit außer anderen Gegenständen auch Bücher benetzt wurden, so werden sie von Würmern und Moder nicht verletzt. Das Laubwerk dieses Baumes ist ähnlich dem der Zypresse, das Bauholz hat gerade Adern. Das Bildnis der Diana[1] im Tempel zu Ephesos, auch die getäfelte Decke sowohl dort als in andern berühmten Heiligtümern, sind wegen der ewigen Dauer aus diesem Holz gemacht. Es wachsen aber diese Bäume hauptsächlich in Kreta, Afrika und in einigen Gegenden Syriens.

14. Der Lärchenbaum aber, welcher nur den Munizipalbürgern, welche rings um die Ufer des Flusses Padus und an den Küsten des adriatischen Meeres wohnen, bekannt ist, wird nicht bloß wegen der heftigen Bitterkeit seines Saftes von Fäulnis und Holzwurm nicht beschädigt, sondern nimmt auch vom Feuer die Flamme nicht an, noch kann er für sich selbst brennen, außer er wird, wie der Stein im Ofen, um Kalk daraus zu brennen, von anderem Holz verbrannt, und auch dann nimmt er die Flamme nicht an, noch lässt er Kohle zurück, sondern wird in langer Zeit endlich ganz verzehrt. Weil von den Grundstoffen der Mischungsanteil an Feuer und Luft nur sehr gering und er durch Feuchtigkeit und Erdiges dicht gefestigt ist, so hat er keine Löcheröffnungen, durch welche das Feuer eindringen könnte, wirft daher dessen Gewalt zurück und lässt sich von ihm nicht schnell beschädigen; wegen seines Gewichtes wird er vom Wasser nicht getragen, sondern wenn er auf diesem Weg fortgeschafft wird, lädt man ihn auf Schiffe oder Flöße von Tannenholz.

15. Wie aber dieses Bauholz entdeckt worden sei, das ist der Mühe wert zu erfahren. Als der göttliche Cäsar ein Heer in der Alpengegend hatte und die Städte angewiesen

[1] Andere behaupten, dass es von Ebenholz sei, Mucianus sagt, es sei von Rebholz. Plin. XVI. 40, 79.

hatte, Zufuhr zu leisten, war denn auch dort eine befestigte Ortschaft, welche Larignum genannt wurde; da wollten die Bewohner derselben, auf die natürliche Festigkeit des Platzes pochend, dem Befehl nicht Folge leisten. Deshalb ließ der Feldherr die Truppen gegen sie heranrücken. Es war aber vor dem Tor jener Veste ein Turm aus diesem Holz mit abwechselnden Lagen quer liegender Balken, wie ein Scheiterhaufen unter sich verbunden, hoch aufgeführt, sodass sie von oben mit Pfählen und Steinen die Hinansteigenden zurücktreiben konnten. Als man aber bemerkte, dass sie keine andern Wurfgeschosse hatten als die Pfähle und diese wegen ihres Gewichtes nicht weiter von der Mauer weggeschleudert werden könnten, da wurde der Befehl gegeben, Reisigbündel und brennende Fackeln im Anrücken auf jene Befestigung zu werfen. Und so brachten sie die Soldaten schnell zusammen.

16. Nachdem nun die Flamme rings um jenen Holzbau die Reiser ergriffen hatte und sich zum Himmel erhob, bewirkte sie die Meinung, dass man bereits den ganzen Bau für zusammengestürzt hielt. Als aber die Flamme von selbst erloschen war und sich gelegt, der Turm aber sich als unversehrt gezeigt hatte, da befahl Cäsar, die Belagerten außerhalb Schussweite mit einem Wall einzuschließen. Nachdem daher, durch Furcht gezwungen, die Einwohner sich ergeben hatten, wurde gefragt, woher jenes Holz wäre, welches vom Feuer nicht verletzt würde. Da zeigten sie ihm jene Bäume, deren es vorzüglich in diesen Gegenden eine Menge gibt, und deshalb wurde auch jene Veste Larignum und das Bauholz Larigna (Lärchenholz) genannt. Dieses aber wird auf dem Po nach Ravenna geschafft und in der Kolonie Fanum, zu Pisaurum, Ancona und in den übrigen Munizipalstädten dieser Gegend abgesetzt. Wenn leicht Möglichkeit wäre, dieses Bauholz nach Rom zu schaffen, so

würde man davon bei Bauwerken den größten Nutzen haben, und wenn auch nicht in allem, so würden doch, wenn das Bretterwerk in den Dachvorsprüngen rings um die Häuserkomplexe von diesem Holz gelegt wäre, die Häuser von der Gefahr der Fortpflanzung der Feuersbrünste befreit sein, weil diese weder von der Flamme noch von glühender Kohle ergriffen werden.

17. Es haben aber diese Bäume der Kiefer ähnliche Nadeln, das Bauholz derselben ist langstämmig, für feine Tischlerarbeit nicht minder tauglich, wie das Schaftholz der Tannen, und hat ein flüssiges Harz von der Farbe des attischen Honigs, welches auch den Schwindsüchtigen zur Heilung dient.

(X.) Was nun die einzelnen Holzarten betrifft, so habe ich auseinander gesetzt, mit welchen Eigentümlichkeiten sie von Natur ausgestattet zu sein scheinen und auf welche Weise sie entstehen; es folgt nun die Betrachtung, wie es kommt, dass die in Rom sogenannte Obermeertanne die schlechtere ist und die sogenannte Untermeertanne einen vorzüglich nützlichen Gebrauch für die Dauer gewährt, und ich werde nun darüber, weshalb sie je nach den Eigentümlichkeiten ihrer Gegenden schlechte oder gute Eigenschaften besitzen, eingehender sprechen, damit dies den Beobachtern verständlicher sei.

Zehntes Kapitel

Die Obermeer- und die Untermeertanne

1 Die ersten Wurzeln des Apenningebirges erheben sich von dem tyrrhenischen Meer zwischen den Alpen und dem äußersten Gebiet von Etrurien. Der Rücken dieses

Gebirges aber reicht, sich herumziehend und in der Mitte seiner Krümmung fast die Küsten des adriatischen Meeres berührend, auf Umwegen bis an die Meerenge (von Sizilien). Daher ist die diesseitige Krümmung, welche gegen das Gebiet von Etrurien und Kampanien abdacht, von sonniger Beschaffenheit, denn sie ist nach dem Lauf der Sonne einem immerwährenden Sonnenbrand ausgesetzt, die jenseitige aber, welche sich gegen das obere Meer neigt, wird, als der nördlichen Himmelsgegend zugewendet, immerwährend in Schatten und Dunkelheit gehalten. Daher gedeihen die Bäume, welche auf dieser Seite wachsen, durch den feuchten Einfluss genährt, nicht bloß selbst zu ungeheurer Größe, sondern es schwellen auch ihre Adern, durch eine Menge von Feuchtigkeit angefüllt, an und werden vom Überfluss an Flüssigkeit gesättigt. Wenn sie aber, gefällt und behauen, ihre Lebenskraft verloren haben, werden sie dadurch, dass die Steifheit der Adern fortbesteht, wegen ihrer Porosität leer und schwindend und können deshalb bei Bauten keine Dauerhaftigkeit haben.

2. Die aber, welche in Gegenden, die dem Lauf der Sonne zugewandt sind, wachsen, werden, da sie in den Zwischenräumen der Adern nicht porös sind, durch die Dürre ausgesogen, fest, weil die Sonne nicht bloß aus der Erde, sondern auch aus den Bäumen die Feuchtigkeit herauszieht. Und so sind sie in sonnigen Gegenden durch die dichte Häufigkeit der Adern fest, indem sie nicht infolge der Feuchtigkeit porös sind, und wenn diese als Bauholz behauen werden, leisten sie bis zu hohem Alter sehr nützliche Dienste. Deshalb sind die Untermeertannen, weil sie aus sonnigen Gegenden beschafft werden, besser als die Obermeertannen, welche aus schattigen Gegenden herbeigeführt werden.

3. Soweit es mir selbst bewusst ist, habe ich in Betreff der Baumaterialien auseinandergesetzt, welche nötig sind zur Ausführung von Gebäuden und nach welchen Maßverhältnissen sie von Natur die Mischung der Grundstoffe zu haben scheinen und welche guten und schlechten Eigenschaften in den einzelnen Arten enthalten seien, damit dies denen, welche bauen, nicht unbekannt sei. So werden diejenigen, welche die Vorschriften dieses Lehrbuchs befolgen können, besser beraten sein und werden bezüglich der Anwendung der einzelnen Arten bei den Bauten die rechte Wahl treffen können. Da nun also von der Beschaffung der Baumittel gehandelt ist, wird in den übrigen Büchern von den Gebäuden selbst ausführlich gesprochen werden, und zwar werde ich zuerst in dem folgenden Buch von den heiligen Tempeln der unsterblichen Götter und deren symmetrischem Verhältnis, wie es die Anordnung erfordert, das Nähere schreiben.

Drittes Buch

Vorwort

1. Der delphische Apollo erklärte den Sokrates durch die Orakelsprüche der Pythia für den weisesten aller Menschen. Dieser soll aber den einsichtsvollen und höchst weisen Ausspruch gemacht haben, dass die Brust der Menschen gleichsam mit Fenstern versehen und offen sein sollte, damit die Gesinnung, welche sie enthalte, nicht verborgen wäre, sondern der Beschauung offen stünde. O hätte sie doch die Natur, seinem Ausspruch folgend, in sichtbarer Entfaltung gebildet. Denn wenn es so wäre, so würden nicht bloß die lobenswürdigen oder tadelnswerten Eigenschaften der Seele sogleich in die Augen springen, sondern auch die wissenschaftlichen Kenntnisse würden, dem unmittelbaren Augenschein unterworfen, nicht durch unsichere Urteile anerkannt werden, sondern auch den Gelehrten und den Männern von Fach würde daraus ein hervorragendes und ständiges Ansehen erwachsen. Weil indessen dies nicht so, sondern wie die Natur es gewollt hat, eingerichtet ist, so wird es auch nicht ermöglicht, dass die Menschen, da die geistige Begabung unter der Brust verdeckt ist, die Beschaffenheit der im Innern verborgenen künstlerischen Kenntnisse beurteilen können. Auch die Künstler selbst, welche sich als ihres Faches kundig erklären, können, wenn sie nicht vermöglich sind oder durch das Alter ihrer Werkstätten Ruf haben oder auch nicht durch Volksgunst und Beredsamkeit beglückt sind, kein ihren fleißigen Studien angemessenes Ansehen haben, sodass man ihnen glaubte, dass sie des Faches kundig seien, zu welchem sie sich bekennen.

2. Dies können wir aber besonders an den alten Bildhauern und Malern bemerken, weil von diesen diejenigen, welche einen hervorstechenden Rang und die Gunst der Empfehlung hatten, in ewigem Gedächtnis der Nachwelt verbleiben, wie Myron, Polyklet, Phidias, Lysippos und die übrigen, welche durch ihre Kunst zur Berühmtheit gelangt sind. Denn da sie für große Freistädte oder Könige oder vornehme Bürger Kunstwerke schufen, erreichten sie so dieses Ziel. Aber diejenigen, deren Eifer, Begabung und Geschicklichkeit nicht geringer war als bei jenen berühmten Künstlern und welche Bürgern niedrigen Ranges Kunstwerke von nicht minder trefflicher Vollendung bildeten, haben keinen Nachruhm erlangt, nicht weil es diesen an Fleiß noch an Geschicklichkeit in ihrer Kunst, sondern weil es ihnen an Glück gefehlt hat, wie der Athener Hellas, der Korinther Chion[1], der Phokäer Myagros[2], der Ephesier Pharax, der Byzantiner Bedas[3] und auch noch mehrere andere. Nicht minder auch die Maler, wie der Thasier Aristomenes, der Adramytier Polykles Nikomachos[4] und die übrigen, welchen es weder an Fleiß noch an Kunsteifer, noch an Geschicklichkeit mangelte, deren Künstlerrang jedoch entweder häusliche Dürftigkeit oder Mangel an Glück oder im Wettstreit die überlegene Stellung der Gegner im Weg stand.

3. Doch ist es nicht zu verwundern, wenn durch Unkenntnis künstlerische Vorzüge verdunkelt werden; aber es muss höchlich entrüsten, wenn auch oft selbstsüchtige

[1] Vielleicht identisch mit dem Korinther Chionis, der an einem delphischen Weihgeschenk, den Dreifußraub darstellend, arbeitete. Pausanias X. 13, 4.

[2] Wird auch von Plinius XXXIV. 91 als Erzbildner und als bekannt durch Standbilder von Athleten, Bewaffneten, Jägern und Opfernden erwähnt.

[3] Nicht zu verwechseln mit Boedas, dem Sohn und Schüler des Lysippus.

[4] Vielleicht derselbe, von welchem auch anderwärts (Antipater Thessalon, Annal. II. 114. n. 22) ein Gemälde erwähnt wird.

Schmeichelei vom wahren Urteil zu falscher Anerkennung führt. Wenn daher, wie es dem Sokrates gefiel, Empfindungen und Gesinnung und die durch verschiedene Wissenschaftszweige vermehrten Fachkenntnisse sichtbar durchscheinen würden, so gälte weder Beliebtheit noch Gunstbuhlerei, sondern wer immer durch wahrhafte und bestimmte wissenschaftliche Arbeiten zur höchsten Fachkunde gelangt ist, dem würden von freien Stücken die Kunstwerke übertragen. Weil aber nun jene nicht offenbar und nicht sichtbar vor Augen sind, wie wir glauben, dass es sein sollte, und ich bemerke, dass vielmehr die Unausgebildeten höher in Gunst stehen als die Gebildeten, so werde ich, da ich es nicht für passend erachte, mich mit den Ungebildeten in einen Wettstreit einzulassen, lieber durch die Herausgabe dieses Lehrbuches die Trefflichkeit unserer Fachkunde zeigen.

4. Deshalb habe ich dir, o Imperator, im ersten Buch über die Kunst und welche Eigenschaften sie habe und mit welchen Wissenschaftszweigen ein Baumeister ausgestattet sein müsse, ausführlich gesprochen und die Gründe eingeflochten, warum er in diesen erfahren sein müsse, habe das Wesen der gesamten Architektur durch Einteilung zergliedert und begrifflich dargelegt. Dann habe ich, was das Erste und Notwendige war, auf wissenschaftlicher Grundlage auseinandergesetzt, wie für den Mauerring gesunde Plätze ausgewählt werden, und durch geometrische Figuren gezeigt, welche Winde es gibt und aus welchen Gegenden die einzelnen wehen, habe gelehrt, wie die Verteilung der Straßen und Häuserreihen untadelhaft ausgeführt werde, und habe so das erste Buch abgeschlossen.

5. Ferner im zweiten Buch habe ich vom Baumaterial gehandelt, von den Vorteilen, die es beim Bauen hat, und

von den Eigenschaften, mit welchen es von der Natur ausgestattet sei. Jetzt im dritten Buch werde ich von den Tempeln der unsterblichen Götter sprechen und entwickeln, wie sie angelegt sein müssen.

Erstes Kapitel

Woher die symmetrischen Verhältnisse auf die Tempel übertragen sind

1. Die Anlage der Tempel beruht auf den symmetrischen Verhältnissen, deren Gesetze die Baukünstler auf das Sorgfältigste innehaben müssen. Diese aber entstehen aus dem Ebenmaß (Proportion), welches von den Griechen Analogia genannt wird. Proportion ist die Zusammenstimmung der entsprechenden Gliederteile im gesamten Werk und des Ganzen, woraus das Gesetz der Symmetrie hervorgeht. Denn es kann kein Tempel ohne Symmetrie und Proportion in seiner Anlage gerechtfertigt werden, wenn er nicht, einem wohlgebildeten Menschen ähnlich, ein genau durchgeführtes Gliederungsgesetz in sich trägt.

2. Denn die Natur hat den Körper des Menschen so gebildet, dass das Angesicht von dem Kinn bis zu dem oberen Ende der Stirn und den untersten Haarwurzeln den zehnten Teil (der ganzen Körperlänge) ausmacht; das Gleiche ebenso viel die Fläche der Hand vom Handgelenk bis zum Ende des Mittelfingers, der Kopf vom Kinn bis zum höchsten Punkt des Scheitels den achten Teil, ebenso viel vom unteren Ende des Nackens aus, vom oberen Ende der Brust bis zu den untersten Haarwurzeln den sechsten, bis zum höchsten Scheitelpunkt um den vierten

Teil der Gesichtslänge mehr[1]. Von der Höhe des Gesichtes selbst aber ist vom Kinnende bis zum unteren Ende der Nase ein Dritteil, ebenso viel beträgt die Nase von ihrem unteren Ende bis zu dem in der Mitte der Augenbrauen; von diesem Endpunkt bis zu den untersten Haarwurzeln, wo die Stirn gebildet wird, ist gleichfalls ein Dritteil. Der Fuß aber misst den sechsten Teil der Körperhöhe, der Vorderarm den vierten, die Brust gleichfalls den vierten Teil[2]. Auch die übrigen Glieder haben ihre Maßverhältnisse, deren sich auch die alten angesehensten Maler und Bildhauer bedient und dadurch großen und endlosen Ruhm erlangt haben.

3. In ähnlicher Weise aber müssen die Glieder der Tempel in Hinsicht auf die Gesamtmasse der ganzen Größe in den einzelnen Teilen Maßverhältnisse haben, die sich einander in vollkommenster Übereinstimmung entsprechen. Der Mittelpunkt des Körpers ferner ist von Natur der Nabel. Denn wenn ein Mensch mit ausgespannten Händen und Füßen auf den Rücken gelegt wird und man den Zirkelmittelpunkt in seinen Nabel einsetzt, so werden, wenn man die Kreislinie beschreibt, von den beiden Händen und Füßen Finger und Zehen von der Linie berührt. Ebenso wie die Figur eines Kreises an dem Körper dargestellt wird, so wird auch die eines Quadrates an ihm gefunden. Denn wenn man vom unteren Ende der Füße bis zur Scheitelhöhe misst und dieses Maß auf die ausge-

[1] Die Handschriften und meisten Ausgaben geben *quartae* (den vierten Teil). Da dies unmöglich ist, indem nach Vitruv selbst die Höhe von den Haarwurzeln an der Stirn bis zum Scheitel ein Vierzigstel und nicht ein Zwanzigstel der Körperlänge beträgt, so ist eine Änderung unerlässlich. Macht man aus dem Vierteil ein Fünfteil, so wird auch hier die Differenz zu groß und beträgt ein Dreißigstel. Marini nimmt daher an, es seien einige Worte ausgefallen, und gibt statt *ad summum verticem quartae* – *ad summum verticem, tantumdem et oris quartae*.

[2] Von einer Achsel zur andern.

spannten Hände überträgt, so wird man dieselbe Breite wie Höhe finden, wie dies bei Flächen ist, die nach dem Winkelmaß quadratisch gemacht sind.

4. Wenn daher die Natur den Körper des Menschen so gebildet hat, dass die Glieder seiner ganzen Gestalt in bestimmten Verhältnissen entsprechen, so scheinen die Alten mit Grund es so festgesetzt zu haben, dass sie auch bei der Ausführung von Bauwerken ein genaues Maßverhältniss der einzelnen Glieder zu der ganzen äußeren Gestalt beobachten. Wie sie daher bei allen Bauwerken Ordnungsvorschriften überlieferten, so taten sie es besonders bei den Tempeln der Götter, bei welchen Werken Vorzüge und Mängel ewig zu sein pflegen.

5. Ebenso haben sie die Grundmaße, welche bei allen Bauwerken notwendig zu sein scheinen, von den Gliedern des Körpers hergenommen, wie den Zoll (Finger), Palm (Handfläche), Fuß, die Elle (Ellenbogen, Vorderarm), und haben sie, eine vollkommene Zahl, welche die Griechen Teleion nennen, zugrunde legend, eingeteilt. Als vollkommene Zahl aber haben die Griechen festgesetzt, was man zehn nennt, denn von den Händen ist die Zehn-Zahl der Zolle (Finger) und von den Zollen der Palm und von dem Palm der Fuß erfunden. Wie aber nach den Gliedern der beiden Handflächen zehn die vollendete Zahl ist, so billigt auch Plato diese Zahl als die vollendete, deshalb, weil die Zehnheit aus den einzelnen Fingern, welche bei den Griechen Monades heißen, entsteht. Sobald ihrer aber elf oder zwölf geworden sind, so können sie, weil sie dieselben überschreiten, keine vollkommene Zahl mehr sein, bis sie zu einem anderen Zehner gelangen, denn die einzelnen Dinge sind Teile jener Zahl.

6. Die Mathematiker aber, damit nicht einverstanden, haben gesagt, dass die Zahl, welche sechs genannt wird,

die vollkommene sei, deshalb, weil diese Zahl eine Gliederung hat, die ihrem auf der Sechszahl beruhenden Rechnungssystem entspricht; so finden sie in Eins einen Sextans (1/6), in Zwei einen Triens (1/3), in Drei einen Semissis (1/2), in Vier einen Bes (2/3), welchen die Griechen Dimoiros nennen, in Fünf den Quintarius, welchen die Griechen Pentamoiros nennen, in Sechs das Vollkommene. Wenn es zur Verdoppelung hinwächst, so finden sie durch Hinzufügung von Eins zu den Sechs den Ephektos (1 1/6), ist es durch Hinzufügung von einem Drittel Acht geworden, den Adterlianus[1] (1 1/3), welcher Epitritos genannt wird, ist durch Hinzufügung der Hälfte Neun entstanden, den Sesquialter (1 1/2), der Hemiolos genannt wird, ist durch Hinzufügung von zwei Dritteln der Zehner entstanden, den Besalter (1 2/3), welchen jene Epidimoiros nennen; in der Zahl Elf, weil fünf hinzugefügt sind, den Adquintarius[2] (1 5/6), welchen sie Epipemptos[3] nennen; Zwölf aber nennen sie, weil es aus zwei einfachen Zahlen gebildet ist, Diplasion (das Zweifache).

7. Nicht minder haben sie auch deshalb, weil der Fuß den sechsten Teil der Höhe des Menschen ausmacht und folglich durch eine Anzahl von sechs Fuß die Höhe des Körpers bestimmt wird, diese Zahl als die vollkommene aufgestellt und wahrgenommen, dass auch die Elle aus sechs Palmen (Handbreiten) und vierundzwanzig Zollen bestehe. Mit Bezugnahme darauf scheinen es auch die

[1] Schneider, nach einer von Salmasius angeblich in einer alten Handschrift gefundenen Lesart. Marini gibt nach Rodes übrigens unvollkommenem Vorgang *tertiarium alterum*, nach Analogie der folgenden römischen Benennungen. Es ist nicht unwahrscheinlich, dass dieses *alterum* in dem *autem* der *Codd. Sulp. Guelf. Wrat.* zu suchen sei.

[2] Die Handschriften geben wieder nur *quintarium*.

[3] Schneider nach den Handschriften. Mehrere Herausgeber sehen dafür ἐπιπεντάμοιϱον nach Analogie des obigen πεντάμοιϱον und finden in der Schreibweise der Mss. nur eine Kontraktion.

Staaten der Griechen getan zu haben, dass sie, wie die Elle aus sechs Palmen besteht, bei der Drachme, deren sie sich als Münze bedienen, in gleicher Weise sechs Kupfermünzen, wie etwa die Asse, welche sie Obolen nennen, und im Anklang an die Zolle Viertel-Obolen, welche die einen Dichalka, andere Trichalka nennen, vierundzwanzig auf eine Drachme eingeführt haben.

8. Unsere Ahnen aber haben zuerst die alte Zahl angenommen und zehn Kupfermünzen auf einen Denar eingeführt, und daher behält der Denar bis auf den heutigen Tag seine Benennung; auch nannten sie den vierten Teil, weil er aus dritthalb Ass bestand, Sestertius. Nachdem sie aber später wahrnahmen, dass beide Zahlen, sowohl sechs als zehn, vollkommen seien, fügten sie beide in eine zusammen und machten Sechzehn zur vollkommensten. Als Beleg dafür stellten sie den Fuß hin; denn wenn man von der Elle zwei Handbreiten wegnimmt, so bleibt ein Fuß von vier Handbreiten übrig, die Handbreite aber hat vier Zoll, und so geht daraus hervor, dass der Fuß sechzehn Zoll und der Denar in Kupfer ebenso viel Asse habe.

9. Wenn man also einig ist, dass die Zahl nach den Gliedern der Menschen erfunden worden sei und dass von den gesonderten Gliedern ein der gesamten Körpergestalt entsprechendes Maßverhältnis eines bestimmten Teiles bestehe, so folgt daraus, dass wir diejenigen bewundern müssen, welche auch bei der Errichtung der Tempel der unsterblichen Götter die Glieder ihres Werkes so geordnet haben, dass durch Proportion und Symmetrie ihre Gliederung gesondert und im Ganzen betrachtet sich einheitlich entwickelte.

Zweites Kapitel

Die sieben Tempelgattungen

1. Die Hauptgattungen der Tempel nun, auf welchen ihre äußere Gestalt beruht, sind folgende: der Antentempel, welcher auf Griechisch Naos en Parastast (Pfeilertempel), dann der Prostylos, der Amphiprostylos, der Peripteros, der Pseudodipteros, der Dipteros und der Hypäthros. Diese aber werden in folgender Art hergestellt.

2. Ein Tempel wird ein Antentempel sein, wenn er an der Stirnseite vorspringende Pfeiler hat an den die Cella umschließenden Wänden und zwischen den Pfeilern in der Mitte zwei Säulen und darüber einen Giebel nach den symmetrischen Verhältnissen errichtet, welche sich in diesem Buch beschrieben finden werden. Ein Beispiel davon aber wird auf dem Platz zu den drei Fortunen von den dreien derjenige Tempel sein, welcher zunächst am collinischen Tor liegt[1].

3. Der Prostylos hat alles wie der Antentempel, aber zwei Ecksäulen den Pfeilern gegenüber und darüber ein Gebälk wie am Antentempel und je ein Stück auch noch rechts und links, da, wo es sich (gegen die Langseiten)

[1] Wir fügen als Beispiel den Grundplan des kleinen dorischen Tempels der Themis zu Rhamnus bei. Nach Art des Amphiprostylos gab es auch Tempel mit Antenbildung auf der Front- und Rückseite, wie z. B. der kleine dorische Tempel vor den Propyläen von Eleusis.

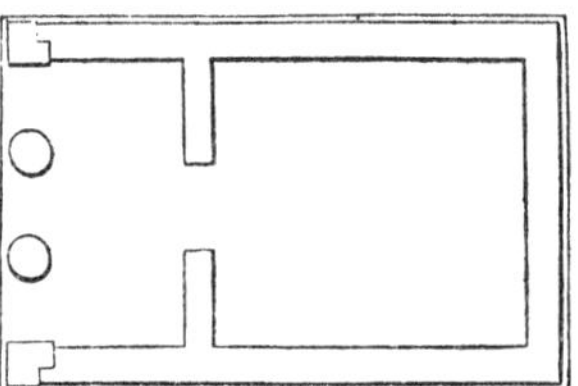

Fig. 8

wendet. Ein Beispiel davon ist auf der Tiberinsel am Tempel des Jupiters (zu treffen).

4. Der Amphiprostylos hat alles wie der Prostylos und außerdem auch noch auf der Hinterseite in derselben Weise Säulen und Giebel.

5. Ein Peripteros aber wird derjenige Tempel sein, welcher an der Stirn- und Hinterseite je sechs, an den Seiten mit Einschluss der Ecksäulen je elf Säulen haben wird; diese Säulen aber müssen so gestellt sein, dass von den Wänden ringsum bis an den Saum der Säulenreihen ein Abstand von der Breite einer Säulenweite sei und dieser einen Gang rings um die Cella des Tempels bilde, wie dies an der Säulenhalle des Metellus beim Tempel des Jupiter Stator ist[1] und wie in gleicher Weise[2] auch der von Marius[3] geweihte

[1] Die Portikus des Metellus, bekannter unter dem Namen Portikus der Octavia, umschloss zwei Tempel, den des Jupiter und den der Juno. Von der Säulenhalle haben sich noch die von Septimius Severus wiederhergestellten Propyläen, von dem Junotempel aber die drei Säulen der linken Ecke des Pronaos erhalten. Eines der schönsten Fragmente des kapitolinischen Planes gibt fast die ganze Anlage, zeigt aber, dass gerade der von Vitruv als Beispiel für einen Peripteros gewählte Tempel kein vollständiger Peripteros war, indem die Säulen der Rückseite einer angebauten anderen Anlage Platz machen mussten. (Vgl. meine Ruinen Roms, S. 210 ff.

[2] *huiusmodi* nach *Codd. Vat. 10. 12. 15. 16. Vallicell. Chil. 1. 2. Barb. Arund.* Die meisten Handschriften aber haben *Hermodi*, welcher Name, in *Hermodori* verbessert, von den meisten Erklärern auf den Erbauer des Jupitertempels bezogen wird. Ein Hermodorus aus Salamis wird allerdings als der Erbauer des Marstempels in der Region Circus Flaminius genannt. Corn. Nep. bei Priscian. VIII. S. 792.

[3] Die Handschriften geben hier, wie im Vorwort des siebenten Buches, die verschiedensten Schreibweisen für diesen Namen, *aedes marianae*, *malianae*, *maximianae*, *marinianae* usw. Man glaubte, mit Bezug auf den Tempel des Honos und der Virtus an der Porta Capena, welchen Marcellus in der Schlacht bei Clastidium gelobt hatte, diese schwankenden Namen in Marcelliana verbessern zu müssen, es dürfte aber die den Handschriften näher liegende Lesart Marianae mit Schneider, Lorentzen und Brunn (Gesch. d. griech. Künstler II. S. 372) umso mehr beizubehalten sein, als auch E. Marius denselben Gottheiten einen Tempel weihte. (Vgl. Becker, röm. Alterth. I. S. 405 ff.)

Tempel des Honos und der Virtus ohne Säulen an der Hinterseite[1] von Mutius[2] gebaut ist.

6. Der Pseudodipteros aber wird so eingerichtet, dass auf der Stirn- und Hinterseite je acht Säulen sind und an den Langseiten mit Einschluss der Ecksäulen je fünfzehn. Es sollen aber die Cellawände an der Stirn- und Rückseite den vier mittleren Säulen gegenüberliegen, und so wird ein Zwischenraum von zwei Säulenweiten und einer unteren Säulendicke sein von den Wänden ringsum bis zum Rand der Säulenreihen. Ein Beispiel davon ist nicht in Rom, aber zu Magnesia, nämlich der Tempel der Artemis von Hermogenes[3], und zu Alabanda der des Apollo, den Menesthes[4] erbaute.

7. Der Dipteros aber ist achtsäulig, sowohl an der Vorhalle als an der Hinterseite, aber rings um den Tempel hat er doppelte Säulenreihen, wie der dorische Quirinustempel ist[5], und zu Ephesos der ionische, von Chersiphron[6] erbaute Artemistempel.

8. Der Hypäthros jedoch ist zehnsäulig, sowohl an der Vorhalle als an der Rückseite. Das Übrige hat er alles ebenso wie der Dipteros, aber im Innern hat er übereinander gedoppelte Säulen, abstehend von den Wänden, sodass da-

[1] Derartig verkümmerte Peripteraltempel scheinen in Rom nicht selten gewesen zu sein, wie der oben erwähnte Jupitertempel, der Marstempel im Forum des Augustus und dieser.

[2] Der Architekt dieses Tempels wird von Vitruv im siebenten Buch (Vorwort) überschwänglich gepriesen.

[3] Von diesem Architekten berichtet Vitruv weiterhin im folgenden Kapitel, dann im dritten Kapitel des vierten Buches und im Vorwort des siebenten. Strabo (XIV. 647) sagt, der erwähnte Tempel von Magnesia stehe zwar dem Artemistempel von Ephesos und dem Apollotempel von Milet an Größe nach, übertreffe aber dieselben an Eurythmie und Kunst der Ausführung.

[4] Näheres unbekannt.

[5] Wahrscheinlich der von Augustus im Jahr 738 d. St. geweihte Tempel, welcher nach Dio Cassius (LIV. 19) sechsundsiebzig Säulen hatte.

[6] Aus Knossos auf Kreta, der erste Erbauer des ephesischen Artemistempels, von Vitruv weiterhin noch mehrfach erwähnt.

durch ringsum ein Gang gebildet wird wie durch die äußere Säulenhalle, der mittlere Teil aber ist unter freiem Himmel, ohne Dach, und auf beiden Seiten in der Vorhalle und im Hinterteil ist ein Eingang von Flügeltüren. Ein Beispiel davon findet sich in Rom nicht, aber ein achtsäuliger Tempel zu Athen und der olympische Tempel[1].

Drittes Kapitel

Die fünf Tempelarten

1. Es gibt aber fünf Arten von Tempeln, deren Benennungen folgende sind: der Pyknostylos, bei welchem nämlich die Säulen dicht stehen; der Systylos, mit etwas gedehnteren Säulenweiten, der Diastylos, bei dem sie noch mehr geöffnet sind, der Aräostylos, bei welchem die Säulen in übergroßer Entfernung voneinander gestellt sind, der Eustylos mit einer richtigen Verteilung der Zwischenräume.

[1] Diese einzige Stelle der klassischen Literatur, welche direkt von Hypäthraltempeln berichtet, hatte schwere Anfechtungen zu bestehen, da man lieber die helle Beleuchtung eines solchen Tempelinnern als die schützende Decke missen wollte. Nicht leicht wog dabei das ästhetische Missbehagen, das man bei dem Außenanblick eines Hypäthraltempels mit seinem ausgeschnittenen »eingeschlagenen« Dach empfinden zu müssen glaubte. Unser landläufiges ästhetisches Gefühl dürfte aber mit manchem, was der griechische Geschmack billigte und liebte, nicht mehr einverstanden und das Gefühlskriterium überhaupt in kunstgeschichtlichen Fragen das trüglichste sein. Der heftige Angriff, welchen L. Roß in seiner Abhandlung »Keine Hypäthraltempel mehr« (Hellenika, 1. Heft, Halle 1846) führte, wurde indes von C. Bötticher durch die Abhandlung »Der Hypäthraltempel«, Potsdam 1847, so zurückgewiesen, dass jetzt nur diejenigen noch an der Nichtexistenz solcher Tempel festhalten, die weder ihre Vorurteile noch ihre ästhetische Überschwänglichkeit zu meistern verstehen. Wenn jedoch C. Bötticher behauptet, dass alle Cellae, die innen zwei übereinanderstehende Portiken hatten, Hypäthren gewesen seien, so kann ich dieser Ausdehnung mit Bezugnahme auf das Zeugnis des Vitruv nicht beipflichten. Darüber sowie über die mutmaßliche Einrichtung solcher Hypäthralanlagen wird sich das Nähere in meiner Geschichte der Baukunst im Altertum finden.

2. Ein Pyknostylos also ist derjenige Tempel, in dessen Säulenweite man 1 ½ Säulendicke hineinlegen kann, von welcher Art der des göttlichen Julius ist, der Tempel der Venus auf dem Cäsarforum[1] und welche immer sonst so angelegt sind.

Ein Systylos ferner ist derjenige Tempel, bei welchem die Dicke von zwei Säulen in die Säulenweite gestellt werden kann und die Basenplatten von gleicher Größe sind mit jenem Zwischenraum, der sich zwischen zwei Sockeln befindet, von welcher Art der Tempel der Fortuna Equestris beim steinernen Theater[2] ist und welche Tempel sonst in derselben Weise angelegt sind.

3. Diese beiden Arten aber erweisen sich in der Anwendung als fehlerhaft. Denn wenn die Frauen zum feierlichen Gebet die Stufen hinansteigen, können sie nicht Hand in Hand durch die Säulenweiten gehen, sondern müssen es in Einzelreihen tun. Ferner wird auch der Anblick der Türflügel durch das Dichtstehen der Säulen entzogen, und die Götterbilder selbst werden verdunkelt, auch wird wegen der Enge rings um den Tempel der Umgang verhindert.

4. Die Anlage des Diastylos aber wird die sein, bei welcher man die Dicke von drei Säulen in die Säulenweite

1 Das iulische Heroon befand sich am Südostende des Forum Romanum an der Stelle der iulischen Rostra, da, wo die Leiche Cäsars verbrannt worden war; der Tempel der Venus Genetrix auf dem iulischen Forum zwischen dem Forum Romanum und dem des Augustus. Reste von dem pyknostylen Pteron wurden nach Palladio im sechzehnten Jahrhundert daselbst gefunden: die Interkolumnien betrugen 1 9/22 des Säulendurchmessers. (Vergl. Ruinen Roms, S. 121 und 156.)

2 D.h. bei dem Theater des Pompejus. Der Tempel der Fortuna Equestris wurde im Jahr d. St. 581 von dem Censor Q. Fulvius Flaccus erbaut. (Liv. XLII. 3 u. Bal. Max. I. 1.) Dass nun Tacitus (Ann. III. 71) sagt, dass zu Tiberius' Zeit kein Tempel der Fortuna Equestris in Rom vorhanden gewesen sei und dass man sich deshalb, um einem Gelübde zu genügen, nach Antium habe wenden müssen, dies ist noch kein Beweis, wie Newton und Schultz wollen, dass es auch zu Vitruvs und Augustus' Zeiten keinen gegeben habe, da wir doch von seinem früheren Bestehen unterrichtet sind.

stellen kann, wie dies beim Tempel des Apollo und der Diana der Fall ist. Diese Einteilung hat die Schwierigkeit, dass die Architrave wegen der Größe der Zwischenräume brechen.

5. Bei den Aräostylen aber kann man weder steinerne noch marmorne Architrave anwenden, sondern man muss fortlaufende Holzbalken auf die Säulen legen; das Aussehen der Tempel selbst ist gespreizt, plattköpfig, niedrig und breit, ihre Giebel werden nach tuskischer Sitte mit Bildsäulen aus Ton oder vergoldeter Bronze geschmückt, wie dies am Circus Maximus bei dem Tempel der Ceres[1] und dem von Pompejus geweihten Tempel des Herkules[2] und gleichfalls am Kapitolinischen der Fall ist.

6. Nun muss die Art des Eustylos dargestellt werden, welche am meisten zu billigen ist, und sowohl bezüglich des Gebrauchs als des Ansehens, als auch der Festigkeit entschiedene Gründe für sich hat. Es muss nämlich in den Zwischenräumen ein Abstand gleich der Dicke von 2 ¼ Säulen angebracht werden; die mittlere Säulenweite aber sowohl aus der Stirnseite als auf der Rückseite gleich der Dicke von drei Säulen. Denn so wird der Tempel nicht bloß einen gefälligen Anblick seines Äußeren, sondern auch einen unbeengten Zugang gewähren, und der Gang rings um die Cella wird musterhafte Verhältnisse haben.

[1] Der Tempel der Ceres ist wohl jener im tuskischen Stil, mithin selbstverständlich aräostyle Tempel der Ceres, des Liber und der Liberia, welchen der Diktator A. Postumius im Jahr d. St. 257 gelobte und drei Jahre darauf weihte und welcher nach einem halben Jahrtausend von Augustus und Tiberius wiederhergestellt wurde. Ich zweifle nicht, dass zu jenem Tempel die entsprechenden Ruinen gehören, über welche die Kirche S. Maria in Cosmedin auf der Piazza di Bocca della Verità gebaut ist, die in ihren Wänden noch zehn Säulen des Tempels enthält. Vgl. Ruinen Roms, S. 339 ff.

[2] Plin. XXXIV. 8, 19 erwähnt einen von Pompejus gebauten Tempel des Herkules am Circus Maximus.

7. Die Verhältnisse des Ganzen aber werden also entwickelt: Man teile den für die Stirnseite am Tempel festgesetzten Raum, wenn sie viersäulig werden soll, in 11 ½ Teile mit Ausschluss des Substruktionsrandes und der Basenausladung; wenn sechssäulig, in 18 Teile, wenn sie achtsäulig angelegt werden soll, in 24 ½ Teile. Nun nehme man von diesen Teilen, mag die Stirnseite viersäulig oder sechssäulig oder achtsäulig sein, einen Teil, und dieser wird die Maßeinheit sein, und eine solche wird die Dicke der Säulen bilden. Die einzelnen Säulenweiten, mit Ausnahme der mittleren, werden 2 ¼ Maßeinheiten betragen, die mittleren Säulenweiten an der Stirn- und Rückseite je drei, die Höhe der Säulen selbst aber wird 9 ½ Maßeinheiten betragen. So werden durch diese Einrichtung die Säulenweiten und die Höhen der Säulen ihr richtiges Verhältniss erhalten.

8. Ein Beispiel davon haben wir in Rom nicht, aber in Asien zu Teos den sechssäuligen Tempel des Liber Pater.

Diese zusammenstimmenden Maßverhältnisse aber hat Hermogenes[1] festgestellt, welcher auch zuerst den achtsäuligen Pseudodipteros erfunden hat. Er ließ nämlich aus der Anlage des Dipteros die inneren Reihen von 38 Säulen[2] weg und ersparte damit Aufwand und Arbeit. Aus dem dadurch gewonnenen Raum schuf er einen außerordentlich geräumigen Umgang rings um die Cella und benahm dadurch dem Ansehen nichts, sondern ohne dass man das Überflüssige vermisste, bewahrte er den musterhaften Eindruck durch die Anordnung des ganzen Werkes.

[1] Vgl. die Anmerkung 3 zum vorigen Kapitel, S. 114.

[2] Einige korrigieren XXXVIII in XXXIV, weil sich die letztere Zahl ergibt, wenn der Tempel nach der unten folgenden Vorschrift Vitruvs zweimal so viel Interkolumnien in der Länge als in der Front hatte. Dies Verhältnis war jedoch für griechische Tempel nicht bindend.

9. Denn die Einrichtung der Seitenhallen und die Säulenstellung rings um den Tempel ist deshalb erfunden worden, damit das Äußere wegen der abstechenden Durchbrochenheit der Säulenweiten ein stattliches Ansehen gewinne, außerdem, damit, wenn bei einem Platzregen der Andrang des Wassers die Menschenmenge überrascht und abgeschnitten hat, sie in dem Tempel rings um die Cella einen geräumigen Aufenthalt mit freier Bewegung habe. Dies aber wird so bei der pseudodipteren Tempelanlage eingerichtet. Deshalb scheint Hermogenes mit Scharfsinn und großer Geschicklichkeit die Wirkung seiner Werke berechnet und die Quellen hinterlassen zu haben, woraus die Nachkommen die Gesetze der Wissenschaft schöpfen konnten.

10. Beim Aräostylos müssen die Säulen so gemacht werden, dass ihre Dicke den achten Teil ihrer Höhe beträgt. In gleicher Weise ist auch die Säulenhöhe beim Diastylos in 8 ½ Teile abzuteilen und ein Teil als Säulendicke anzunehmen. Beim Systylos teile man die Höhe in 9 ½ Teile und gebe einen von diesen der Säulendicke. Ferner im Pyknostylos ist die Höhe in zehn Teile zu teilen und einer davon zur Säulendicke zu machen. Die Säulenhöhe des Eustylos aber teile man wie die des Systylos in 9 ½ Teile und bestimme einen Teil davon für die Dicke des unteren Schaftteils: So wird durch ein entsprechendes Maß der Verstärkung der Säulen der Weite der Säulenzwischenräume Rechnung getragen.

11. In dem Maße nämlich, wie die Abstände zwischen den Säulen wachsen, so sind in entsprechend zunehmendem Verhältnis die Durchmesser der Schäfte zu verstärken. Denn wenn beim Aräostylos der neunte oder zehnte Teil zur Säulendicke gemacht wird, so wird die Säule schwach und mager erscheinen, deshalb, weil durch die

Breite der Säulenweiten die Luft dem Ansehen der Schäfte die Dicke benimmt und sie verringert. Wenn aber dagegen beim Pyknostylos die Dicke den achten Teil der Säulenhöhe betragen wird, so wird sie wegen der dichten Säulenstellung und der Enge der Säulenweiten ein strotzendes und unschönes Ansehen bewirken. Deshalb muss man die zusammenstimmenden Maßverhältnisse der betreffenden Art eines Baues befolgen. Auch muss man die Ecksäulen um den fünfzigsten Teil ihres Durchmessers dicker machen, weil sie von der Luft ringsum beschnitten werden und den Beschauern schlanker zu sein scheinen. Soviel also das Auge täuscht, muss durch Berechnung ausgeglichen werden.

12. Die Verjüngung am obersten Säulenhals aber muss so bewerkstelligt werden, dass, wenn die Säule von der kleinsten Höhe bis zu 15 Fuß misst, der unterste Durchmesser in 6 Teile geteilt und von 5 derselben der obere Durchmesser hergestellt werde, ferner wenn sie 15–20 Fuß hoch sein wird, dass der Schaft zuunterst in 6 ½ Teile geteilt und von 5 ½ davon die obere Säulendicke gemacht werde, ferner wenn sie von 20 bis zu 30 Fuß hoch sein wird, dass der Schaft ganz unten in sieben Teile geteilt und aus 6 davon die oberste Verjüngung gebildet werde; wenn sie aber von 30 bis 40 Fuß hoch ist, dass man sie am unteren Ende in 7 ½ Teile einteile und dass sie von diesen 6 ½ am oberen Ende der Verjüngung habe; ferner wenn die Säulen von 40 bis 50 Fuß hoch sein werden, dass man acht Teile mache und sie am oberen Schaftende unter dem Kapitell in deren sieben zusammenziehe. Desgleichen soll man, wenn sie noch höher sind, nach derselben Berechnung im bestimmten Verhältnis die Verjüngung bestimmen.

13. Diese verhältnismäßigen Zusätze (durch die verringerte Verjüngung) aber werden, wegen des steigenden Hö-

henabstandes vom beschauenden Auge, der Dicke hinzugefügt[1]; denn das Auge verlangt Anmut, und wenn wir seinem Behagen nicht durch Verhältnis und Zusätze in dem Maße schmeicheln, sodass dasjenige, worin es täuscht, durch entsprechende Ausgleichung verstärkt wird, so wird den Beschauern ein öder und anmutloser Anblick geboten.

Was die Schwellung betrifft, wodurch die Säulen in der Mitte verstärkt werden, welche bei den Griechen Entasis genannt wird, so werden sich am Ende des Buches Form und Gesetz derselben, wie sie weich und entsprechend ausgeführt werde, verzeichnet finden[2].

Viertes Kapitel

Der Grundbau

1. Beim Grundbau solcher Bauwerke grabe man bis auf festen Boden, wenn ein solcher gefunden werden kann, und schon in dem festen Boden, soweit es in Rücksicht auf die Größe des Bauwerkes erforderlich zu sein scheint, und baue den ganzen Grund mit einem möglichst festen Mauerwerk aus. Und über der Erde errichte

[1] Es ist darunter die bei höheren Säulen verhältnismäßig größere Dicke des oberen Schaftendes durch ein geringeres Verjüngungsverhältnis zu verstehen. Die Verjüngung bei 15 Fuß hohen Säulen beträgt nämlich ⅙ des unteren Durchmessers, die bei 40–50 Fuß hohen Schäften ⅛, und so steht durchaus die Verjüngung zur Höhe der Säulen im umgekehrten Verhältnis. Das Verjüngungsverhältnis kann aber darum kein gleiches sein, weil bei größeren Säulen die Entfernung des oberen Schaftendes vom Auge dessen größeren Durchmesser dem Auge ohnehin geringer erscheinen lässt, sodass also die in gleicher Weise wie die kleineren Säulen verjüngten größeren Schäfte als verhältnismäßig zu sehr abnehmend erscheinen würden.

[2] Das vitruvische Verfahren, die Entasis herzustellen, ist mit der fehlenden Figur verloren.

man unter den Säulen Mauern, um die Hälfte dicker, als diese Säulen sein werden, damit das Untere stärker sei als das Obere, und diese heißen Sterobate, denn sie tragen Lasten; und die Ausladungen der Basen dürfen nicht über diese feste Mauer hinausragen. Die Dicke der Mauer ist auch über dem Bodenniveau in derselben Weise beizubehalten, der Zwischenraum aber muss durch Wölbungen verbunden oder durch festgerammte Erdausfüllung gefestigt werden, damit die Mauern auseinandergehalten werden.

2. Wenn man aber keinen festen Boden finden wird, sondern der Ort bis zuunterst angeschwemmt oder sumpfig ist, dann muss der Platz ausgegraben und ausgehöhlt und mit angebrannten Pfählen von Erlen- oder Oliven- oder Eichenholz befestigt und der Rost möglichst dicht eingerammt werden; die Zwischenräume der Pfähle fülle man mit Kohlen aus und führe dann darauf aus möglichst starkem Mauerwerk den Grundbau auf. Nachdem aber dieser aufgebaut ist, muss man waagrecht die Stylobate (Säulenstuhl) legen.

3. Über den Stylobaten ordne man die Säulen an in der oben beschriebenen Weise, bei Pyknostylos, so wie eben dieser eingerichtet ist, oder für einen Systylos oder Diastylos oder Eustylos, so wie diese eben beschrieben und festgesetzt worden sind. Beim Aräostylos aber hat man die Freiheit, das Maß der Säulenweite nach Gutdünken zu bestimmen. Aber bei den Peripteren (rings mit Säulen umgebenen Tempeln) müssen die Säulen so gestellt werden, dass doppelt so viele Säulenweiten, als an der Stirnseite sind, an den Langseiten angebracht werden; so nämlich wird die Länge des Baues das Doppelte der Breite betragen. Denn diejenigen, welche eine Verdoppelung der Säulen angebracht haben, dürften sich geirrt haben,

weil dadurch die Länge ein Mehr von einer Säulenweite über dieses Doppelmaß erhalten würde.

4. Die Stufen an der Stirnseite sind so anzulegen, dass sie immer von ungleicher Art sind; denn wenn man mit dem rechten Fuß die erste Stufe hinansteigt, so wird man auch zuerst den rechten Fuß auf die Plattform des Tempels setzen müssen. Die Höhe dieser Stufen aber ist nach meinem Dafürhalten so zu bemessen, dass sie weder stärker als ⅚ Fuß, noch schwächer als ¾ Fuß angelegt werden; denn so wird das Besteigen nicht beschwerlich sein. Die Breite der Stufen aber scheint weder geringer als zu anderthalb Fuß noch stärker als zu zwei Fuß genommen werden zu dürfen. Desgleichen müssen auch die Stufen, wenn sie rings um den Tempel sein werden, nach demselben Maß gemacht werden.

5. Wenn aber auf drei Seiten rings um den Tempel statt der Stufen ein Basament-Rand hergestellt werden soll, so muss er mit Rücksicht darauf eingerichtet werden, dass der massive Grundbau a, die Basamentleiste b, Rumpf c, Kranzgesimse d und Kehlleiste e bis zum Säulenstuhl f selbst, der unter den Säulenbasen ist, im Einklang stehen, den Säulenstuhl aber muss man so nivellieren, dass er in der Mitte entlang fort eine Erhöhung durch schräge Schemel g[1] erhalte, denn wenn seine Flä-

[1] Die *scamilli impares* g galten von jeher als eines der schwierigsten Rätsel unseres Autors. Nachdem die verschiedensten Lösungen versucht worden waren, hielt man die richtige für entdeckt, als F. C. Penrose in seinem aufsehenmachenden Werk *An Investigatlon of the principles of Athenian Architecture. Lond. 1851* die Theorie der Kurvatur der Horizontallinien nach den von ihm sorgfältig vermessenen athenischen Hauptmonumenten entwickelte. Denn wenn Stylobat, wie Gebälk, nicht in einer geraden Horizontalen gestreckt war, sondern in der Mitte sich leise nach oben krümmte, so verstand sich von selbst, dass es eines Mediums bedurfte, welches den senkrechten oder sich einwärtsneigenden Stand der Säulen mit der Kurve der Grundlage und der Decke vermittelte, und der Schluss war naheliegend, dass diese Vermittelung sowohl unter den Basen als über den Kapitellen durch eingeschobene Plätt-

chen, welche den Übergang von der Kurve zur unteren Basen- und oberen Kapitellfläche bildeten, vollzogen worden sei. Diese Mittelglieder mussten dann *impares*, d. h. von ungleicher Stärke sein, um nicht bloß die lotrechte, sondern sogar die einwärtsgeneigte Stellung der Säule zu ermöglichen. Dies alles schien so zusammenzustimmen und auf Vitruvs Angaben zu passen, dass man sich bereits fast allgemein zu dieser Auffassung bekannte, als C. Bötticher mit seinen Untersuchungen auf der Akropolis von Athen im Frühjahr 1862 (Berl. 1863) die ganze Theorie wieder zertrümmerte, nämlich durch den Nachweis, dass jene Kurvatur keine ursprünglich intendierte gewesen sei, sondern dass sie nur aus einer nicht gewollten und nicht berechneten Kompression des piräischen Gesteins des Stereobats hervorgehen konnte. – Wenn aber auch Stylobat und Gebälk genau horizontal angelegt wurden, bedurfte es jenes Mediums doch, da ihm die Säulen des Pteroma nicht senkrecht entsprachen, sondern nach innen geneigt waren, wenigstens die Ecksäulen und die Säulen der Langseite. Diese Abweichung von den Lotrechten erforderte eine ungleich starke Zwischenlage, nicht bloß unter der Base, um den Säulenkörper in die geneigte Lage zu bringen, sondern auch oberhalb des Kapitells, um dem Gebälk auf der geneigten Kapitellfläche doch wieder ein horizontales Auflager zu geben.

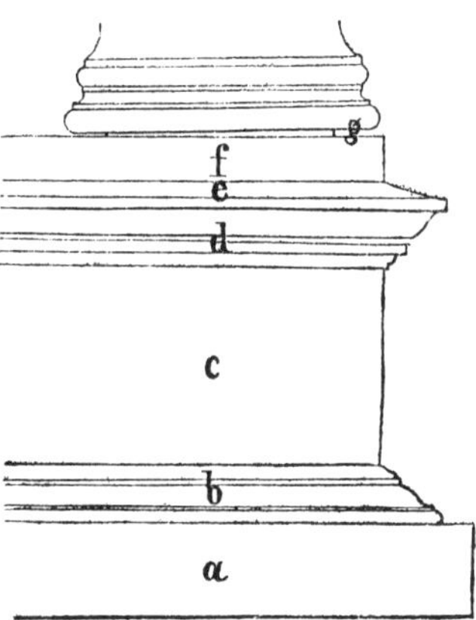

Fig. 9

Die Praxis nun gibt, soviel bis jetzt bekannt, keinen Beleg für die von Vitruv gegebene Vorschrift der *scamilli impares*. Jedenfalls soll er auch nicht so fast an dorischen Gebäuden gesucht werden als an ionischen, welchen allein Vitruv diese Eigentümlichkeit zuschreibt. Der Parthenon zeigt ein anderes Auskunfsmittel für die *scamilli*: Die unteren Säulentrommeln sind nämlich am unteren Ende nicht im rechten Winkel mit dem Säulendurchmesser geschnitten und bilden da keine vollkommene Kreisfläche, sondern, wegen des schrägen Abschnitts, mathematisch genommen eine Ellipse. Daraus ergibt sich, dass die unteren Säulentrommeln auch keine vollkommenen Zylinder sind, da die untere Fläche mit der oberen nicht parallel und da

che durchaus waagrecht gearbeitet würde, so wird er dem Auge muldenförmig vertieft erscheinen. Wie aber dieser erhöhte Unterbau und die Schemelchen diesem entsprechend gemacht werden, darüber wird des Weiteren am Ende des Buches Abriss und Erklärung ausgeführt sein.

Fünftes Kapitel
Die ionischen Säulen

1. Nachdem dies vollendet ist, stelle man die Basen an ihren Platz und führe diese hinsichtlich ihres zusammenstimmenden Maßverhältnisses so aus, dass ihre Höhe mit dem Sockel eine halbe Säulendicke betrage und dass ihre Ausladung, welche die Griechen Ekphora nennen, so weit vorspringe, dass sie anderthalb Säulendicken breit und lang sei.

2. Ihre Höhe teile man, wenn es eine attische Base ist, so ein, dass der obere Teil den dritten Teil der Säulendicke

die äußere Seite höher ist als die innere, und dass dadurch die folgenden Säulenzylinder weder lotrecht noch in ihren Kreisflächen horizontal stehen, mithin die ganze Säule aus der lotrechten Stellung kommt, welches Verhältnis sich dann auf Gebälk und Giebel fortpflanzt. Hier sind also die *scamilli impares* in die unteren Säulenzylinder eingeschlossen. Anders aber im ionischen Stil, wo die Basenbildung, besonders bei der attischen, die – wenigstens an den griechischen Denkmälern, wenn auch nicht bei Vitruv – ohne Plinthe ist, eine solche Unregelmäßigkeit nicht zulässt. Da konnte die schräge Verstärkung dem Mittelglied zwischen Base und Stylobat, welche die Basenränder zugleich vor Berührung mit dem Stylobat und vor Abdrücken schützte, einverleibt werden, wie dies die beigegebene Figur zeigt. Dass aber diese Verstärkung der *scamilli impares* aus dem Stylobat selbst herausgemeißelt war, wie Vitruv vorschreibt, dafür fand sich in den Ruinen, die indes in diesem Sinne zurzeit noch höchst unvollkommen untersucht sind, noch kein Beispiel.

messe und das Übrige für die Platte[1] übrig bleibe. Die Platte abgerechnet, teile man den Rest in vier Teile und mache aus einem Vierteil den oberen Wulst; die übrigen drei teile man in zwei gleiche Teile, von denen einer der untere Wulst, der andere die Hohlkehle, welche die Griechen Trochilos nennen, mit ihren Leisten werden soll.

3. Wenn aber ionische Basen gemacht werden sollen, so werden ihre Maßverhältnisse so bestimmt werden müssen, dass die Breite der Basis nach allen Seiten hin 1 3/8 Säulendicken betrage. Die Höhe sei wie bei der attischen Base, so auch ihre Platte, und das Übrige, mit Ausschluss der Platte, welches den dritten Teil der Säulendicke betragen wird, teile man in sieben Teile; davon bilde man aus drei Teilen den Wulst, welcher ganz oben ist, und schneide die übrigen vier Teile in zwei gleiche Teile, von welchen der eine zur oberen Hohlkehle mit seinen Astragalen (Rundstäbchen[2]) und seinem überragenden Rand

[1] Die attischen Basen an athenischen Denkmälern sind allerdings ohne Plinthe.

Fig. 10

[2] Ich glaube nicht, dass unter Astragal immer die Perlenschnur zu verstehen sei.

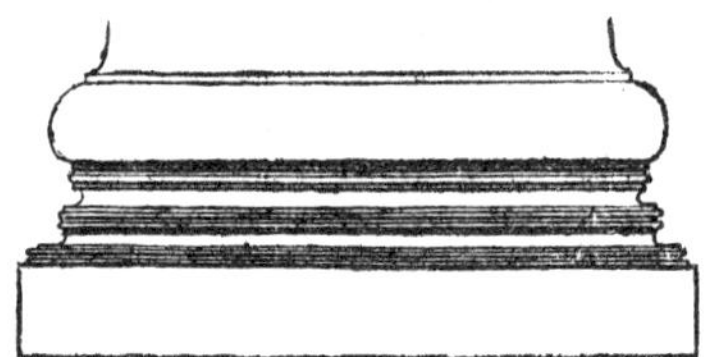

Fig. 11

verwendet wird, während der andere für die untere Hohlkehle übrig bleibt; die untere Hohlkehle aber wird doch größer erscheinen, und zwar deshalb, weil sie bis an den Rand der Oasenplatte auslädt. Die Astragale müssen aus dem achten Teil der Hohlkehle hergestellt werden. Die Ausladung der Basis aber wird drei Sechzehntel der Säulendicke betragen (Fig. 11).

4. Nachdem die Basen ausgeführt und an ihren Platz gestellt sind, müssen die Mittelsäulen an der Vorhalle und an der Hinterseite so aufgestellt werden, dass ihr Mittelpunkt senkrecht stehe; die Ecksäulen aber und die, welche in ihrer Richtung zur Rechten und Linken an den Langseiten des Tempels zu stehen kommen, sodass die gegen die Cellawände gerichteten Innenseiten in senkrechter Linie stehen, während die äußeren Seiten die (ganze) Verjüngung, welche oben besprochen wurde, haben[1].

[1] Dass hier, wie C. Bötticher (Bericht über die Untersuchungen auf der Akropolis) vermutet, etwas ausgefallen sei, ist mir nicht wahrscheinlich, sondern vielmehr, dass Vitruv, wie auch bei Besprechung des Peripteros (Buch III. Kap. 2. Anm. 1 S. 113; 1 S. 114) und der Triglyphenordnungen (Buch IV. Kap. 3, 4. S. 147) die Bezeichnung Pronaos und Posticum wieder auf die Säulenfronten des Pteron ausdehnt, denn ich finde in den Worten Vitruvs nicht die technische Unmöglichkeit, die Bötticher hervorhebt. Vitruv sagt nämlich, dass die Ecksäulen und die übrigen Säulen der Langseiten sich gegen die Cella hinneigen, womit jedoch nicht gesagt ist, dass dies so geschehe, dass die Säulen einer Langseite unter sich konvergieren und dass die Ecksäulen in doppelter Richtung geneigt seien, nämlich sowohl gleichmäßig mit den übrigen Säulen der Langseiten in der Richtung des Querdurchschnittes des Tempels, d. h. gegen die Mittelsäulen der Stirnseiten hin, als auch in der Richtung der Diagonale des Tempelrechtecks gegen die Cellaecke hin. Wenn die Ecksäulen auch in dieser letzteren Richtung geneigt wären, so würde allerdings der Säulenmittelpunkt am oberen Ende nicht mehr in die Achse des Epistyls fallen können, wenn dieser in gerader Linie über die senkrecht stehenden Mittelsäulen und zu den Ecksäulen hinaus gespannt ist. Offenbar meint aber Vitruv nur die erstere Neigung, und die Worte *uti partes interiores, quae ad parietes cellae spectant* beziehen sich zunächst nur auf die Säulen der Langseiten im Allgemeinen, ohne dass der etwas abweichenden Richtung der Ecksäulen gegen die Cella hin besonders gedacht ist.

Denn so wird die äußere Anlage der Tempel nach einem richtigen Verjüngungsgesetz ausgeführt sein.

5. Wenn die Säulenschäfte aufgestellt sind, werden die Kapitelle, wenn es Polsterkapitelle sind, nach folgenden einheitlichen Maßverhältnissen gebildet: Der Abakus (Deckplatte des Kapitells A A B B) soll eine so große Länge und Breite haben, als der Schaft unten dick ist, mit Hinzufügung eines Achtzehntels, und zusammen mit den Schnecken (B C) soll er eine Höhe haben, die halb so groß ist als seine (des Abakus) Länge; die Stirnfläche der Schnecke aber muss vom Rand des Abakus um anderthalb Achtzehntel nach innen zurücktreten. Nun teile man die Höhe in neunundeinhalb Teile und senke dann vom Abakus aus an den vier Stellen der Schnecken an dem Rand der Abakusplatte anlegend Geraden lotrecht abwärts, welche Katheten genannt werden (A E)[1]. Dann bestimme man von den neuneinhalb Teilen anderthalb für die Höhe des Abakus und die übrigen acht für die Schnecken.

6. Hierauf gehe man von dieser Linie, welche man vom Rand des Abakus lotrecht herabgesenkt hat, um 1 ½ Teile nach innen zurück und senke von diesem inneren Punkt aus eine der Ersteren parallele Linie abwärts (D C)[2]. Diese Linien teile man dann so ein, dass man viereinhalb Teile unter dem Abakus (unter B) herabzählt, und nachdem man den Punkt, der zwischen viereinhalb Teilen von oben und dreieinhalb Teilen von unten liegt, verzeichnet (F), beschreibe man von diesem Mittelpunkt aus einen Kreis, des-

[1] Was die Senkrechten von den Enden des Abakus aus nützen sollen, wie sie alle Restaurationen geltend machen, ist mir nicht verständlich: Von den Ecken ist auch im Text nicht die Rede, sondern nur vom Rand des Abakus.

[2] Diese wird in der Frontansicht durch die Erstere gedeckt, ihr Unterschied aber wird durch die unten stehende Profilansicht (Seitenansicht) der Spirale klar werden.

sen Durchmesser so groß ist wie einer von den acht Teilen (der Volutenhöhe), und ziehe dann in diesem Kreis der Kathete entsprechend den Durchmesser. Dann fange man (mit der Spirale) oben unter dem Abakus (B) an und beschreibe die einzelnen Viertelskreise (B G, G C, C H, H I), bei jedem folgenden die Zirkelöffnung um den halben

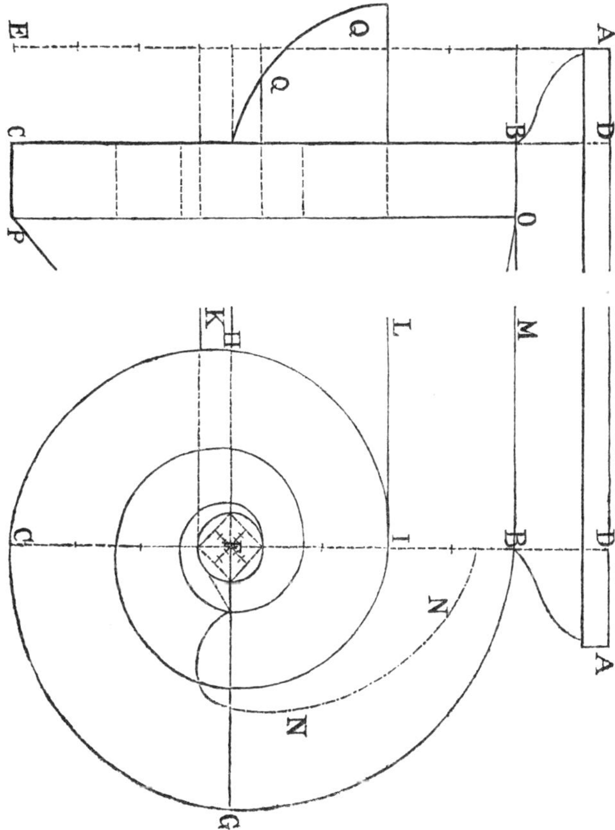

Fig. 12

Durchmesser des Auges verengernd, und gelangt so wieder in denselben Viertelskreis unter dem Abakus[1].

7. Die Höhe des Kapitells aber ist so zu machen, dass von den neuneinhalb Teilen desselben drei noch unter den Astragal am oberen Schaftende (K) herabkommen; der Wulst (Eierstabwulst Q) nimmt den nach Hinwegrechnung des Abakus (D B) und des Kanals (L M) übrigen Teil (K L) ein. Die Ausladung des Wulstes aber soll über den Abakus noch um die Größe des Spiralenauges hinausragen. Die Polstergurte (N)[2] sollen eine solche Ausladung über den Abakus hinaus haben, dass, wenn man einen Schenkel des Zirkels in den Mittelpunkt des Kapitells[3] einsetzt und den andern an den Rand des Wulstes führt, die so beschriebene Kreislinie die Außenseite der Gurte berührt. Die Achsen[4] der Schnecken sollen nicht stärker sein als die Größe des Auges; die Schnecken selbst

[1] Hier bricht Vitruv die Theorie der Spirale ab, indem er weiter unten dafür auf die Figur und die betreffende Zeichenerklärung verweist, die er am Ende des Buches angefügt hat, welche aber, wie aller grafische Apparat des Vitruvius, verloren ist. Wenn Vitruv angibt, dass die Zirkelöffnung bei jedem einzelnen Quadranten um den halben Durchmesser des Auges verringert werden müsse, so versteht sich von selbst, dass bei Beschreibung der Spirale der Mittelpunkt nicht derselbe bleiben kann, indem sonst die einzelnen Viertelskreislinien ohne Verbindung und nur konzentrisch nebeneinanderstehen würden. Es muss daher für jeden Quadranten der Zirkeleinsatz verändert werden, um bei verringerter Zirkelöffnung mit dem beschreibenden Schenkel die bereits beschriebene Viertelkreislinie zusammenhängend fortsetzen zu können. Darauf fußen auch die verschiedenen Methoden der Spiralenkonstruktion. Welche von diesen wir wählen, kann für unsere Übersetzung und Erklärung gleichgültig sein. Die in beifolgender Figur 12 gegebene Volute ist übrigens nach der Salviatischen Methode beschrieben, worüber das Genauere in dessen Abhandlung: *Ratio accurate deformandi tum volutam tum capitulum Ionicum secundum Vitruvii praecepta*.

[2] Die Bänder, welche die Volutenpolster in der Seitenansicht zusammenschnüren. Ihr Profil ist durch die punktierte Linie N gegeben.

[3] Natürlich von der oberen oder unteren Horizontalfläche.

[4] Ob darunter die Spiralleiste an der Stirnseite oder der Saum an der Polsterseite (B C O P) zu verstehen sei, darüber schwanken die Erklärer, im ersteren, allerdings näherliegenden Fall ist jedoch die Breite dieser Spiralleisten übergroß und ohne Beispiel, weshalb der Letztere wahrscheinlicher ist.

aber müssen so ausgemeißelt werden, dass ihre Vertiefung den zwölften Teil ihrer Höhe beträgt.

Dies werden die entsprechenden Maßverhältnisse der Kapitelle bei denjenigen Säulen sein, welche eine Höhe vom geringsten Maß bis fünfundzwanzig Fuß haben: Bei jenen aber, welche höher sein werden, sollen sie im Übrigen die Maßverhältnisse in derselben Weise haben, der Abakus aber wird so lang und breit sein, als die Säule ganz unten dick ist, mit Hinzufügung von einem Neuntel, damit das Kapitell, je weniger Verjüngung eine höhere Säule hat, auch eine umso stärkere, ihren symmetrischen Maßverhältnissen entsprechende Ausladung und in der Breite einen gehörigen Zusatz erhalte.

8. Was die Verzeichnung der Schnecken betrifft, so wird am Ende des Buches Figur und Erklärung, wie sie beschrieben werden sollen, damit sie mit dem Zirkel richtig verschlungen seien, angefügt sein.

Wenn dann die Kapitelle der Säulen vollendet und aufgestellt sind, und zwar nicht waagrecht, sondern in der gleichen Richtung wie die Säulenschäfte, sodass die schräge Verstärkung, welche an den Stylobaten angebracht wurde, erst auf den oberen Gliedern ihre Ausgleichung erhalte[1], so sind die Maßverhältnisse des Epistyls (Architravs) so einzurichten, dass, wenn die Säulen vom geringsten Maß von zwölf Fuß bis fünfzehn Fuß hoch sind, die

[1] Die ganze Säule soll nämlich durch die schrägen Scamillen des Stylobats eine geneigte Stellung erhalten, diese aber soll über dem Kapitell und unter dem Gebälke wieder ausgeglichen und dadurch die Horizontale wieder hergestellt werden, indem man ein Medium zwischen sie legt, welches den *scamilli impares* des Stylobats umgekehrt entspricht. Dieses Medium ist jedenfalls zu denken in dem Bänkchen über der Kapitellplatte, das übrigens mit dem Kapitell selbst aus einem Stück geschnitten ist und zunächst den Zweck hat, die Epistylbalken aufzunehmen und die so isolierten Abakusecken ebenso vor dem Abdrücken zu schützen, wie dies auch bei den Basen ähnlich sich findet.

Höhe des Epistyls die Hälfte der unteren Säulendicke betrage; ferner, wenn sie von fünfzehn bis zwanzig Fuß hoch sind, dass man die Höhe der Säule in dreizehn Teile vermesse und nach einem davon die Höhe des Epistyls nehme; ferner, wenn sie zwanzig bis fünfundzwanzig Fuß hoch sind, dass man die Höhe in zwölfeinhalb Teile einteile und dass ein Teil davon die Höhe des Epistyls werde; ferner, wenn sie fünfundzwanzig bis dreißig Fuß hoch sind, dass man sie in zwölf Teile abteile und ein Teil davon die Höhe werde: Und so muss auch weiterhin nach einem bestimmten Verhältnis in derselben Weise aus der Höhe der Säulen die Höhe des Epistyls entziffert werden.

9. Denn je höher der Blick des Auges steigt, desto weniger leicht durchschneidet er die Dichtigkeit der Luft, daher gibt er, in dem Höhenraum sich verlierend und der

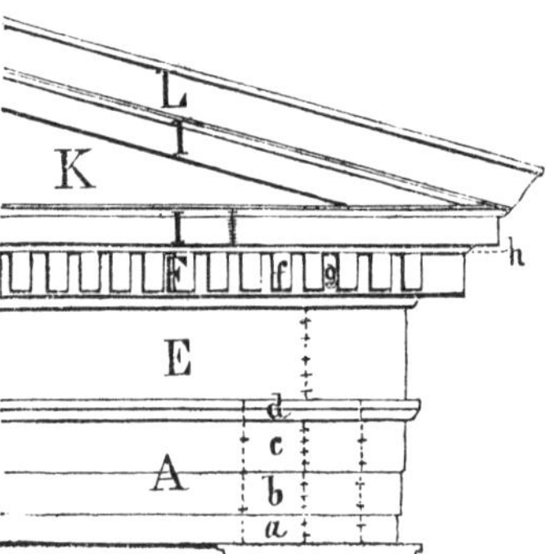

Fig. 13

Kräfte beraubt, den Sinnen nur in unvollkommener Weise die Größe der Maße kund. Deshalb ist immer eine berechnete Verstärkung an die symmetrischen Maße der Glieder anzufügen, damit auch bei den Werken, welche an höher gelegenen Orten sich befinden oder selbst kolossal sind, der Größe Rechnung getragen werde.

Die Breite des Epistyls (Fig. 13 A) wird unten, da, wo es über dem Kapitell liegt, so groß sein, als die Säule ganz oben unter dem Kapitell dick ist, ganz oben wird es so breit sein als der Schaft ganz unten.

10. Der Gesimsleisten des Epistyls (d) muss den siebenten Teil seiner Höhe hoch und in seiner Ausladung ebenso stark gemacht werden, der nach Hinwegrechnung des Gesimsleistens übrige Teil ist in zwölf Teile einzuteilen und aus dreien davon ist der unterste Streifen (a), aus vieren der zweite (b), aus fünfen der oberste (c) zu machen.

Der Fries (Zophoros, d. h. Bildträger E) über dem Architrav ferner soll um ein Vierteil kleiner sein als der Architrav; wenn aber Reliefs darauf angebracht werden sollen, um ein Vierteil höher, damit die Bildwerke ansehnlich werden. Der Gesimsleisten soll den siebenten Teil seiner Höhe hoch sein und ebenso viel, als er hoch ist, ausladen.

11. Über dem Fries ist der Zahnschnitt (F) anzubringen, welcher so hoch sein soll wie der mittlere Streifen des Architravs und dessen Ausladung, so stark sein soll wie seine Höhe. Der Einschnitt, welcher auf Griechisch Metope heißt, ist so einzuteilen, dass der Zahn (f) in der Stirnbreite die Hälfte seiner Höhe, die Höhlung des Einschnittes (g) dagegen zwei Drittteile dieser Stirnbreite habe; der Gesimsleisten (h) des Zahnschnittes aber soll den sechsten Teil seiner Höhe hoch sein. Das Kranzgesimse (Karnies I) mit seinem Gesimsleisten soll mit Ausschluss des Rinnleistens so hoch sein wie der mittlere Teil des Architravs; die Ausladung des Kranzgesimses mit dem Zahnschnitt ist von der Stärke zu machen, als die Höhe vom Fries bis zum oberen Rande des Gesimsleistens des Karnieses betragen wird, und überhaupt haben alle Vorsprünge, welche eine ebenso große Ausladung als Höhe haben, ein gefälligeres Ansehen.

12. Die Höhe des Feldes im Giebel (K) ist so zu ermitteln, dass man das ganze Kranzgesimse an der Stirnseite von einem Ende des Gesimsleistens zum andern der Länge nach in neun Teile vermisst und von diesen einen Teil für die Höhe des Giebelfeldes an der Spitze in der Mitte bestimmt, die senkrechte Linie desselben aber soll (verlängert) mit der des Epistyls und des Säulenhalses zusammenfallen. Und darüber ist ein Kranzgesimse, das mit Ausnahme des Rinnleistens ebenso ist wie das untere[1]; über dem Kranzgesimse nämlich sind Rinnleisten, welche die Griechen Epitithides nennen (L), zu machen, und zwar um den achten Teil höher, als das Kranzgesims hoch ist. Die Eckakroterien (Giebelzierden) sollen so hoch sein wie das Giebelfeld in der Mitte, die Firstakroterien um ein Achtel höher als die Ersteren.

13. Alle Glieder, die über den Säulenkapitellen sein werden, nämlich Epistyl, Fries, Kranzgesims, Giebelfeld, Giebel, Akroterien sollen sich an der Stirnseite, jedes um ein Zwölftel seiner Höhe, vorneigen, und zwar deswegen, weil, wenn wir der Stirnseite gegenüberstehen und vom Auge aus zwei Linien gezogen würden, von denen die eine auf den untersten, die andere auf den obersten Teil des Bauwerkes träfe, diejenige, welche auf den obersten Teil träfe, länger werden würde. Je weiter also die Gesichtslinie nach dem oberen Teil sich verlängert, desto mehr gibt sie ihm einen zurückgebeugten Anschein. Wenn aber die Glieder in der oben beschriebenen Weise an der Stirnseite vorgeneigt sind, dann werden sie beim Anblick senkrecht und nach dem Winkelmaß zu stehen scheinen.

14. An den Säulen sind vierundzwanzig Streifen (Kanneluren) zu machen, und zwar so ausgehöhlt, dass ein

[1] Das Kranzgesims der Stirnseiten unter dem Giebelfeld hat nämlich den Rinnleisten nicht.

Winkelmaß, wenn es in die Höhlung der Kannelur eingesetzt wird, herumgeführt mit den Schenkeln zur Rechten und Linken die Kanten der Stege berührt, während die Spitze des Winkelmaßes, ringsum die Rundung berührend, herumbewegt werden kann. Die Kanneluren müssen so breit gemacht werden, als man Schwellung an der Säulenmitte in der Figur findet.

15. An den Rinnleisten, welche über dem Kranzgesimse an den Langseiten der Tempel sind, müssen Löwenköpfe ausgemeißelt werden, so verteilt, dass sie zunächst je einer Säule entsprechend angebracht sind, die übrigen in gleichmäßiger Anordnung so, dass immer je einer der Mitte jeder Dachplatte entspreche. Die Ersteren sollen bis an die Rinne, welche von den Dachplatten das Regenwasser empfängt, durchbohrt sein, die Letzteren aber sollen undurchbrochen sein, damit der von den Dachplatten herab in die Rinne strömende Wasserguss nicht bei den Säulenzwischenweiten sich herabgieße und die Hindurchgehenden überschütte, sondern diejenigen Löwenköpfe, welche den Säulen entsprechen, sollen gleichsam speiend die Wassergüsse aus dem Rachen zu entleeren scheinen.

Die Verzeichnung der ionischen Tempel habe ich so deutlich, als ich es nur vermochte, in diesem Buch beschrieben, wie aber die Verhältnisse der dorischen und korinthischen seien, werde ich in dem folgenden Buch entwickeln.

Viertes Buch

Vorwort

1. Da ich bemerkt habe, Imperator, dass mehrere über die Architektur Anweisungen und einzelne Abhandlungen, nicht in geordnetem Zusammenhang, sondern nur Anfänge, wie lose Bruchstücke, hinterlassen haben, so hielt ich es für eine würdige und überaus nützliche Sache, den Inbegriff eines so großen Wissenschaftszweiges in geordneten Zusammenhang zu bringen und die vorschriftsmäßigen Eigenschaften der einzelnen Gattungen in einzelnen Büchern zu entwickeln. Deshalb habe ich dir, Cäsar, im ersten Buch die Aufgabe des Baukünstlers und in welchen Dingen er unterrichtet sein müsse, auseinandergesetzt. Im zweiten habe ich das Baumaterial, aus welchem die Gebäude aufgeführt werden, erörtert. Im dritten aber sprach ich von der Einrichtung der Tempel und von der Verschiedenheit ihrer Gattungen, welche und wie viele Arten sie haben und welche Einteilung jede Gattung habe; und habe von den drei Ordnungen, welche die entwickeltsten Verhältnisse haben, die gebräuchlichen Größenmaße der ionischen Ordnung dargestellt.

2. In diesem Buch nun werde ich über die Satzungen und die Bauweise der dorischen und korinthischen Ordnung sprechen und ihre Unterschiede und Eigentümlichkeiten entwickeln.

Erstes Kapitel

Die drei Säulenordnungen und ihre Erfindung; die Maßverhältnisse des korinthischen Kapitells

1. Die korinthischen Säulen haben außer den Kapitellen alle Verhältnisse so wie die ionischen; aber die Höhe der Kapitelle macht sie verhältnismäßig erhabener und schlanker, weil die Höhe des ionischen Kapitells den dritten Teil der Säulendicke, die des korinthischen die ganze Dicke des Schaftes misst. Weil also zwei Drittteile von der Dicke den korinthischen Kapitellen hinzugefügt werden, so bewirken sie durch Erhebung ein schlankeres Aussehen.

2. Die übrigen Glieder, welche über den Säulen angebracht werden, setzt man entweder aus den dorischen Maßverhältnissen oder aus der ionischen Bauweise auf die korinthischen Säulen; weil die korinthische Ordnung selbst keine besondere Satzung für das Gesimse und die übrigen Zierden hatte, sondern entweder von der Einrichtung des Triglyphengliedes die Kragsteine am Kranzgesimse und am Gebälk die Tropfen nach dorischer Bauweise oder nach ionischer Satzung mit Reliefs geschmückte Friese mit Zahnschnitt und Gesimse angebracht werden.

3. So wurde aus zwei Ordnungen dadurch, dass man ein Kapitell dazwischensetzte, eine dritte Bauordnung geschaffen. Denn nach der Gestaltung der Säulen sind die Benennungen der drei Ordnungen gemacht, nämlich der dorischen, ionischen und korinthischen, von welchen die dorische zuerst und schon in grauer Vorzeit entstanden ist. Über Achaia und den ganzen Peloponnes nämlich herrschte Dorus, der Sohn des Hellen und der Nymphe Orseis[1], und dieser erbaute zu Argos, einer uralten Stadt,

[1] Schneider nach Apollodor I. 7. Haine aber liest dort statt Ὀρσηΐδος Ὀρειάδος, weshalb auch hier Marini den in den Mss. ganz korrupten Na-

in dem Tempel der Juno ein Heiligtum zufällig von der Gestalt dieser Ordnung und dann in derselben Ordnung auch in den übrigen Städten Achaias, obgleich damals die Berechnung der zusammenstimmenden Maßverhältnisse noch nicht entdeckt war.

4. Als aber später die Athener den Orakelsprüchen des delphischen Apollo zufolge auf gemeinsamen Beschluss von ganz Hellas hin zu gleicher Zeit dreizehn Kolonien nach Asien führten und die Führer für die einzelnen Kolonien bestimmten, die höchste Herrschergewalt aber dem Ion, des Xuthos und der Kreusa Sohn, welchen auch Apollo zu Delphi in seinen Orakelsprüchen als seinen Sohn erkannte, gaben und dieser jene Kolonien nach Asien führte und das Gebiet von Karien besetzte, da gründete er dort die überaus großen Städte Ephesos, Milet, Myos, welch Letzteres einst vom Wasser verschlungen wurde und dessen Opferpflicht und Stimmrecht die Ionier den Milesiern übertrugen, Priene, Samos, Teos, Kolophon, Chios, Erythrä, Phokäa, Klazomenä, Lebedos, Melito. Dieses Melito, wegen der Anmaßung seiner Bürger von den genannten Städten bekriegt, wurde auf gemeinsamen Beschluss hin zerstört, und an seine Stelle wurde nachher durch das Wohlwollen des Königs Malus und der Arsinoe die Stadt der Smyrnäer unter die Ionier aufgenommen.

5. Als diese Bürgerschaften die Karer und Leleger vertrieben hatten, nannten sie jenen Landstrich nach ihrem Führer Ion Ionien, und dort Tempel der unsterblichen Götter gründend, fingen sie an, Heiligtümer zu bauen, und errichteten zuerst dem panionischen Apollo einen Tempel, so wie sie es in Achaia gesehen hatten, und nann-

men in *Oreados* verbessert, da Orseis sonst ganz unbekannt ist, die Oreiaden aber sich häufig finden.

ten ihn einen dorischen, weil sie zuerst in den Städten der Dorer einen in dieser Ordnung erbauten gesehen hatten.

6. Als sie bei diesem Tempel die Säulen setzen wollten, jedoch die zusammenstimmenden Maßverhältnisse nicht hatten und nachforschten, durch welche Einrichtung sie erzielen konnten, dass sie sowohl zum Lasttragen geeignet wären, als auch dem Auge eine tadellose Schönheit böten, da maßen sie die Spur eines männlichen Fußes ab und legten dieses Maß auf die Höhe des Mannes an. Da sie nun gefunden hatten, dass der Fuß den sechsten Teil der Höhe beim Mann betrage, so trugen sie dies auch auf die Säule über, und die Dicke, von welcher sie den Fuß des Schaftes machten, nahmen sie sechsmal für die Höhe mit Einschluss des Kapitells. So begann die dorische Säule das Verhältnis und die gedrungene Schönheit des männlichen Körpers in den Gebäuden zu zeigen.

7. Als sie nachher auch der Diana einen Tempel, und zwar neuer Ordnung, errichten wollten, trugen sie seine Gestalt aus denselben Spuren auf die weibliche Schlankheit über und machten zuerst die Dicke der Säule von dem achten Teil der Höhe, damit sie ein höheres Ansehen habe. Dem Säulenfuß legten sie statt der Sohle eine Base unter; am Kapitell brachten sie zur Rechten und Linken schneckenförmige Windungen an, sie vorhängend, wie gekräuselte Locken dem Haupthaar, und schmückten die Stirnseite mit Wulsten und Blumen[1]) (Anthemien), den Haaren entsprechend angeordnet, und führten am ganzen Stamm Streifen herab, wie die Falten der Gewänder nach Frauenart.

[1] Ich bin weit entfernt, unter den *encarpa* Fruchtgehänge zu verstehen, wie sie erst Michel Angelo an den ionischen Kapitellen einzuführen für gut fand. Wahrscheinlich sind hier die Blumen gemeint, welche die Winkel durch Voluten an der Stirnseite auszufüllen und die Verbindung mit dem Wulst herzustellen bestimmt sind, denn die mit dem Wulst parallel laufende Perlenschnur dürfte noch weniger mit dem Namen *encarpa* bezeichnet worden sein.

8. Die Späteren aber, an gewähltem und feinem Urteil vorgeschritten und an schlankeren Maßen Geschmack findend, bestimmten sieben Dickendurchmesser für die Höhe der dorischen, neun für die der ionischen Säule. Jene Ordnung aber, welche die Ionier zuerst ins Werk setzten, wurde die ionische genannt. Die dritte aber, welche die korinthische heißt, enthält die Nachahmung der jungfräulichen Schlankheit, weil die Jungfrauen, wegen der Zartheit ihres Alters aus schlankeren Gliedern gebaut, im Gewandschmuck eine reizendere Gesamtwirkung haben.

9. Die erste Erfindung eines solchen Kapitells aber wurde – wie erzählt wird – auf folgende Weise gemacht. Eine Bürgerstochter aus Korinth, bereits heiratsfähig, wurde krank und starb; nach ihrem Leichenbegängnis sammelte die Amme die Spielsachen, an denen sich das Mädchen bei Lebzeiten ergötzt hatte, legte sie zusammen in einen Korb, trug diesen zu dem Grabmal, stellte ihn oben darauf und deckte ihn, damit sich die Sachen länger als unter freiem Himmel erhielten, mit einer Dachplatte zu. Jener Korb war nun zufällig über eine Akanthoswurzel (Bärenklau) gesetzt worden; da trieb die vom Gewicht gedrückte in der Mitte befindliche Akanthoswurzel um die Frühlingszeit Blätter und Stängel, und ihre Stängel, an den Seiten des Korbes emporwachsend und von den Ecken der Dachplatte durch den Druck der Last hinausgedrückt, wurden gezwungen, nach außen hin Schneckenwindungen zu bilden.

10. Da bemerkte Kallimachos[1], der wegen der Gewähltheit und Feinheit seiner Arbeiten in Marmor von

[1] Wahrscheinlich von Athen, Bildhauer, Architekt, Toreut und vielleicht auch Maler, lebte um Ol. 93, in welche Zeit seine goldene Lampe für das Erechtheion gehört. Seine Zeit stimmt mit dem Auftreten der korinthischen Ordnung, wenn aber auch die Ausbildung dieses Stils dem Künstler zuzuschreiben ist, so ist doch die von Vitruv erzählte Erfindungsgeschichte wohl nur eine poetische Sage.

den Athenern Katatechnos (der Kunstvolle[1]) genannt worden war, im Vorübergehen an diesem Grabmal jenen Korb und ringsum die hervorsprossenden zarten Blätter, und entzückt über die Art und Neuheit der Form, machte er nach diesem Vorbild bei den Korinthern Säulen, stellte die zusammenstimmenden Maßverhältnisse derselben fest, und von da ausgehend, entzifferte er die Gesetze für die Errichtung von Bauwerken korinthischer Ordnung.

11. Das zusammenstimmende Maßverhältnis eines solchen Kapitells ist so herzustellen, dass von derselben Größe, von welcher die Dicke der Säule ganz unten ist, auch die Höhe des Kapitells mit Einschluss der Platte sei[2]. Die Größe der Deckplatte soll sich so verhalten, dass die Diagonalen von einer Ecke zur anderen zweimal so groß seien als die Höhe (des Kapitells ist), denn so werden die Stirnseiten in jeder Richtung die gehörige Breitenausdehnung haben. Die Stirnseiten sollen von den äußersten Ecken der Platte um den neunten Teil der Stirnbreite nach innen eingedrückt werden. Zuunterst soll das Kapitell eine Dicke haben wie die Säule ganz oben mit Ausschluss des Ablaufes und des Astragals (Rundstabes). Die Höhe der Deckplatte sei der siebente Teil der Höhe des Kapitells.

12. Die Hohe der Platte weggerechnet, teile man den Rest in drei Teile, von denen der eine dem untersten Blatt zugeteilt werde; das zweite Blatt soll den mittleren Höhen-

[1] So geben alle Handschriften. Richtiger ist nach Pausanias (I. 26, 7) und nach Plinius (XXXIV. 8, 19, 92. *Cod. Bamb. catatexitechnos*) κατατηξέτεχνος (der Tüftler).

[2] Die Denkmäler bestätigen dies nicht. Selbst sehr gedrungene Kapitelle wie die des sogenannten Vestatempels von Tivoli sind höher, als der untere Schaftdurchmesser lang ist. Das Richtige würde sich ergeben, wenn man, statt *cum abaco, sine abaco* lesen wollte.

teil einnehmen, dieselbe Höhe sollen die Stängel haben, aus welchen Blätter wachsen, so ausladend, dass sie die Rankenwindungen stützen können, welche, aus den Stängeln entsprossen, sich bis zu den äußersten Ecken hinausschwingen, und kleinere Schnörkel sollen in deren Mitte unter den Blumen, welche an der Deckplatte vorstehen, gemeißelt werden. Die Blumen an den vier Seiten sollen so groß gebildet werden, als die Deckplatte in der Höhe misst. So werden nach diesen zusammenstimmenden Verhältnissen die korinthischen Kapitelle genau ihre Richtigkeit haben.

Es gibt aber noch andere mit verschiedenen Namen benannte Arten von Kapitellen, welche denselben Säulen aufgesetzt werden, bezüglich deren wir aber weder bestimmte Eigentümlichkeiten der Maßverhältnisse angeben noch die Säulenordnung anders benennen können; allein ich sehe, dass diese besonders benannten Kapitelle von den dorischen hergenommen und umgebildet seien, deren zusammenstimmende Maßverhältnisse auf die Feinheit neueren Schnitzwerkes übertragen worden sind[1].

[1] Ob damit außer anderen Formen auch die sogenannten Kompositkapitelle gemeint seien, ist sehr zweifelhaft. An korinthischen Varietäten zeigen schon das Denkmal des Lysikrates und der dem Vitruv jedenfalls sehr genau bekannte Turm der Winde in Athen allein bedeutsame Muster.

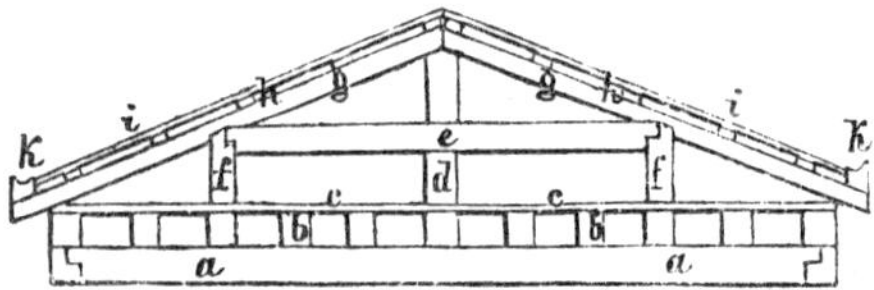

Fig. 14

Zweites Kapitel

Auszierung der Säulenordnungen

1. Nachdem nun von den Säulenordnungen Ursprung und Erfindung oben beschrieben worden ist, scheint es mir nicht ungehörig, in derselben Weise von der Auszierung derselben, und zwar von deren Entstehung und von den Anfängen und Vorbildern, aus welchen sie erfunden worden, zu sprechen. Bei allen Gebäuden wird obenauf Holzbalkenwerk gelegt, welches mit verschiedenen Namen benannt wird. Dieses aber hat, wie in der Benennung, so auch im Gebrauch verschiedene Bedeutung. Denn die Unterbalken (Fig. 14 a) werden über die Säulen und Pilaster und vorspringenden Pfeiler (Anten) gelegt, im Deckenwerk kommen dann Deckbalken (b) und Dielen (c), unter dem Dach, wenn der Raum größer ist, der Giebelständer (d) da, wo die Spitze des Giebels ist [woher auch die Säulen ihren Namen haben][1], die Querriegel (e) und die Strebebalken (f)[2], wenn aber der Raum mäßig ist, nur der Giebelständer und bis an den äußeren Rand der Dachtraufen vorragende Sparren (g); über den Sparren kommen die Dachpfetten (h), dann darüber unter den Dachplatten die Latten (i), so vorra-

[1] Lorentzen vermutet in diesen Worten mit Recht eine ungehörige Glosse; doch auch das vorausgehende *columen in summo fastigio culminis* zu derselben zu ziehen, wie er getan, scheint, abgesehen von der bedenklichen Ausdehnung der Emendation, schon deshalb unstatthaft, weil gerade das Wort *columen* die spätere Hand zu der etymologischen Glosse über *columen* und *columna* veranlasste.

[2] Die *capreoli* werden gewöhnlich als in das untere Ende des Giebelständers eingezapft und zu den Enden der Querriegel auseinandergespreizt rekonstruiert. Im Namen scheint allerdings eine solche Form zu liegen, aber gerade in die frei schwebende Mitte des Unterbalkens die größte Last zu setzen, erscheint so unzweckmäßig, dass ich es vorzog, diese *capreoli* seitwärts, und zwar, wenn wir uns eine hexastyle Front denken, über die zweite und fünfte Säule zu setzen.

gend, dass die Wände durch ihren Vorsprung geschützt werden (Fig. 14).

2. So behauptet jegliches seinen bestimmten Platz, seine Gattung und seine Reihenfolge; von diesen Dingen aber und von dem Balkenwerk der Zimmerleute haben die Künstler beim Bau von Tempeln in Stein und Marmor die Formen in ihrer Steinmetzarbeit nachgeahmt und jene Erfindungen verfolgen zu müssen geglaubt. Weil daher die Zimmerleute der Alten, wenn sie, an irgendeinem Ort ein Gebäude aufführend, so von den inneren Wänden zu den äußeren Teilen vorragende Balken gelegt hatten, zwischen den Balken Mauerwerk anbrachten und darüber Gesimse und Giebel zur Verschönerung des Anblicks mit Zimmerwerk schmückten, dann die Vorsprünge der Balken, soweit sie hervorragten, senkrecht an der Mauer absägten, und als der dadurch entstandene Anblick ihnen unschön erschien, Brettchen von der Gestaltung, wie jetzt der Dreischlitz (Triglyphe) gemacht wird, auf den Balkenschnitten an der Stirnseite befestigten und sie mit himmelblauer Wachsfarbe bemalten, damit der so bedeckte Balkenschnitt das Auge nicht unangenehm berühre, so fing man an, in Gebäuden dorischer Ordnung nach der Balkenlage das Dreischlitzschema und die Balkenzwischenräume der Metopen anzuwenden.

3. Nachher ließen andere bei anderen Bauwerken die Dachsparren den senkrechten Linien der Dreischlitze entsprechend vorspringen und brachten über diesen Vorsprüngen die Rinne (k) an. Daher ist, wie aus der Anordnung der Deckbalken das Dreischlitzschema, so aus dem Überhängen der Sparren das der Dielenköpfe[1] erfunden

[1] Der Übersetzer muss sich mit den deutschen Vulgärausdrücken möglichst zu behelfen suchen: richtiger wäre übrigens »Sparrenköpfe«. Vitruv bezeichnet sie hier als *mutuli* (Kragsteine), sonst ist der technische Ausdruck für die do-

worden. So werden wohl bei Bauwerken in Stein und Marmor die Dielenköpfe deshalb mit vorabgeneigtem Schnitzwerk gebildet, weil sie eine Nachahmung der Dachsparren sind. Notwendig aber müssen sie auch wegen der Traufen abwärtsgeneigt gestellt werden. Mithin ist sowohl das Schema des Dreischlitzes als auch das der Dielenköpfe in dorischen Bauwerken aus dieser Nachahmung erfunden worden.

4. Denn dass die Dreischlitze, wie einige irrtümlich ausgesprochen haben, Nachbildungen der Fenster seien, das kann sich nicht so verhalten, weil die Dreischlitze an den Ecken und über den (mittleren) Durchmesservierteln[1] des unteren Schaftstückes angebracht werden, an welchen Plätzen es die Natur der Sache überhaupt nicht gestattet, Fenster anzubringen. Denn es werden die Verbindungen der Ecken an den Gebäuden aufgelöst, wenn dort die Fensteröffnungen gelassen werden. Auch dürfte man, wenn man der Ansicht ist, dass da, wo jetzt Dreischlitze sind, Lichtöffnungen gewesen seien, aus denselben Gründen glauben, dass auch der Zahnschnitt an ionischen Gebäuden die Stellung von Fenstern eingenommen hätte. Denn die beiderseitigen Zwischenräume, sowohl zwischen den Zähnchen als zwischen den Dreischlitzen, werden Metopen genannt; Opai nämlich nennen die Griechen die Lage der Balken und Latten, wie unsere Landsleute jene Höhlungen Kolumbarien (Taubenlöcher) nennen; der Balkenzwischenraum also, der sich zwischen zwei Lagern (Opai) befindet, wurde bei ihnen Metope genannt.

rischen Dielenköpfe auch bei ihm (im folgenden Kapitel) *viae*. Es braucht kaum bemerkt zu werden, dass sich jetzt die lateinischen und griechischen Namen für die antiken Architekturglieder bereits eingebürgert haben.

[1] Diese Durchmesserviertel werden im folgenden Kapitel noch genauer als die mittleren bezeichnet, was mit der Angabe stimmt, dass die Dreischlitze eine Breite von dem halben unteren Säulendurchmesser haben sollen.

5. Wie also vorher bei den dorischen Tempeln die Einrichtung der Dreischlitze und der Dielenköpfe erfunden worden ist, so hat auch bei den ionischen die Einführung des Zahnschnittes ihren eigentümlichen Grund in den Bauwerken, und wie die Sparren-(Dielen-)Köpfe das Bild der Sparrenvorsprünge in sich tragen, so enthält bei ionischen Tempeln der Zahnschnitt die Nachahmung der Latten. Daher stellte bei griechischen Bauwerken niemand den Zahnschnitt unter den Sparrenkopf; denn es können nicht die Latten unterhalb der Sparren sein. Was also in Wahrheit über die Sparren und Dachpfetten gelegt sein muss, das wird, wenn es in der Nachbildung unterhalb gestellt ist, eine fehlerhafte bauliche Einrichtung in sich tragen. Auch haben die Alten es nicht gebilligt und auch nicht eingeführt, an den Giebeln Sparrenköpfe oder den Zahnschnitt anzubringen, sondern brachten da nur einfache Gesimse an; deshalb, weil weder die Sparren noch die Latten in der Richtung gegen die Stirnseite gelegt werden noch hier hervorragen können, sondern nach der Traufe geneigt gerichtet werden. Was also in Wahrheit nicht sein kann, von dem glaubten sie auch nicht, dass es in der Nachbildung eine stichhaltige Begründung habe. Denn sie übertrugen alles, so wie es von einer bestimmten Eigentümlichkeit und von dem wahren Verhalt der Natur entnommen war, auf die Ausführung ihrer Bauwerke und billigten dasjenige, dessen Entwicklung bei Besprechung den Grund der Wahrheit für sich hatte. Und so haben sie aus solchem Ursprung die zusammenstimmenden Maßverhältnisse und Zahlenverhältnisse einer jeden Ordnung festgestellt hinterlassen, und ihren Fußstapfen folgend, habe ich oben über die Satzungen der ionischen und korinthischen Ordnung gesprochen, nun aber werde ich den dorischen Stil und dessen gesamte Gestalt in Kürze auseinandersetzen.

Drittes Kapitel

Die dorische Bauart

1. Einige alte Baukünstler haben sich dahin ausgesprochen, dass man keine Tempel in dorischer Ordnung erbauen solle, da bei solchen fehlerhafte und unzusammenstimmende Gliederungsverhältnisse ins Werk gesetzt würden. Und so sprach sich Tarchesios[1] aus, ferner Pythios[2] und nicht minder Hermogenes[3]. Denn da dieser (Letztere) den Marmorvorrat für den Bau eines dorischen Tempels vorbereitet hatte, änderte er ihn aus demselben Material um und erbaute ihn dem Dionysos in ionischer Ordnung. Jedoch nicht weil das Aussehen oder die Ordnung oder die würdevolle Gestalt nicht schön, sondern weil die Einteilung der Dreischlitze und der unteren Seite des Gesimses misslich und unbequem ist.

2. Denn es ist notwendig, dass die Dreischlitze den beiden mittleren Vierteln des unteren Säulendurchmessers entsprechend angebracht werden und dass die Metopen, welche sich zwischen den Dreischlitzen befinden, ebenso lang (breit) als hoch seien. Dagegen werden auch ganz außen bei den Ecksaulen Dreischlitze angebracht, und zwar nicht den mittleren Vierteln des Durchmessers entsprechend, und daraus geht hervor, dass die Metopen, welche sich zunächst an den Eckdreischlitzen befinden, nicht quadratisch werden, sondern um die Hälfte der Dreischlitzbreite länger. Diese Sache aber, mag sie nun durch die Verlängerung der Metopen oder durch die Verengerung der Säulenweiten erledigt werden, ist fehlerhaft.

[1] Sonst nicht bekannt, möglicherweise mit Argelios identisch, welcher nach Vitruv VII. Vorwort über korinthische Ordnung und über den von ihm erbauten ionischen Asklepiostempel von Tralles schrieb.

[2] Vgl. Buch 1. Kap. 1, 2 mit Anm. 1, S. 26 und Buch VII. Vorwort.

[3] Vgl. zum 2. Kap. des dritten Buches Anm. 3 auf S. 114.

Deshalb scheinen die Alten bei den Tempeln die dorische Ordnung vermieden zu haben.

3. Wir aber wollen sie, wie es unsere Anordnung erheischt, so auseinandersetzen, wie wir sie von den Lehrern überkommen haben, damit jeder, wenn er, auf diese Gesetze merkend, danach seine Schritte einrichten will, die Zahlenverhältnisse entwickelt vor sich habe, nach welchen er den Bau von Tempeln in dorischer Bauart gelungen und fehlerfrei bewerkstelligen könne. Man teile die Stirnseite des dorischen Tempels da, wo die Säulen errichtet werden, wenn sie viersäulig werden soll, in 27 Teile, wenn sechssäulig, in 42 Teile; von diesen wird ein Teil die Maßeinheit sein, welche auf Griechisch Embates (der Kothurn) heißt, und mit Zugrundlegung dieser Maßeinheit wird durch Berechnung die Einheit des ganzen Gebäudes bewerkstelligt.

4. Die Dicke der Säule wird 2 Maßeinheiten betragen, die Höhe mit dem Kapitell 14; die Höhe des Kapitells eine, die Breite 2 ⅙; die Höhe des Kapitells teile man in 3 Teile und mache aus einem die Platte mit dem Simsleisten[1], aus dem andern den Wulst (Echinus) mit den Ringen, aus dem dritten den Säulenhals. Die Säule aber soll sich so verjüngen, wie es im dritten Buch von den ionischen Säulen beschrieben worden ist.

Die Höhe des Architravs mit Einschluss des Bandleistens und der Tropfen soll eine Maßeinheit betragen, der Bandleisten ⅐. Die Länge der Tropfen soll mit dem Leistchen den 6. Teil der Maßeinheit hoch unter dem Bandleisten, den Dreischlitzen entsprechend, herabhängen.

[1] Dieser Leisten (Kyma, Kymation, Welle) fehlt an den griechischen Säulen dorischer Ordnung, wie überhaupt die vitruvischen Verhältnisse der dorischen Ordnung nicht auf die griechischen Musterwerke passen, sondern vielmehr beispielsweise dem Tempel von Cori näherstehen.

Ferner soll die Dicke des Architravs an der Unterseite dem Säulenhals zuoberst an der Säule entsprechen. Oberhalb des Architravs sind die Dreischlitze mit ihren Metopen anzubringen, und zwar jene 1 ½ Maßeinheiten hoch, eine Maßeinheit an der Stirnseite breit und so verteilt, dass sie an den Ecksäulen und an den zwischenliegenden Säulen, den mittleren Vierteln des Durchmessers entsprechend, und über den Säulenzwischenräumen sonst je zwei, an der Vorhalle und an der Hinterseite aber über den mittleren Säulenzwischenräumen je 3 zu stehen kommen; denn da der mittlere Zwischenraum so erweitert ist, wird den Herantretenden der Zutritt zu den Götterbildern unbehindert sein.

5. Die Breite der Triglyphen teile man in 6 Teile, von welchen man 5 in der Mitte, zwei halbe an der rechten und linken Seite mit dem Lineal verzeichnet. Aus einem Teil in der Mitte bilde man den Schenkel, welcher auf Griechisch Meros heißt, neben den beiden Seiten dieses Teiles meißle man Schlitze hinein, nach der Gestalt des Winkelmaßes vertieft, und wie es die Reihenfolge verlangt, so bestimme man zur Rechten und Linken davon zwei andere Schenkel; an den äußeren Teilen aber schneide man Halbschlitze ab. Nachdem die Dreischlitze also angebracht sind, sollen die Metopen, welche zwischen den Dreischlitzen sind, ebenso hoch als breit sein; ferner an den äußersten Ecken sollen Halbmetopen von der Breite einer halben Maßeinheit hineingefugt sein. Denn so wird es geschehen, dass alle Fehler, sowohl der Metopen als auch der Säulenweiten und der unteren Seite des Gesimses, gehoben werden, weil die Abteilungen gleich gemacht sind (Fig. 15).

6. Die Kapitelle der Dreischlitze sind nach einem Sechstel der Maßeinheit zu machen. Über den Kapitellen

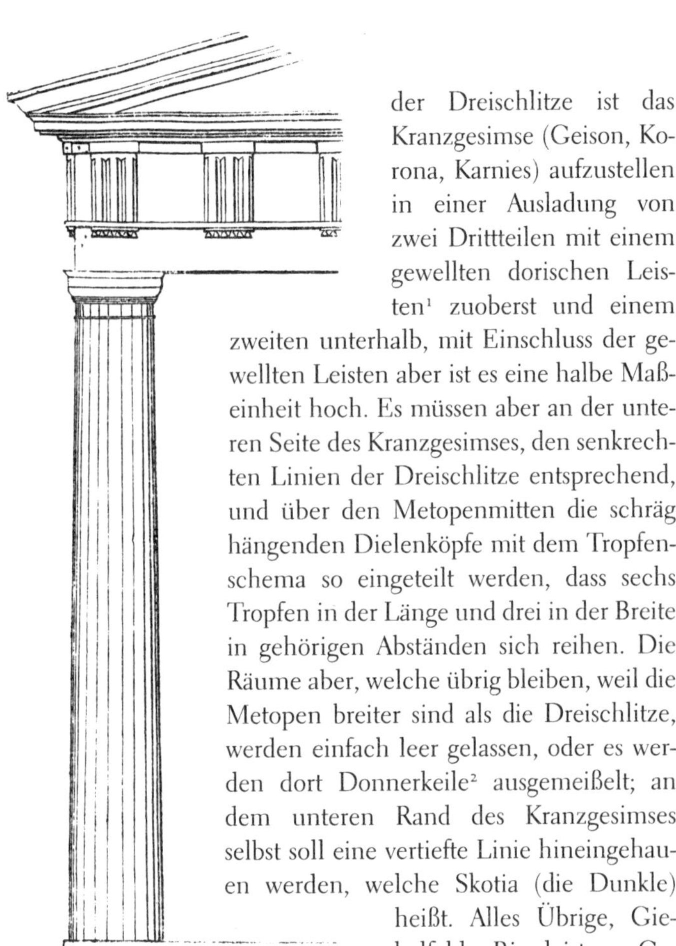

der Dreischlitze ist das Kranzgesimse (Geison, Korona, Karnies) aufzustellen in einer Ausladung von zwei Drittteilen mit einem gewellten dorischen Leisten[1] zuoberst und einem zweiten unterhalb, mit Einschluss der gewellten Leisten aber ist es eine halbe Maßeinheit hoch. Es müssen aber an der unteren Seite des Kranzgesimses, den senkrechten Linien der Dreischlitze entsprechend, und über den Metopenmitten die schräg hängenden Dielenköpfe mit dem Tropfenschema so eingeteilt werden, dass sechs Tropfen in der Länge und drei in der Breite in gehörigen Abständen sich reihen. Die Räume aber, welche übrig bleiben, weil die Metopen breiter sind als die Dreischlitze, werden einfach leer gelassen, oder es werden dort Donnerkeile[2] ausgemeißelt; an dem unteren Rand des Kranzgesimses selbst soll eine vertiefte Linie hineingehauen werden, welche Skotia (die Dunkle) heißt. Alles Übrige, Giebelfeld, Rinnleisten, Gesimse, soll so ausgeführt

[1] Über das Verhältnis des dorischen Kyma zu den anderen Ordnungen vgl. Bötticher, Tektonik der Hellenen, S. 33 ff.

[2] *fulmina*. Die meisten Codices haben *flumina*, was man auf mäanderartiges Ornament bezogen hat. Da es jedoch für einen so oft unterbrochenen Raum kein ungeeigneteres Ornament geben könnte als dieses, so haben alle Herausgeber die Lesart *fulmina* vorgezogen. Auf Figur 15 konnten die Tropfen der Hängeplatte nicht verzeichnet werden, ohne den unteren Wellleisten des Geison zu verdecken, wurden daher weggelassen.

werden, wie es oben bei den ionischen Tempeln beschrieben ist.

7. Diese Einrichtung wird bei Bauwerken von weiterer Säulenstellung (Diastyle) Geltung haben. Wenn aber ein dichtsäuliger Tempelbau (Systylos)[1] mit je einem Dreischlitze[2] errichtet werden soll, so teile man die Stirnseite des Tempels, wenn sie viersäulig ist, in neunzehneinhalb, wenn sechssäulig, in neunundzwanzigeinhalb Teile, und von diesen wird ein Teil die Maßeinheit sein, nach welcher, wie oben beschrieben worden ist, die Bauwerke eingeteilt werden. Es werden nun über jedes einzelne Architravstück (a b) je zwei Metopen (c) und Dreischlitze (d) anzubringen sein, an den Ecken kommt dazu noch ein halber Dreischlitz (e) und noch ein Raum (f), so groß wie ein halber Dreischlitz[3]; über dem mittleren Architrav-

[1] Es wurde mit Unrecht bemerkt, dass die Interkolumnien dieses von Vitruv Systylos genannten Tempels eher den Abständen des Pyknostylos entsprächen, ja man hielt es sogar für nötig, den Text dahin abzuändern. Da es jedoch nach vitruvischer Darstellung, bei welcher die Metopen immer anderthalb, die Triglyphen aber eine Maßeinheit in der Breite messen, hinsichtlich der Interkolumnien nur zwei Arten geben kann, so kann die obige Klassifizierung des Pyknostylos, Systylos, Eusiylos, Diastylos und Aräostylos nicht auf die dorische, sondern nur auf die ionische und korinthische Ordnung bezogen werden. Die zwei dorischen Arten aber setzt Vitruv als Diastyle einander gegenüber.

[2] *monotriglyphum*, d. h. mit je einem Dreischlitz in den Säulenzwischenräumen, im Gegensatz zu den zweien und dreien, wie sie oben den diastylen Tempeln angewiesen werden. Vgl. Bergau, Über das *opus monotriglyphum* bei Vitruvius. Philologus XV. n. 7. S. 193 ff.

[3] Marini verbessert in einer durch die beifolgende Verzeichnung unzweifelhaft sich ergebenden Weise *quantum dimidiatum est spatium, hemitriglyphi* in *dimidiatus et quantum est spatium hemitriglyphi*.

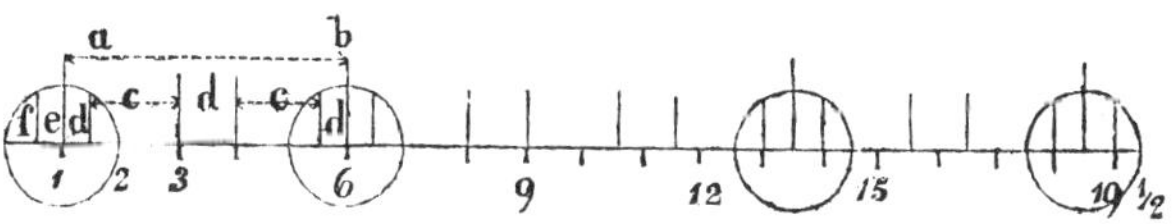

Fig. 16

stück[1] an der Giebelseite wird sich der Raum zu drei Dreischlitzen und drei Metopen erweitern, damit der mittlere Säulenzwischenraum durch seine größere Breite den zum Tempel Herantretenden eine bequemere Breite und gegen die Götterbilder hin einen würdevollen Anblick gewähre (Fig. 16).

8. Die Säulen aber müssen in 20 Streifen kanneliert werden; sollen diese Streifen nur flach werden, so müssen nur die 20 Kanten hergestellt werden, wenn sie aber kanneliert werden sollen, so ist folgende Schablone anzufertigen: Man beschreibe ein Quadrat von ebenso großen Seiten, als ein Streifen breit ist; in der Mitte des Quadrates aber setze man einen Schenkel des Zirkels ein und ziehe eine Kreislinie, welche die Ecken des Quadrats berührt, und in derselben Größe, wie sie der Kreisabschnitt zwischen der Kreislinie und dem Quadrat haben wird, sollen die Streifen nach dieser Schablone ausgehöhlt werden. So wird die dorische Säule die Ausführung ihrer stilgemäßen Kannelierung haben.

9. Was ihre Schwellung betrifft, durch welche sie in der Mitte verstärkt wird, trage man sie in der Weise auch auf diese Säulen über, wie sie im dritten Buche von den ionischen beschrieben worden ist.

(IV.) Nachdem nun die äußere Gestalt sowohl der korinthischen als der dorischen, als auch der ionischen Ordnung vollständig beschrieben ist, ist es nötig, auch die innere Einteilung der Cellae und des Pronaos zu entwickeln.

[1] Hier fallen nach Lorentzens (*Obsservationes critieae ad Vitrivium*, Programm des Gymnasiums zu Gotha 1858) trefflicher Emendation die eingeschobenen und von einer früheren Stelle wiederholten Sätze *habens cymatium … ad perpendiculum* aus.

Viertes Kapitel

Die innere Einteilung der Cellae und des Pronaos

1. Die Länge des Tempels wird aber so eingeteilt, dass die Breite die Hälfte der Länge betrage und dass die Cella selbst mit Einschluss der Wand, welche die Tür enthält, um ¼ länger sei als ihre Breite und dass die für die Vorhalle übrig bleibenden drei Vierteile bis an die Eckwandpfeiler (Anten), welche die Dicke der Säulen haben müssen, sich erstrecken. Und wenn der Tempel in der Breite mehr als 20 Fuß hat, so stelle man zwischen die beiden Eckwandpfeiler 2 Säulen, welche den Raum des Säulenumgangs und den der Vorhalle trennen; ferner soll man die 3 Säulenweiten, welche sich zwischen den Eckwandpfeilern und den Säulen befinden werden, mit Geländern von Marmor oder Holzschnitzarbeit so abschließen, dass man nur durch Türen zur Vorhalle Zugang erhält.

2. Wenn ferner die Breite größer ist als 40 Fuß, stelle man in derselben Richtung, in welcher die Säulen zwischen den Eckwandpfeilern stehen, nach innen noch andere Säulen, und diese sollen zwar dieselbe Höhe haben wie die an der Stirnseite, ihre Dicke aber soll in dem Verhältnis vermindert werden, dass, wenn die Säulen an der Stirnseite den achten Teil der Höhe stark sein werden, diese in der Höhe zehnteilig gemacht werden; wenn aber jene den neunten oder zehnten Teil, so auch diese in einer dem angegebenen Verhältnis entsprechenden Weise. Denn in der eingeschlossenen Luft wird man es nicht unterscheiden können, wenn sie schwächer gemacht sind. Wenn sie aber doch schlanker erscheinen, so werden an diesen Säulen, während die äußeren 20 oder 24 Kannelierungen haben, 28 oder 32 angebracht werden müssen. So

wird das, was an dem Körper des Schaftes abgezogen wird, durch die verstärkte Zahl der Kanneluren wieder hinzugefügt, aus dem Grund, dass jenes weniger sichtlich wird, und so wird die Säulendicke durch ein umgekehrtes Verhältnis wieder ausgeglichen.

3. Dieses Ergebnis aber rührt davon her, dass das Auge eine mehrfache und dichtere Zeichnung berührt, indem es auf einer vermehrten Kreisoberfläche herumschweift. Denn wenn der Umfang von zwei gleich dicken Säulen, von welchen die eine unkanneliert, die andere kanneliert ist, mit Schnüren gemessen wird und die Schnur rings um die Höhlungen der Kanneluren und um die Kanten der Stege den Säulenkörper berührt, so werden doch, wenn auch die Säulen gleich dick sind, die Schnüre, welche herumgeführt worden sind, nicht gleich lang sein, weil der Umweg um die Kanneluren und Stege die Länge der Schnur größer macht. Wenn aber dies so scheinen wird, so ist es nicht ungeeignet, an engen Orten und in geschlossenem Raum entsprechend schlankere Säulenverhältnisse bei einem Bauwerk festzustellen, wenn wir eine nachhelfende Ausgleichung durch die Kanneluren haben.

Die Dicke der Cellawände selbst aber muss im angemessenen Verhältnis zur Größe des Tempels gemacht werden, während die ihrer Eckwandpfeiler der Säulendicke gleich sein sollen. Und wenn sie aus Bruchsteinen gebaut werden sollen, so möge man sie aus möglichst kleinen aufführen; wenn aber aus Stein- oder Marmorquadern, so scheinen sie vorzugsweise aus mäßig und gleich großen errichtet werden zu müssen, weil die mit ihrer Mitte auf den Fugen liegenden und dieselben bindenden Steine den ganzen Bau mehr befestigen werden; ferner werden die rings um die Fugen und Lagen vortretenden Erhöhungen[1] der Steine den Anblick durch ein malerisches Linienspiel verschönern.

Fünftes Kapitel

Die Berücksichtigung der Himmelsgegenden beim Tempelbau

1. Die Himmelsgegend aber, welcher die Tempel der unsterblichen Götter zugewendet sein sollen, ist so zu bestimmen, dass, wenn kein Grund hinderlich und die Verfügung frei ist, der Tempel und das Götterbild, welches in der Cella aufgestellt sein wird, nach der Abendseite des Himmels hinsehe, damit diejenigen, welche opfernd oder zu einer andern religiösen Handlung an den Altar herantreten, in der Richtung nach der Ostseite des Himmels das Götterbild, welches im Tempel sein wird, schauen, und so sollen auch die, welche Gelübde machen, gegen den östlichen Himmel blicken; und die Götterbilder selbst dürften dann, im Osten sich erhebend, auf die Betenden und Opfernden den Blick zu richten scheinen, weshalb es notwendig erscheint, dass alle Altäre der Götter gegen Osten gerichtet seien.

2. Wenn aber die Beschaffenheit des Ortes dies verhindert, dann muss der Anlage eine solche Richtung gegeben werden, dass man von den Tempeln aus einen möglichst großen Teil des Stadtumfangs überschauen könne. Ferner, wenn die Tempel neben Flüssen erbaut werden so

[1] Der Mauerbau aus Quadern mit abgeschrägten Ecken (Rustika), in römischer Kaiserzeit sehr beliebt, an griechischen Musterwerken nicht vorkommend.

wie in Ägypten auf beiden Seiten des Nil, so scheinen sie nach dem Flussufer hin gerichtet sein zu müssen. Auf ähnliche Weise sollen die Tempel, wenn sie an öffentlichen Straßen zu bauen sind, eine solche Richtung bekommen, dass die Vorübergehenden hineinblicken und beim Anblick ihren Gruß darbringen können.

Sechstes Kapitel

Regeln für die Tempeltüren und deren Umrahmung

1. Bezüglich der Türen und deren Rahmen an den Tempeln kommt es zunächst darauf an, dass zuerst bestimmt werde, von welcher Ordnung sie werden sollen, denn an Türordnungen gibt es folgende: die dorische, ionische und die attische. Die zusammenstimmenden Maßverhältnisse der Ersteren von diesen ergeben sich aus folgenden Berechnungen. Die obere Linie des Kranzgesimses, welches über dem oberen Pfostenquerbalken angebracht wird, soll in gleicher Höhe mit dem oberen Kapitellrand der in der Vorhalle stehenden Säulen sein. Die Türöffnung[1] im Lichten aber soll so bestimmt werden, dass die

[1] *hypaetri* nach den Handschriften, woraus die meisten Editoren seit Jocundus *hypotyri* gemacht haben. Unter beiden Worten könnte nichts anderes als die Türöffnung im Lichten verstanden werden. Bötticher (Untersuchungen auf der Akropolis, S. 155) jedoch glaubt das allerdings unsinnige *hypaetri* aus *hyperthyridis* entstanden, und bringt durch diesen höchst ansprechenden Gedanken ein Oberfenster in die vitruvische Tür. Auffallend ist allerdings, dass einerseits die Größenbestimmung des Oberfensters gleich anfangs als die Hauptsache hingestellt wird, ohne dass andererseits für dieselbe im Verlauf wirklich eine Zahl oder auch nur eine weitere Erwähnung sich findet; nur negativ wird das Gitterwerk bei den attischen Türen genannt, nämlich von den Letzteren speziell ausgeschlossen. Dagegen ist aber einzuwenden, dass es einerseits nicht unmöglich ist, es sei bei der ersten Erwähnung nicht bloß das Oberfenster, sondern dieses als *pars pro toto* gemeint, und dass es andererseits einer besonderen Maßbestimmung für die Fenster-

Höhe des Tempels vom Fußboden bis zum Deckengetäfel in 3 ½ Teile geteilt und aus zweien von diesen Teilen die Höhe des Türflügelraumes [aus zweieinhalb Teilen aber die Höhe der ganzen Türöffnung] gebildet werde. Diese Höhe aber teile man in zwölf Teile, und fünfeinhalb von diesen Teilen stark werde die Breite der Türöffnung ganz unten, und diese verjünge man nach oben, und zwar, wenn die Türöffnung von dem niedrigsten Maß bis zu sechzehn Fuß misst, um ein Drittteil der Pfostenbreite, wenn von sechzehn bis fünfundzwanzig Fuß, verjünge man den oberen Teil der Türöffnung um ein Viertel des Pfostens, wenn von fünfundzwanzig bis dreißig, um ein Achtel des Pfostens. Die übrigen Türen aber, welche noch höher sind, dürften eine senkrechte Pfostenstellung haben müssen.

2. Die Pfosten selbst (a) soll man bis zuoberst um den vierzehnten Teil ihrer Breite verjüngen[1]. Die Höhe des Sturzes (b) wird so groß sein wie die Breite des Pfostens ganz oben. Der gewellte Leisten (c) muss ein Sechstel des

öffnung nicht bedürfe, da sie sich als Nest aus den übrigen Angaben ergibt: Weit wichtiger wäre die gleichfalls fehlende Maßbestimmung der Pfostenbreite, auf welcher die Maße der sämtlichen Umrahmungsglieder fußen. Auch stimmt das Höhenmaß der Handschriften mit der Annahme eines Oberfensters vortrefflich, indem man dann nicht gezwungen ist, wie das sonst die Herausgeber zu tun pflegten, die zwei Teile der Türflügelhöhe von den dreieinhalb Teilen der Höhe vom Fußboden bis zur Decke in zweieinhalb zu verwandeln, ein Zutreffen, welches in dieser Sache den Ausschlag geben dürfte. Es muss aber dann die Zwölfteilung der Höhe, aus welcher elf Vierundzwanzigstel für die Breite der Tür genommen werden, auf etwas anderes als auf die Höhe der Türflügel, nämlich auf die ganze Türhöhe im Lichten bezogen werden, indem sonst die Verzeichnung ein praktisch unhaltbares Breitenverhältnis ergeben würde. Ich habe die Art, wie dies geschehen könnte, in meiner Übersetzung in Parenthese angedeutet und beziehe mich hinsichtlich der praktischen Rechtfertigung auf die nachfolgende Figur 17.

[1] Hier wäre die Breitenbestimmung des Pfostens am Platze, ist vielleicht auch hier ausgefallen, zugleich mit den sich anschließenden Maßen des Türfensters.

Pfostens breit gemacht werden, seine Ausladung aber so stark wie seine Höhe; er ist als lesbischer Leisten mit der Perlenschnur zu meißeln. Über dem gewellten Leisten, der auf dem Sturz sein wird, ist der Türfries (d) von der Höhe des Letzteren zu legen und über diesem ein dorischer Wellenleisten (e) mit der lesbischen Perlenschnur zu meißeln. Das Kranzgesimse (f) zuoberst soll glatt gemeißelt und mit einem gewellten Leisten (g) versehen sein: Die Ausladung desselben aber soll so stark sein wie seine Höhe[1]. Am Sturz aber, welcher über die Pfosten gelegt wird, sollen zur Rechten und Linken Vorsprünge (h) gebildet werden, und zwar so, dass der Rand eckig vorspringt und von dem diesen Ecken entsprechend herumgeführten Wellleisten mit den Pfosten verbunden wird (Fig. 17).

3. Wenn aber Türen ionischer Ordnung gemacht werden sollen, so dürfte die Höhe der Türöffnung nach demselben Maß wie bei den dorischen Türen gemacht werden; die Breite bestimme man so, dass man die Höhe in zweieinhalb Teile teilt und nach einem davon die untere Breite der Türöffnung mache, die Verjüngung soll so wie bei den dorischen Türen werden. Die Breite der Pfosten an der Stirnseite soll den vierzehnten Teil der Höhe der Türöffnung, der gewellte Leisten den sechsten Teil dieser Breite betragen; das Übrige, mit Ausschluss dieses Wellleistens, teile man in zwölf Teile, aus zweien von diesen mache man den ersten Streifen mit seiner Perlenschnur, aus vieren den zweiten, aus fünfen den dritten, und diese Streifen laufen mit ihren Perlenschnüren rings um (die drei Seiten der Tür).

[1] Nach Marinis einzig richtiger Interpunktion.

4. Den Türfries aber bilde man nach demselben Maß wie bei den dorischen Türen. Rechts und links aber sollen aus Stein gemeißelte Kragsteine, auch Parotides (Ohrläppchen) genannt, vorspringen und mit Ausschluss des Blattes bis zur waagrechten Linie des unteren Randes des Sturzes reichen. Diese sollen an der Stirnseite eine Breite von zwei Drittteilen der Pfostenbreite haben und zuunterst um ein Vierteil schwächer als oben werden.

Die Türflügel selbst sollen also gefügt werden: die senkrechten Türangelstücke (i)[1] sollen den zwölften Teil von

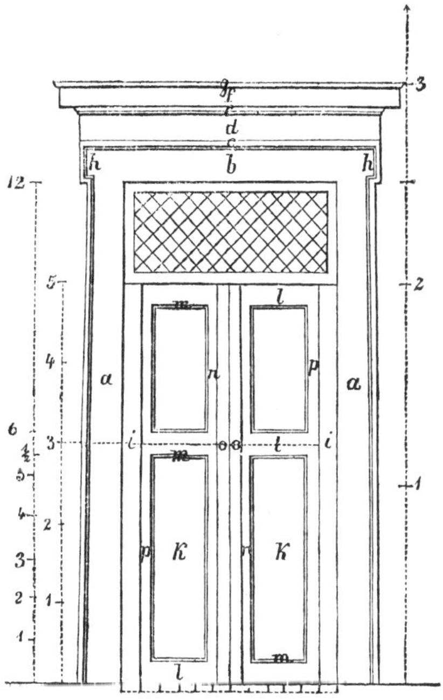

Fig. 17

[1] Feststehend, wie beim Pantheon, und die Angelzapfen tragend.

der Breite der ganzen Türöffnung betragen. Zwischen den beiden senkrechten Stücken sollen die Felder (k) von den zwölf Teilen je drei erhalten.

5. Für die Querstücke (l) mache man die Einteilung so, dass, nachdem die Höhe (der Türflügel) in fünf Teile geteilt ist, zwei der oberen, drei der unteren Abteilung abgezeichnet werden, über der Mittellinie sollen die mittleren Querstücke angebracht, von den übrigen die einen ganz oben, die andern ganz unten eingefügt werden, die Höhe eines Querstückes betrage den dritten Teil (der Breite) eines Feldes, der gewellte Leisten (m) ein Sechstel des Querstücks; die Breite der senkrechten Schenkel (n) betrage die Hälfte der Querstückbreite, ferner die des Schlussleistens (o) zwei Drittel von dem Querstück; die senkrechten Schenkel, welche neben den Pfosten sind (p), sollen in halber Querstückbreite hergestellt werden[1]. Wenn es aber Klapptüren sein sollen, so werden die Höhenverhältnisse dieselben bleiben, doch verdopple man die Breitenverhältnisse des Türflügels. Wenn die Tür vierflügelig sein soll, so muss in der Höhe hinzugefügt werden[2].

[1] Durch die höchst einfache und ungezwungene Verzeichnung der Türflügel, wie ich sie in obiger Figur gegeben, dürften die künstlichen und geschraubten Rekonstruktionen früherer Erklärer beseitigt sein. Auch die Rechnung stimmt vollkommen: Die Breite eines Türflügels wird anfangs in sechs Teile geteilt; davon kommen auf die feststehenden Türangelstücke (i) = 1, auf den senkrechten Schenkel (p) die Hälfte der Querstückbreite, welche selbst ein Drittteil der Felderbreite ist, mithin = ½, dann der gewellte Leisten (m) = ⅙, hierauf das Feld (k) = 3, dann wieder ein Wellleisten (m) = ⅙, weiterhin ein senkrechter Schenkel (n) = ½ und endlich der Schlussleisten (o) = ⅔, woraus sich in Summa = 6 ergibt.

[2] Die *valvatae* (Klapptüren) sind ganz verschieden gedeutet worden. Jedenfalls muss festgehalten werden, dass es sich nicht um die Tür-, sondern nur um die Türflügelbreite handelt, wenn von dem Zusatz in der Breite die Rede ist, denn im ersten Fall käme die Tür, fast so breit als hoch, aus allem Verhältnisse. Ich denke mir daher unter den *valvatae* nur eine einflügelige Tür mit einem Falz in der Mitte, sodass sie zusammengeklappt werden kann. Dann wird dieser eine Flügel mit seiner Zeichnung doppelt so breit wie ein

6. Die attischen Türen aber werden nach denselben Regeln gemacht wie die dorischen, nur werden innerhalb der Wellleisten an den Türrahmen Streifen herumgeführt, welche so eingeteilt werden müssen, dass sie, wenn man diese Pfostenrahmen mit Ausschluss des Wellleistens in sieben Teile gliedert, von diesen zwei einnehmen; auch bekommen diese kein Gitterwerk noch zweiflügelige Türen, sondern Klapptüren, und öffnen sich nach außen.

(VII.) Welche Regeln bei der Errichtung von Tempeln in dorischer, ionischer und korinthischer Bauweise in Anwendung kommen müssen, habe ich nun, soweit ich sie berühren konnte, nach den üblichen Satzungen dargelegt; jetzt werde ich davon sprechen, wie die Anlagen im tuskischen Stil eingerichtet werden müssen.

Siebentes Kapitel

Der tuskische Stil

1. Wenn der Raum, an welchem man den Tempel errichten wird, in der Länge sechs Teile hat, so gebe man das, was nach Hinwegnahme eines Teiles übrig sein wird, der Breite. Die Länge aber teile man in zwei Hälften und bestimme die innere Hälfte für den Raum der Cellae, die der Stirnseite zunächst liegende lasse man für die Säulenstellung übrig.

Flügel der oben beschriebenen Tür. Die *quadriforis* (vierflügelige Tür) aber enthält nicht vier Flügel nebeneinander, sondern da der Türraum im engeren Sinne höher ist, als man ihn bedarf und als er oben bezeichnet wurde, so sind die hohen Flügel durch eine horizontale Durchschneidung geteilt, sodass man sowohl die beiden oberen als die beiden unteren Flügel für sich öffnen kann.

2. Dann teile man die Breite in zehn Teile und gebe von diesen je drei zur Rechten und Linken den kleineren Cellae oder, wenn dort Seitenhallen sein sollen, diesen; die übrigen vier Teile bestimme man für den Mitteltempel. Den vor den Cellae in der Vorhalle befindlichen Raum zeichne man so für die Säulen ab, dass die Ecksäulen den Eckwandpfeilern gegenüber in der Richtung der Außenwände aufgestellt, dass die beiden mittleren in der Richtung der Wände, welche sich zwischen den Außenwänden und der Mittellinie des Tempels befinden, angebracht und dass zwischen den Eckwandpfeilern und den vorderen Säulen in derselben Richtung in die Mitte andere gesetzt werden. Und diese sollen an unterer Dicke den siebenten Teil ihrer Höhe haben, die Höhe den dritten Teil der Breite des Tempels tragen und die Säule an ihrem obersten Ende um den vierten Teil ihrer unteren Dicke sich verjüngen.

3. Ihre Basen sollen einen halben Durchmesser[1] hoch gemacht werden; die Basen sollen eine kreisförmige Platte haben, so hoch wie ihre (der Basen) halbe Dicke; der Wulst darüber mit dem Anlauf soll so dick sein wie die Platte. Die Höhe des Kapitells betrage einen halben Durchmesser, die Breite der Deckplatte sei eine untere Säulendicke stark; die Höhe des Kapitells aber teile man in drei Teile, von welchen einer für die Plinthplatte, welche sich hier statt der Abakusplatte befindet, der zweite für den Wulst, der dritte für den Säulenhals mit dem Ablauf bestimmt werden soll.

[1] Der Text scheint es zweifelhaft zu lassen, ob unter der *crassitudo*, deren Hälfte für die Höhe der Base und des Kapitells genommen wird, die Dicke der Base und des Kapitells selbst oder die Dicke des unteren Schaftendes zu verstehen sei, ja es scheint sogar namentlich bei dem Kapitell das Erstere eher der Fall zu sein. Dies wird aber dadurch unmöglich, dass sogleich die *crassitudo* der Base und des Kapitells zweifellos in der Bedeutung der Höhe dieser Glieder erscheint.

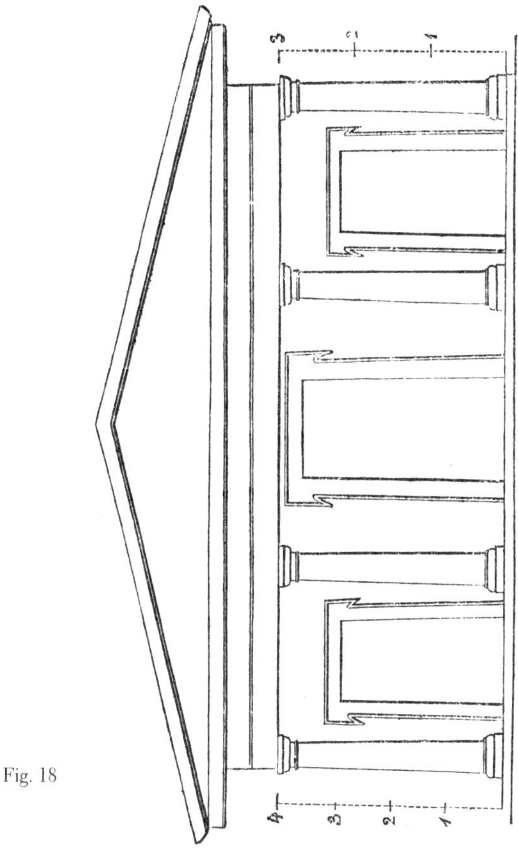

Fig. 18

4. Über die Säulen lege man zusammengefügte Balken, und zwar in solcher Höhe (übereinander), wie sie die Größe des Bauwerks erfordert; diese Balken sollen dieselbe Dicke haben wie der Hals ganz oben an der Säule, und sie müssen mit doppelten und einfachen Schwalbenschwanzen so verklammert sein[1], dass die Zusammenfü-

[1] Da die Dicke der Balken der Dicke des oberen Schaftendes gleichgesetzt wird, mithin normale Epistyldicke hat, die Höhe der Balkenlage aber den

gung einen zwei Finger breiten freien Zwischenraum enthalte. Denn wenn sie sich gegenseitig berühren und nicht den Hauch und das Wehen des Windes einlassen, so werden sie warm und faulen schnell.

5. Der Vorsprung der Dielenköpfe über die Balken und Wände soll um ein Viertel der Säulenhöhe vorragen, ferner sollen an der Stirnseite derselben Verkleidungen angeheftet werden, und darüber soll man von Mauerwerk oder Holz das Giebelfeld aufführen und über diesen Giebel den First, die Sparren und die Dachpfetten so legen, dass der Traufvorsprung des fertigen Daches einem Drittteil der Säulenhöhe entspreche.

Achtes Kapitel

Von den Rundtempeln und anderen Tempelarten

1. Es werden aber auch kreisförmige Tempel erbaut, von welchen die einen als Monopteroi (bloße Säulenkreise) ohne Cella durch Säulenstellung gebildet werden, während die anderen Peripteroi (ringsumsäulig) genannt werden. Diejenigen, welche ohne Cella erbaut werden, haben einen erhöhten Unterbau[1] und einen Aufgang von einem Drittteil seines Durchmessers[2]. Über dem Säulenstuhl werden die Säulen errichtet, welche so hoch sind wie der Durchmesser von einer Außenseite des Säulen-

Proportionen des Tempels entsprechend gemacht werden soll, so versteht es sich von selbst, dass nicht, wie die Erklärer fast durchgehend annehmen, die Balken nebeneinander-, sondern übereinandergeklammert werden sollen.

[1] *tribunal*, nichts anderes als der Stereobat anderer Tempel, bei dem freien, durchsichtigen und kreisförmigen Monopteros dem Suggestum des Richtersitzes ähnlich.

[2] In der Breite.

stuhls zur anderen und den zehnten Teil ihrer Höhe mit Einschluss des Kapitells und der Basen dick. Der Architrav soll eine halbe Säulendicke hoch sein, der Fries und das Übrige, was darüber angebracht wird, so, wie ich es im dritten Buch über die zusammenstimmenden Maßverhältnisse beschrieben habe.

2. Wenn aber ein solcher Tempel als Peripteros errichtet werden soll, lege man zwei Stufen und den Säulenstuhl unten[1] an; dann führe man ungefähr den fünften Teil der Breite vom Säulenstuhl aus zurücktretend die Cellawand auf und lasse in der Mitte Raum für die Eingangstür; und diese Cella soll mit Ausschluss des Wandumkreises einen Durchmesser haben gleich der Höhe, welche die Säule von dem Säulenstuhl aus misst. Die Säulen rings um die Cella werden nach denselben Zahlen- und Maßverhältnissen angeordnet wie sonst.

3. Die Höhe des Daches in der Mitte muss so berechnet werden, dass die Höhe der Kuppel mit Ausschluss der Blume halb so groß sei wie der Durchmesser des ganzen Gebäudes[2]; die Blume aber muss mit Ausschluss des pyramidalen Fußes dieselbe Größe haben, wie sie das Kapitell einer Säule hat. Das Übrige dürfte nach denselben Zahlen- und Maßverhältnissen zu machen sein, wie es oben beschrieben worden ist.

[1] D. h. ohne den erhöhten Stereobat, der oben beim Monopteros *tribunal* genannt wurde.

[2] Die unverhältnismäßige Höhe eines solchen Kuppeldaches wäre allerdings mit den noch erhaltenen Rundtempeln in Rom und Tivoli nicht in Einklang zu bringen. Wahrscheinlich ist hier eine Unrichtigkeit im Text, die sich vielleicht dadurch heben ließe, dass man statt *diametros totius operis* – *diametros cellae* oder statt *dimidia altitudo* – *tanta altitudo* setzte. Ich wage es jedoch nicht, den Text zu verändern, obwohl bisher ohne Abweichungen davon noch keine Rekonstruktion des peripteralen Rundtempels des Vitruvius den Erklärern gelungen ist.

4. Es werden ferner auch von den anderen Gattungen Tempel erbaut, die zwar nach den entsprechenden Maßverhältnissen gegliedert, aber hinsichtlich der räumlichen Anlage von abweichender Art sind, wie dies beim Castortempel in der Region Circus Flaminius[1] und beim Vejovistempel zwischen den zwei Hainen[2] der Fall ist; ferner noch sinnreicher beim Dianentempel im Dianenhain[3], bei welchem Vorhallensäulenstellungen zur Rechten und Linken an die Langseiten gestellt sind. In der Art aber, wie der Castortempel in der Region Circus (Flaminius) ist, sind zuerst in Athen auf der Burg[4] und zu Sunion in Attika[5] die Tempel der Pallas Athene erbaut worden. Diese haben keine anderen, sondern dieselben Maßverhältnisse wie gewöhnlich. Denn die Cellae sind im Verhältnis zur Breite doppelt so lang, wie auch das Übrige im gleichen Verhältnis steht; abweichend ist nur, dass dasjenige, was an den Stirnseiten zu sein pflegt, auf die Langseiten übertragen ist.

5. Einige übertragen auch die von dem tuskischen Stil entnommene Säulenstellung auf die Anlage korinthischer und ionischer Bauwerke und bewirken, indem sie in der Vorhalle da, wo die Eckwandpfeiler vortreten, in gleicher Richtung mit den Cellaewänden je zwei Säulen aufstellen, eine aus dem tuskischen und griechischen Bau verquickte Einteilung[6].

6. Andere aber versetzen die Tempelwände und fügen sie in die Säulenweiten ein, und durch die Aufhebung des

[1] Der Tempel sonst unbekannt.

[2] In der muldenförmigen Einsenkung des Kapitoliums. Der Tempel wird auch von Ovid (Fast. III. v. 430) und Gellius (N. A. V. 12) erwähnt.

[3] Nämlich im Nemus von Aricia.

[4] Das sogenannte Erechtheion.

[5] Auch von Pausanias (I. 1) erwähnt.

[6] Prostylos mit doppelter Säulenreihe.

Raumes der Säulenhalle erzielen sie eine ansehnliche Erweiterung der Cella; indem sie aber das Übrige in denselben Zahlen- und Maßverhältnissen beibehalten, scheinen sie eine neue Gattung in Gestalt und Namen, nämlich den Pseudoperipteros, geschaffen zu haben[1]. Diese Gattungen aber werden je nach dem Opferdienst verschiedentlich angewendet. Denn nicht allen Göttern sind die Tempel nach denselben Grundsätzen zu erbauen, weil bei dem einen diese, bei dem andern jene Verschiedenheit in der Verrichtung der religiösen Handlungen stattfindet.

(IX.) 7. Ich habe nun alle Maßformeln für die Anlage von Tempeln, so wie ich sie überkommen habe, dargelegt, ihre Ordnungen und zusammenstimmenden Maßverhältnisse in besonderen Abteilungen getrennt behandelt und, soweit ich dies schriftlich darstellen konnte, entwickelt, wie ihre Formen ungleich sind und wie sie sich durch gegenseitige Abweichungen unterscheiden. Jetzt werde ich von den Altären der unsterblichen Götter sprechen, wie sie eine ihrer Opferweise angemessene Einrichtung erhalten dürften.

Neuntes Kapitel
Die Anlage der Altäre der Götter

Die Altäre sollen gegen Osten gerichtet und immer niedriger gestellt sein als die Götterbilder, welche im Tempel

[1] Beispiele dafür sind das choragische Denkmal des Lysikrates in Athen und der sogenannte Tempel der Fortuna Virilis (jetzt S. Maria Egiziaea) in Rom. Der Tempel des olympischen Jupiter in Agrigent ist kein Pseudoperipteros nach vitruvischer Definition, denn bei diesem wurde durch die Vermauerung der Säulenstellungen die Cella nicht verbreitert.

sind, damit diejenigen, welche beten und opfern, zur Gottheit aufwärtsschauend, in ungleicher Höhe je nach dem Verhältnis der jedem Gott eigenen Würde sich stellen. Die Höhe derselben aber ist so einzurichten, dass sie dem Jupiter und allen himmlischen Göttern möglichst hoch, der Vesta und der Mutter Erde dagegen niedrig gesetzt werden; so wird nach diesen Vorschriften die Ausführung der Altäre im Plan angemessen vorbedacht und entwickelt werden können.

Nachdem nun die Anordnung der Tempel in diesem Buch auseinandergesetzt ist, werden wir in dem folgenden über die Anlage der öffentlichen Gebäude die nötigen Erklärungen geben.

Fünftes Buch

Vorwort

1. Diejenigen, o Imperator, welche in umfangreicheren Büchern ihre Gedanken und Lehren dargelegt haben, erwarben ihren Schriften sehr großes und hervorragendes Ansehen: O möchte es doch auch unseren kunstwissenschaftlichen Arbeiten gestattet sein, durch Ausführlichkeit das Ansehen auch für diese Vorschriften zu erhöhen; allein dies ist nicht so leicht, wie man glaubt. Denn man kann nicht so über Architektur schreiben, wie man Geschichte oder Gedichte schreibt. Geschichtswerke fesseln an sich die Leser, denn sie bringen mannigfache Erwartungen neuer Ereignisse mit sich. Bei den Gedichten aber ziehen die Versmaße und Füße, die gewählte Verteilung der Worte und Sätze unter verschiedene Personen und der Vortrag der Verse die Sinne der Leser an und führen sie ohne Anstoß bis an das äußerste Ende der Werke.

2. Dies kann aber bei Schriftwerken über die Architektur nicht der Fall sein, weil die durch das besondere Kunstbedürfnis gebildeten Ausdrücke durch die ungewohnte Redeweise das Verständnis erschweren. Da nämlich diese Ausdrücke an sich nicht allgemein verständlich noch ihre Namen in der Umgangssprache gangbar sind, so werden auch weitschweifige Lehrschriften, wenn man sie nämlich nicht zusammenzieht und in kurzen und klaren Sätzen entwickelt, nur unbestimmte Vorstellungen bei den Lesern hervorbringen, da Wortreichtum und Redefülle der Auffassung nur hinderlich ist. Indem ich unbekannte Benennungen und die Maßverhältnisse von den Glie-

dern der Bauwerke vortrage, will ich sie, damit sie sich dem Gedächtnisse einprägen, kurz entwickeln; denn so wird sie der Geist leichter fassen können.

3. Nicht minder glaubte ich auch deswegen, weil ich bemerkt habe, dass die Aufmerksamkeit meiner Mitbürger durch öffentliche Geschäfte und Privatangelegenheiten vielseitig in Anspruch genommen ist, gedrängt schreiben zu müssen, damit diejenigen, welche mein Werk in der beschränkten Zeit ihrer Muße lesen, die Sache kurz und bündig beziehen können.

Auch Pythagoras und die Jünger seiner Schule hielten es für passend, ihre Lehren in Büchern nach kubischen Verhältnissen aufzuzeichnen, und bestimmten 216 Verse als Kubus und nahmen an, dass von solchen Kuben nicht mehr als 3 in einem Schriftstück enthalten sein dürften.

4. Ein Kubus aber ist ein Körper aus 6 Seiten, von gleich breiten quadratischen Flächen gebildet; wenn man einen solchen geworfen hat, so bleibt er, solange er unberührt ist, in unbeweglicher Beständigkeit auf der Seite liegen, auf welche er gefallen ist, wie dies auch bei den Würfeln ist, welche die Spieler am Spielbrett werfen. Die genannte ähnliche Einrichtung aber scheinen sie daher genommen zu haben, weil jene Verszahl, wenn sie einmal wie ein Kubus in dem Geist eines Menschen sich festgesetzt hat, dort in unwandelbarer Gedächtnisbeständigkeit haften bleibt. Auch die griechischen Komödiendichter schieden die Akte ihrer Stücke durch Einschiebung des Chorgesangs voneinander, und indem sie so nach kubischem Verhältnis Abteilungen machen, erleichtern sie durch die Unterbrechungen den Vortrag der Schauspieler.

5. Da also dies naturgemäß von den Vorfahren beobachtet worden ist und ich wohl in Betracht ziehe, dass ich Gegenstände, die vielen ungeläufig und unbekannt sind,

zu beschreiben habe, so entschloss ich mich, in kurzen Büchern zu schreiben, damit sie umso leichter zum Verständnis der Leser gelangen könnten; denn so werden sie leicht fasslich sein. Ihre Reihenfolge aber habe ich so eingerichtet, dass die nach einem Gegenstand Suchenden ihn nicht erst an verschiedenen Stellen sammeln müssen, sondern dass die Gegenstände immer als ein abgeschlossenes Ganzes behandelt und in besonderen Büchern die Erklärungen der einzelnen Gattungen enthalten seien.

6. Und so habe ich, o Cäsar, im 3. und 4. Buch die Verhältnisse der Tempel auseinandergesetzt; in diesem Buch werde ich die Anlage der öffentlichen Plätze erledigen.

(I.) Zunächst werde ich sagen, wie ein Forum eingerichtet werden solle, weil auf diesem der Gang der öffentlichen und Privatgeschäfte durch die Obrigkeiten geleitet wird.

Erstes Kapitel
Forum und Basiliken

1. Die Griechen legen ihre Marktplätze im Quadrat mit geräumigen und doppelten Säulenhallen an und schmücken diese mit dicht stehenden Säulen und steinernen oder marmornen Gebälken und bringen über der Decke Gänge an. In den Städten Italiens aber darf der Marktplatz nicht auf dieselbe Weise angelegt werden, deshalb, weil von den Vorfahren der Gebrauch überliefert ist, dass auf dem Forum Gladiatorenspiele veranstaltet werden.

2. Man soll daher rings um den Schauplatz die Säulenweiten geräumiger anlegen und ringsum in den Säulenhallen Wechslerbuden und in den oberen Stockwerken vorspringende Zuschauerräume anbringen, welche mit

Rücksicht sowohl auf den zweckmäßigen Gebrauch als auch auf die dem Staat daraus erwachsenden Einkünfte angelegt sein sollen.

Die Größe eines solchen Forum aber muss der Menschenmenge entsprechend gemacht werden, damit der Raum weder für den Verkehr beschränkt sei, noch der Platz wegen der Spärlichkeit des Volks öde erscheine. Seine Breite aber bestimme man so, dass man für sie, wenn die Länge in 3 Teile geteilt sein wird, zwei von diesen bestimme; denn so wird seine Gestalt länglich und seine Anlage in Rücksicht auf die Schauspiele zweckmäßig sein.

3. Die oberen Säulen müssen um ¼ kleiner gemacht werden als die unteren, deswegen, weil zum Tragen der Last diejenigen, welche unterhalb sind, stärker sein müssen als die oberen, nicht minder auch deswegen, weil man das Naturgesetz des Wachsenden nachahmen muss, wie es sich an den schlankstämmigen Bäumen, der Tanne, Zypresse, Kiefer, findet, von welchen jede an den Wurzeln dicker ist, hierauf abnehmend in die Höhe strebt und völlig gleichmäßig in naturgemäßer Verjüngung zum Gipfel emporwächst. Wenn mithin dies eine Forderung des Naturgesetzes für das Wachsende ist, so wird die Bestimmung begründet sein, dass sowohl in der Höhe als in der Dicke das Obere schwächer gemacht werde als das Untere.

(II.) 4. Der Platz für die Basiliken muss an das Forum grenzend und an der wärmsten Seite desselben abgesteckt werden, damit die Geschäftsleute während des Winters, ohne Belästigung durch die Witterung zu befahren, sich in dieselbe begeben können. Sie sollen in einer Breite von nicht weniger als einem Drittteile und nicht mehr als der Hälfte der Länge angelegt werden, außer wenn die natürliche Beschaffenheit des Platzes hinderlich ist und dazu zwingt, das Maßverhältnis in anderer Weise umzuwandeln. Wenn aber der Platz in der Länge geräumiger ist, so soll man Chalcidische Hallen[1] an den Enden anlegen, wie dies bei der Curia Julia (und bei der Basilika) Aquiliana[2] der Fall ist.

5. Die Säulen dürften so hoch zu machen sein, als die Säulengänge breit sein werden, ein Säulengang aber soll ein Drittteil von der Breite des Mittelraumes haben. Die oberen Säulen sollen, wie oben besprochen worden ist, kleiner als die unteren gemacht werden. Der Mauergürtel ferner, welcher zwischen den oberen und unteren Säulen sich hinziehen wird, dürfte um ein Vierteil niedriger gemacht werden müssen, als die oberen hoch sind, damit diejenigen, welche in dem oberen Stockwerke der Basilika herumgehen, von den Geschäftsleuten[3] nicht gesehen werden. Architrav, Fries

[1] Über Bedeutung, Gestalt und Zweck der Chalkidiken hat sich bei den Neueren so ziemlich festgestellt, dass sie vestibülartige Neben- und Vorräume waren, wie sich ein solcher z. B. noch an der Basilika des Konstantin an der dem Tempel der Venus und Roma zugewendeten Seite befindet. Die Definition bei Festus, wonach sie ihren Namen *ab urbe Chalcidica* haben, befriedigt freilich wenig, mehr die des Isidorus: *Chalcidicum, foris deambulatorium, quod et peribulum (vestibulum?) dicitur*, und eine in Pompeji gefundene Inschrift, welche in einem Gebäude neben Portiken und einer Crypte das Vestibulum als Chalcidicum bezeichnet. (Vergl. Bechi, *Del Calcidico e della Cripta di Eumachia*.)

[2] Es war schon früher den Erklärern auffällig, dass Vitruv nach dem Wortlaut des Textes *uti sunt in Julia Aquiliana* für die Chalkidiken ein so entferntes Beispiel, nämlich eine angeblich von Aquilius erbaute Basilika in Forum Julii (jetzt Fréjus), im narbonesischen Gallien den Römern als etwas ganz Bekanntes hinstellt. Marini bezieht daher die Worte auf die von Plinius (XVII. 1) erwähnte *domus* des C. Aquilius auf dem Viminal, mit richtiger Bezugnahme darauf, dass Vitruv später (VI. 5) Basiliken einen Bestandteil der Paläste der Großen nennt. Er setzt aber weiterhin voraus, dass, wie jener von Plinius genannte Aquilier Cajus, so der Erbauer der fraglichen Basilika Julius Aquilius geheißen habe. Damit hätte aber Vitruv nicht bloß das nächstliegende Beispiel ignoriert, sondern sogar den Augustus vor den Kopf gestoßen, der in dem Verzeichnis seiner Werke (*Monum. Ancyranum*) *curiam et continens ei chalcidicum* aufzählt. Das war die Curia Julia (vgl. meine Abhandlung darüber, München 1858), welche möglicherweise hier gemeint ist. Dass die Basilika Julia ein Chalcidicum gehabt hat, wird nicht berichtet und ist auch aus den Pavimentresten nicht ersichtlich.

[3] Die sich unten in der Mittelhalle befinden.

und Kranzgesimse sollen nach den entsprechenden Maßverhältnissen der Säulen, wie wir sie im dritten Buch angegeben haben, berechnet werden.

6. Auch können wohl jene Basiliken die höchste Würde und Schönheit entfalten, welche in der Art eingerichtet sind, wie ich eine solche für die julische Kolonie Fanum entworfen und gebaut habe, deren Zahlen- und Maßverhältnisse in folgender Weise angeordnet sind: Das Mittelschiff (Fig. 19, 20 A)[1] zwischen den Säulen ist hundertzwanzig Fuß lang und sechzig Fuß breit; der Korridor (B) rings um das Mittelschiff ist von den Säulen bis zu den Wänden zwanzig Fuß breit; die von unten bis oben reichenden Säulen messen mit den Kapitellen fünfzig Fuß in der Höhe bei einer Dicke von fünf Fuß und haben an ihrer Rückseite Pilaster (a), zwanzig Fuß hoch, zweieinhalb Fuß breit und anderthalb Fuß dick, welche die Balken (b) tragen, auf welchen die Decke (c) des Säulenganges ruht; und darüber werden andere Pilaster (d) angebracht, die achtzehn Fuß hoch, zwei Fuß breit und einen Fuß dick sind und das Sparrenwerk (e) und das Dach (f) der Säulengänge tragen, das etwas tiefer unterhalb dem des Mittelschiffes angebracht ist.

7. Der noch übrige Raum (g) zwischen der Balkenlage über den Pilastern und der über den Säulen ist für das durch die Säulenzwischenräume eindringende Licht offen gelassen. Was die Säulen betrifft, so sind deren an der rechten und linken Seite des Mittelschiffes mit Einschluss der Ecksäulen je vier, auf der an das Forum gränzenden

[1] Nach der von Vitruv ausführlich beschriebenen Konstruktion des Gebälkes dieser Basilika kann dabei trotz des Wortes *testudo* nicht an ein Gewölbe gedacht werden. *Testudo* bedeutet, wenn auch speziell Gewölbe, so im Allgemeinen jede Decke, wie dies auch später (VI. 2) bei dem bedeckten Atrium der Fall ist. Dasselbe spricht auch Varro (I. 1) bei Servius (*Ad Aeneid.* I. 509) unzweideutig aus.

Langseite mit denselben Ecksäulen acht, auf der andern Seite mit den Ecksäulen sechs, deshalb, weil die zwei mittleren auf dieser Seite weggelassen sind, damit sie nicht den Anblick der Vorhalle des Augustustempels verdecken, der in der Mitte der Langseitenwand der Basilika und mitten auf das Forum und gegen den Tempel des Jupiter schauend errichtet ist.

8. Das Tribunal (h) ferner (die Erhöhung für den Richterstuhl), welches sich in jenem Tempel befindet, ist nach der Krümmung eines Kreisbogens, der etwas geringer als ein Halbkreis ist, geformt, von diesem Kreisbogen aber misst der Abstand an der Stirnseite (die Sehne) sechsundvierzig Fuß, die Tiefe (der Radius) dieses Kreisbogenausschnittes aber fünfzehn Fuß, sodass diejenigen, welche bei den Obrigkeiten stehen, die Geschäfts-

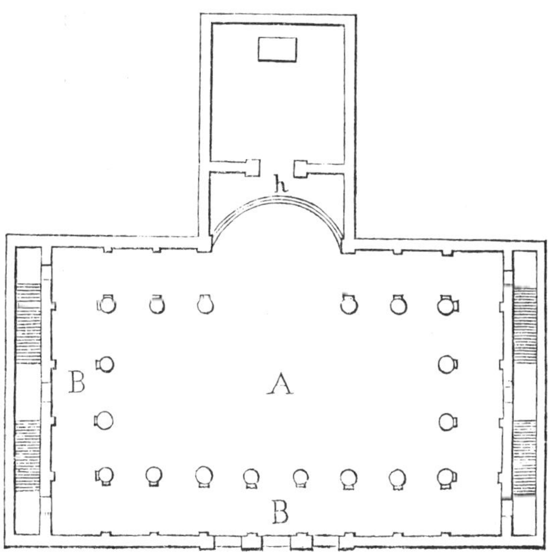

Fig. 19

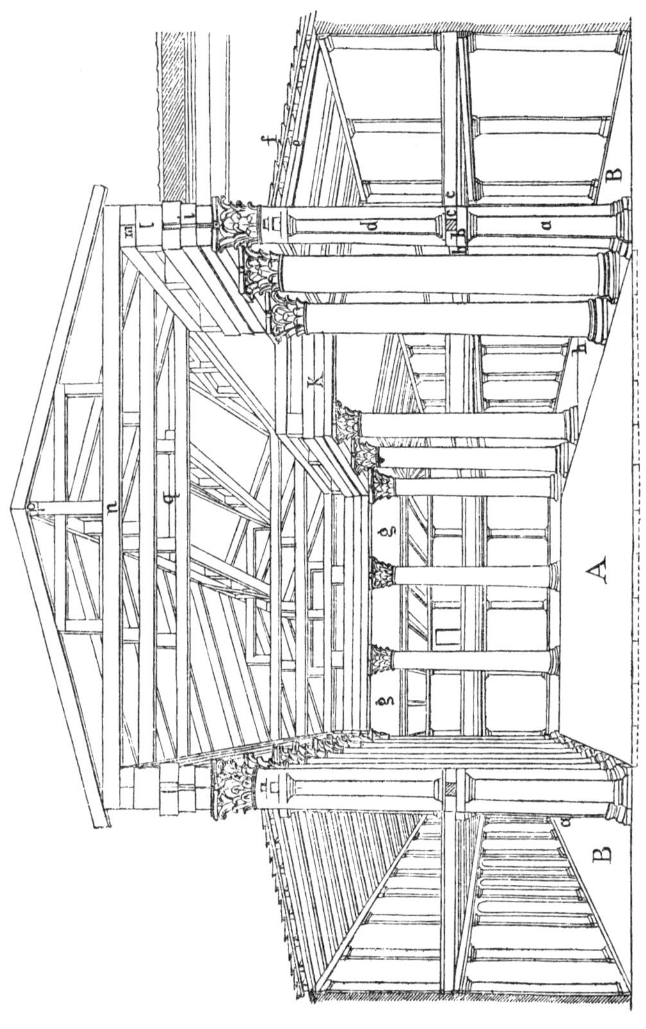

Fig. 20

leute in der Basilika nicht behindern. Über die Säulen sind Balken, aus drei gedoppelten zweifüßigen Zimmerstücken (i) bestehend, gelegt, und diese wenden sich (k) von den beiderseits dritten Säulen der inneren Langseite zu den Eckwandpfeilern ab, welche von der Tempelvorhalle vorspringen und zur Rechten und Linken an den Ecken des Kreisbogenausschnittes sich befinden.

9. Über diesen Balken sind gerade oberhalb der Kapitelle Pfeiler von drei Fuß in der Höhe mit einer Grundfläche von vier Fuß im Geviert (l) als Stützen verteilt angebracht. Über diesen sind ringsum Balken (m) gelegt, aus zwei Zimmerstücken je zwei Fuß stark wohl zusammengearbeitet, über welche dann die Querbalken (n) mit den Streben, den Säulenschäften, den Anten und den Wänden der Tempelvorhalle entsprechend gelegt, die zwei Firstbalken tragen, nämlich den einen (p) in der Längenrichtung der Basilika und den andern (q) von der Mitte an in der Richtung über die Tempelvorhalle hin.

10. Die so sich kreuzende doppelte Giebelanlage gibt sowohl der Außenseite des Daches als auch der Höhe des Mittelschiffes innen ein schönes Ansehen. Ferner benimmt die Weglassung eines Gebälkes der Zwischenmauer (zwischen den beiden Säulenreihen) und der oberen Säulenstellung die Langwierigkeit und Schwierigkeit der Arbeit und vermindert die Summe des Aufwandes um einen großen Teil. Die Säulen selbst aber in ununterbrochener Höhe bis unter das Balkenwerk des Mittelschiffes geführt, dürften sowohl dem Aufwand einen großartigeren Anstrich geben, als auch die Bedeutsamkeit des Bauwerkes erhöhen[1].

[1] Die beigefügte perspektivische Innenansicht und der Grundplan erklären in der Hauptsache die vitruvianische eben nicht sehr ansprechende Basilikenanlage nach den vom Erbauer gegebenen Maßen. Wir vermissen jedoch bei

Zweites Kapitel
Schatzhaus, Kerker und Curia

(III.) 1. Das Schatzhaus, der Kerker, die Curia (das Rathaus) müssen an das Forum anstoßend errichtet werden, jedoch so, dass die Größe ihrer Maßverhältnisse dem Forum selbst entspreche. Dies gilt am meisten von der Curia, welche ganz besonders der Würde der Munizipalstadt oder des Freistaats entsprechend erbaut werden muss. Wenn nun diese von quadratischer Form sein wird, so muss ihr Breitenmaß und dazu noch die Hälfte desselben[1] für die Höhe bestimmt werden; wenn sie aber länglich sein wird, so rechne man Länge und Breite zusammen

dem Autor zunächst zwei Dinge, nämlich die Ausschmückung des Gebälks wie der Decke und die Aufgänge zu den Obergeschossen der Seitenschiffe. Die Erstere konnte er indes als selbstverständlich umgehen: Zweifellos waren die Balkenlagen über den Säulen bis zur Decke durch Verkleidung mit vorgehefteten Brettern und Leisten, vielleicht auch teilweise durch Stukkatur als Architrav, Fries und Kranzgesimse charakterisiert. Auch zweifle ich nicht, dass die Decke des Mittelschiffes und des Tempels durch ein Holzdeckengetäfel mit den gewöhnlichen Lacunarien verkleidet war. Denn eine offene Balkenlage des Dachstuhls, wie sie bei einigen christlichen Basiliken erscheint, ist überhaupt im Altertum höchst unwahrscheinlich, hier aber wegen der Unregelmäßigkeit der Balkenlage in der Mitte durch die Einfügung des Tempelfirstes ganz unannehmbar. – Was dann die Treppenaufgänge betrifft, so waren sie, wenn sie sich im Innern befanden, nirgend schicklicher anzubringen als zu beiden Seiten vor dem Pronaos, wo ohnedies die Unterbrechung und der Abschluss des Obergeschosses sehr unschön ist, oder es müssten etwa in der auf meinem Plan angedeuteten Weise besondere Treppenhäuser seitlich angelehnt gewesen sein.

[1] *dimidia addita*. Es ist mir unverständlich, warum quadratische Säle eine so unverhältnismäßige Höhe haben sollen, die doppelte der oblongen. Die *Editio Sulp.* lässt daher das Wort *addita* fallen, wonach die Höhe gleich der Hälfte einer Seite des Quadrats wird. Dadurch wird aber der Saal wieder so niedrig, dass es der Schallgesimse kaum mehr bedürfte. Ich vermute daher hier eine Lücke und glaube, dass auch hier, dem Verfahren bei oblongen Sälen ganz entsprechend, von der Summe einer ganzen und einer halben Seitenlänge die Hälfte für die Höhe genommen werden sollte. Doch ist nicht zu verschweigen, dass sich sowohl für die quadratischen Salons als für die sogenannten kyzikenischen Säle B. VI. Kap. 3 dasselbe Höhenverhältnis findet.

und bestimme die Hälfte der sich ergebenden Summe für die Höhe bis unter die Decke.

2. Außerdem muss man die Innenseite der Wände in halber Höhe mit Gesimsen von Holzschnitzarbeit oder Stuck umgürten; denn wenn diese nicht vorhanden sein werden, wird die Stimme der Diskutierenden, in die Höhe verschlagen, den Zuhörern nicht vernehmlich sein können; wenn aber die Wände mit Gesimsen umgürtet sind, wird die Stimme, unten aufgehalten, ehe sie, in die Luft verschlagen, sich zerstreut, dem Ohr vernehmlich sein.

Drittes Kapitel

Das Theater und dessen gesunde Anlage

(IV.) 1. Wenn das Forum angelegt sein wird, dann ist zum Zweck der Schauspiele an den Festtagen der unsterblichen Götter ein Ort für das Theater auszuwählen, der möglichst gesund ist, so wie dies im ersten Buch über die bei Städteanlagen zu berücksichtigenden Gesundheitsverhältnisse beschrieben worden ist. Denn die Bürger werden, die ganze Zeit hindurch mit Weib und Kind bei den Spielen sitzend, durch die Ergötzung gefesselt, und die Körper, vor Vergnugen regungslos, haben offen stehende Poren, in welche die hergewehten Dünste eindringen, die, wenn sie von sumpfigen oder anderen ungesunden Gegenden herkommen, den Körpern einen schädlichen Hauch einflößen. Wenn man daher den Ort für das Theater etwas sorgfältig auswählen wird, kann man die nachteiligen Einflusse vermeiden.

2. Auch muss vorgesorgt werden, dass das Theater nicht den Einflüssen des Südens ausgesetzt sei; denn wenn die

Sonne seine Rundung ausfüllt, wird die in der Krümmung eingeschlossene Luft, da ihr die Möglichkeit fehlt herumzustreichen, durch das Verweilen warm und sengt und kocht aus den Körpern die Feuchtigkeit heraus und vermindert sie. Deshalb sind vorzugsweise die in diesen Stücken schädlichen Gegenden zu vermeiden und gesunde auszuwählen.

3. Die Anlage der Grundmauern aber wird, wenn die Theater an bergigen Stellen sein sollen, leichter sein; wenn aber die Notwendigkeit dazu zwingt, sie auf einem ebenen oder sumpfigen Platz zu errichten, so werden die Grundbauten und die Untermauern so hergestellt werden müssen, wie dies im 3. Buch über den Grundbau der Tempel beschrieben ist. Über den Grundmauern müssen von dem Unterbau an Stufenreihen aus Stein und Marmor errichtet werden.

4. Die Abteilungsgürtel scheinen zu der Höhe der Theater in entsprechendem Verhältniss gemacht werden zu müssen; auch dürfen sie nicht höher sein, als der Gürtelgang in der Breite misst; denn wenn sie höher emporragen, werden sie die Stimme zurückschlagen und von dem oberen Teil wegtreiben und nicht zulassen, dass an den obersten Sitzen, welche über den Abteilungsgürteln sind, die Endungen der Worte mit deutlichen Unterscheidungsmerkmalen zum Gehör gelangen. Und überhaupt ist der Bau so zu leiten, dass, wenn man eine Schnur von der untersten Stufe bis zu der obersten ausspannt, diese alle Kanten der Stufen und die Kanten der Abteilungsgürtel berührt; so wird die Stimme nicht behindert werden.

5. Die Zugänge müssen in großer Zahl und geräumig angelegt werden und nicht so, dass die oberen mit den unteren in Verbindung stehen, sondern sie müssen von allen Plätzen aus ununterbrochen und gerade ohne Windungen geführt

werden, damit das Volk, wenn es vom Schauspiel entlassen wird, nicht gedrängt werde, sondern von allen Plätzen aus gesonderte und unbehinderte Ausgänge habe. Auch muss man sorgfältig darauf sein Augenmerk richten, dass der Ort nicht dumpf tönend sei, sondern dass an demselben die Stimme sich möglichst hell ausbreiten könne. Dies wird aber geschehen können, wenn ein Ort ausgewählt ist, wo die Stimme nicht durch Widerhall gestört wird.

6. Die Stimme aber ist ein fließender Hauch und infolge der Luftbewegung durch das Gehör vernehmlich; sie bewegt sich in unendlichen kreisförmigen Rundungen fort, wie in einem stehenden Wasser, wenn man einen Stein hineinwirft, unzählige Wellenkreise entstehen, welche wachsend sich so weit als möglich vom Mittelpunkt ausbreiten, wenn nicht die beengte Stelle (des Wassers) sie unterbricht oder irgendeine Störung, welche nicht gestattet, dass jene kreislinienförmigen Wellen bis ans Ende gelangen; denn so bringen die ersten Wellenkreise, wenn sie durch Störungen unterbrochen werden, zurückwogend die Kreislinien der nachfolgenden in Unordnung.

7. Nach demselben Gesetz bringt auch die Stimme solche Kreisbewegungen hervor, aber im Wasser bewegen sich die Kreise auf der Fläche bleibend nur in der Breite fort; die Stimme aber schreitet einerseits in der Breite vor und steigt andererseits stufenweise in die Höhe empor. Wenn also, wie im Wasser bei den Kreislinien der Wellen, so auch bei der Stimme keine Störung die erste Welle unterbricht, so bringt diese weder die zweite noch die folgenden in Unordnung, sondern alle gelangen ohne Widerhall zu den Ohren der ganz unten und der ganz oben Sitzenden.

8. Die alten Baumeister haben daher bei ihren Untersuchungen über das Steigen der Stimme, den Spuren der

Natur folgend, die Stufenfolge der Theater eingerichtet und unter Beobachtung der Tonmessung der Mathematiker und der Gesetze der Musik es angestrebt, dass jede Stimme auf der Bühne heller und wohlklingender zu den Ohren der Zuschauer gelange. Denn wie man die Instrumente aus dünnen Metallblechen oder mit Schallböden von Horn, um einen hellen Klang der Saitentöne zu erzielen, verfertigt, so sind auch die Einrichtungen der Theater, nach den Gesetzen der Harmonie zur Verstärkung der Stimme berechnet, von den Alten festgestellt worden.

Viertes Kapitel
Die Lehre von der Harmonie

(V.) 1. Die Lehre von der Harmonie ist ein dunkler und schwieriger Wissenschaftszweig der Musik, und zwar besonders für diejenigen, welche der griechischen Sprache nicht mächtig sind; denn wenn wir sie entwickeln wollen, ist es nötig, dass wir uns auch griechischer Wörter bedienen, weil einige derselben keine entsprechenden lateinischen Synonyme haben. Ich werde sie daher so deutlich, als ich es vermag, aus den Schriften des Aristoxenos[1] erklären, sein Diagramm (Tonfigur) verzeichnen und die Begrenzungen der Töne angeben, damit derjenige, welcher der Sache einige Aufmerksamkeit widmet, sie auch ziemlich leicht erfassen könne.

2. Denn die Stimme[2] (wird, wenn sie sich verändert, bald hoch, bald tief, und sie) bewegt sich auf zweierlei Art,

[1] Vgl. I. 1, 13 mit Anm.

[2] Perrault, Schneider und Marini lassen die eingeklammerten Worte als eine Einschiebung der Abschreiber, die der Erklärung der Stimmbewegung *per*

nämlich entweder in gebogenen oder in gesonderten Tönen. Die gebogene Stimme verweilt weder in bestimmten Tongrenzen noch an irgendeiner Stelle und lässt auch Anfang und Ende nicht wahrnehmbar, wohl aber das, was zwischen diesen liegt, vernehmlich werden, wie wenn wir im Gespräch sagen: Mond, Luft, Strom, Ton; denn hiebei empfindet man weder Anfang noch Ende, noch wird ein Sprung vom Hohen ins Tiefe oder vom Tiefen ins Hohe den Ohren bemerklich. Mit der Stimmbewegung in gesonderten Tönen aber verhält es sich umgekehrt: Denn wenn sich die Stimme in dieser Art bewegt (†), stellt sie sich durch diese Veränderung innerhalb die Begrenzung irgendeines Tones, dann in die eines zweiten, und dadurch, dass sie dies sofort hin und her dicht aufeinanderfolgend macht, erscheint sie den Sinnen wandelbar, wie wir beim Gesang verschiedene Tongänge hervorbringen; und wenn sie über ein Intervall geht, ist sowohl Anfang als Ende dieses in den deutlichen Grenztönen wahrnehmbar, während die bei den Intervallen in der Mitte liegenden Töne nicht gehört werden.

3. Tonleitern (Stimmungen) aber gibt es drei: Die erste ist, was die Griechen Harmonia (Einklang), die zweite, was sie Chroma, die dritte, was sie Diatonon nennen. Die Tonleiter der Harmonia aber ist ein Kunsterzeugnis, und deshalb hat der Gesang nach derselben vorzugsweise eine ernste und erhabene Würde. Das Chroma gewährt durch die (erforderliche) feine Geschicklichkeit und durch die dichter aufeinanderfolgenden Klänge lieblicheren Genuss. Bei der Tonleiter des Diatonon jedoch sind die Ton-

distantiam an der Stelle unten, an welcher sich das Zeichen (†) findet, entnommen sei, weg und setzen sie an ihre angeblich ursprüngliche Stelle. Ich finde jedoch mit Lorentzen dazu umso weniger eine Nötigung, als die fraglichen Worte auch konstruktiv nicht in die angegebene Stelle passen.

abstände leichter, weil sie natürlich sind. Für jede dieser drei Tonleitern ist die Einrichtung des Viersaitensystemes verschieden. Bei der Tonleiter Harmonia nämlich hat das Viersaitensystem (Tetrachord) zwei ganze Töne und zwei Diësen; eine Diësis aber ist der vierte Teil eines ganzen Tons; so sind in einem halben Ton zwei Diësen (Vierteltöne) enthalten. Im Chroma sind zwei halbe Töne nebeneinandergesetzt, an dritter Stelle ist ein Intervall von drei halben Tönen. Beim Diatonon sind zwei ganze Töne nacheinander, an dritter Stelle schließt ein halber Ton den Umfang des Viersaitensystems. So sind die drei Tonleitern darin einander gleich, dass jede zusammen aus zwei ganzen und einem halben Ton besteht, aber wenn sie selbst für sich getrennt innerhalb ihres eigenen Gebiets betrachtet werden, so haben sie eine unähnliche Bestimmung ihrer Tonabstände[1].

4. Die Natur also hat in der Stimme die Abstände der ganzen und halben Töne des Viersaitensystems eingeteilt und das Gebiet derselben der Größe der Abstände in bestimmten Maßen abgegrenzt und nach der Verteilung der Tonabstände in gewissen Arten die Eigentümlichkeiten bestimmt. Dieser Bestimmungen der Natur bedienen sich auch die Künstler, die Instrumente verfertigen und danach ihre Werke so zustande bringen, dass sie zusammenstimmen.

5. Töne, welche auf Griechisch Phthongoi heißen, gibt es in jeder Tonleiter 18, von welchen 8 in den 3 Tonleitern sich gleichbleibend und ständig sind; die übrigen 10 aber sind, da sie gemeinschaftlich gestimmt werden, veränderlich; die Ersteren enthalten die Verbindung der Viersaitensysteme und verharren bei den unterschiedli-

[1] Siehe beifolgende Figur 21.

Fig. 21

chen Tonleitern unverändert; sie werden aber also benannt: Proslambanomenos (der hinzugenommene), Hypate hypaton (der tiefste der tiefen), Hypate meson (der tiefste der mittleren), Mese (der mittlere), Nete synemmenon (der höchste der verbundenen), Paramese (der nächstmittlere), Nete diezeugmenon (der höchste der getrennten), Nete hyperboläon (der allerhöchste). Die veränderlichen aber sind diejenigen, welche, im Viersaitensystem zwischen die unbeweglichen gestellt, je nach Tonleiter und Stelle ihre Stimmung verändern; sie haben aber folgende Benennungen: Parhypate hypaton (der nächste am tiefsten unter den tiefen), Lichanos hypaton (der Zeigefingerklang unter den tiefsten), Parhypate meson (der nächste am tiefsten unter den mittleren), Lichanos meson (der Zeigefingerklang unter den mittleren), Trite synemmenon (der dritte unter den verbundenen), Paranete synemmenon (der nächste an dem höchsten der verbundenen), Trite diezeugmenon (der dritte der getrennten), Paranete diezeugmenon (der nächste an dem höchsten der getrennten), Trite hyperboläon (der dritte unter den allerhöchsten), Paranete hyperboläon (der nächste an dem allerhöchsten) (Fig. 22).

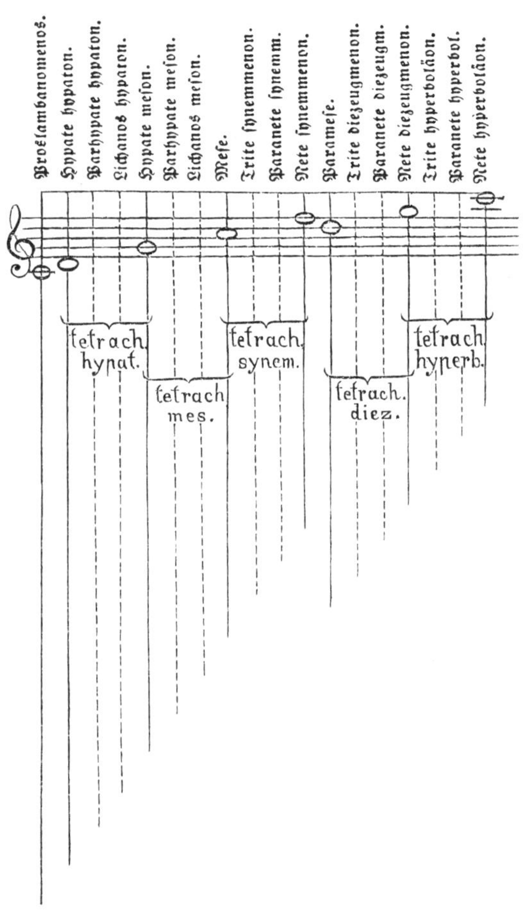

Fig. 22

6. Diese aber erlangen, je nachdem sie gestimmt werden, verschiedene Eigenschaften; denn sie haben wachsende Tonabstände und Spannungen. Daher wird die Parhypate (nächsttiefste), welche in dem harmonischen

Tongeschlecht von der Hypate (tiefsten) eine Diesis, d. i. die Hälfte eines halben Tones, absteht, in das Chroma umgewandelt, einen halben Ton Abstand haben. Der sogenannte Lichanos (Zeigefingerton) steht in der harmonischen Tonleiter von der Hypate (dem tiefsten Ton) um einen halben Ton ab, ins Chroma übertragen, entfernt er sich um 2 halbe Töne, im Diatonon steht er von der Hypate um 3 halbe Töne ab. So bewirken die 10 Töne durch ihre Stimmungsarten eine dreifache Verschiedenheit der Tonleitern.

7. Viersaitensysteme (Tetrachorde) aber gibt es 5: erstens das tiefste, welches auf Griechisch Hypaton heißt; zweitens das mittlere, welches Meson genannt wird; drittens das verbundene, welches Synemmenon genannt wird; viertens das getrennte, welches Diezeugmenon genannt wird; das fünfte wird, weil es das höchste ist, auf Griechisch Hyperboläon (das übermäßige) genannt.

Zusammenstimmende Klangverbindungen (Konsonanzen), welche die menschliche Stimme von Natur aus hervorbringen kann und welche auf Griechisch Symphoniai heißen, gibt es 6: die Quarte, die Quinte, die Oktave, die Quarte über der Oktave, die Ouinte über der Oktave und die Doppeloktave.

8. Und diese Konsonanzen haben deshalb ihre Namen von der Zahl erhalten, weil man sie dann, wenn die Stimme in einer (bestimmten) Tonstelle steht und von dieser abbiegend sich verändert und in das 4. Tongebiet kommt, eine Quart, wenn auf die 5. Tonstelle, eine Quint, wenn auf die achte, eine Diapason (Oktave), auf die achte und vierte eine Quarte über der Oktave, auf die achte und fünfte eine Quinte über der Oktave, auf die 15. eine Doppeloktave nennt. Denn zwischen den 2 Abständen können bei Saitenspiel oder Gesang weder in der dritten noch

sechsten, noch siebenten Tonstelle Konsonanzen hervorgebracht werden, sondern, wie oben geschrieben ist, nur die Quarte und die Quinte und die andern nach der angegebenen Reihe bis zur Doppeloktave haben nach dem Naturgesetz der Stimme zusammenstimmende Lagen, und jener Zusammenklang entsteht aus der Verbindung der Töne [welche auf Griechisch Phthongoi heißen].

Fünftes Kapitel
Die Schallgefäße des Theaters

(IV.) 1. Nach diesen theoretischen Ergebnissen mathematischer Forschungen also sollen eherne Gefäße im entsprechenden Verhältnis zur Größe des Theaters verfertigt werden, und zwar so, dass sie, wenn sie berührt werden, in den einzelnen Gefäßen den Klang der Quarte, Quinte und so der Reihe nach fort bis zur Doppeloktave geben können. Nachher stelle man sie in kleinen unter den Sitzen des Theaters errichteten Kammern dort nach der musikalischen Ordnung so auf, dass sie keine Wand berühren und ringsum Raum und auch am oberen leeren Ende freien Platz haben, und sie sollen umgekehrt gestellt sein und an der Seite, welche gegen die Bühne hinsieht, Keile untergelegt haben mindestens ½ Fuß hoch, und diesen Kammern entsprechend lasse man in den Lagern der unteren Stufen 2 Fuß lange, ½ Fuß hohe Öffnungen.

2. Die Bezeichnung der Stellen aber, an welchen sie angebracht werden sollen, wird sich also ergeben. Wenn das Theater nicht von beträchtlicher Größe sein wird, so verzeichne man in der Mitte der Höhe die horizontale Richtung ihrer Reihe und wölbe in dieser 13 Kammern,

in 12 gleichen Zwischenräumen voneinander abstehend, sodass von jenen Schallgefäßen, welche oben beschrieben worden sind, zuerst diejenigen, welche der Nete hyperboläon entsprechend tönen, auf beiden Seiten in den Kammern aufgestellt werden, welche an den Enden des Halbkreises sind; als die zweiten neben den äußersten die, welche um eine Quart tiefer der Nete diezeugmenon entsprechend tönen, als die dritten die, welche um eine Quart tiefer der Paramese entsprechend tönen, als die vierten die der Nete synemmenon entsprechenden, als die fünften die, welche um eine Quart tiefer der Mese entsprechend tönen, als die sechsten die, welche um eine Quart tiefer der Hypate meson entsprechend tönen; in der Mitte eines, welches um eine Quart tiefer der Hypate hypaton entsprechend tönt.

3. So wird nach dieser Berechnung die Stimme, von der Bühne aus wie von einem Mittelpunkt sich im (Halb-) Kreis verbreitend und durch die Berührung an die Höhlungen der einzelnen Schallgefäße schlagend, die Deutlichkeit erhöhen und durch die Klangverbindung eine entsprechende Konsonanz hervorrufen.

Wenn aber die Größe des Theaters beträchtlicher ist, dann teile man seine Höhe in 4 Teile, sodass 3 horizontal verzeichnete Richtungen für die Kammern erzielt werden, und zwar die eine für die harmonische, die andere für die chromatische, die dritte für die diatonische Tonleiter. Und in der Reihe, welche von unten auf die erste sein wird (Fig. 23 a b), bringe man die Schallgefäße nach der harmonischen Tonleiter so an, wie dies bei dem kleineren Theater oben beschrieben ist[1].

[1] Ohne Zusammenhalt mit den übrigen Quellen des Altertums ist diese Verteilung nicht zu verstehen. Denn gerade die für die untere Schallgefäßreihe gegebenen Töne sind ständige, welche in keiner Tonleiter eine Veränderung er-

4. In der mittleren Reihe (c d) stelle man zuerst an den beiden Enden des Halbkreises die auf, welche einen der Chromatice hyperboläon (dem chromatischen im Tetrachord der höchsten) entsprechenden Klang haben, in die zweitnächsten Kammern nach diesen die, welche um eine Quart tiefer sind und wie die Chromatice diezeugmenon tönen, in die dritten die der Chromatice synemmenon entsprechenden, in die vierten die, welche um eine Quart tiefer sind und wie die Chromatice meson klingen, in die fünften die, welche um eine Quart tiefer sind und wie die Chromatice hypaton tönen; in die höchsten die der Paramese entsprechenden, weil sowohl zur Chromatice hypaton die Quinte als auch zur Chromatice meson die Quarte gemeinschaftlichen Zusammenklang hat.

5. In der Mitte ist nichts aufzustellen, deshalb, weil keine andere Art von Klängen in der chromatischen Tonleiter einen stimmenden Zusammenklang haben kann. In

leiden, die feststehenden Anfangs- und Schlusstöne der Tetrachorde. Es ist demnach jedenfalls, wenn weiterhin für die beiden oberen Reihen je ein chromatischer und ein diatonischer Ton aller Tetrachorde gesetzt wird, nur an die Mitteltöne der Tetrachorde zu denken, bei welchen allein sich die Verschiedenheiten äußern. Marini bezeichnet daher mit Bezugnahme auf Euklid und Boethius den höheren der beiden Mitteltöne als den hier infrage stehenden und identifiziert die an dieser Stelle sogenannten chromatischen oder diatonischen Töne der Tetrachorde Hyperboläon, Diezeugmenon, Synemmenon, Meson und Hypaton mit Paranete hyperboläon, Paranete diezeugmenon, Paranete synemmenon, Lichanos meson und Lichanos hypaton. Nur bezüglich der Töne der unteren Reihe ist es schwer zu entscheiden, was in der vitruvischen Darstellung überwiegen soll, ob nämlich die bestimmte Angabe der ständigen Töne oder der Zusatz »nach harmonischer Tonleiter«. Marini stellt in seiner Anmerkung zu dieser Stelle das Erstere als zweifellos hin, verzeichnet aber in der aristorenischen Tonfigur auch die höheren der Mitteltöne der Tetrachorde als die speziell harmonischen. In der Tat kommt man auch nur durch die letztere Konsequenz zu einem System, und die Angabe des Vitruv, dass die untere Schallgefäßreihe in den ständigen Tönen und zugleich nach harmonischer Tonleiter gestimmt war, ist ein Widerspruch und eine Halbheit. In der folgenden Figur, welche die Stimmung der vitruvischen Schallgefäße modern anschaulich machen wird, musste übrigens für die untere Reihe die auch für die Theater mit einfachen Gefäßreihen geltende Stimmung nach ständigen Haupttönen beibehalten werden.

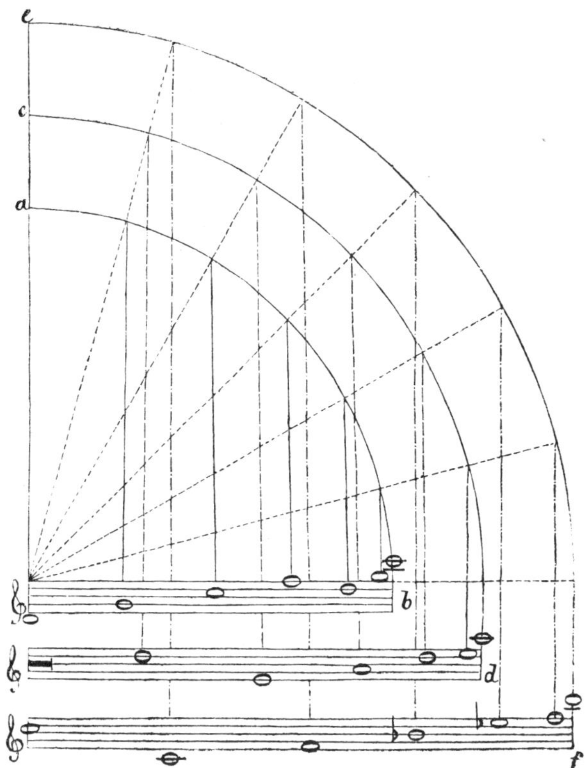

Fig. 23

der höchsten Abteilung und Kammerreihe (e f) aber stelle man an den Enden des Halbkreises die nach dem Klang von Diatonos hyperboläon hergestellten Gefäße; in die zweitnächsten Kammern die um eine Quart tiefer nach dem Klang des Diatonos diezeugmenon hergestellten; in die dritten die von dem Klang des Diatonos synemmenon; in die vierten die um eine Quart tiefer nach dem Klang des Diatonos meson verfertigten; in die fünften die um eine Quart tiefer nach dem Diatonos hypaton; in die sechsten die um eine Quart tiefer nach dem Proslambanomenos tönenden; in die Mitte aber ein Gefäß nach dem Klang der Mese hergestellt, weil diese sowohl als Oktave zum Proslambanomenos als auch zum Diatonos hypaton als Quinte gemeinschaftlichen Zusammenklang hat.

6. Wenn aber jemand dies mit Leichtigkeit in Ausführung bringen will, so beachte er nur das am Ende des Buches nach musikalischem Gesetz gezeichnete Diagramm (Tonfigur), welches Aristoxenos mit großem Scharfsinn und Fleiß nach der Einteilung in Tongeschlechter eingerichtet hinterlassen hat, wonach man, wenn man diese Berechnungen im Auge hat, leichter imstande sein dürfte, die Theater in einer der Stimme und dem Genuss der Zuhörer Rechnung tragenden Vollkommenheit herzustellen[1].

7. Es wird nun vielleicht jemand sagen, dass Jahr für Jahr in Rom viele Theater gebaut worden seien, ohne dass man bei ihnen auf diese Dinge irgend Rücksicht genommen habe, aber er wird darin irrig sein, weil alle öffentlichen hölzernen Theater mehrfaches Bretterwerk haben, welches an und für sich tönen muss. Dies aber kann man auch an den Kitharöden bemerken, welche sich, wenn sie in einer höheren Tonart singen wollen, nach den Türflügeln der Scena hin abwenden, und so mithilfe derselben einen Zusammenklang mit ihrer Stimme erlangen. Wenn aber die Theater aus solidem Material errichtet werden, d. i. aus Mauerwerk von Bruchsteinen, Quadern, Marmor, welches (Material) nicht tönen kann, dann sind dabei die angegebenen Grundsätze anzuwenden.

8. Wenn man aber fragt, in welchem Theater solche Schallgefäße angebracht seien, so können wir in Rom kei-

[1] Die Tonfigur ist verloren, aber nach dem Text leicht nicht bloß für die drei Tonleitern herzustellen, sondern auch in unsere musikalische Sprache zu übertragen. (Vgl. besonders Aristoxenos und Euklid.)

nes aufweisen, wohl aber in den Landschaften Italiens und in den meisten Städten der Griechen, auch haben wir als Gewährsmann den L. Mummius, der nach der Zerstörung des Theaters der Korinther die ehernen Schallgefäße nach Rom brachte und sie als Götteranteil von der Kriegsbeute (weihend) dem Tempel der Luna zueignete. Auch haben viele geschickte Baukünstler, welche in unbedeutenden Städten Theater errichteten, aus Mangel an Geldmitteln also tönende irdene Fässer ausgewählt, und indem sie dieselben nach der angegebenen Berechnung zusammenstellten, die tüchtigsten Wirkungen erzielt[1].

Sechstes Kapitel
Die Gestaltung des Theaters

(VII.) 1. Die Gestalt des Theaters selbst aber ist so anzulegen, dass man nach der Größe des Durchmessers des unteren Raumes im Mittelpunkt desselben einsetzend eine Kreislinie herumführt und innerhalb dieser in gleichen Abständen vier gleichseitige Dreiecke, welche die Kreislinie berühren, beschreibt, in derselben Weise, wie auch die Sternkundigen bei der Verzeichnung der 12 Sternbilder den musikalischen Gesetzen der Gestirne entsprechend verfahren. In der Richtung nun, wo dasjenige von diesen Dreiecken, dessen eine Seite der Bühne zunächst ist, den Kreisbogen der Zirkellinie abschneidet, da begrenze man den Hintergrund der Bühne (Fig. 24. A B) und ziehe parallel da-

[1] Von den berüchtigten Schallgefäßen des Vitruv haben sich in den antiken Theatern zurzeit noch keine Spuren gefunden. Auch werden sie in der alten Literatur nur von dem anonymen Verfasser *de fabularum ludorum theatrorum scenarum ac scenicorum antiqua consuetudine* erwähnt.

mit durch den Mittelpunkt eine Linie (C D), welche das erhöhte Gerüst des Prosceniums (der Bühne) und den Raum der Orchestra (des Chorraumes) scheidet.

2. So wird bei uns der erhöhte Bühnenraum breiter sein, als er bei den Griechen ist, weil alle Künstler auf der Bühne spielen, der Raum in der Orchestra aber ist für die Sitze der Senatoren bestimmt, und jenes Bühnengerüst soll nicht mehr als 5 Fuß in der Höhe betragen, damit diejenigen, welche in der Orchestra sitzen, die Bewegungen aller auftretenden Schauspieler sehen können. Die Keilabschnitte des Zuschauerraumes müssen so eingeteilt werden, dass die Ecken der Dreiecke, welche ringsum die Kreislinie berühren (C E F G H I D), die Richtung der Aufgänge und Treppen zwischen den Keilabschnitten bis zum ersten Ranggürtel bestimmen; die Keilabschnitte des oberen Ranges aber werden durch Aufgänge in der Richtung der Mittellinien der unteren Keilabschnitte gegliedert.

3. Von jenen unten verzeichneten Dreieckwinkeln aber werden derjenigen, welche die Richtung der Treppen bestimmen, sieben sein[1]; die fünf übrigen werden für die Anlage des Bühnenhintergrundes maßgebend sein: Der mittlere von diesen nämlich muss die Königstür gegenüber haben (K), die zur Rechten und Linken befindlichen die Lage der Gasttüren (L M) bezeichnen; die äußeren zwei (A B) werden gegen die Durchgänge an den drehbaren Kulissenprismen gerichtet sein. Die Stufen des Zuschauerraumes, wo die Sitzbänke angebracht werden, sollen nicht niedriger als eine Handbreite, nicht höher als 1 Fuß

[1] Dies kann nicht so genau genommen werden, denn die Treppen an den Enden des Halbkreises des Zuschauerraumes (C D) sind wegen der weiter unten beschriebenen Zugänge zur Orchestra und wegen des damit in Verbindung stehenden Stufenausschnittes (N O) nicht statthaft. Die beistehende Verzeichnung des römischen Theaters nach den Angaben des Vitruv wird dies, wie überhaupt die ganze Disposition, anschaulich machen.

6 Zoll sein, und sie sollen nicht breiter als 2½, nicht schmäler als 2 Fuß angelegt werden.

4. Das Dach der Säulenhalle, welche zuoberst über den Stufenreihen befindlich sein wird, soll in waagrecht gleicher Linie mit der Höhe des Bühnenhintergrundes gebaut werden, deshalb, weil dann die aufsteigende Stimme gleichmäßig zu den höchsten Stufenreihen und zum Dach gelangen wird; denn wenn es nicht gleich ist, so wird da, wo die Höhe minder groß ist, die Stimme zu jener Höhe vorweggerafft, zu welcher sie zuerst gelangt.

5. Was die Orchestra betrifft, so nehme man von dem Durchmesser, welchen sie zwischen den untersten Stufen hat (C D), den 6. Teil und schneide an den beiderseitigen Enden des Halbkreises nach diesem Maß[1] senkrecht die unteren Sitze aus (N O), und nach dem Höhenmaß des

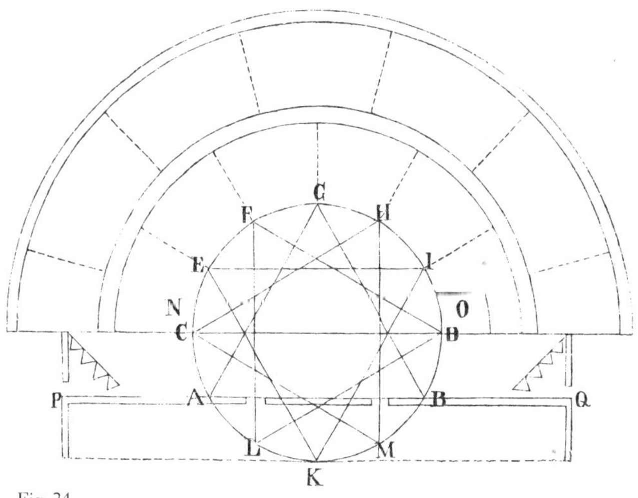

Fig. 24

[1] D.h. bis der Ausschnitt eine Höhe erreicht gleich dem sechsten Teil des Durchmessers der Orchestra.

Ausschnittes bestimme man dort auch die Überwölbung der Gänge, denn so werden ihre Gewölbe eine ausreichende Höhe haben.

6. Die Länge des Bühnenhintergrundes muss dem doppelten Durchmesser der Orchestra entsprechend gemacht werden (P Q). Die Höhe des Säulenfußes soll von der Oberfläche des Bühnengerüstes an mit Einschluss des Gesimses und der schrägen Einziehung 1/12 des Orchestra-Durchmessers betragen; die Säulen über dem Säulenfuß sollen mit Einschluss der Kapitelle und Basen 1/4 desselben Durchmessers hoch sein, der Architrav und der übrige Gebälkschmuck soll den fünften Teil der Höhe seiner Säulen haben. Die Gürtelmauer darüber mit der Welle[1] und dem Gesimse soll die Hälfte der unteren Gürtelmauer[2] betragen; die über dieser Gürtelmauer stehenden Säulen sollen von einer um 1/4 geringern Höhe als die unteren sein; der Architrav und übrige Gebälkschmuck soll 1/5 seiner Säulen betragen. Wenn ferner ein drittes Stockwerk des Bühnenhintergrundes errichtet werden soll, so soll die oberste Gürtelmauer die Hälfte der mittleren messen, und die obersten Säulen sollen um 1 Vierteil minder hoch sein als die mittleren, und der Architrav mit dem Gesimse soll ferner den 5. Teil der Höhe seiner Säulen betragen.

7. Doch es können nicht in allen Theatern diese Maßverhältnisse allen Umständen und Wirkungen entsprechend sein, sondern der Baukünstler muss darauf Bedacht nehmen, in welchen Stücken es nötig sei, diese Maßverhältnisse zu befolgen, und in welchen sie in Rücksicht auf die natürliche Beschaffenheit des Ortes und auf die Größe

[1] *unda* = κῦμα. Ich teile die Ansicht Marinis nicht, nach welcher *unda* gleichbedeutend mit *lysis*, der schrägen Einziehung über dem Gesimse, wäre, wogegen schon die Voranstellung der *unda* vor der *corona* spricht.

[2] D. h. des Säulenfußes.

des Baues abzuändern seien. Es gibt aber Dinge, welche in Rücksicht auf den Zweck sowohl in einem kleinen als in einem großen Theater von derselben Größe gemacht werden müssen, wie die Stufen, die halbkreisförmigen Gänge, die Brüstungen, die Korridore, die Aufgänge, die Bühnenerhöhung, die Erhöhungen für die Sitze der Obrigkeiten, und wenn sonst etwas vorkommt, bei welchem man notwendig von dem zusammenstimmenden Maßverhältnisse abweichen muss, damit keine Unbequemlichkeit entstehe. Ebenso wird es, wenn bei dem Bau an irgendeinem Baumaterial, nämlich an Marmor, Bauholz und an den übrigen Dingen, welche man dazu beschafft, Mangel ist, nicht unstatthaft sein, etwas weniges wegzunehmen oder hinzuzutun, wenn es nur nicht zu übermäßig, sondern mit verständiger Einschränkung geschieht. Dies aber wird geschehen, wenn der Baukünstler durch Übung wohl erfahren und außerdem nicht eines regsamen Geistes und der Erfindsamkeit bar ist.

8. Die Bühnenwände selbst aber haben ihre vorgeschriebene Einrichtung also: Das mittlere Tor soll eine Ausschmückung haben, wie es sich für einen Königshof geziemt, rechts und links sind die Gasttüren; neben diesen aber sind jene für die Dekoration[1] eingerichteten Räume, welche die Griechen Periaktoi (die Dreher) nennen, deshalb, weil hier die Vorrichtung der drehbaren dreiseitigen Prismen mit je drei Dekorationsdarstellungen (Kulissen) ist, welche, wenn entweder eine Verwandlung im Stück oder die Ankunft von Göttern unter plötzlichen Donnerschlägen vorgestellt werden soll, gedreht werden und die Dekorationsdarstellung an der Stirnseite verwandeln; neben jenen Drehern sind etwas

[1] Nämlich für jene Fälle, wo ein gemalter Hintergrund nach Art des modernen über die stabile Säulenrückwand gespannt war.

vorspringend noch zwei solche, von welchen die eine vom Forum her, die andere aus der Fremde Zugänge zur Bühne darbieten.

9. Es gibt nämlich 3 Arten von Bühnendekoration, eine, welche die tragische, eine zweite, welche die komische, und eine dritte, welche die satirische genannt wird. Die Darstellungen derselben aber sind unter sich unähnlich und ungleich, weil die tragische Bühne mit Säulen, Giebeln, Bildsäulen und sonstigen königlichen Gegenständen ausgeschmückt wird, die komische aber die Ansicht von Privatgebäuden und erkerartigen Vorbauen und verschiedene Ansichten durch die Fenster, in Nachahmung der Beschaffenheit der gewöhnlichen Gebäude, darbietet; die satirische Bühne endlich mit Bäumen, Höhlen, Bergen und sonstigen ländlichen Dingen, zu einem landschaftlichen Bild gruppiert, ausgeschmückt wird.

Siebentes Kapitel

Das Theater der Griechen

(VIII.) 1. Bei den Theatern der Griechen hat man nicht alles nach denselben Regeln auszuführen; denn erstens, wie im lateinischen Theater im Kreis unten die Winkel von 4 Dreiecken die Kreislinie berühren, so geschieht dies hier durch die Winkel von 3 Quadraten; da nun, wo die Seite eines solchen der Bühnenwand zunächst einen Kreisbogen (Segment) abschneidet (a b), verzeichnet man die Grenze der Bühne und zieht dieser Grenze parallel am Rand der Kreislinie eine Gerade (Tangente), auf welcher die Hintergrundmauer der Bühne angelegt wird. Auch durch den Mittelpunkt der Orchestra beschreibe man eine der Richtung der Vorbühne parallele Gerade, und wo diese die Kreislinie schneidet (e f), zur Rechten und Linken an den Enden des Halbkreises, da verzeichne man die Mittelpunkte, und nachdem man den Zirkel in denselben auf der rechten Seite (f) einsetzt, beschreibe man eine Kreislinie vom linken Zwischenraum (e)[1] bis zur linken Seite der Bühne (g); und nachdem man ebenso den Zirkel in dem linken Endpunkt des Halbkreises (e) eingesetzt, beschreibe man eine Kreislinie von dem rechten Zwischenraum (f) bis zur rechten Seite der Vorbühne (h).

[1] Von dem Zwischenraum zwischen der jenseitigen Hemisphäre, d. h. von dem Ende der Hemisphäre und dem Rand des Prosceniums (der Bühne). Marini versteht unter dem *intervallum* den Zwischenraum zwischen den Dreieckwinkeln i und a, k und b und beschreibt nicht bloß von den Punkten i und k aus die Kreisbogen, sondern nimmt dazu auch, ohne sich weiter über seine Gründe zu erklären, die Mittelpunkte k und i, was den Worten Vitruvs widerspricht.

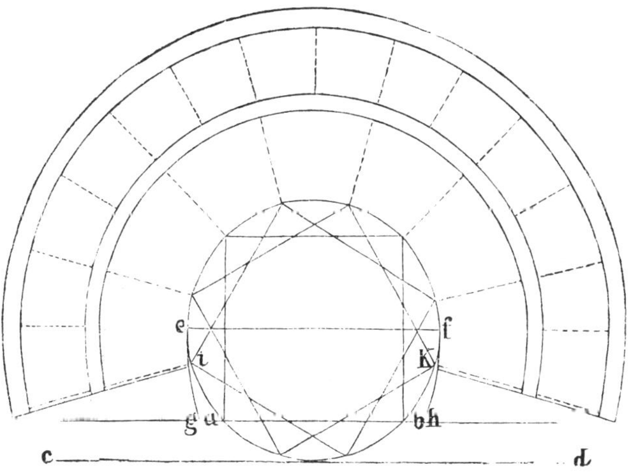

Fig. 25

2. So haben die Griechen durch diesen aus drei Mittelpunkten beschriebenen Umkreis eine geräumigere Orchestra und einen mehr zurückgedrängten Bühnenhintergrund bei geringerer Tiefe des Bühnengerüsts. Dieses aber nennen die Griechen Logeion, deshalb, weil bei ihnen nur die tragischen und komischen Schauspieler auf der Bühne spielen, die übrigen Künstler aber auf der Orchestra auftreten; weshalb sie auch auf Griechisch als Skeniker (die auf der Bühne Auftretenden) und als Thymeliker (die um die Thymele Auftretenden) mit unterschiedenen Namen bezeichnet werden. Die Höhe dieses (Bühnen-)Raumes soll nicht geringer als 10 Fuß, nicht größer als 12 Fuß sein. Die Treppenstufen zwischen den Keilausschnitten und Sitzen sollen bis zum ersten halbkreisförmigen Rangabsatz eine den Winkeln der Quadrate entsprechende Richtung erhalten, von dem Rangabsatz werden in der Mitte zwischen ihnen hinwiederum noch weitere Treppen hinaufgeführt, und so werden sie bis zur Höhe bei jedem noch folgenden Rangabsatz immer um das Doppelte vermehrt.

Achtes Kapitel

Über die Wahl zusammenklingender Plätze für die Theater

(IX.) 1. Da nun dies alles mit der sorgfältigsten Genauigkeit entwickelt ist, so ist auch darauf das sorgsame Augenmerk zu lenken, dass man einen Ort ausgewählt habe, in welchem die Stimme sich sanft anlegt und nicht anstoßend zurückprallt und den Ohren undeutliche Laute zubringt. Denn es gibt einige Orte, die durch ihre natürliche Beschaffenheit die Schwingungen der Stimme stören, wie die misstönenden, welche auf Griechisch Katechuntes heißen, die rings auseinandertönenden, welche bei ihnen Pariechuntes genannt werden; ferner die widerhallenden, welche Antechuntes heißen, und die zusammenklingenden, welche sie Synechuntes nennen. Misstönend sind diejenigen Orte, in welchen der erste (Stimm-)Laut, sobald er sich in die Höhe erhoben, durch höher liegende feste Körper gestört und zurückgeworfen, wieder niederfällt und unten das Aufsteigen des folgenden Lautes unterdrückt.

2. Rings auseinandertönend aber sind diejenigen Orte, an welchen die Stimme durch den Drang, rings herumzuschweifen, sich in der Mitte auflöst und dort ohne die Endungslaute in Undeutlichkeit der Worte sich verliert; widerhallende jedoch sind die Orte, an welchen die Stimme an einem festen Gegenstand durch ihre Berührung sich stoßend zurückprallt und, ein Echo hervorbringend, die letzten Silben doppelt hörbar macht. Zusammenklingend endlich sind diejenigen Orte, an welchen die Stimme von unten auf unterstützt und mit Verstärkung emporsteigend deutlich und volltönend zu dem Ohr gelangt.

Wenn so bei der Wahl der Plätze sorgfältige Aufmerksamkeit angewendet worden ist, so wird durch diese kluge Rücksicht auf den Zweck in den Theatern die Wirkung der Stimme vorzüglich sein. Die Grundrisse aber[1] werden durch den Unterschied gekennzeichnet sein, dass diejenigen, welche nach den Quadraten vermessen werden, bei den Griechen gebräuchlich sind, und dass die lateinischen nach gleichseitigen Dreiecken abgesteckt werden. Wer also sich dieser Vorschriften bedienen will, wird vorzügliche Theaterbauten zustande bringen.

[1] Welche wohl am Schluss des Buches angefügt waren.

Neuntes Kapitel

Die Säulenhallen hinter der Bühne und die Promenaden

(X.) 1. Hinter der Bühne muss man Säulenhallen errichten, damit das Volk, wenn plötzliche Regengüsse die Spiele unterbrechen, einen Ort habe, wohin es sich aus dem Theater zurückziehen kann, und damit man für die Zurüstung der Bühnenausstattung bequemen Raum habe; in der Art, wie die Säulenhallen des Pompejus[1], ferner auch zu Athen die Säulenhallen des Eumenes[2] am Theater und am Heiligtum des Dionysos[3], und das den aus dem Theater Herausgehenden zur Linken liegende Odeion, welches Themistokles[4], nachdem er Säulen aus Stein aufgestellt hatte, mit den Masten und Rahen der Schiffe aus der persischen Beute überdeckte, das aber, nachdem es im Mithridatischen Kriege in Flammen aufgegangen war[5], der König Ariobarzanes wiederherstellte[6]; ferner wie zu Smyrna das Stratonikeon, zu Tralles die über ein Stadium lange Säulenhalle auf beiden Seiten der Bühne; und auch

[1] Die sie darstellenden Fragmente des kapitolinischen Planes finden sich in genauer Nachbildung in meinen Ruinen Roms, S. 229.

[2] Nach Fea. Sie werden sonst nicht erwähnt, weshalb Stuart, *Ant. of Ath.*, vermutet, die vielfach schwankenden Lesarten der *Codd.* seien aus *porticus Eumenidum* entstanden, da sich ein Tempel der Eumeniden neben dem Theater befand.

[3] Von Pausanias I. 20 als neben dem Theater des Dionysos liegend erwähnt. Marinis Ergänzung der Worte *ad theatrum* ist unanstreitbar.

[4] Vielleicht einer der historischen Missgriffe unseres Autors, da das Odeion nach Plut. (Perikl. 13) und Suidas von Perikles erbaut ward. Doch erklären die antiken Notizen, dass dieses bedeckte Odeion die Form des Xerxes-Zeltes nachgeahmt (Plut. a. a. O. und Pausanias I. 20), wie namentlich, dass die Decke aus den Masten und Rafen der erbeuteten persischen Flotte erbaut worden sei, den Irrtum leicht, wenn ein solcher wirklich vorliegt.

[5] Vgl. Pausanias a. a. O., Appian (*Bell. Mithr.* 38).

[6] Die Herstellung durch den König Ariobarzanes Philopator, Sohn des Ariobarzanes Philoromaios, bestätigt eine Inschrift (*Hist. de l'Acad. des Inscript. Vol. XXIII.*)

in den übrigen Städten, welche wohlbedächtige Baukünstler gehabt haben, sind rings um das Theater Säulenhallen und Promenaden.

2. Diese müssen aber so angelegt werden, dass sie doppelt sind und nach außen dorische Säulen mit ihrem Architrav und dem übrigen Gebälkschmuck, unter Zugrundlegung ihrer Maßeinheit ausgeführt, haben. In der Breite aber dürften diese Hallen so angelegt werden müssen, dass sie eine ebenso große Breite, als die äußeren Säulen in der Höhe messen, von der Innenseite der äußeren Säulen bis zu den mittleren, und ebenso von den mittleren bis zu den Wänden, welche die Wandelgänge der Säulenhalle einschließen, erhalten; die mittleren Säulen aber sollen um ein Fünftel höher sein als die äußeren, sollen jedoch in ionischer oder korinthischer Ordnung hergestellt sein[1].

3. Die Zahlen- und Maßverhältnisse der Säulen werden nicht auf denselben Grundsätzen beruhen, wie ich sie bei den Tempeln beschrieben habe, denn diesen bei den Tempeln der Götter muss Würde innewohnen, jenen bei den Säulenhallen und den übrigen Bauwerken aber Zierlichkeit. Wenn daher die Säulen dorischer Ordnung werden, so teile man ihre Höhe mit Einschluss des Kapitells in 15 Teile und stelle von diesen Teilen einen bestimmt fest und mache ihn zur Maßeinheit, auf deren Grundlage hin die Anlage des ganzen Baues eingerichtet wird, und zwar so: Ganz unten soll die Dicke der Säule 2 Maßeinheiten betragen, die Säulenweite 5 ½; die Höhe der Säule mit Ausschluss des Kapitells 14 Maßeinheiten, die Höhe des Kapitells eine, die

[1] Die Halle wird demnach aus zwei Säulenreihen und einer in derselben Richtung geführten Wand bestehen. Die mitten hinlaufende Säulenreihe entspricht durch ihr größeres Höhenverhältnis ganz den Anforderungen der Felderdecke, analog den gleichfalls höheren ionischen Innensäulen der Propyläen von Athen.

Breite 2 1/6; die übrigen Maße des Baues werden so bestimmt, wie dies bei den Tempeln im 4. Buch beschrieben ist. Wenn aber ionische Säulen gemacht werden sollen, teile man den Schaft mit Ausschluss der Base und des Kapitells in 8 ½ Teile und gebe davon einen der Dicke der Säule; die Base mit ihrer Platte bestimme man nach der Hälfte der Dicke; die Einrichtung des Kapitells aber mache man so, wie dies im 3. Buch gezeigt ist. Wenn die Säule korinthisch sein wird, so sollen Schaft und Base die Einrichtung wie die ionische Säule haben, das Kapitell aber eine solche, wie dies im 4. Buch beschrieben ist. Die Verstärkung für den Säulenstuhl, welche durch die schrägen Schemel[1] bewirkt wird, nehme man aus der Beschreibung, welche oben im 3. Buch angegeben ist. Architrav, Gesimse und alles Übrige solle man den Grundsätzen des Säulenbaus entsprechend nach dem in den vorausgehenden Büchern Gesagten einrichten.

5. Die in der Mitte liegenden Räume aber, welche zwischen den Säulenhallen unter freiem Himmel sein werden, dürften mit grünen Anlagen geschmückt werden müssen, weil das Herumwandeln unter freiem Himmel sehr gesund ist, und zwar zunächst für die Augen, indem die durch das Grüne feine und verdünnte Luft, durch die Bewegung des Körpers eindringend, die Sehkraft schärft und so aus den Augen die dicke Feuchtigkeit wegnehmend, eine feine und scharfe Sehkraft zurücklässt. Außerdem vermindert die Luft die allzu große Fülle der Säfte, indem sie dieselben, wenn der Körper durch die Bewegung beim Herumwandeln warm wird, aus den Gliedern heraussaugt, und verdünnt sie, indem sie das, was mehr in dem Körper enthalten ist, als derselbe ertragen kann, verdunsten macht.

[1] Vgl. Buch III. Kap. 4. Anm. S. 123 ff.

6. Dass aber dies sich so verhält, das kann man daraus beobachten, dass, wenn Quellen unter Dächern sind oder sumpfige Lager unter der Erde, aus diesen keine neblige Feuchtigkeit aufsteigt, dass jedoch an den bloß und unter freiem Himmel liegenden Plätzen die Sonne, wenn sie beim Aufgang mit ihrer Wärme die Welt berührt, aus dem nassen und mit Feuchtigkeit übermäßig gesättigten Boden dieselbe herauszieht und sie zusammengeballt in die Höhe erhebt. Wenn es sich daher so zu verhalten scheint, dass unter freiem Himmel die überlästigen Säfte von der Luft aus dem Körper herausgesogen werden, so wie dies an den aus der Erde kommenden Nebeln ersichtlich ist, so unterliegt es nach meinem Dafürhalten keinem Zweifel, dass man in den Städten möglichst geräumige und ausgeschmückte Promenaden unter offenem und freiem Himmel anlegen müsse.

7. Damit aber diese immer trocken und nicht schmutzig seien, wird man es also machen müssen. Man grabe und höhle diese so tief als möglich aus und errichte zur Rechten und Linken Abzugskanäle aus Mauerwerk und füge in die gegen den Gang gewendeten Mauern Röhren ein, die ihr unteres Ende schräg in die Abzugskanäle neigen. Nachdem dies ausgeführt ist, fülle man jenen Raum (den ausgegrabenen Weg) mit Kohlen an und schütte dann darüber grobkörnigen Sand auf und mache ihn eben: So wird durch die natürliche Porosität (Löchrigkeit) der Kohlen und durch die Einfügung der Röhren in die Abzugskanäle der Überfluss an Wasser ausgefangen, und so werden die Wandelgänge trocken und ohne Feuchtigkeit hergestellt sein.

8. Überdies sind auch in diesen Anlagen in den Städten von den Vorfahren Magazine für ein unentbehrliches Bedürfnis (Holz) eingerichtet worden; für einen Belagerungsfall nämlich sind alle übrigen Vorräte leichter zu be-

schaffen als der Holzvorrat. Denn das Salz wird vorher noch leicht eingeführt; auch das Getreide wird von Staats wegen und durch Private herbeigeführt; und wenn es daran mangelt, so wird es durch Kohlgemüse, Fleisch und Hülsenfrüchte ersetzt; Wasser wird durch Gräben und Zisternen und vom Himmel herab bei plötzlichen Regenschauern von den Dächern aufgefangen; was aber den Holzvorrat betrifft, der zum Kochen der Speisen am notwendigsten ist, so ist dessen Beschaffung schwierig und beschwerlich, weil es nur mit großem Zeitaufwand herbeigefahren und in größerer Menge verbraucht wird.

9. In solchen Zeiten dann werden diese Promenadenmagazine geöffnet und in der Reihenfolge der Volksabteilungen den einzelnen Bewohnern ihre bestimmten Maße zugeteilt. So haben diese offenen Promenaden zwei vorzügliche Zwecke, und zwar einerseits im Frieden den der Gesundheit, anderseits im Krieg den der öffentlichen Wohlfahrt. Nach diesen Grundsätzen also werden solche Lustwandelanlagen, nicht bloß hinter der Bühne des Theaters, sondern auch bei den Tempeln aller Götter angebracht, den Städten großen Nutzen gewähren können.

(XI.) Nachdem nun dies unseres Bedenkens genügend auseinandergesetzt ist, wird jetzt die Erklärung der Anlage von Bädern folgen.

Zehntes Kapitel

Anlage und Bestandteile der Bäder

1. Fürs Erste ist ein möglichst warmer Ort auszuwählen, nämlich ein solcher, welcher von Nord und Nordost abgewendet ist. Die warmen und lauen Bäder aber müssen ihr

Licht von Südwest empfangen; wenn aber die natürliche Beschaffenheit des Ortes dies verhindert, so doch wenigstens gewiss von Süden, weil die Badezeit vorzugsweise von Mittag bis Abend festgesetzt ist; und ferner muss auch ins Auge gefasst werden, dass die heißen Bäder für Frauen und Männer aneinandergefügt und in derselben Richtung angebracht werden; denn so wird erzielt werden, dass die Unterfeuerung für die Bottiche beiden gemeinschaftlich sei. Über der Unterheizung müssen 3 eherne Bottiche, einer für heißes, der zweite für laues, der dritte für kaltes Wasser angebracht und so gestellt werden, dass aus dem Lauwasser- in den Heißwasserbottich so viel einfließt, als an warmem Wasser ausgetreten ist, und ebenso vom Kaltwasser- in den Lauwasserbottich; und auch die ausgehöhlten Vertiefungen[1] des Baderaumes werden von der gemeinschaftlichen Unterfeuerung erwärmt.

2. Die schwebenden Fußböden der heißen Bäder sind so einzurichten, dass zuerst ein Pflasterboden aus anderthalb Fuß messenden Ziegelplatten gelegt werde, der eine Neigung zum Unterfeuerungsofen abwärts hat, sodass ein dort geworfener Ball nicht innerhalb des Gemaches liegen bleiben kann, sondern von selbst wieder zur Ofenmündung zurückrollt; so wird auch die Flamme leichter unter dem schwebenden Fußboden herumstreichen; darüber nun führe man aus achtzölligen Ziegeln Pfeiler auf, die so angeordnet sind[2], dass zweifüßige Ziegelplatten darübergelegt werden können; die Pfeiler aber sollen 2 Fuß Höhe haben und mit Ton, der mit Haaren geknetet ist, aufgemauert sein; und darüber lege man zweifüßige Ziegelplatten, welche den Estrich tragen.

[1] c der folgenden Figur. Dieser tiefste Raum des Bades wird selbstverständlich durch die Unterfeuerung am meisten berührt.

[2] D. h. so weit voneinander entfernt sind.

3. Die gewölbten Decken aber werden, wenn man sie aus Mauerwerk herstellt, zweckmäßiger sein; wenn aber Balkendecken angebracht werden, so muss eine Bekleidung aus gebranntem Ton darunter angefügt werden. Dies wird aber so auszuführen sein: Man mache eiserne gerade Stangen oder Bogen[1] und hänge diese mit möglichst zahlreichen eisernen Haken (h) an das Balkenwerk und reihe diese geraden Stangen oder Bogen in solcher Entfernung aneinander, dass jede Ziegelplatte (g), ohne überzuragen, auf zweien von ihnen aufliegt und von ihnen getragen werden könne und so die ganzen Deckengewölbe auf Eisen sich stützend hergestellt sind; dann verstreiche man die oberhalb entstehenden Fugen (e) dieser gewölbten Decken mit Ton, der mit Haaren geknetet ist; die untere, dem Estrich zugekehrte Seite aber soll zuerst mit einem Mörtel aus gestoßenen Scherben und Kalk beworfen, dann mit Stuck oder Verputzung geglättet werden (i). Wenn diese Gewölbedecken in den heißen Bädern doppelt gemacht werden, so werden sie noch größere Zweckmäßigkeit haben; denn es wird dann die vom Dampf herrührende Feuchtigkeit das Holz des Balkenwerkes nicht verderben, sondern sich zwischen den beiden Gewölbedecken verziehen.

4. Die Größe der Bäder aber muss der Menschenmenge entsprechend gemacht werden. Sie sollen aber so vermessen werden: Die Breite soll um ⅓ kleiner sein als die Länge mit Ausschluss des Ganges (a)[2] an den Seiten, des

[1] Die Art der Anwendung der eisernen Bogen ist aus der folgenden Fig. 26 klar. Bezüglich der geraden Stangen aber sind dreierlei Erklärungen offen. Entweder waren nämlich diese Stangen nach der Achse des Tonnengewölbes gerichtet, oder sie waren über den Scholä (den äußeren Wartegängen) angebracht, oder sie trugen überhaupt flache Decken. Die erstere Erklärung ist mir die wahrscheinlichste.

[2] Die bisherigen Erklärungen und Entwürfe des vitruvianischen Badezimmers sind sämtlich mit dem Text nicht zu vereinbaren. Erst dadurch, dass man die Scholä (a) nicht ohne Bezug auf die Gestalt der Scholä am römi-

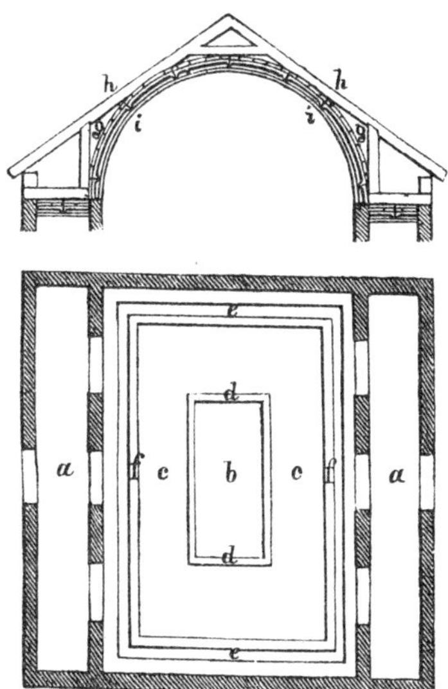

Fig. 26

Beckens und der Vertiefung; das Becken (b) scheint jedenfalls unter der Lichtöffnung angebracht werden zu müssen, damit die Herumstehenden mit ihrem Schatten das Licht nicht verdunkeln; die Gänge (a) um die Becken aber müssen so geräumig gemacht werden, dass, wenn die zuerst Angekommenen die Plätze eingenommen haben, die übrigen ringsum Wartenden bequem stehen können. Die Breite der Badevertiefung (c) aber zwischen der Wand und der Beckenbrüstung (d) soll nicht weniger als 6 Fuß auf jeder Seite betragen, sodass davon die untere Stufe und der Sitz noch 2 Fuß für sich in Anspruch nehmen.

5. Die lakonische Halle und die Schwitzbäder müssen mit dem lauen Bad in Verbindung gebracht werden, und diese sollen so breit sein, als sie in der Höhe messen bis

schen Forum von dem eigentlichen Badegemach abtrennt, lösen sich alle Schwierigkeiten.

zum Scheitel der halbkugelförmigen Wölbung, und in der Mitte dieses Halbkugelgewölbes lasse man eine Lichtöffnung, von welcher an Ketten eine eherne Scheibe herabhängen soll, durch deren Zurückziehen und Herablassen der Hitzegrad des Schwitzbades bestimmt werden kann; die lakonische Halle selbst aber scheint kreisförmig gemacht werden zu müssen, dass die Hitze der Flamme und des Dampfes von der Mitte aus gleichmäßig die ganze Rundung des kreisförmigen Raumes durchstreiche.

Elftes Kapitel

Palästren und Ringbahnen

(XII.) 1. Nun scheint es mir am Platze zu sein, die bauliche Einrichtung der Ringschulen (Palästren), obwohl diese in Italien nicht gebräuchlich sind, nach der Überlieferung zu entwickeln und zu zeigen, wie sie bei den Griechen angelegt werden. Bei den Ringschulen sollen ringsum Säulenhallen von quadratischer oder länglich viereckiger Form angelegt werden, sodass der Umfang ihres Umganges 2 Stadien beträgt, was die Griechen Diaulos, Doppelbahn, nennen. Von diesen Säulenhallen sollen 3 einfach angelegt werden, die vierte, welche nach der Südseite gewendet ist, doppelt, damit der Regen bei den vom Wind gejagten Ungewittern nicht in das Innere hineingeschleudert werden kann.

2. Es sollen aber an den 3 Säulenhallen[1] geräumige Anbauten (Exedren) mit Sitzen angebracht werden, wo

[1] Und zwar nach innen zu, während die Säulenhallen ihre Säulenreihen nach außen wenden, wie dies Marini nach den Beispielen von Ephesos, Hierapolis und Alexandria in Troas geltend machte.

die Philosophen, Rhetoren und die Übrigen, welche an wissenschaftlichen Bestrebungen Gefallen finden, sitzend ihre Vorträge und Erörterungen veranstalten. An der doppelten Säulenhalle aber sollen folgende Anbauten angereiht werden: In der Mitte die Jünglingshalle (Ephebeum); diese aber ist der geräumigste Anbau, mit Sitzen versehen und um ⅓ länger als breit; zur Rechten davon die Sackwurfhalle[1], unmittelbar darauf das Bestaubgemach[2] und nach dem Bestaubgemach da, wo die Säulenhalle die Ecke bildet, das kalte Bad, welches die Griechen Lutron (Bad) nennen; zur Linken von der Jünglingshalle die Salbölkammer; unmittelbar an der Salbölkammer das Frischbad, von diesem führt ein Gang in das Heizgemach an der Ecke der Säulenhalle, zunächst daran aber nach innen zu in der Richtung des Frischbades soll das gewölbte Schwitzbad doppelt so lang als breit angelegt werden, welches auf einer Seite da, wo die Säulenhalle die Ecke bildet, eine in der oben beschriebenen Weise eingerichtete lakonische Halle und dieser gegenüber das warme Bad hat. So müssen in der Ringschule die ringsum laufenden Säulenhallen, wie oben beschrieben worden ist, ausgeführt und eingeteilt werden.

3. Außerhalb[3] aber müssen 3 Säulenhallen angelegt werden, eine gleich beim Ausgang aus dem Säulenumgang und zwei zur Rechten und Linken, welche Wettkampfplätze (Stadien) enthalten; eine von diesen nun, welche gegen Norden gerichtet ist, soll doppelt und von sehr namhafter Breite gemacht werden, die beiden anderen sollen einfach und so angelegt werden, dass sie an

[1] Das Korykeion, in welchem ein großer mit Sand ausgestopfter sackförmiger Ballon von der Decke hing und von den Jünglingen geschlagen wurde.

[2] Das Konisterion, das Gemach, in welchem die Ringer nach der Einölung sich mit Staub bestreuten.

[3] D. h. an die Rückseite des beschriebenen Rechteckes angrenzend.

den beiden Seiten neben den Wänden und neben den Säulen einen erhöhten Rand haben, wie Fußwege, nicht schmäler als je 10 Fuß, und dass der mittlere Raum vertieft ist, indem Stufen von den Rändern zu der 1 ½ Fuß tiefer liegenden Fläche, welche nicht schmäler sein soll als 12 Fuß, hinabführen; so werden diejenigen, welche bekleidet rings auf den Rändern herumwandeln, von denen, die sich mit Öl eingerieben haben und sich üben, nicht belästigt.

4. Eine solche Säulenhalle wird bei den Griechen Xystos genannt, weil die Athleten zur Winterszeit in bedeckten Stadien sich üben. Zunächst an dem Xystos und an der doppelten Säulenhalle aber stecke man Promenaden unter freiem Himmel ab, welche die Griechen Paradromides (Nebenbahnen), unsere Landsleute Xysta nennen, auf welche die Athleten im Winter bei heiterem Himmel aus dem Xystos herauskommen und sich üben. Die Xysta aber scheinen so gemacht werden zu müssen, dass zwischen den beiden Säulenhallen Boskette oder Platanengruppen seien und dass in diesen zwischen den Bäumen Promenaden und an diesen mit einem Estrich aus Scherbenmörtel Ruheplätze angebracht werden. Am Ende der Xysten aber mache man ein Stadium, das so angelegt ist, dass die Menschenmenge mit Bequemlichkeit bei dem Wettkampf der Athleten zuschauen könne[1].

[1] Es besteht demnach die vitruvische Palästra aus zwei aneinanderstoßenden, ungefähr quadratischen Abteilungen, sodass die Länge der ganzen Anlage in der Richtung von Süd nach Nord doppelt so groß ist als die Breite. Das südliche Ende wird durch eine doppelte Säulenreihe begrenzt, während eine einfache sich außen um die drei übrigen Seiten des südlichen Quadrates zieht. Die doppelte Säulenreihe im Süden bildet die Vorhalle zu den in § 2 genannten, in der Richtung von Ost nach West aneinandergereihten Baderäumen. Hinter diesen befindet sich der erste Hof, nach welchem die Exedren der drei übrigen Seiten gerichtet sind, die auf diese Art von dem Lärmen des Ringplatzes abgeschlossen werden. Der Ringplatz schließt sich als ein zweiter Säulenhof an die Nordseite des Bäder- und Exedrenhofes an und

Zwölftes Kapitel

Die Anlegung von Häfen und Wasserbauten

(XII.) 1. Das innerhalb der Stadtmauern notwendig Scheinende habe ich nun ausführlich beschrieben, damit es entsprechend angelegt werde. Aber auch über die günstige Anlage der Häfen zu schreiben, darf nicht unterlassen werden, sondern es muss noch entwickelt werden, unter welchen Voraussetzungen die Schiffe in denselben vor den Stürmen geschützt seien. Diese aber scheinen, wenn sie von Natur gut gelegen sind und vorspringende Landspitzen oder Vorgebirge haben, durch welche nach innen Krümmungen oder Winkel, je nach der natürlichen Beschaffenheit des Ortes, gebildet sind, die größten Vorzüge der Brauchbarkeit zu besitzen. Denn ringsum müssen Säulenhallen oder Schiffswerfte oder die Zugänge aus den Säulenhallen zu den Stapelplätzen gebaut und auf beiden Seiten Türme angebracht werden, von welchen aus durch Maschinen Ketten hinübergespannt werden können.

2. Wenn man es aber mit einem Platz zu tun hat, der nicht schon von Natur dazu geschaffen und zum Schutz der Schiffe vor den Stürmen tauglich ist, so dürfte es so einzurichten sein, dass man, wenn dort keine Strömung hinderlich ist, sondern auf einer Seite eine Einbuchtung sein wird, dann auf der anderen Seite aus Mauerwerk oder Dämmen einen Bau in das Meer hineintreibe und so die Einschließung der Häfen bewirke. Solches Mauerwerk aber, das im Wasser errichtet werden soll, wird auf folgende Weise aufgeführt werden müssen: Man beschaffe den

ist an der Ost- und Westseite von den Xystenportiken, an der Südseite von einer gedoppelten Säulenhalle und im Norden vom einem Stadium eingeschlossen. Das Innere aber enthält offene Ringbahnen, Boskette und Promenaden.

Sand aus den Gegenden, welche sich von Cumä an bis zum Vorgebirge der Minerva erstrecken[1], und mische ihn so, dass in dem Mörtel zwei Teile (davon) einem (dem Kalk) entsprechen.

3. Hierauf muss man an der Stelle, welche dazu ausersehen worden ist, Kästen[2] aus eichenen Pfählen und mit Holzbändern zusammengeschlossen in das Wasser hinablassen und festrammen; dann muss man von den Querbalken aus den Meeresgrund innerhalb ebnen und reinigen und aus Bruchsteinen vermittelst eines Mörtels, der aus einer Mischung besteht, wie sie oben beschrieben worden ist, dort ausmauern; und endlich den ganzen Raum innerhalb jener Kästen mit Mauerwerk ausfüllen. Dies aber haben jene Plätze, welche oben beschrieben worden sind, schon als ein Geschenk der Natur.

Wenn aber wegen der Strömung oder wegen des Wogenandrangs des offenen Meeres die Kästen von den Rammpfählen nicht zusammengehalten werden könnten, dann erbaue man unmittelbar am Land oder (vielmehr) am Uferrand möglichst fest einen Pfeilerbau, und von diesem Unterbau soll die Oberstäche nicht ganz zur Hälfte waagrecht hergestellt werden, der übrige Teil, der dem Strand zunächst liegt, soll eine abwärtsgeneigte Oberfläche erhalten.

4. Dann baue man auf diesem Unterbau an der Wasserseite und an den anliegenden Seiten einen 1 ½ Fuß hohen Rand in waagrecht gleicher Höhe mit der oben beschriebenen waagrechten Oberfläche, fülle hierauf die Neigung mit Sand aus und mache sie dem erhöhten Rand und der waagrechten Oberfläche des Unterbaues gleich. Hierauf erbaue man dort über dieser ausgeglichenen Flä-

[1] Die Puteolanerde. Vgl. Buch II. Kap. 6.
[2] Ein vierseitiges Palisadenwerk.

che einen Pfeiler, so groß, als es die Verhältnisse bestimmen, und wenn dieser aufgeführt ist, lasse man ihn wenigstens 2 Monate stehen, damit er austrockne; dann aber breche man den Rand, welcher den Sand hält, weg, so wird das Hinwegspülen des Sandes durch die Fluten den Sturz des Pfeilers in das Meer bewirken. Auf diese Weise wird man, sooft es nötig sein mag, weiter in das Wasser hineinbauen können.

5. An den Orten aber, an welchen kein solcher Sand gefunden wird, wird man es in folgender Weise machen müssen: Man bringe Doppelkästen, mit zusammengefügten[1] Brettern und Holzbändern zusammengehalten, an der Stelle an, welche dazu ausersehen sein wird, und stampfe zwischen den Rammpfählen[2] Ton in Körben, die aus Sumpfgras geflochten sind, ein. Wenn man nun gut und so dicht als möglich eingestampft hat, dann soll man den Raum, welcher durch diese Einfassungen abgegrenzt worden ist, durch ausgestellte Wasserschnecken, Tret- und Wasserräder[3] ausleeren und trockenlegen und dort zwischen den Einfassungen den Grund graben. Wenn der Boden erdig ist, so muss er bis auf den festen Boden in größerer Stärke, als die Mauer oberhalb sein wird, ausgehöhlt und trockengelegt und dann mit Mauerwerk aus Bruchsteinen, Kalk und Sand ausgefüllt werden.

6. Wenn aber der Boden weich ist, so festige man die Stelle mit angebrannten Rammpfählen von Erlen und Olivenholz und fülle die Lücken mit Kohlen aus, wie dies beim Grundbau der Theater und der Stadtmauer beschrieben worden ist. Dann führe man eine Mauer aus

[1] Die Änderung Lorentzens *religatis* für *relatis* ist vorzüglich.
[2] Man kann sich die Sache nur so denken, dass die Kreide in den Zwischenraum zwischen den beiden Palisaden der ineinandergestellten zwei Kästen eingestampft wird.
[3] Vgl. Buch X. Kap. 4 ff.

Quadersteinen auf mit möglichst langen Bindeblöcken, sodass innen die Steine in ihren Fugen möglichst zusammengehalten werden. Endlich fülle man den inneren Raum der Mauer mit Schuttmasse oder Mauerwerk aus. So wird sie von der Beschaffenheit sein, dass man einen Turm darauf erbauen kann.

7. Nachdem dies ausgeführt ist, wird bezüglich der Schiffswerften der Grundsatz zu beachten sein, dass sie hauptsächlich gegen Norden gerichtet angelegt werden sollen; denn die südliche Himmelsgegend erzeugt wegen der Hitze Fäulnis, Motten, Holzwürmer und die übrigen Arten von schädlichen Insekten, auch ist bei jenen Gebäuden Holzbau wegen der Feuersgefahr so wenig als möglich anzuwenden. Hinsichtlich der Größe aber bedarf es keiner bestimmten Vorschrift, sondern die Größe ist nach dem größten Schiffsmaß einzurichten, sodass, wenn auch größere Schiffe untergebracht werden sollen, sie dort einen geräumigen Platz erhalten.

Wie nun das, was sich mir von den öffentlichen Orten in den Städten für die allgemeine Benützung als notwendig aufdrängte, angelegt und ausgeführt werde, habe ich in diesem Buch beschrieben; die zweckmäßige Einrichtung der Privatgebäude aber und ihre entsprechenden Maßverhältnisse werde ich im folgenden Buch entwickeln.

Sechstes Buch

Vorwort

1. Als der sokratische Philosoph Aristippos[1], bei einem Schiffbruch an die rhodische Küste geworfen, dort geometrische Figuren hingezeichnet bemerkte, soll er seinen Gefährten zugerufen haben: Lasst uns gutes Mutes sein, denn ich sehe die Spuren von Menschen!, und sogleich ging er auf die Stadt Rhodos zu und gelangte geraden Wegs in das Gymnasium, und als er dort über Philosophie disputierte, wurde er so mit Gaben beschenkt, dass er nicht bloß sich mit dem Nötigen versehen, sondern auch denjenigen, welche bei ihm waren, Kleidung und das zum Lebensunterhalt Nötige verschaffen konnte. Als aber seine Gefährten in die Heimat zurückkehren wollten und ihn fragten, was er nach Hause berichtet haben wolle, da trug er ihnen auf, Folgendes zu berichten, dass man den Kindern solches Besitztum und ein solches Reisegeld beschaffen solle, welches auch bei einem Schiffbruch zugleich mit ihnen ans Land schwämme.

2. Das nämlich ist der beste Hort des Lebens, welchem weder ein jäher Sturm des Schicksals noch ein Umsturz staatlicher Verhältnisse, noch die Verwüstung des Krieges Schaden zufügen kann. Auch Theophrastos[2] spricht sich, indem er jenen Denkspruch, dass man ermahnen solle, vielmehr weise zu sein, als auf Geld sein Vertrauen zu setzen,

[1] Aus Kyrene, Schüler des Sokrates und Stifter der kyrenäischen Sekte, lebte um Ol. 100. Diog. Laert. (*Vit. Clar. Philos.* II. 65) erwähnt in dessen Biografie dies Ereignis nicht, schreibt vielmehr (VI. 6) die von Vitruv angeführte Sentenz dem Antisthenes zu. Galenus erzählt dies von Syrakus.

[2] Aus Erebos auf Lesbos, Schüler des Platon und Aristoteles.

weiter ausführt, in folgender Weise aus: Unter allen sei einzig der Weise weder in fremden Orten ein Fremdling noch nach Verlust seiner Freunde und Verwandten ohne Freund, sondern in jeder Bürgerschaft sei er Mitbürger, und harte Schicksalsschläge könne er furchtlos verachten; wer dagegen sich nicht mit Bollwerken von Kenntnissen, sondern mit denen des Glücks verschanzt hält, der ringe sich, auf schlüpfrigen Pfaden wandelnd, nicht durch ein gleichmäßiges, sondern durch ein unstetes Leben.

3. Epikur aber sagt in ähnlicher Weise, dass den Weisen das Glück wenig zuteile, das aber, was das Größte und Wichtigste sei, das werde durch die Eingebungen ihres Geistes und ihrer Denkkraft gelenkt. Dass dies sich so verhalte, haben mehrere Philosophen gesagt. Auch die Dichter, welche die alten Komödien in griechischer Sprache geschrieben haben, sprachen dieselben Sätze, in Verse eingekleidet, auf der Bühne aus, wie Eukrates, Chionides, Aristophanes, nebst diesen aber besonders Alexis, welcher sagt, dass die Athener darob gelobt werden müssen, weil, während die Gesetze aller anderen Griechen die Kinder verpflichten, ihre Eltern zu verpflegen, dies bei den Athenern nicht für alle, sondern nur für diejenigen Eltern gilt, welche ihre Kinder hatten ausbilden lassen. Denn da alle anderen Gaben von dem Schicksal gegeben werden, werden sie auch sehr leicht wieder von ihm genommen; die in den Geist aufgenommenen Kenntnisse aber lassen niemals im Stich, sondern verbleiben ständig bis zum höchsten Lebensziel.

4. Deshalb sage ich meinen Eltern den größten und unbegrenzten Dank und trage ihn auch im Herzen, dass sie in Anerkennung jenes Gesetzes der Athener mich in einer Kunst unterrichten ließen, und zwar in einer Kenntnis, welche nicht ohne gelehrte Bildung und ohne eine

umfassende Kunde von allen Wissenschaftszweigen auf Vollkommenheit Anspruch machen kann. Da ich also durch die Sorge meiner Eltern und durch den Unterricht meiner Lehrer eine Menge von Wissenschaften in mich aufnahm und mich mit Vorliebe mit den auf Wissenschaft und Kunst bezüglichen Gegenständen und Schriften beschäftigte, da rüstete ich meinen Geist mit den Besitztümern aus, von welchen der Gipfelpunkt der daraus gewonnenen Früchte der ist: kein Bedürfnis mehr für ein solches zu halten und als das eigentliche Wesen des Reichtums das zu betrachten, nach nichts Verlangen zu tragen. Aber gleichwohl glauben einige, die dies gering achten, dass nur diejenigen weise seien, welche an Geld reich sind. Daher haben sehr viele, dieses Ziel anstrebend, durch dreistes Auftreten zugleich mit dem Reichtum auch einen bekannten Namen erlangt.

5. Ich aber, o Cäsar, habe nicht um Geld zu machen, meinen Fleiß der Kunst gewidmet, sondern ging von dem Grundsatz aus, vielmehr ein mäßiges Auskommen mit gutem Ruf als Überfluss mit übler Nachrede anzustreben; so habe ich keinen sehr bekannten Namen erlangt: Aber doch werde ich durch Herausgabe dieser Bücher, wie ich hoffe, sogar der Nachwelt bekannt sein. Es ist auch nicht zu verwundern, warum ich denn der Mehrzahl unbekannt bin: Die übrigen Baukünstler bitten und überlaufen die Leute, dass man ihnen die Leitung ihrer Bauten übertrage; ich aber habe es so von meinen Lehrern überkommen, dass man gebeten und nicht bittend die Besorgung derselben übernehmen solle, weil die Scham eine Röte ins Gesicht treibt, indem man etwas erbittet, was dem Argwohn Spielraum gewährt. Sonst nämlich werden die angegangen, welche eine Wohltat geben, nicht die, welche sie empfangen. Denn möchten wir glauben, dass derjeni-

ge, welcher gebeten wird, den von seinem Vermögen zu machenden Aufwand dem guten Willen des Bittstellers anzuvertrauen, anders vermuten kann, als dass sicher es um des Vorteiles und des jenem als Gewinn verbleibenden Restes willen geschehe?

6. Deshalb übertrugen unsere Vorfahren die Bauten den Baukünstlern, welche zunächst von bewährter Herkunft waren; dann untersuchten sie, ob sie anständig erzogen worden seien, indem sie der Ansicht waren, dass man die Ausführung eines Werkes edler Gewissenhaftigkeit und nicht dreister Unverschämtheit überantworten müsse. Die Künstler selbst aber unterrichteten niemanden als ihre Kinder und Verwandten und machten diese zu wackeren Männern, denen zur gewissenhaften Besorgung so wichtiger Dinge die Gelder ohne Bedenken anvertraut werden konnten. Da ich aber bemerke, dass ungeschulte und unerfahrene Menschen mit diesem großen und wichtigen Kunstzweige sich beschäftigen und solche, welche nicht bloß nicht von der Baukunst, sondern überhaupt nicht einmal von dem Handwerksmäßigen Kunde haben, so kann ich nicht umhin, diejenigen Familienherren zu loben, welche, indem sie ein einschlägiges wissenschaftliches Werk zugrunde legen und sich darauf verlassen, selbst den Bau führen, von der Ansicht ausgehend, dass es, wenn einmal der Bau Unerfahrenen anvertraut werden müsse, weit angemessener sei, selbst nach eigenem Willen als nach einem fremden eine Masse Geld aufzuwenden.

7. So versucht niemand irgendeine andere Kunst wie die eines Schusters oder Walkers oder die leichteren von den übrigen Handwerken für sich zu Hause zu betreiben, und nur die Baukunst deshalb, weil diejenigen, welche sich dafür ausgeben, nicht aufgrund der wirklich erworbenen Kunst, sondern fälschlich sich Baukünstler nennen.

Darum glaubte ich den Inbegriff der Baukunst und ihre Gesetze aufs Sorgfältigste in ein Handbuch zusammenfassen zu müssen, in der Voraussetzung, dass dies allen Ständen nicht unerwünscht sein werde. Da ich daher bereits im 5. Buch die zweckmäßige Anlage der öffentlichen Bauwerke beschrieben habe, so werde ich in diesem die wohlberechnete Anlage und die entsprechenden Maßverhältnisse der Privatgebäude entwickeln.

Erstes Kapitel

Anordnung der Gebäude nach den Eigentümlichkeiten ihres Platzes

1. Diese aber werden dann recht angelegt sein, wenn erstlich berücksichtigt worden ist, in welcher Weltgegend und in welchem Zonenstrich sie gegründet werden sollen. Denn die Häuserarten scheinen anders in Ägypten, anders in Spanien, auf eine andere Weise in Pontus, wieder abweichend in Rom und ebenso anders in den übrigen Ländern und Gegenden nach ihren Eigentümlichkeiten angelegt werden zu müssen: weil die Erde an einem Teil durch die Nähe der Sonnenbahn leidet, an einem anderen weit von ihr entfernt ist, an einem dritten in einem mittleren Abstand sich befindet. Wie also die Beschaffenheit der Welt je nach dem Erdraum unter dem entsprechenden Strich durch die Bahn des Tierkreises und der Sonne von Natur aus mit verschiedenen Eigenschaften eingerichtet ist, so scheint man auch in derselben Weise nach den natürlichen Verhältnissen der Gegenden und nach den Verschiedenheiten des Himmels bei der Anlage von Gebäuden sich richten zu müssen.

2. Im Norden dürften die Gebäude in Gewölbeform bedeckt und so viel als möglich eingeschlossen und nicht frei stehend gebaut werden müssen, jedoch der warmen Himmelsrichtung zugewendet. In der Sonnenhitze in südlichen Gegenden dagegen müssen sie, weil sie sehr von der Hitze leiden, offener und gegen Norden und Nordost gerichtet angelegt werden. So wird das, was die Natur an und für sich Ungünstiges bietet, durch die Kunst zu verbessern sein; ferner auch in den übrigen Gegenden muss in einer Weise ausgeglichen werden, welche dem Himmelsstrich je nach der Zone entspricht.

3. Dies aber ist aus der Beschaffenheit der Dinge wahrzunehmen und zu ersehen und auch an den Gliedern und an der Körperbeschaffenheit der Völker zu beobachten. Denn an den Orten, an welchen die Sonne nur mäßige Hitze verbreitet, erhält sie die Körper in ihrer gehörigen Zusammensetzung, an den Orten aber, welche sie, mit ihrer Bahn am nächsten kommend, versengt, da brennt sie den gehörigen Bestandteil des Feuchten heraus und nimmt ihn fort. Dagegen wird die Feuchtigkeit in kalten Gegenden, weil sie vom Süden weit entfernt sind, durch die Hitze nicht ausgesogen, sondern es macht vielmehr eine vom Himmel kommende tauige Luft, den Körpern Feuchtigkeit einhauchend, den Körperbau stärker und den Ton der Stimme tiefer. Deshalb bringt auch der Norden Völker mit riesigem Körper, mit weißer Farbe, mit geradem und blondem Haar, blaugrauen Augen und mit vielem Blut hervor, weil sie von der Fülle der Feuchtigkeit und durch die Kälte des Himmels so gebildet sind. Bei denen aber, welche zunächst an der Südachse und gerade unter der Sonnenbahn sind, bewirkt der Sonnenbrand, dass sie einen kleineren Körper, dunkle Farbe, krauses Haar, schwarze Augen, schwache Beine und wenig Blut

haben. Sie sind daher auch wegen ihrer Blutarmut furchtsamer, den Waffen Widerstand zu leisten; aber Hitze und Fieber ertragen sie ohne Zagen, weil ihre Glieder mit der Hitze aufgewachsen sind. Daher sind die Körper, welche der Norden hervorbringt, vor dem Fieber ängstlicher und erliegen ihm leicht, den Waffen aber leisten sie infolge der Überfüllung des Blutes furchtlos Widerstand.

4. Auch der Ton der Stimme hat bei den verschiedenen Abteilungen der Erdbewohner verschiedene Eigenschaften, und zwar aus folgendem Grund. Die Ost- und Westgrenze rings um die den oberen und unteren Teil der Welt trennende waagrechte Fläche der Erde erscheint natürlicherweise als ein waagrechter Kreis (N O S W), den auch die Mathematiker Horizont nennen. Wenn wir uns nun, dies als sicher voraussetzend, von dem nördlichen Rand (X) eine Gerade nach dem Rand (S) jenseits der Mittagslinie gezogen denken und von dem letzteren Punkt aus eine andere schräg in die Höhe bis zu dem höchsten Nordpol (D), der hinter den Sternen des Wagens ist, so werden wir ohne Zweifel bemerken, dass daraus die Figur eines Weltdreieckes (N S D) entstehe, ähnlich der Figur jenes Instrumentes, welches die Griechen Sambyke nennen (Fig. 27).

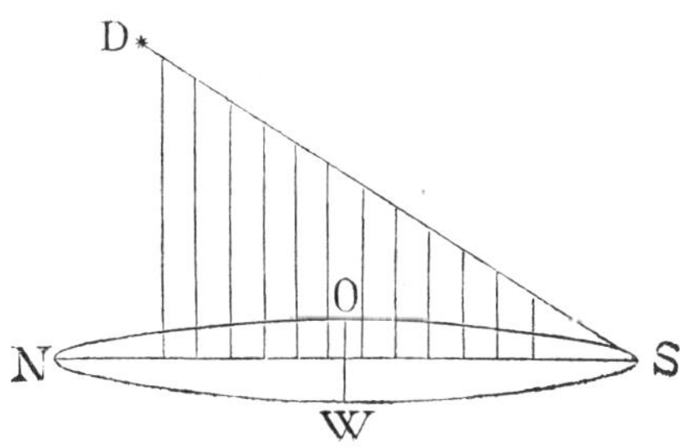

Fig. 27

5. Die Völkerschaften also, welche unter dem Raum, der dem untersten (Süd-)Pol von der Achsenlinie im äußersten Süden zunächst ist, sich befinden, bringen wegen der kurzen Höhe zum Weltraum nur einen schwachen und sehr hohen Ton in ihrer Stimme hervor, wie bei dem Instrument die Saite, welche dem Winkel zunächst ist; die in der Reihe aufeinanderfolgenden übrigen Völker bis Mittelgriechenland aber stellen mit ihren Stimmen eine absteigende Tonleiter dar, ferner von der Mitte aus bis zum äußersten Norden regelmäßig sich verstärkend, wird unter dem höchsten Himmelsstrich die Stimmlage der Nationen nach natürlichem Gesetz in tieferen Tönen liegen. So scheint das ganze Weltgebäude wegen seiner schrägen Stellung zum Pol aufs Vollkommenste zusammenstimmend durch das Maß der Einwirkung der Sonne in ein harmonisches Verhältnis gesetzt worden zu sein.

6. Daher haben die Völker, welche zwischen dem südlichen und nördlichen Pol der Achse in der Mitte liegen, wie in der musikalischen Tonfigur in ihrer Sprache den Ton der Mittelstimme, und diejenigen Nationen, welche in der Richtung nach Norden immer weiter entfernt sind, haben, weil ihre Entfernung von der Welt(linie) größer ist, eine durch die Feuchtigkeit auf die Hypatä (die tiefsten Saiten) und auf den Proslambanomenos (die hinzugenommene Saite) heruntergetriebene Stimmlage und sind durch das Naturgesetz gezwungen, sich eines tieferen Tones zu bedienen: Aus demselben Grund bringen die von der Mitte sich weiter nach dem Süden entfernenden Völker die höchste Feinheit der Paranetä (der nächsthöchsten Saiten) und der Netä (der höchsten Saiten) durch ihren Stimmton hervor.

7. Dass dies aber wahr sei, dass durch die von Natur feuchten Gegenden ein tieferer und durch die heißen ein höherer Ton entsteht, kann man am folgenden Versuch

wahrnehmen. Man nehme zwei Becher, welche, nachdem man sie in einem und demselben Ofen gleichmäßig erhitzt, gleiches Gewicht und beim Anklingen einen Ton haben: Von diesen tauche man einen ins Wasser, nehme ihn hierauf wieder heraus und klinge dann beide an. Denn wenn man dies so gemacht hat, wird zwischen den Tönen, die sie geben, ein großer Unterschied sein, auch werden sie nicht mehr von gleichem Gewicht sein können. So haben auch die Menschen, deren Körper auf eine und dieselbe Bildungsweise und aus einer in der ganzen Welt gleichen Verbindung entstanden sind, hier wegen der Hitze der Gegend eine (durch den Einfluss der Luft) hohe Stimmlage und geben dort wegen des Überflusses an Feuchtigkeit Laute in den tiefsten Tonlagen von sich.

8. Wegen der feinen Klarheit ihres Himmels bewegen sich ferner die südlichen Völkerschaften geistig leichter und rascher in ihren Anschlägen. Die nördlichen Völker aber, unter dem Einfluss ihres dicken Himmels stehend, haben, wegen des Widerstandes der Luft durch die Feuchtigkeit in einen kühleren Zustand versetzt, einen trägen Geist. Dass aber dies sich so verhält, kann man an den Schlangen ersehen, welche, wenn ihnen durch die Wärme die erstarrende Feuchtigkeit herausgesogen ist, sich dann aufs Lebendigste bewegen, um die Zeit der Wintersonnenwende und im Winter aber durch die Veränderung des Himmels abgekühlt, regungslos in Erstarrung liegen. So ist es nicht zu verwundern, wenn die warme Luft die Denkkraft der Menschen schärfer macht, die abgekühlte dagegen langsamer.

9. Während aber die südlichen Völkerschaften sehr scharfsinnig und unendlich anschlägig sind, so unterliegen sie, sowie es auf Tapferkeit ankommt, in diesem Stück, weil ihnen die Gabe des Mutes von der Sonne aus-

gebrannt ist. Die Bewohner kalter Gegenden aber sind zur Hitze des Kampfes geneigter und besitzen große furchtlose Tapferkeit; aber infolge der Trägheit ihres Geistes ohne Überlegung und Geschicklichkeit losstürmend, stehen sie ihren eigenen Zielen im Weg. Während dies aber von der Natur in der Welt so angeordnet ist, dass alle Völkerschaften durch die das richtige Maß überschreitenden Mischungen unter sich verschieden sind, besitzt das römische Volk, zwischen dem Raum der Länder und Gegenden des ganzen Erdkreises in der Mitte der Welt liegend, das wahrhaft vollkommene Gebiet.

10. Denn die Völker Italiens haben das richtigste Maßverhältnis nach beiden Seiten hin, sowohl in dem Gliederbau ihres Körpers als auch in den ihrer Tapferkeit entsprechenden geistigen Kräften. Wie nämlich das Gestirn des Jupiter zwischen dem Mars, welcher das heißeste, und dem Saturn, welcher das kälteste ist, in der Mitte kreisend eine gemäßigte Wärme hat, auf dieselbe Weise hat Italien, zwischen dem Norden und Süden liegend, von beiden Seiten das richtige Mischungsverhältnis und unbestrittene Vorzüge. So vernichtet es die Tapferkeit der nördlichen Barbaren durch die Kraft seines Armes, und die Anschläge der südlichen durch seine Klugheit. So hat der göttliche Geist den Staat des römischen Volkes in eine vorzügliche und gemäßigte Gegend gesetzt, damit er sich mit seiner Herrschaft des ganzen Erdkreises bemächtige.

11. Wenn es sich nun so verhält, dass die verschiedenen Gegenden infolge ihres Himmelsstriches in verschiedener Art ausgestattet sind und dass auch die Völker von Natur aus mit ungleichen geistigen Anlagen und mit ungleichen Körpergestalten und Eigenschaften begabt sind, so sind unbedenklich die Grundsätze des Häuserbaues nach den Eigentümlichkeiten der Völkerschaften und Stämme in

angemessener Verteilung anzuordnen, da wir ja von der Natur selbst einen untrüglichen und beredten Fingerzeig haben.

(II.) Soweit ich nun auf die begründetste Weise die Verteilung der Eigentümlichkeiten der Gegenden durch die Natur erschauen konnte, habe ich sie auseinandergesetzt und gesagt, wie man die Eigenschaften der Häuser je nach dem Lauf der Sonne und je nach dem Himmelsstrich der Art der Völkerstämme entsprechend bestimmen müsse. Ich werde daher jetzt die zusammenstimmenden Maßverhältnisse der einzelnen Arten von Häusern sowohl im Allgemeinen als im Besonderen kurz entwickeln.

Zweites Kapitel

Die Verhältnisse und Maße der Privatgebäude je nach der natürlichen Beschaffenheit ihrer Plätze

1. Auf nichts muss der Architekt größere Sorgfalt verwenden als darauf, dass die Häuser je nach den Verhältnissen eines bestimmten Teiles ihre wohlberechnete Ausführung erhalten. Wenn also die Grundlage der zusammenstimmenden Maßverhältnisse festgesetzt ist und die Maße durch Berechnungen entwickelt sind, dann ist es auch Sache des Scharfsinnes, dafür zu sorgen, dass man in Rücksicht auf die natürliche Beschaffenheit des Platzes, auf den Gebrauch und den Eindruck durch Wegnahme und Hinzufügen Modifikationen erziele, sodass, wenn von dem zusammenstimmenden Maßverhältnis etwas hinweggenommen oder etwas demselben hinzugefügt worden ist, dies aus gutem Grund umgestaltet zu sein scheint und beim Anblick nichts vermisst wird.

2. Denn anders scheint der Eindruck von unten zu sein, anders in der Höhe, ein anderer in einem geschlossenen Raum, und diesem unähnlich in einem offenen, in Betreff dessen es eines großen Urteils bedarf, wie man es da einzurichten habe. Denn das Auge scheint nicht die wahre Wirkung aufzunehmen, sondern es wird öfter der Geist von ihm in seinem Urteil getäuscht, wie auch bei gemalten Bühnendekorationen die Säulenvorsprünge, die Ausladungen der Dielenköpfe und die Bildsäulen hervortretend erscheinen, während doch das Gemälde ohne Zweifel nach der Schnur eben ist. In ähnlicher Weise scheinen auch die Ruder an den Schiffen, obgleich sie auch unter dem Wasser gerade sind, doch dem Auge gebrochen, und zwar erscheint der Teil bis dahin, wo sie die Oberfläche des Wassers berühren, gerade, wie sie auch sind; so weit sie aber in das Wasser eingetaucht sind, so geben sie infolge der von Natur aus durchsichtigen Porosität des Wassers abschwimmende und von ihrer wahren Linie abweichende Bilder an die Oberfläche des Wassers zurück, und diese verschobenen Bilder scheinen dort dem Auge den gebrochenen Anblick der Ruder darzubieten.

3. Das aber scheint, sei es nun, dass wir durch den Eindruck der Bilder oder durch die aus unseren Augen strahlenförmig auseinandergehenden Kräfte (wie die Naturforscher wollen) sehen, auf jede der beiden Arten sich so zu verhalten, dass das von den Augen gewonnene Bild falsche Urteile erweckt.

4. Da also das, was richtig ist, falsch scheint und einiges der Wirklichkeit entgegen den Augen richtig erscheint, so glaube ich nicht, dass es noch zweifelhaft sein dürfte, dass in Rücksicht auf die natürliche Beschaffenheit der Plätze oder auf das Bedürfnis Verringerungen oder Verstärkungen gemacht werden müssen, jedoch so, dass an diesen Bauwerken nichts vermisst werde. Dies wird aber auch

durch scharfsinnige Erfindungsgabe und nicht bloß durch Fachkenntnis ins Werk gesetzt.

5. Daher ist zuerst die Grundlage der zusammenstimmenden Maßverhältnisse festzustellen, von welchen man unbedenklich die entsprechenden Maße[1] zu entnehmen hat: Dann entwickle man von dem beabsichtigten Bauwerk und dem Platz den unteren Raum nach seiner Länge und Breite, und wenn einmal die Größe desselben bestimmt ist, so folgt die Einteilung mit Rücksicht auf die Angemessenheit und auf richtige Verhältnisse, damit den Beschauern der Anblick nicht bezüglich des Ebenmaßes bedenklich sei. Nach welchen Regeln aber dies bewerkstelligt werde, das obliegt mir nun vorzutragen, und zuerst werde ich von der Anlage der Hofräume der Häuser sprechen.

Drittes Kapitel

Die Höfe oder Atrien, die Seitengemächer, das Tablinum und der Säulensaal, die Speisezimmer, Säle, Sprechsäle, Gemäldesäle und ihre Größenmaße

1. Die Hofräume sind in fünf Arten zu unterscheiden, welche nach ihrer Gestalt tuskisch, korinthisch, viersäulig, trauflos und überdeckt genannt werden.

Tuskisch sind diejenigen Höfe, bei welchen die in der Breite des Atriums[2] gelegten Querbalken[3] waagrechte und

[1] *commodulatio* statt *commutatio* (Marini).

[2] Das hier vorkommende *atrium* für *cavum aedium*, die sonst eingehaltene Reihenfolge, der ganze Zusammenhang und endlich die besondere Besprechung des Saulenhofes (§ 7) bestimmen mich, die Identitat des *cavum aedium* und *atrium* aufrecht zu halten. Vgl. übrigens Becker, *Gallus*. III. Aufl.

[3] Der tragenden Querbalken waren zwei, wie auch der schwebenden Unterbalken, auf welchen Letzteren das untere Ende des Daches der Langseite ruhte, wie auf den Ersteren das der Breitseite. Ich sehe mich nicht veran-

(ohne Wandauflager) schwebende Unterbalken, schräge von den Ecken der Wände an die Ecken der Unterbalken laufende Dachbalken und ferner ein in der Mitte offenes Dach tragen, das mit schräg abwärtsgerichteten Latten nach der Mitte zu ableitet.

Bei den korinthischen werden Balken und das in der Mitte offene Dach auf dieselbe Weise eingerichtet, aber die von den Wänden heraustretenden Balken werden ringsum auf Säulen gelegt.

Viersäulige sind diejenigen, welche durch Säulen, die den Eckbalken untergestellt sind, das Balkenwerk unterstützen und festigen, indem dadurch die Eckbalken weder ihre eigene Schwere tragen müssen noch von den waagrecht schwebenden Unterbalken belastet werden[1].

2. Trauflose aber sind diejenigen, bei welchen die schräg aufwärtsstehenden Dachbalken[2] eine aufwärtsgerichtete Umdachung tragen und so die Traufen (zu den Wänden) zurückführen. Diese gewähren bei Winterwohnungen sehr große Vorteile, weil die aufwärtsgerichteten Dächer der Beleuchtung der Speisesäle nicht hinderlich sind[3]. Aber sie haben bezüglich der erforderlichen Repa-

lasst, *compluvium* hier mit Marini in *impluvium* umzuwandeln, denn es ist nur vom Dach die Rede.

[1] Diese Höfe sind, von den vier Säulen abgesehen, sonst ganz wie die tuskischen; die Eckbalken, d. h. diejenigen, welche durch die auf ihnen liegenden Unterhalten die Dachecken bilden, sind nichts anderes als die Querbalken. Diese Art sollte daher der korinthischen vorausstehen, welche ringsum Säulen hat, von welchen jede einen von der Wand aus vorspringenden Deckenbalken trug, außer dem Unterbalken beziehungsweise Querbalken der Breitseite, welche die Stelle des Architravs vertraten.

[2] In der richtigen Deutung der *colliquiae* oder *culliciae* als schräg abwärtsgeneigte Dachbalken und der *deliquiae* oder *deliciae* als schräg aufwärtsgerichtete Dachbalken liegt der Hauptschlüssel für das Verständnis dieser sehr schwierigen Besprechung der Atriumsarten.

[3] Man vergleiche das, was Vitruv unten im 6. Kapitel desselben Buches über die Bedingungen der Beleuchtung sagt, und man wird finden, dass eine direkte Beleuchtung der Nebenzimmer nur bei aufrechtstehendem Atriumsdach, das dem Deckel der Kästchen auf manchen Vasengemälden ganz

raturen große Nachteile, weil die Röhren, welche die rings an den Wänden zusammenströmende Traufen zusammenfassen sollen, das aus den Rinnen abfließende Wasser nicht schnell genug aufnehmen können; weshalb sie, überfüllt, überströmen und das Holzwerk und die Wände bei solchen Gebäudearten zu Schaden bringen.

Ganz überdeckte Hofräume aber macht man dort, wo die Last nicht groß wird und wo man geräumige Wohnungen im oberen Stockwerk anbringen will.

3. Die Länge und Breite der Atrien aber wird nach drei Arten bestimmt: Die erste Art wird so ermittelt, dass man die Länge in fünf Teile teilt und drei Teile für die Breite bestimmt. Die zweite Art, indem man die Länge in drei Teile teilt und zwei davon für die Breite bestimmt. Die dritte so, dass man über die Breite mit gleichen Seiten ein Quadrat beschreibt und in diesem Quadrat eine Diagonallinie zieht und dem Atrium eine jener Diagonalen gleiche Länge gebe.

4. Ihre Höhe soll bis zu den Balken ¼ weniger denn ihre Länge[1] messen, welcher Rest als Maß für die Decke und die Umdachung betrachtet werden soll.

Den Seitengemächern[2] zur Rechten und Linken soll, wenn die Länge des Atriums 30–40 Fuß beträgt, eine Breite von einem Drittteil dieser Länge zugemessen werden. Bei einer Länge von 40–50 Fuß teile man diese in 3 ½ Teile und gebe davon einen Teil den Seitengemächern (als Breite). Wenn aber die Länge zwischen 50 und 60

ähnlich ist (daher *arca* der *terminus technicus* für ein solches Dach) möglich sei. Man wird so ferner finden, dass unser Vitruv doch nicht der gedankenlose, sprach- und sachunkundige Kompilator der finstersten Zeit des Mittelalters war, als welchen ihn die Herren Schultz behandelten.

[1] Möglich, dass hier *latitudo* statt *longitudo* gelesen werden muss, es würden sonst die Balken für größere Säulenatrien zu hoch liegen.

[2] Abweichende Ansichten bei Becker, *Gallus*. III. Aufl.

Fuß betragen wird, so teile man den 4. Teil dieser Länge den Seitengemächern (als Breite) zu. Bei einer Länge von 60–80 Fuß teile man diese in 4 ½ Teile und mache davon einen Teil zur Breite der Seitengemächer. Bei einer Länge von 80–100 Fuß wird die Einteilung derselben in 5 Teile die richtige Breite der Seitengemächer ergeben. Die Deckenbalken derselben sollen so hoch gelegt werden, dass die Höhe der Breite gleich sei.

5. Dem Tablinum soll man, wenn die Breite des Atriums 20 Fuß betragen wird, zwei Drittel desselben Raumes zuteilen[1]. Wenn das Atrium zwischen 30 und 40 Fuß breit sein wird, so wird von dieser Breite die Hälfte dem Tablinum zugeteilt. Wenn aber die Breite des Atriums zwischen 40 und 60 Fuß beträgt, so teile man diese in 5 Teile und bestimme von diesen 2 für das Tablinum. Denn es können nicht kleinere Atrien dieselben Maßverhältnisse erheischen wie größere. Denn wenn wir die Missverhältnisse der größeren bei kleineren anwenden, so werden weder Tabline noch Seitengemächer die entsprechende Zweckmäßigkeit haben können; wenn wir aber die kleineren bei größeren anwenden, so werden bei diesen jene Glieder ungeheuer weit und riesig erscheinen. Ich habe daher die Größenverhältnisse so, wie sie sowohl in Bezug auf Zweckmäßigkeit als in Bezug auf Anblick als die vorzüglichsten ausfindig gemacht worden sind, nach den einzelnen (Größen-)Gattungen verzeichnen zu müssen geglaubt.

6. Die Höhe des Tablinums soll bis zum Gebälke um ⅛ mehr als seine Breite betragen, die Deckenfelder zwi-

[1] Dass demnach das Tablinum (Empfangssaal) an der dem Eingang zum Atrium gegenüberliegenden Breitseite lag wie die Seitengemächer (*alae*) an den Langseiten, ist aus den Maßbestimmungen klar und wird auch durch die Beispiele bestätigt.

schen den Balken sollen sich noch um ⅓ der Breite (des Tablinums) über die Höhe desselben erheben. Die Weite des Verbindungsganges[1] soll bei kleineren Atrien nach ⅔, bei größeren nach der Hälfte der Breite des Tablinums bestimmt werden. Die Ahnenbilder ferner sollen mit ihren Zierden in einer der Breite der Seitengemächer entsprechenden Höhe angebracht sein[2]. Die Breiten- und Höhenverhältnisse der Türen sollen, wenn sie dorisch sein sollen, in dieser, wenn sie ionisch sein sollen, in jener Art angelegt werden, so wie ich dies von den Tempelpforten gesagt habe, für welche ich im 4. Buch die regelrechten Maßverhältnisse dargelegt habe. Die Lichtöffnung des Atriumdaches soll mindestens ein Vierteil der Atriumsbreite und höchstens ein Drittteil derselben breit gelassen werden; die Länge mache man im angegebenen Verhältnis nach der Länge des Atriums.

7. Die Säulenhöfe (Peristyle[3]) aber sollen quer angelegt und um ⅓ länger sein als tief; die Säulen sollen so hoch sein wie die Säulenhallen breit. Die Säulenweiten der Säulenhöfe sollen nicht weniger als 3 und nicht mehr als 4 Säulendicken Spannung haben. Wenn aber beim Säulenhof die Säulen in dorischer Ordnung gemacht werden sollen, so nehme man die Maßeinheiten so, wie ich dies im 4. Buch über den dorischen Stil geschrieben, und verteile sie nach diesen Maßeinheiten und nach Maßgabe der Triglyphen.

[1] *fauces*, die Verbindungsgänge zwischen Atrium und Peristyl seitwärts neben dem Tablinum.

[2] Marini setzt die Ahnenbilder in die Seitengemächer, was jedoch nicht bloß ganz unbelegbar und unverständlich ist, sondern auch nicht in Vitruvs Worten liegt. Was dieser von den Ahnenbildern sagt, bezieht sich noch auf das Tablinum.

[3] Das Peristyl, in den pompejanischen Beispielen etwas größer als das Atrium, ist der stets umsäulte innere Hof, durch das Tablinum getrennt von dem äußeren und mit demselben durch die Fauces verbunden.

8. Die Länge der Speisesäle muss zweimal so groß gemacht werden, als ihre Breite misst. Die Höhe aller Gemächer, welche von länglicher Gestalt sind, muss ein solches Verhältniss haben, dass man das Längen- und Breitenmaß zusammen- und aus dieser Summe die Hälfte nimmt und das dadurch erzielte Maß der Höhe gibt. Wenn man aber Sprechsäle (Konversationssäle, Exedren) oder quadratische Salons herstellen soll, so führe man sie ein und einhalb Mal so hoch, als sie breit sind, auf[1]. Die Gemäldesäle sind, wie die Sprechsäle, in namhafter Größe anzulegen.

Die korinthischen Säle und die viersäuligen und die sogenannten ägyptischen[2] sollen ein Verhältnis der Länge zur Breite haben, wie es oben bei den zusammenstimmenden Maßverhältnissen der Speisesäle beschrieben worden ist[3], aber wegen der Zwischenstellung von Säulen müssen sie geräumiger angelegt werden.

9. Zwischen den korinthischen und ägyptischen Sälen aber ist der Unterschied dieser: Die korinthischen haben einfache[4] Säulen, entweder auf einen Sockel oder auf den Boden gestellt, und darüber Architrav und Gesimse entweder von Holz oder Stuckwerk; außerdem über dem Gesimse eine nach der Zirkellinie gewölbte Decke[5]. Bei den ägypti-

[1] Vgl. dieselbe Angabe über quadratische Curien Buch V. Kap. 2 mit Anmerkung.

[2] Das Folgende behandelt die Säle nicht mehr nach dem Zweck, sondern nach der Ausstattung; es sind zunächst als Speisesäle dienende Festsäle.

[3] D.h. nicht dieselbe Länge und Breite, sondern die Länge zur Breite in demselben Verhältnis.

[4] D.h. nur in einer Reihe, nicht in zwei Geschossen übereinander.

[5] Ich lese hier curva lacunaria *ad circinum delineata* statt *delumbata*. Meine Vorgänger bringen aus dem offenbar korrumpierten Wort einen gedrückten Bogen zum Vorschein. – Wahrscheinlich waren bei dieser Art von Sälen, wie das noch viele römische Ruinen zeigen, die Säulen ganz an die Wand gerückt, während bei den sogenannten ägyptischen Sälen ein Säulengang ringsum lief, dessen Decke einen außerhalb des Obergeschosses des Saales herumführenden offenen Gang trug.

schen Sälen aber sind über den Säulen Architrave und von den Architraven zu den Wänden Deckbalken zu legen und über dem Deckengetäfel ein Fußboden, damit oben unter freiem Himmel ein Umgang sei. Dann sind auf den Architrav in senkrechter Linie mit den unteren Säulen andere zu stellen, die um ein Vierteil kleiner sind, und über ihren Architraven und Gebälkzierden soll eine mit Kassetten (Deckenfeldern) verzierte Decke angebracht werden, und zwischen den oberen Säulen sollen Fenster angebracht werden: So scheinen sie mit den Basiliken und nicht mit den Speisesälen Ähnlichkeit zu haben[1].

10. Es werden aber auch Säle gebaut, die in Italien nicht gebräuchlich sind und welche die Griechen Kyzikenoi nennen. Diese werden nach Norden gewendet angelegt und zumeist auf das Grüne hinaus offen und haben in der Mitte Türen. Diese Säle aber sind so lang und breit, dass zwei Tafeltische mit ihren Umgängen gegeneinanderschauend angebracht werden können, und haben rechts und links türähnliche Fenster[2], damit man von den Speisebänken aus durch die Fensteröffnungen das Grüne sehe. Die Höhe derselben wird nach der anderthalbfachen Breite bestimmt.

11. Bei diesen Arten von Gebäuden sind von den zusammenstimmenden Maßverhältnissen alle die zu beobachten, welche ohne örtliches Hindernis in Anwendung gebracht werden können. Die Fenster in den Wänden

[1] Der Unterschied der Basiliken und der sogenannten ägyptischen Säle ist der, dass bei den Ersteren der obere Säulengang innerhalb des Gebäudes, bei den Letzteren aber außerhalb unter freiem Himmel ist. – Da Vitruv Fenster zwischen den oberen Säulen angibt, so ist klar, dass die obere Säulenreihe durch Zwischenwände geschlossen sein und den Charakter eines Pseudoperipteros gehabt haben musste.

[2] *lumina fenestrarum valvata*, Fenster, die wie Türen fast oder ganz auf den Boden reichten, damit man, auf den Speisebänken liegend, durch dieselben Boskette und Rasen sehen konnte.

werden, wenn sie nicht durch die Höhe (angrenzender Gebäude) verdunkelt werden, bei ihrer Verteilung keine Schwierigkeiten machen: Wenn aber durch die Enge und durch andere zwingende Rücksichten Hindernisse eintreten werden, dann wird es angemessen sein, dass man mit Erfindungsgeist und Scharfsinn von den zusammenstimmenden Maßverhältnissen etwas hinwegnehme oder zu denselben hinzufüge, damit eine schöne Wirkung, der von den in Wahrheit zusammenstimmenden Maßverhältnissen hervorgebrachten nicht unähnlich, erzielt werde.

Viertes Kapitel

Nach welchen Himmelsgegenden jeder Bestandteil der Gebäude gerichtet sein muss, dass er dem Zweck und der Gesundheit entsprechend sei

1. Wir werden nun entwickeln, aus welchen besonderen Gründen die Bestandteile der Gebäude in Rücksicht auf den Zweck und auf die Himmelsgegend eine passende Richtung haben müssen. Die Winterspeisesäle und Badegemächer sollen gegen Westsüdwest gerichtet sein, deshalb, weil man sich der Abendbeleuchtung bedienen muss; außerdem weil auch die Abendsonne, indem sie ihre Strahlen gerade gegenüber ausbreitet, Wärme zurücklässt und zur Abendzeit diese Himmelsrichtung mäßig erwärmt. Die Schlafzimmer und die Bibliotheken müssen gegen Osten gerichtet sein; denn ihr Gebrauch erfordert die Morgensonne: Auch werden in den Bibliotheken die Bücher nicht vermodern. Denn in denjenigen, welche gegen Süden und Westen gerichtet sind, werden die Bücher von Motten und Feuchtigkeit verdorben, weil die daher

kommenden feuchten Winde diese Motten erzeugen und sie gedeihen lassen und, indem ihr feuchter Hauch hineindringt, die Bücher durch Schimmel verderben.

2. Die Frühlings- und Herbstspeisezimmer sind mit ihren Fenstern nach Osten gewendet: Denn dann macht sie die Kraft der Sonne im Vorschreiten gegen Westen bis zu der Zeit, wo man sich dieser Zimmer bedienen muss, gemäßigt warm. Die Sommerspeisesäle sollen gegen Norden gerichtet sein, weil diese Himmelsgegend nicht, wie die übrigen um die Zeit der Sommersonnenwende, wegen der Hitze schwül wird und weil sie, von der Sonnenbahn abgewendet, immer kühl bleibend, im Gebrauch als gesund und angenehm sich bewährt. Ebenso sollen die Gemäldesäle, die Teppichwebereien und die Werkstätten der Maler diese Richtung haben, damit ihre Farben bei der Arbeit wegen der Gleichheit des Lichtes ihre Beschaffenheit unverändert beibehalten.

Fünftes Kapitel

Von den abgesonderten Räumen in den Privatgebäuden und von den standesgemäß zukommenden verschiedenen Gebäudearten

1. Nachdem nun die Bestandteile der Gebäude so nach den Himmelsgegenden verteilt sind, ist auch darauf das Augenmerk zu richten, auf welche Art in Privatgebäuden die für den Herrn des Hauses abgesonderten und wie die auch den Nichtgehörigen zugänglichen Räume gebaut werden müssen. Denn in die Räume, welche abgesondert sind, ist nicht allen, sondern nur den Geladenen einzutreten gestattet, und dahin gehören die Schlafgemächer, die

Speisezimmer, die Badegemächer und andere Räumlichkeiten, welche derartigen Gebrauch haben. Allgemein zugängliche Räume aber sind diejenigen, zu welchen die Leute, auch ohne gerufen zu sein, auf eigene Faust kommen können, nämlich die Vorhallen (Vestibüle), die Atrien, die Säulenhöfe und was sonst denselben Zweck haben kann. Für diejenigen, welche sich nur in gewöhnlichen Glücksumständen befinden, sind daher prächtige Vorhallen, Empfangssäle und Höfe nicht nötig, weil diese vielmehr anderen, welche sie ihrerseits empfangen, Aufwartung zu machen haben.

2. Bei denen aber, welche mit Feldfrüchten Geschäfte treiben, sind in den Vorhallen Schuppen und Geschäftslokale und so im Gebäude selbst Gewölbe, Speicher, Weinlager und andere Räume, welche mehr zur Aufbewahrung von Feldfrüchten als auf geschmackvolle Ausschmückung berechnet sein können, anzulegen. Für Bankiers und Staatspächter ferner sind die Gebäude wohnlicher und ansehnlicher und vor Einbruch gesichert anzulegen; für die öffentlich auftretenden und durch ihre Reden bekannten Persönlichkeiten aber geschmackvoller und zur Aufnahme von Zusammenkünften mehr Raum bietend; für die höheren Stände aber, welche, während sie Würden und Ämter bekleiden, die Bürger empfangen müssen, sind fürstliche Vorhallen, hohe Atrien und sehr geräumige Säulenhöfe, Gartenanlagen mit Bosketten und ausgedehnten Promenaden in einer der höchsten Würde angemessenen Ausführung anzulegen, außerdem Bücher- und Gemäldesäle und Basiliken in einer dem Prunk der Staatsgebäude nicht unähnlichen Weise ausgestattet, weil in ihren Häusern öfters sowohl Staats- als auch Privatberatungen abgehalten und schiedsrichterliche Erkenntnisse gefällt werden.

3. Wenn also mit dieser Rücksichtnahme auf den besonderen Stand der Person, so wie dies im 1. Buch über die Angemessenheit beschrieben ist, die Gebäude angelegt sein werden, so dürfte nichts daran auszusetzen sein: Denn sie werden dann eine für alle Verhältnisse angemessene und untadelhafte Anlage haben. Solcher Art aber werden die Verhältnisse nicht bloß bei Gebäuden in der Stadt, sondern auch auf dem Land sein; außer dass in der Stadt zunächst nach dem Haupttor die Atrien, auf dem Land dagegen bei den städtisch gehaltenen Gebäuden zunächst die Säulenhöfe zu kommen pflegen, auf welche dann die Atrien folgen, welche ringsum Säulenhallen haben, die gegen die Ringbahnen und die Promenaden offen sind.

(VI.) Soviel ich nun vermochte, habe ich die Einrichtung der städtischen Gebäude im Allgemeinen beschrieben, wie ich es mir vorgesetzt habe: Jetzt werde ich von der Behandlung der ländlichen Gebäude sprechen, wie sie für ihren Zweck geeignet werden, und von den Regeln, nach welchen man sie anlegen müsse.

Sechstes Kapitel

Über die bei der Anlage von ländlichen Gebäuden zu beobachtenden Regeln

1. Zunächst untersuche man, wie dies im 1. Buch bezüglich der Anlage von Städten beschrieben worden ist, die Gegenden hinsichtlich ihrer Gesundheit, und lege danach die Meierhöfe an. Ihre Größe aber bestimme man nach dem Maßstab des Grundstückes und nach dem Erträgnis an Feldfrüchten: Die Hofräume und ihre Größe bemesse man nach der Stückzahl des Viehs und nach der

Zahl von Ochsengespannen, welche man dort zu halten nötig hat. In dem Hof soll der Herd an einem möglichst warmen Ort abgesteckt werden, dieser soll aber an die Ochsenstallungen stoßen, deren Krippen gegen den Feuerherd und nach der östlichen Himmelsgegend gerichtet sind, deshalb, weil die Rinder, indem sie gegen Licht und Feuer sehen, nicht scheu werden. So glauben die der betreffenden Richtungen kundigen Landleute, dass die Rinder nach keiner anderen Himmelsgegend schauen dürfen als gegen Sonnenaufgang.

2. Die Breite der Rinderstallungen aber darf nicht weniger als 10, nicht mehr als 15 Fuß betragen: die Länge muss so sein, dass die einzelnen Gespanne mindestens je 7 Fuß einnehmen können. Die Bäder aber sollen mit dem Kochherd in Verbindung stehen; denn so wird für ein ländliches Bad die Bereitung nicht langer Zeit bedürfen. Die Kelterkammer soll ebenfalls ganz nahe an dem Herd sein, denn so wird bei Behandlung der Oliven die Arbeit bequem sein; und an diese soll die Weinkammer anstoßen, welche ihre Fensteröffnungen gegen Norden haben soll, denn wenn sie dieselben an einer anderen Seite haben würde, an welcher die Sonne Wärme erzeugen könnte, würde der Wein in einer solchen Kammer von der Wärme getrübt und unhaltbar werden.

3. Die Ölkammer aber ist so anzulegen, dass sie von Süden und von der warmen Himmelsgegend das Licht erhält, denn das Öl darf nicht gefrieren, sondern muss sich durch laue Wärme verdünnen. Die Größe dieser Kammer aber ist nach dem Maßverhältnis der Früchte und nach der Zahl der Fässer anzulegen, welche, wenn sie die größten (Cullearien, 20 Amphoren haltig) sind, in der Mitte einen Raum von je 4 Fuß erheischen. Die Kelterkammer selbst aber lege man, wenn nicht durch Schraubendre-

hung, sondern mit Hebelstangen und mit der Presse gekeltert wird, mindestens 40 Fuß lang an, denn so wird dem Mann an der Hebelstange der Raum unbeengt sein; ihre Breite aber mindestens zu 16 Fuß, denn so wird zur ganzen Arbeit den damit Beschäftigten die Bewegung frei und unbeengt sein. Wenn aber an einem Platz 2 Pressen nötig sind, dann gebe man der Breite 24 Fuß.

4. Die Schaf- und Ziegenställe sind so groß anzulegen, dass jedes Stück Vieh nicht weniger als 4½ und nicht mehr als 6 Fuß Raum einnehmen könne. Die Getreidespeicher müssen erhöht und in der Richtung nach Nord oder Nordostnord angelegt werden; denn so wird das Getreide sich nicht schnell erwärmen können, sondern hält sich, durch den Lufthauch gekühlt, lange: Die übrigen Himmelsrichtungen nämlich erzeugen den Kornwurm und sonstige Tierchen, welche das Getreide zu benachteiligen pflegen. Die Pferdeställe lege man an dem Platz an, welcher der wärmste vom ganzen Landgut ist, wenn sie nur nicht gegen den Herd gerichtet sind, denn wenn die Pferde zunächst am Feuer ihren Standort haben, so werden sie scheu.

5. Ferner ist es nicht ohne Nutzen, Krippen außerhalb des Herdes im Freien, dem Sonnenaufgang gegenüber, anzubringen; denn wenn man in winterlicher Jahreszeit bei heiterem Himmel die Rinder dahin führt, so werden sie, indem sie am Morgen an der Sonne ihr Futter bekommen, glänzender. Scheunen, Heu- und Futterböden, Backöfen dürften außerhalb des Landgutes anzulegen sein, damit die Landgüter vor Feuersgefahr sicherer seien. Wenn etwas zierlicher auf einem Landgut zu bauen sein soll, so führe man es nach den zusammenstimmenden Maßverhältnissen, wie sie oben bei den städtischen Gebäuden beschrieben worden sind, angelegt auf, jedoch be-

rücksichtigend, dass es ohne Behinderung der landwirtschaftlichen Zweckmäßigkeit gebaut werde.

6. Bei allen Gebäuden muss dafür Sorge getragen werden, dass sie wohl beleuchtet seien; aber dies scheint bei Landgütern leichter zu bewerkstelligen zu sein, deshalb, weil die Wand keines Nachbars hinderlich sein kann: In der Stadt aber bewirken entweder die Höhe der gemeinschaftlichen Mauern oder die Enge des Raumes, indem sie das Licht abschneiden, Dunkelheit. Man wird daher darüber folgende Untersuchung anstellen müssen: Man ziehe an der Seite, von welcher man das Licht nehmen muss, eine Linie von der Höhe der Mauer, welche hinderlich zu sein scheint, bis zu dem Ort, welchem man das Licht verschaffen muss, und wenn man, an dieser Linie in die Höhe schauend, einen beträchtlichen Raum des freien Himmels sehen kann, so wird an dem Ort das Licht unbehindert sein.

7. Wenn aber Balken oder Fenstergesimse oder höhere Stockwerke im Weg stehen, so mache man oben eine Öffnung und lasse so das Licht ein, und überhaupt muss man es so einrichten, dass immer auf den Seiten, wo man den Himmel sehen kann, Fensteröffnungen gelassen werden; denn so werden die Gebäude hell werden. Wie man aber bei den Speisesälen und übrigen Gemächern des Lichtes sehr bedarf, so auch in den Korridoren, Aufgängen und Treppen; weil in den Räumen sonst nur zu häufig Leute, die etwas tragen, aneinanderzurennen pflegen.

(VII.) Ich habe nun, soviel ich konnte, die bei unseren Landsleuten übliche Anlage der Gebäude entwickelt, damit die Bauunternehmer darin nicht unerfahren seien: Jetzt werde ich auch noch gedrängt besprechen, wie die Wohngebäude nach der Weise der Griechen eingeteilt werden, damit auch diese nicht unbekannt sei.

Siebentes Kapitel

Die griechischen Wohngebäude und die Anordnung ihrer Teile

1. Weil die Griechen sich der Atrien nicht bedienen, so bauen sie dieselben auch nicht, sondern legen gleich nach der Eingangstür einen Flur an, der in der Breite nicht sehr geräumig ist, und auf einer Seite desselben die Pferdeställe, auf der andern die Gemächer der Türhüter, und schließen dann unmittelbar mit der inneren Eingangstür ab. Dieser Raum zwischen den beiden Eingangstüren aber heißt auf Griechisch Thyroreion[1]. Dann kommt der Eingang zum Säulenhof: Dieser Säulenhof hat auf 3 Seiten Säulenhallen; auf der Seite, welche gegen Mittag sieht, zwei voneinander in weitem Zwischenraum abstehende Anten (vorspringende, in Pilaster endigende Wände), auf welche 3 Balken gelegt werden, und diesen Raum soll man nach innen um ⅓ weniger tief machen, als der Abstand zwischen den Anten (die Breite) beträgt. Dieser Raum wird bei einigen Prostas, bei anderen Parastas genannt.

2. Von hier aus nach innen zu werden große Säle angelegt, in welchen die Hausfrauen mit den Wollspinnerinnen zu sitzen pflegen. Zur Rechten und Linken des Prostadiums aber sind die Schlafgemächer angebracht, von denen das eine Thalamos (Schlafgemach), das andere Amphithalamos (Nebenschlafgemach) genannt wird. Zu beiden Seiten an den Säulenhallen aber werden die Alltagsspeisezimmer, Schlafgemächer und Gesindekammern angelegt. Dieser Teil des Gebäudes wird Frauenwohnung (Gynäkonitis) genannt.

[1] D.h. der Flur, welcher am Anfang und Ende mit Türen verschließbar ist, mit den beiderseitigen Stallungs- und Portierräumen.

3. Es steht aber damit eine geräumigere Wohnung in Verbindung, mit breiteren (weiteren) Säulenhöfen, deren Säulengänge entweder alle vier an Höhe gleich sind oder insofern verschieden, als einer davon, und zwar der gegen Süden gewendete, mit höheren Säulen errichtet wird. Derjenige Säulenhof aber, welcher einen höheren Säulengang hat, wird der rhodische genannt. Es haben aber diese Wohnungen stattliche Vorhallen und eigene entsprechend geschmückte Eingangstüren und Säulenumgänge in den Säulenhöfen, die mit Weißstuck, Verputz und Deckenfeldern aus Schnitzwerk verziert sind, und an den Säulengängen, welche gegen Norden gerichtet sind, kyzikenische Speisesäle und Gemäldesäle; in der Richtung nach Osten aber Büchersäle, gegen Westen Sprechsäle, in der Richtung gegen Süden aber quadratische Säle, welche so groß sind, dass in jenen Speisesälen bei 4 Tafeln für Bedienung und Spiele noch geräumiger Platz übrig sei.

4. In diesen Sälen werden die Männergelage abgehalten; denn es ist nach griechischer Sitte Satzung, dass die Frauen nicht mit zu Tische liegen. Diese Säulenhöfe aber werden Männerwohnungen (Andronitides) genannt, weil in diesen die Männer ohne Dazwischenkunft der Frauen sich aufhalten. Außerdem werden zur Rechten und Linken kleine Wohnungen angelegt, welche eigene Eingangstüren, angemessene Speisezimmer und Schlafgemächer haben, um die ankommenden Gastfreunde nicht in den Säulenhöfen, sondern in den Gastwohnungen aufzunehmen. Denn da die Griechen mit feinerem Takt und größeren Glücksgütern ausgestattet waren, richteten sie den ankommenden Gastfreunden Speisezimmer, Schlafgemächer und Vorratskammern ein und luden sie am ersten Tag zu Tisch, schickten aber am folgenden Tag junge Hühner, Eier, Gemüse, Obst und die übrigen Feldfrüch-

te. Deswegen haben auch die Maler das, was den Gästen zugeschickt wird, es in Gemälden nachahmend, Xenia (Gastgaben) genannt. So schienen die Familienväter als Gäste nicht in der Fremde zu sein, indem sie in diesen Gastwohnungen abgeschlossene Freiheit hatten.

5. Zwischen den beiden Säulenhöfen aber sind Gänge, welche Mesauloi (Höfeverbindung) heißen, weil sie zwischen den beiden Höfen in der Mitte angebracht sind; unsere Landsleute aber nennen sie Andrones. An dieser Bezeichnung aber ist etwas sehr wunderlich, nämlich dass sie auf Griechisch und auf Lateinisch nicht übereinstimmen kann. Denn die Griechen nennen Andrones die Säle, wo ihre Männergelage zu sein pflegen, weil dahin die Frauen keinen Zutritt haben. Auch mit anderem verhält es sich ähnlich, wie mit dem Xystus, dem Prothyrum, den Telamonen und mit einigem anderen der Art; denn Xystos ist nach der griechischen Bezeichnung eine Säulenhalle von großer Breite, in welcher die Ringer in Winterszeit sich üben. Unsere Landsleute aber nennen Xysten die Gänge unter freiem Himmel, welche die Griechen Paradromides (die Nebenbahnen) nennen. Ferner Prothyra werden auf Griechisch die vor den Eingangstüren befindlichen Vorhallen genannt; wir aber bezeichnen als Prothyra, was auf Griechisch Diathyra (Türraum) heißt.

6. Wenn ferner Bildsäulen von männlicher Gestalt Dielenköpfe oder Gesimse stützen, so nennen unsere Landsleute diese Telamonen; die Gründe davon aber, woher und warum sie so genannt werden, finden sich in der Geschichte nicht: Die Griechen dagegen nennen sie Atlanten. Atlas wird nämlich in der Geschichte als die Welt tragend dargestellt, deshalb, weil er zuerst den Lauf der Sonne und des Mondes und den Aufgang und Untergang aller Gestirne vermöge seiner geistigen Kraft und Erfahrung den Men-

schen zu erklären unternahm, und daher wird er auch für diese Wohltat von den Malern und Bildhauern als die Welt tragend dargestellt; und seine Töchter, die Altantiden (welche wir Vergilien, die Griechen aber Pleiaden nennen), sind mit den Gestirnen im Weltraum verewigt.

7. Ich habe jedoch dies nicht deshalb angeführt, damit die übliche Bezeichnung oder der Sprachgebrauch verändert werde, sondern ich glaubte es auseinandersetzen zu müssen, damit es den Sprachkundigen nicht unbekannt sei.

(VIII.) In welcher Gestalt gewöhnlich die Wohngebäude nach italischer Sitte und nach den Einrichtungen der Griechen angelegt werden, habe ich nun entwickelt und von den zusammenstimmenden Maßen der einzelnen Arten die Verhältnisse beschrieben. Da nun von der Schönheit und Angemessenheit bereits im Voraus gesprochen worden, so werden wir jetzt bezüglich der Festigkeit erörtern, auf welche Weise sie ohne Mangel fortdauern und für ein hohes Alter begründet werden könne.

Achtes Kapitel

Von den unterirdischen Räumen, den Gewölben und den Gebäuden, welche auf Pfeilern aufgeführt werden

1. Die Gebäude, welche man ohne unterirdische Räume aufführt, werden bis zu hohem Alter unwandelbar sein, wenn ihr Grundbau so gemacht worden ist, wie dies von uns in früheren Büchern über Stadtmauern und Theater auseinandergesetzt worden ist. Wenn man aber unterirdische Räume und Gewölbe anlegen wird, so muss der Grundbau derselben dicker gemacht werden, als das Mauerwerk im Hochbau sein wird, und die Wände, Pfei-

ler und Säulen des Letzteren müssen, dem massiven Grundbau entsprechend, senkrecht auf die Mitte desselben gestellt werden; denn wenn die Lasten der Wände und Säulen nicht auf dem massiven Grundbau aufliegen, sondern schweben, so können sie keine immerwährende Festigkeit haben.

2. Wenn man außerdem unter den Schwellen zwischen die frei stehenden und mit der Mauer verbundenen Pfeiler verteilt Pfosten unterstellen wird, so wird das keineswegs nachteilig sein: Denn wenn die Schwellen und Balken von Mauerwerk belastet sind, so krümmen sie sich im Mittelraum hinab, und allmählich beschädigt, machen sie das Mauerwerk bersten. Wenn aber Pfosten untergestellt und daruntergekeilt sind, werden sie nicht gestatten, dass die Balken sich senken und jenes (das Mauerwerk) beschädigen.

3. Ferner ist es so einzurichten, dass Bogensprengungen mit dem Keilschnitt ihrer Steine und deren nach dem Mittelpunkt (des Kreisbogens) gerichteten Fugen die Last der Wände erleichtern; denn wenn über die Balken und Schwellen, vor deren Enden einsetzend, Bogen mit keilförmigen Steinen gesprengt sein werden, so wird erstlich das Bauholz bei erleichterter Last sich nicht biegen, und dann wird man, wenn etwas durch Alter schadhaft zu werden anfängt, dies, ohne Stützen anbringen zu müssen, leicht durch Neues ersetzen.

4. Ferner müssen auch, wenn die Gebäude auf Pfeilern aufgeführt und nach dem Keilschnitt und mit nach dem Mittelpunkt gerichteten Fugen Bogen darüber gespannt werden, die äußersten Pfeiler breiter gemacht werden, damit sie mit der gehörigen Stärke Widerstand leisten können, wenn die keilförmigen Steine, von der Last der Wände in ihren Fugen nach dem Mittelpunkt gedrückt, sich

selbst zwängend, die Lagersteine (Kämpfer) auswärtstreiben. Wenn daher die Eckpfeiler von beträchtlicherer Stärke sind, werden sie, indem sie die keilförmigen Bogensteine zusammenhalten, den Werken Festigkeit verleihen.

5. Wenn man in dieser Beziehung sein Augenmerk darauf gerichtet hat, dass die gehörige Sorgfalt darauf verwendet wird, so ist nicht minder auch darauf zu sehen, dass alles Mauerwerk der senkrechten Linie entspreche und keine Neigung nach irgendeiner Seite hin habe.

Am meisten muss man sich aber den Unterbau angelegen sein lassen, weil bei diesem die Auffüllung mit Erde unendliche Nachteile zu bewirken pflegt: Denn sie kann nicht immer ein und dasselbe Gewicht haben, wie sie es im Sommer zu haben pflegt, sondern in der Winterszeit durch Aufnahme der Wassermasse aus den Regengüssen sowohl an Gewicht als an Umfang wachsend, macht sie die Mauereinfassung bersten und drängt sie hinaus.

6. Damit daher diesem Nachteil vorgebeugt werde, wird man es so machen müssen, dass zunächst je nach der Masse der Erdausfüllung die Dicke des Mauerwerks bestimmt werde, dann dass man zugleich mit der Mauer an der Außenseite derselben Gegenstützen oder Strebepfeiler aufführe, welche voneinander so weit abstehen, als die Grundmauer in der Höhe messen wird, und von derselben Dicke sind wie die Grundmauer. Sie sollen aber unten so weit vorspringen, als die für die Grundmauer bestimmte Dicke messen wird. Dann sollen sie allmählich abnehmen, sodass ihr Vorsprung ganz oben der Dicke der Mauer über der Erde gleichkommt.

7. Außerdem sollen nach innen zu gegen die Erdmasse mit der Mauer verbundene Zähne sägeförmig aufgeführt werden, sodass die einzelnen Zähne von der Mauer so weit abstehen, als die Grundmauer in der Höhe messen

wird: Das Mauerwerk der Zähne aber soll dieselbe Dicke haben wie die Mauer. Ferner soll man an den äußersten Ecken, so viel, als der Grundbau in der Höhe misst, von dem inneren Winkel entfernt, auf beiden Seiten ein Zeichen machen, und von diesen Zeichen aus[1] eine diagonale Mauer anlegen und von der Mitte dieser aus eine zweite, die mit der Ecke der Grundmauer in Verbindung steht. So werden die Zähne und das diagonale Mauerwerk nicht mit ganzer Wucht auf die Grundmauer drücken lassen, sondern die Druckkraft der Erdauffüllung durch Zurückhalten zersplittern.

8. Wie man nun die Bauwerke ohne Fehler errichten und wie man den bestehenden begegnen kann, habe ich auseinandergesetzt; denn bei der Veränderung der Ziegelplatten, des Balkenwerks und der Latten bedarf es nicht derselben Sorgfalt wie in jenen Stücken, weil dieses, wenn es auch schadhaft wird, leicht ersetzt wird. So habe ich auseinandergesetzt, auf welche Art das, was selbst nicht als haltbar erachtet wird, doch fest wird sein können und wie dies ins Werk gesetzt wird.

9. Welche Arten von Baumaterial aber der Baumeister anwenden muss, das liegt nicht in der Hand desselben; deshalb, weil nicht allerorts alle Arten von Baumaterial entstehen, wie im ersten Buch[2] auseinandergesetzt ist. Außerdem steht es in der Gewalt des Bauherrn, ob er in Ziegeln, in Bruchstein oder in Quadern bauen will. Daher kommen bei der öffentlichen Gutheißung drei Richtungen in Betracht, nämlich in Bezug auf die Sorgfalt der Werkführung, auf prächtige Ausstattung und auf die Anlage. Wenn man ein vonseiten des Bauherrn prächtig aufgeführtes Bauwerk beschaut, so wird man den Aufwand loben; wenn ein sorgfältig

[1] D. h. von einem Zeichen zum andern.

[2] *primo* statt *proximo* (Marini).

ausgeführtes, so wird die Genauigkeit des Werkmeisters Anerkennung finden; wenn es aber in Bezug auf die durch zusammenstimmende Zahlen- und Maßverhältnisse erzielte Gesamtheit ansehnlich sein wird, dann wird der Ruhm dem Baukünstler gebühren.

10. Dies aber wird wohl erreicht, wenn er sowohl von Werkleuten als auch von Laien in der Kunst Ratschläge anzunehmen willig ist. Denn alle, nicht bloß die Baukünstler, sind imstande, das anzuerkennen, was gut ist, aber zwischen den Laien und jenen (den Baukünstlern) ist der Unterschied, dass der Laie, wenn er etwas nicht schon vollendet sieht, nicht wissen kann, wie es sein wird, der Baukünstler aber, sobald er ein Werk im Geist festgestellt hat und ehe er noch die Ausführung beginnt, schon ein fertiges Urteil hat, wie es hinsichtlich der Gesamtschönheit, der Zweckmäßigkeit und der Angemessenheit beschaffen sein werde.

Ich habe nun das, was ich für Privatgebäude nützlich erachte, und die Art, wie sie auszuführen sind, mit der mir möglichsten Deutlichkeit beschrieben. Wie man aber ihre Auszierung ausführe, dass sie geschmackvoll sei und, ohne schadhaft zu werden, ein hohes Alter erreiche, werde ich im folgenden Buch auseinandersetzen.

Siebentes Buch

Vorwort

1. Unsere Vorfahren haben es sich zur ebenso weisen als nützlichen Aufgabe gemacht, durch Abfassung von Denkschriften das, was sie ausgedacht, der Nachwelt zu überliefern, damit es nicht untergehe, sondern, von Geschlecht zu Geschlecht anwachsend, in Büchern herausgegeben, stufenweise in später Zeit zur höchsten wissenschaftlichen Durchbildung gelange. Daher ist man ihnen nicht geringen, sondern unendlichen Dank schuldig, dass sie dies nicht in neidischem Stillschweigen unterlassen, sondern dafür Sorge getragen haben, die Wahrnehmungen aller Art durch Aufschreibung der Nachwelt zu überliefern.

2. Denn wenn sie nicht also getan hätten, so könnten wir nicht wissen, welche Taten in Troja geschehen sind, noch wäre bekannt, welche Wahrnehmungen Thales, Demokrit, Anaxagoras, Xenophanes und die übrigen Naturphilosophen über das Wesen der Dinge gemacht und welche Ziele Sokrates, Plato, Aristoteles, Zenon, Epikur und andere Philosophen dem menschlichen Leben vorgesteckt oder welche Taten Krösus, Alexander, Darius und die übrigen Könige ausgeführt haben oder auf welche Art sie es getan haben, wenn es nicht von unseren Vorfahren durch Beischaffung aller vorhandenen Kunde davon in Denkschriften dem Gedächtnis bis auf die Nachwelt übergeben worden wäre.

3. Wie daher diesen zu danken ist, so sind dagegen diejenigen zu tadeln, welche die Schriften derselben plün-

dern und die Beute dann als das Ihrige ausgeben; diejenigen aber, welche sich nicht auf eigene geistige Erzeugnisse stützen, sondern ihren Ruhm darin suchen, in missgünstiger Weise Fremdes herunterzusetzen, sind nicht bloß zu tadeln, sondern auch wegen frevelhaften Wandels zur Strafe zu ziehen. Es wird jedoch auch erwähnt, dass derlei von den Alten ernstlich geahndet worden sei; und es ist hier nicht ungehörig, nach der uns zugekommenen Überlieferung zu erzählen, wie sich solche Urteile entschieden.

4. Als die Könige aus dem Attalidengeschlecht, durch die großen Reize der Gelehrsamkeit bewogen, zu Pergamos eine hervorragende Bibliothek zum allgemeinen Genuss angelegt hatten, so fasste auch Ptolemäos, von unbegrenztem Eifer und gleicher Begierde getrieben, den Entschluss, eine solche auch zu Alexandria mit nicht geringerem Aufwand in derselben Art zu errichten[1]. Als er sie aber aufs Beste vollendet, hielt er dies nicht für genug, wenn er nicht auch zur Fortsetzung und Vermehrung den Samen zu legen sich bestrebte. Er stiftete daher den Musen und dem Apollo feierliche Spiele und setzte nach Art der Athletenspiele Preise und Ehrenauszeichnungen für die Sieger unter den Konkurrenzschriftstellern ein.

5. Als diese festgestellt waren und die Zeit der Spiele heranrückte, sollten literarische Schiedsrichter erwählt werden, welche diese zuzuerkennen hätten. Da nun der König aus der Bürgerschaft zwar bereits sechs Männer ausgewählt hatte, aber nicht so schnell einen siebenten passenden finden konnte, so wendete er sich an die Vorstände der Bibliothek und fragte sie, ob sie jemanden dazu Geeigneten kannten, worauf sie ihm erwiderten, es sei

[1] Die Priorität zwischen den Bibliotheken zu Pergamos und zu Alexandria ist zweifelhaft.

ein gewisser Aristophanes da, welcher mit ebenso großem Eifer als ausdauerndem Fleiß Tag für Tag damit beschäftigt sei, alle Bücher der Reihe nach durchzulesen. Als daher bei der Wettkampfversammlung den Schiedsrichtern abgesonderte Plätze zugeteilt worden waren, wurde mit den Übrigen auch Aristophanes berufen und nahm auf dem ihm angewiesenen Sitz Platz.

6. Der Wettkampf der Dichter eröffnete den Reigen, und als sie ihre Gedichte vorlasen, machte das ganze Volk die Schiedsrichter durch Zeichen auf diejenigen aufmerksam, welchen sie die Preise zuerkennen sollten. Und so stimmten auch bei Abgabe des Gutachtens durch die Einzelnen sechs Richter dahin überein, dass sie demjenigen, bei dessen Gedicht sie die meisten Wohlgefallensäußerungen des Volkes bemerkt hatten, den ersten, dem in dieser Beziehung zunächst stehenden den zweiten Preis zuerkannten. Aristophanes aber, zum Schiedsrichterspruch aufgefordert, gab sein Gutachten dahin ab, dass derjenige als der Erste ausgerufen werden sollte, welcher dem Volk am wenigsten gefallen habe.

7. Als aber der König, wie die ganze Versammlung, sich darüber höchst ungehalten zeigte, erhob er sich und bat ums Wort. Nachdem daher Stillschweigen geboten und entstanden war, zeigte er, dass der von ihm Bezeichnete unter den Bewerbern allein ein Dichter sei, während die Übrigen fremde Werke vorgetragen hätten, dass es aber sich darum handle, nicht Plagiate, sondern Originalwerke mit dem Preise zu krönen. Das Volk staunte über diese Behauptung, der König aber bezweifelte sie: Da ließ Aristophanes aus gewissen Bücherschränken massenhafte, aus dem Gedächtnis bezeichnete Bücher hervorholen und zwang die Bewerber, indem er den Inhalt dieser Bücher mit den vorgelesenen Gedichten verglich, sich des Plagi-

ats schuldig zu bekennen. Der König befahl daher, ihnen als Dieben den Prozess zu machen, und entließ die Überführten mit Schimpf und Schande; den Aristophanes aber überhäufte er mit den höchsten Gnaden und ernannte ihn zum Vorstand der Bibliothek.

8. Einige Jahre darauf kam Zoilus, welcher den Beinamen Homeromastix (Homergeißel)[1] angenommen, aus Makedonien nach Alexandria und las seine gegen die Ilias und Odyssee verfassten Schriften dem König vor. Als aber Ptolemäos ersah, wie darin der Vater der Dichter und das Haupt aller Literatur abwesend herabgewürdigt werde und wie der, dessen Werke von allen Völkern verehrt und bewundert würden, verunglimpft werde, gab er ihm voll Entrüstung keinen Bescheid. Nachdem nun Zoilus längere Zeit im Land sich aufgehalten, stellte er sich endlich, von Mangel bedrängt, ehrfurchtsvoll dem König vor und bat ihn, ihm etwas zukommen zu lassen.

9. Der König aber soll ihm erwidert haben: Von Homer, welcher vor tausend Jahren[2] gestorben, lebten noch immer und fortan viele Tausend Menschen, folglich müsste auch der, welcher höheren Geistes zu sein sich vermesse, nicht bloß sich allein, sondern sogar mehrere als jener ernähren können. Und zuletzt soll er zur Strafe der Vatermörder verurteilt worden sein, seine Todesart aber wird verschieden berichtet. Die einen überlieferten, er sei von Philadelphos ans Kreuz geschlagen worden, einige, er sei zu Chios gesteinigt, andere, er sei zu Smyrna lebendig verbrannt worden. Was immer ihm auch von diesem widerfahren sein mag, es war eine verdiente Strafe:

[1] Vielleicht Zeitgenosse des Plato. Seine neun Bücher gegen Homer werden von Suidas und Porphyrlus erwähnt.

[2] Eine summarische und übertriebene Zahl, die näher auf des Schriftstellers als des Ptolemäos Zeitalter passt.

Denn nicht anders scheint es ein solcher zu verdienen, welcher diejenigen anklagt, die sich über den Sinn dessen, was sie geschrieben, nicht selbst entgegen äußern können.

10. Ich aber, Cäsar, gebe nicht, indem ich unter Weglassung fremder Titel meinen Namen unterschiebe, dieses Handbuch heraus, auch suche ich nicht durch Verunglimpfung der Ansichten irgendeines andern mich zu heben: Sondern ich zolle allen Schriftstellern unendlichen Dank, dass sie durch ihr Genie und ihre rastlose Tätigkeit von den frühesten Zeiten an, der eine in diesem, der andere in jenem Zweig, überreiches Material zusammengetragen haben, welches, indem wir daraus wie aus Quellen schöpfen und es in das unternommene Werk herübernehmen, unsere Darstellung bereichert und erleichtert, sodass wir, auf solche Gewährsmänner gestützt, ein neues Lehrbuch auszuarbeiten wagten.

11. Im Besitz und unter Benutzung bedeutender Vorarbeiten also, welche ich meinem Zweck entsprechend bereits ausgeführt sehe, unternahm ich es, einen Schritt weiterzugehen.

Zuerst nämlich stellte Agatharchos[1] zu Athen, als Aischylos der Tragödie Bahn brach, die Scena (Bühnenwand) her und hinterließ eine Abhandlung über dieselbe. Dadurch angeregt, schrieben Demokrit und Anaxagoras über denselben Gegenstand, wie man nämlich die Linien der optischen Wirkung und dem Auseinandergehen der Radien von einem gewissen angenommenen Punkt aus in naturähnlicher Weise entsprechend machen müsse, so-

[1] Von Samos, ein Autodidakt, als Skenograf namentlich auch mit dem Ausmalen hervorragender Gebäude (wie z. B. des Hauses des Alkibiades) beschäftigt. Nach der Anekdote von Alkibiades (Plut. Alkib. 16), wie nach der Notiz von Aristoteles (Poet. 4), wonach die Skenografie erst mit Sophokles in Blüte kam, ist vielleicht die Angabe Vitruvs nicht ganz genau.

dass auf dem Weg der Täuschung die Darstellungen auf den Bühnengemälden (Dekorationen) den Schein der Wirklichkeit erhalten.

12. Hierauf gab Silenos[1] ein Buch über die Verhältnisse der dorischen Ordnung heraus; Theodoros[2] ein solches über den dorischen Junotempel zu Samos; Chersiphron und Metagenes[3] eines über den ionischen Artemistempel zu Ephesos, Pythios[4] über das ionische Atheneheiligtum zu Priene; ferner Iktinos[5] und Karpion[6] über den dorischen Athenetempel auf der Burg zu Athen, der Phokäer Theodoros[7] über den Rundtempel zu Delphi, Philon[8] über die Maßverhältnisse der Tempel und über das Zeughaus, das er im Hafen Piräus erbaut hatte, Hermogene[9] über den ionischen pseudodipteren Tempel der Artemis zu Magnesia und über den monopteren Tempel des Dionysos zu Teos, ferner Argelios[10] über die Maßverhältnisse der korinthischen Ordnung und über den Asklepiostempel zu Tralles, welcher auch sein Werk sein soll. Über das Mausoleum schrieben Satyros[11] und Phiteus[12], denen

[1] Sonst unbekannt.

[2] Ein Sohn des Telektes aus Samos (Brunn), um die fünfzigste Olympiade tätig, Architekt (am lemnischen Labyrinth mit Smilis, am Heräon zu Samos mit Rhökos, am ephesischen Artemistempel mit Chersiphron beteiligt, und der Erbauer der Skias in Sparta, auch Bildhauer, Toreut und Gemmenschneider.

[3] Chersiphron aus Knossos in Kreta, begann den Bau um Ol. 50, sein Sohn Metagenes legte das Gebälk.

[4] Vgl. Buch I. Kap. l, 12, Anm. u. B. IV. K. 3, 1.

[5] Zeitgenosse des Perikles, Erbauer des Parthenon, des Tempels des Apollo Epikurios zu Bassä und auch bei dem Demetertempel von Eleusis beteiligt.

[6] Sonst unbekannt.

[7] Desgleichen.

[8] Aus Athen, Zeitgenosse des Alexander, Erbauer des Zeughauses im Piräus und der Vorhalle des Demetertempels in Eleusis.

[9] Vgl. III. 2, 6. IV. 3, 1.

[10] Vgl. IV. 3, 1. Anm.

[11] Sonst unbekannt.

[12] Wahrscheinlich mit Pythios identisch; vgl. 4., Anm.

durch ein wahrhaft glückliches Los die höchste und größte Gunst zuteilward.

13. Denn solche, deren Kunst in alle Zukunft des hervorragendsten und ewig ungeschwächten Ruhmes gewürdigt wird, haben zur Ausführung des von jenen erfundenen Entwurfes ihre Meisterhand geboten. Jede Seite nämlich übernahm je ein Künstler wetteifernd als seinen Anteil zur Ausschmückung und Verherrlichung, und diese Künstler waren Leochares, Bryaxis, Skopas und Praxiteles, einige glauben auch Timotheos, und das Hervorragende und Ausgezeichnete ihrer Kunst brachte es dahin, dass dieses Werk die ruhmvolle Stellung unter den sieben Weltwundern errang.

14. Außerdem haben noch viele weniger hervorragende Männer Vorschriften über Maßverhältnisse verfasst, wie Naxaris, Theokydes, Demophilos, Pollis, Leonidas[1], Silanion[2], Melampos[3], Sarnacus, Euphranor[4]. Ebenso über das Maschinenwesen, wie Diades[5], Archytas[6], Archimedes, Ktesibios[7], Nymphodoros, der Byzantiner Philo, Diphilos, Demokles[8], Charitas[9], Polyidos[10], Pyrrhos[11], Agesistratos[12]. Was ich nun in deren Abhandlungen hiefür brauchbar erachtete, habe ich zusammengetragen und für

[1] Maler aus Anthedon?

[2] Bildhauer aus Athen, lebte um Ol. 113.

[3] Vielleicht der Maler Melanthios.

[4] Vom Isthmos, blühte nach Ol. 100, Bildhauer, Maler und Toreut.

[5] Auch von Athenäus erwähnt. Näheres Buch X. Kap. 13.

[6] Vgl. I. 1, 17, Anm.

[7] Maschinenbauer in Alexandria. Vgl. IX. 8. X. 7.

[8] Marini ändert den Namen in Deimochos, welcher unter den Begleitern Alexanders und als Verfasser von Schriften über Maschinen usw. genannt wird.

[9] Chares nach Marini, von welchem Namen dasselbe gilt wie von Deimachos.

[10] Vgl. X. 17. Nach Athenäus Lehrer der Kriegsmaschinenkunde zur Zeit Alexanders.

[11] Nach Athenäus aus Makedonien.

[12] Diesen nennt Athenäus in seinem Buch *De Machinis* als seine Quelle.

dieses Gesamthandbuch verarbeitet, und zwar besonders deshalb, weil ich wahrgenommen, dass hierüber von den Griechen sehr viele Bücher, von unseren Landsleuten aber umso weniger herausgegeben worden sind. Denn merkwürdigerweise war Fufitius[1] der Erste, der sich entschloss, darüber eine Schrift zu veröffentlichen, dann schrieb Terentius Varro unter den die neun Wissenschaften behandelnden Büchern eines über die Baukunst, Publius Septimius[2] zwei.

15. Eingehender aber scheint sich bisher niemand auf dies Gebiet des Schriftstellerns geworfen zu haben, obwohl es auch unter den alten Römern große Architekten gab, die es auch nicht minder verstanden hätten, mit Geschmack zu schreiben. Davon gibt selbst Athen ein Beispiel. Die Architekten Antistates, Kalläschros, Antimachides und Porinos führten dem Pisistratus zu dem Tempel, den dieser dem olympischen Jupiter errichten wollte, den Grundbau aus; nach seinem Tod aber ließen sie wegen der politischen Unruhen das Begonnene liegen. Als nun etwa vierhundert Jahre darauf König Antiochos die Kosten dieses Werkes zu tragen versprochen, wurde die großartige Cella, die doppelte Säulenstellung ringsum, das Gebälk und die übrige Ausschmückung nach den gehörigen Maßverhältnissen und mit großem Geschick und höchstem Verständnis von einem römischen Bürger, Cossutius[3], ausgeführt. Dieses Werk aber hat nicht bloß im Allgemeinen, sondern auch unter den wenigen hervorragendsten einen Namen.

16. Denn an Marmorschmuck reiche Tempelanlagen gibt es namentlich an vier Orten, deren Namen besonders

[1] Sonst unbekannt.

[2] Vielleicht der von Varro (I. I. VI. fin.) als Quelle für die ersten drei Bücher erwähnte.

[3] C. J. Gr. 363.

wegen dieser mit dem höchsten Ruhm genannt werden, Tempel, deren Pracht und sinnvolle Herstellung selbst im Rat der Götter Bewunderung erwecken. Zuerst wurde der Tempel der Artemis zu Ephesos von Chersiphron aus Knossos und seinem Sohn Metagenes in ionischer Ordnung zu bauen unternommen; diesen sollen nachmals Demetrios[1], ein Sklave (Hierodule) der Artemis selbst, und Päonios[2] aus Ephesos vollendet haben. Den Apollotempel zu Milet ferner erbauten ebenfalls ionischen Stils derselbe Päonios und Daphnis aus Milet. Zu Eleusis brachte Iktinos das außerordentlich große Heiligtum der Demeter und Persephone, das in dorischer Ordnung, ohne Außensäulen und in Rücksicht auf die raumfordernden Opfergebräuche angelegt ist, unter Dach.

17. Dieses Heiligtum aber machte nachmals Philon in der Zeit, als Demetrios Phalereus in Athen sich der Herrschaft bemächtigt hatte, zum Prostylos, indem er vor dem Tempel an der Stirnseite Säulen anbrachte, und schuf so durch den erweiterten Vorraum nicht bloß für die Einzuweihenden bequemen Platz, sondern verlieh auch dem Ganzen das stattliche Ansehen. In Athen aber unternahm es nach der Überlieferung Cossutius, den olympischen Tempel im großartigen Maßstab und in korinthischer Ordnung (wie oben gesagt wurde) zu erbauen: Von diesem aber fand sich keine Denkschrift vor. Jedoch nicht bloß von Cossutius wären Aufzeichnungen darüber sehr wünschenswert, sondern auch von C. Mutius[3], welcher, von großem Fachverständnis getragen, den von Marius gelobten Tempel des Honos und der Virtus erbaute und Cella, Säulen und Gebälke in ihrem gegenseitigen Ver-

[1] Sonst nicht erwähnt.
[2] Um Ol. 75.
[3] Vgl. III. 2, 5. Anmerkungen.

hältnis vollständig kunstgerecht ausführte, und zwar so, dass er, wenn er von Marmor wäre und, wie durch die vollendete Kunst, so auch durch Pracht und Aufwand hervorragte, unter den ersten und bedeutendsten Werken genannt würde.

18. Da also unter unseren älteren Landsleuten nicht minder als unter den Griechen große Architekten gefunden werden und in der von uns selbst bisher durchlebten Zeit sogar ziemlich viele, von diesen aber nur wenige Lehrschriften veröffentlicht haben, so glaubte ich, nicht länger schweigen zu dürfen, sondern die verschiedenen Theorien in besonderen Büchern entwickeln zu müssen. Da ich daher bereits im sechsten Buch die bei der Anlage von Privatgebäuden zu beobachtenden Regeln beschrieben, so werde ich in diesem Buch, welches die Zahl sieben an der Spitze trägt, über den Verputz und wie derselbe Schönheit und Dauerhaftigkeit erlangen kann, handeln.

Erstes Kapitel
Vom Estrich

1. Zuerst will ich vom Estrich handeln, welcher bei den Verputzarbeiten die erste Stelle einnimmt, und darauf aufmerksam machen, dass man mit höchster Vorsicht der Dauerhaftigkeit Rechnung trage. Wenn der Estrich zu ebener Erde hergestellt werden soll, so ist der Boden zu untersuchen, ob er durchaus fest sei, und sodann zu ebnen, worauf man die Unterlage und die Estrichmasse auflege; ist dagegen der Boden ganz oder teilweise aufgeschüttet, so ist er tüchtig festzurammen. In oberen Geschossen aber ist sorgfältig darauf Bedacht zu nehmen,

dass nicht eine Wand, welche nicht bis an das Dach hinaufreicht, unmittelbar bis zum Fußboden heraufgebaut sei, sondern dass sie vielmehr, etwas niedriger gehalten, das Balkenwerk über sich weglaufend trage. Denn wenn die feste Wand vorsteht, verursacht die unwandelbare Festigkeit des Mauerwerks rechts und links neben derselben notwendigerweise Risse.

2. Ferner hat man darauf achtzugeben, dass man nicht unter die Dielen von Wintereichenholz solche von der gemeinen Eiche (Sommereiche) bringe, denn die Letzteren verursachen, sobald sie Feuchtigkeit angezogen haben, Risse in den Fußböden. Wenn aber Wintereichenholz nicht zu haben ist und bei beschränkten Mitteln die Not zur Anwendung von Dielen aus gemeinem Eichenholz zwingt, so dürfte es ratsam sein, die Dielen dünner zu sägen; denn je weniger Dicke sie haben, desto leichter werden sie durch eingeschlagene Nägel eingespannt. Hierauf hat man die Dielen an jedem einzelnen Deckbalken mit je zwei Nägeln an den Rändern festzuheften, dass nirgends durch das Sichwerfen des Holzes die Ecken aufstehen können. Bretter von Zirneichen- oder Buchen- oder Eschenholz aber können keine lange Dauer versprechen.

Ist die Verdielung fertig, so bette man Farrenkraut, wenn solches zu haben ist, wenn aber nicht, Spreu darauf, um das Holzwerk vor den schädlichen Einwirkungen des Kalkes zu schützen.

3. Dann lege man die Unterschicht auf aus Steinen, die nicht kleiner sind, als dass sie eine Hand ausfüllen. Ist die Unterschicht aufgelegt, so mische man die Estrichmasse, und zwar so, dass sie, wenn neu bereitet, aus einem Viertel Kalk im Verhältnis zu den Estrichsteinen besteht, wenn sie aber schon einmal verwendet war, so dürften zwei Siebentel Kalkzusatz entsprechend sein. Hierauf

wird die Estrichmasse aufgelegt und mit hölzernen Rammklötzen, von etwa zehn Mann gehandhabt, tüchtig festgestampft, und diese eingestampfte Masse soll zuletzt nicht weniger als drei Viertel Fuß in der Dicke haben. Darüber wird die Deckschicht, bestehend aus drei Teilen gestoßener Tonscherben und einem Teil Kalk, aufgestrichen, so dick, dass sie mit dem darauf gebetteten Fußboden nicht weniger als sechs Zoll misst. Auf der Deckschicht breite man sorgfältig nach Richtscheit und Setzwage den Fußboden aus, entweder in verschiedenförmig geschnittenen oder in rechteckigen Platten[1].

4. Nachdem dieser ausgebreitet und die Nivellierung desselben vollzogen ist, hat man ihn so abzuschleifen, dass, wenn er aus verschiedenförmigen Platten besteht, von den Rauten oder Dreiecken oder Quadraten oder Sechsecken nicht einzelne vorstehen, sondern dass das ganze Feld der zusammengefügten Platten eine ganz ebene Fläche bilde, und wenn er aus rechteckigen Platten besteht, dass deren Ecken alle in derselben Ebene liegen und nirgend vorstehen, denn solange die Ecken nicht alle gleichmäßig geebnet sind, ist die Abschleifung noch nicht gehörig vollendet. Auch das tiburtinische ährenförmige Backsteinpflaster[2] ist mit Sorgfalt herzustellen, dass nicht Lücken entstehen und Erhöhungen vorragen, sondern dass es straff gespannt erscheine und nach dem Richtscheit abgeschliffen sei. Nachdem der Fußboden abgeschliffen, geputzt und poliert ist, siebe man Marmorstaub darauf und ziehe eine Decke aus Kalk und Sand darüber.

[1] Marmorfußböden mit oder ohne ornamentale Muster. Auf musivische Arbeit passt die Vorschrift *ut hae omnes angulos habeant aequales* keineswegs.

[2] Dabei sind die Ziegel auf die lange Kante gestellt und so aneinandergereiht, dass sie paarweise ein ∧ bilden.

5. Unter freiem Himmel aber müssen die Fußböden besonders tüchtig hergestellt werden, weil das Balkenwerk, durch Feuchtigkeit anschwellend oder durch Trockenheit schwindend oder durch Krümmung sich senkend, infolge dieser Veränderung seiner Lage die Fußböden schadhaft macht; außerdem aber lassen Fröste und Reif dieselben nicht unberührt. Sieht man sich daher veranlasst, sie so wenig wie möglich unter schädlichen Einflüssen leiden zu lassen, so mache man es also: Wenn die Verdielung gemacht ist, so lege man quer darüber noch eine zweite und befestige sie mit Nägeln, sodass sie dem Balkenwerk als eine doppelte Schutzdecke diene. Dann mische man die neue Estrichmasse so, dass ein Drittteil gestoßene Tonscherben den Estrichsteinen und zwei Fünftel Kalk der ganzen Mörtelmischung entsprechen[1]. Nachdem die Unterschicht ausgebreitet, streiche man die Estrichmasse auf, und diese soll nach vollendeter Feststampfung nicht weniger als einen Fuß dick sein. Dann aber, sobald die Deckschicht darüber gezogen, breite man in der oben beschriebenen Weise den Fußboden aus großen, etwa zwei Zoll dicken, rechteckigen Platten darüber, und zwar unter einem Neigungswinkel von zwei Zoll auf eine Länge von je zehn Fuß. So wird der Fußboden, wenn die richtigen Maßverhältnisse eingehalten werden und die Abschleifung gehörig vollzogen wird, vor allen nachteiligen Einwirkungen gesichert sein. Damit aber der Mörtel zwischen den Fugen nicht unter dem Frost leide, sättige man ihn jährlich vor dem Winter mit Ölhefe; so wird er den Winterreif nicht in sich eindringen lassen.

Wenn man aber noch mehr Vorsicht anwenden zu müssen glaubt, so bette man über der Estrichmasse in ei-

[1] D. h. von fünf Teilen einen aus gestoßenen Tonscherben, zwei aus Estrichsteinen und zwei aus Kalk.

ne Mörtellage zwei Fuß große, unter sich verbundene Deckziegel, welche in ihren Fugenrändern ausgehöhlte zollbreite Rinnen haben. Nachdem man diese zusammengefügt, streicht man sie mit Kalk, der in Öl angerieben ist, aus und schleift die aneinandergepressten Fugen zusammen. So wird der Kalk, welcher in den Rinnen lagert, erhärtet weder Wasser noch etwas anderes durch die Fugen durchdringen lassen. Wenn also diese Ziegelschicht so hergestellt ist, streiche man die Deckschicht darüber und verarbeite sie mit Ruten: Darüber aber lege man den Fußboden aus großen rechteckigen Platten oder aus ährenförmigem Backsteinpflaster unter dem Neigungswinkel, wie er oben beschrieben wurde. Wenn die Fußböden so hergestellt sind, so werden sie nicht so bald Schaden nehmen.

Zweites Kapitel

Das Löschen des Kalkes zur Herstellung des Weißstucks

1. Nachdem nun die Behandlungsart der Fußböden erledigt ist, habe ich die Stuckarbeiten zu erörtern. Dies Material aber wird entsprechend sein, wenn die auserlesenen Kalksteine lange Zeit vorher, ehe man sie braucht, gelöscht (durchwässert) werden, damit, wenn irgendein Kalkstein im Ofen noch nicht genügend gebrannt ist, dieser in langwieriger Löschung durch die Feuchtigkeit vollkommen auszugären gezwungen und gleichmäßig durchgearbeitet wird. Denn wenn nicht vollständig gelöschter, sondern frischer Kalk genommen wird, so wird er, nachdem er, noch ungelöschte Kalkteilchen in sich bergend,

angeworfen wurde, Bläschen aufwerfen, weil diese Kalkteilchen, da sie nicht gleichmäßig gelöscht werden, erst am Gebäude sich auslösen und den Verputz zerklüften.

2. Wenn aber jenes Verfahren der Löschung angewandt und die Sache sorgfältig vorbereitet ist, nehme man eine Mörtelscharre, und wie man den Mörtel anmacht, so bearbeite man den gelöschten Kalk in der Kalkgrube mit der Scharre. Wenn sich an dieselbe Kalkteilchen anhängen, so wird er noch nicht gehörig fertig sein: Und wenn das Eisen trocken und rein herausgezogen wird, so wird es anzeigen, dass er kraftlos und dürstend sei; ist dagegen der Kalk fett und gehörig gelöscht, so wird er, rings an jenem Werkzeug wie Leim hängend, deutlich zeigen, dass er im besten Zustand sei.

(III.) Dann aber errichte man die Gerüste und schreite zu den Deckengewölben in den Zimmern, wenn diese Letzteren nicht mit kassettierten Flachdecken versehen werden sollen.

Drittes Kapitel

Anlage der gewölbten Decken, Stuck und Verputz

1. Wenn es sich also um gewölbte Decken handelt, so befolge man folgendes Verfahren: Man bringe Latten, vorzugsweise von Zypressenholz, weil tannene durch Fäulnis und Alter schnell Schaden nehmen, in horizontaler Lage so an, dass sie nicht mehr als je zwei Fuß voneinander entfernt sind, und nachdem man diese Latten in Bogenform geordnet, befestige man sie vermittelst je nach der Lage entsprechend langen Klammerhölzern durch viele eiserne Nägel an die Balken des Obergeschosses oder, wenn schon das

Dach kommt, an dieses[1]. Die Klammerhölzer müssen aus solchem Holz gearbeitet werden, welchem weder Fäulnis noch Alter, noch Feuchtigkeit schaden können, nämlich aus Buchsbaum, Wacholder, Ölbaum, Steineiche, Zypresse und den übrigen Ähnlichen, mit Ausschluss der gemeinen Eiche, weil diese sich wirft und an den Bauten, bei welchen sie angewendet ist, Risse verursacht.

2. Wenn die Latten so angebracht sind, so binde man gequetschtes griechisches Schilfrohr mit Bindfaden aus spanischem Pfriemengras[2] so an dieselben, wie es ihre Form erheischt: Ferner wird diese Wölbung oberhalb im Verlauf des Berohrens selbst mit Mörtel aus Sand und Kalk beworfen, damit die Tropfen, welche etwa durch die Balkenlage des Obergeschosses oder durch das Dach fallen sollten, abgehalten werden. Wenn aber griechisches Schilfrohr nicht zu haben ist, so sammle man dünnes Sumpfrohr und mache daraus seilartige Bündel von entsprechender Länge und gleicher Dicke, sie mit Bindfaden unterbindend, sodass die Umschnürungen je zwei Fuß voneinander entfernt sind, und diese werden mit Bindfaden an die oben beschriebenen Latten angebunden und hölzerne Pflöckchen in dieselben befestigt: Das Übrige wird alles in der oben beschriebenen Weise erledigt.

3. Nachdem die Wölbung so angelegt und verflochten ist, bewerfe man sie von unten erst mit grobem, dann mit feinem Sandmörtel und verputze sie mit Kreide oder Marmorstaub. Wenn die Gewölbe verputzt sind, so umziehe man sie unterhalb mit Gesimsen, welche möglichst leicht und zart gehalten sein sollen; denn wenn sie schwer sind, werden sie durch ihr eigenes Gewicht gedrückt und kön-

[1] Diese Latten müssen demnach, parallel in der Achsenrichtung, aber in ungleicher Höhe angebracht, bereits die Bogenform charakterisieren.

[2] *Spartum*, in Spanien noch *Esparto* genannt.

nen sich nicht halten: Für diese aber darf dem Material durchaus kein Gips beigemischt werden, sondern sie müssen aus Marmorpulver, und zwar in ununterbrochener Arbeit, hergestellt werden, damit durch frühere Arbeit nicht der Nachteil entstehe, dass die Sache nicht gleichmäßig trockne. Auch vermeide man bei Anlage von gewölbten Kammern die Art und Weise früherer Baumeister, weil die Ausladung der nach Art jener hergestellten Gesimse, die mit großer Schwere überhängt, gefahrdrohend ist.

4. Von den Gesimsen aber kommen bald glatte, bald verzierte zur Anwendung. In Zimmern, wo entweder eine Feuerstelle ist oder wo mehrere Lichter gestellt werden, müssen sie glatt sein, damit sie umso leichter abgekehrt werden können; in Sommergemächern dagegen und in Exedren (Sprechsälen), wo Rauch und Ruß am wenigsten Schaden anrichten können, sind sie ornamentiert herzustellen. Immer aber schlägt sich der Rauch nicht bloß von den eigenen, sondern auch von benachbarten Häusern an dem Weißstuck, dessen blendendes Weiß sehr empfindlich ist, nieder.

5. Nachdem die Gesimse hergestellt sind, bewerfe man die Wände möglichst rau, nachher aber bringe man über dem trockenen Rauanwurf den feinsandigen Verputz so an, dass die Richtung genau eingehalten werde, nach der Länge dem Richtscheit und der Schnur, nach der Höhe dem Senkblei und in den Ecken dem Winkelmaß entsprechend. So aber wird die Oberfläche des Verputzes für Gemälde tadellos werden. Während der Anwurf trocknet, füge man einen zweiten und dritten hinzu, denn je besseren Grund der feinsandige Anwurf hat, desto mehr steigert sich die Festigkeit und Dauerhaftigkeit des Verputzes.

6. Nachdem außer dem Rauanwurf nicht weniger als drei Schichten feinsandigen Mörtels angebracht sind, so

mache man dann einen Anwurf von grob gestoßenem Marmor zurecht, welches Material so hergestellt wird, dass es beim Abarbeiten nicht an der Mörtelscharre hängen bleibt, sondern dass man das Eisen rein aus der Mörteltruhe herauszieht. Ist der grobe Anwurf hergestellt und im Trocknen begriffen, so werfe man eine zweite Schicht aus mittelfeinem Marmorstuck an: Ist diese verputzt und gut abgeschliffen, so werfe man noch feineren an. So werden die Wände, nachdem sie durch drei feinsandige und durch drei Marmorstuckschichten dauerhaft hergestellt sind, weder Risse bekommen noch in anderer Weise schadhaft werden können.

7. Wenn aber die Festigkeit des Verputzes durch den Putzhobel noch mehr gesichert und derselbe bis zum harten Marmorglanz geglättet ist, werden sie in den gleichzeitig mit dem Verputzen aufgetragenen Farben einen schimmernden Glanz erhalten. Die Farben aber werden, wenn sie sorgfältig auf nassen Verputz aufgetragen sind, so nicht schwinden, sondern von immerwährender Dauer sein, weil der Kalk, nachdem dessen Feuchtigkeit in den Kalköfen herausgehitzt und derselbe porös und kraftlos gemacht ist, durch seine Trockenheit gezwungen, alles, womit er nur immer in Berührung kommt, an sich zieht und, durch Vermischung mit den von anderen Stoffen beigebrachten Bestandteilen oder Elementen zu einem einzigen festen Körper erhärtend, in einen Zustand versetzt wird, dass er, aus welchen Bestandteilen immer er dann bestehen mag, nachdem er trocken geworden, die seiner Natur von Haus aus eigene Beschaffenheit zu haben scheint.

8. So wird der Verputz, welcher richtig hergestellt ist, weder durch Alter rau, noch lässt er, wenn er abgekehrt wird, die Farben, wenn diese nicht mit zu wenig Sorgfalt oder auf trockenem Grund aufgetragen sind. Wenn also

der Verputz an den Wänden so ausgeführt worden ist, wie dies oben beschrieben wurde, so wird er sowohl Dauerhaftigkeit als Glanz haben und seine Trefflichkeit bis zu hohem Alter dauernd bewahren. Wenn dagegen nur eine Schicht von feinsandigem und eine von Marmorpulververputz angebracht ist, so wird der dünne Verputz nicht stark genug sein und zerklüften und wird bei dem Polieren wegen der geringen Dicke den gehörigen Glanz nicht erlangen.

9. Denn wie ein aus dünnem Blech gearbeiteter Silberspiegel nur undeutliche und matt glänzende Reflexe gibt, ein aus dickem Material getriebener aber, der eine kräftige Politur aushält, den Hineinsehenden glänzende und deutliche Bilder zurückgibt, so bekommt auch der Verputz, welcher aus einer dünneren Schicht besteht, nicht bloß Risse, sondern erblindet auch bald. Derjenige aber, welcher durch häufige Lager von feinsandigem und von Marmormaterial gehörig dick ist, wird nach öfter wiederholten Glättungen nicht bloß glänzen, sondern auch das Bild der Beschauer reflektieren.

10. Die Verputzarbeiter der Griechen verfahren nicht bloß nach dieser Methode, um ihre Arbeiten dauerhaft zu machen, sondern sie lassen überdies in der Mörteltruhe den Mörtel aus Kalk und Sand von etwa zehn Mann mit hölzernen Rammklötzen stampfen und bedienen sich dann des so um die Wette verarbeiteten Materials. Daher sägen auch einige die Verputzschichten von alten Wänden ab und verwenden sie als Belegplatten; ein solcher Verputz aber hat rings um die Platten oder Felder vorkragende Rahmen.

11. Wenn aber bei Fachwerk der Verputz herzustellen ist, welcher an der Stelle der Ständer und der Querriegel notwendig Sprünge bekommen muss, deshalb, weil diese,

wenn sie mit Lehm verstrichen werden, unfehlbar Feuchtigkeit anziehen und, wenn sie trocken werden, schwinden, so ist hiebei das Verfahren, um dies zu verhindern, folgendes: Wenn die Wand verstrichen ist, hefte man an dieselbe nach einer Richtung hin Rohre vermittelst breitköpfiger Nägel. Nachdem man hierauf abermals eine Lehmschicht darübergestrichen, hefte man, wenn die erste Berohrung in horizontaler Richtung läuft, eine zweite mit senkrecht gestellten Rohren darüber und setze dann in der oben beschriebenen Weise den feinsandigen und den Marmorbewurf und den ganzen Verputz darauf. So wird die doppelte, in sich kreuzenden Lagen ununterbrochen über das Ganze hinlaufende Berohrung an den Wänden nicht bloß das Abbröckeln, sondern auch das Zerklüften des Verputzes verhindern.

Viertes Kapitel

Der Verputz an feuchten Stellen

1. Nach welchem Verfahren der Verputz an trockenen Orten hergestellt werden solle, habe ich angegeben, nun will ich entwickeln, wie die Verputzung an feuchten Stellen so zu erledigen sei, dass sie in unbeschädigtem Zustand ausdaure. In Zimmern zunächst, welche zu ebener Erde sind, bewerfe und verputze man die Wände vom Fußboden an bis zu einer Höhe von ungefähr drei Fuß mit einem Mörtel, der statt des Sandes gestoßene Tonscherben enthält, damit jene Teile des Verputzes von der Feuchtigkeit nicht benachteiligt werden. Wenn aber eine Wand durchaus feucht ist, so errichte man von dieser ein wenig abstehend eine zweite dünne Mauer, so entfernt von der

Ersteren, als es die Umstände gestatten, und ziehe zwischen den beiden Wänden etwas unterhalb des Niveaus des Zimmerfußbodens eine Rinne mit Mündungsröhren nach außen. Ferner lasse man, wenn diese Innenwand in die Höhe gebaut ist, Luftlöcher: Denn wenn die Feuchtigkeit nicht durch Mündungen sowohl unten als oben Abzüge hat, so wird sie sich nicht minder auch im neuen Mauerwerk verbreiten. Nachdem dies vollbracht, bewerfe und verstreiche man die Wand mit Mörtel aus Ziegelmehl und mache sie dann durch Verputz glatt.

2. Wenn aber der Raum die Aufführung einer Innenmauer nicht gestattet, so mache man Rinnen mit Mündungen nach außen, dann lege man zwei Fuß große Deckziegel einerseits auf den Rand der Rinne, anderseits aber auf Pfeilerchen, welche aus Ziegeln von ⅔ Fuß Größe so daruntergebaut sind, dass die Ecken von zwei Deckziegeln darauf aufliegen können; und diese Deckziegel sollen nur so weit von der Wand entfernt sein, dass nicht mehr als eine Handbreit frei bleibt. Dann errichte man, senkrecht darübergestellt, gebauchte Deckziegel (Hohlziegel) von unten bis oben, sie an die Wand befestigend[1], und verstreiche sie innen sorgfältig mit Pech, so-

[1] Vgl. beifolgenden Durchschnitt und Grundriss.

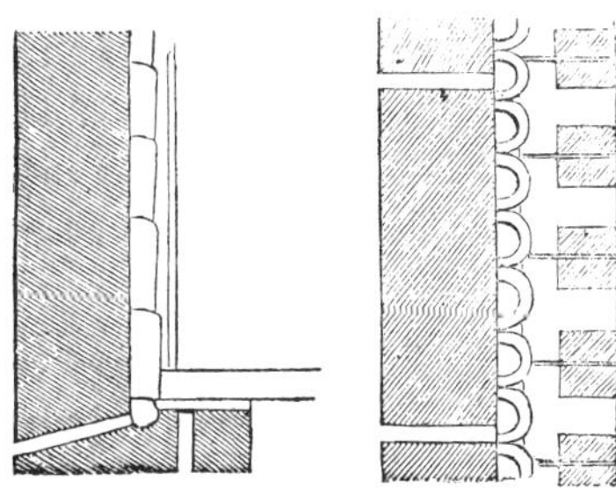

Fig. 28

dass sich die Feuchtigkeit nicht in ihnen aufhalten kann, außerdem sollen sie auch ganz oben oberhalb der Wölbung Luftlöcher haben.

3. Dann aber weiße man sie mit Kalkmilch (in Wasser aufgelöstem Kalk), damit sie den aus gestoßenen Tonscherben angemachten Rohanwurf annehmen; denn wegen der Trockenheit, in welche sie die Aushitzung im Ziegelofen versetzt, können sie den Anwurf nicht annehmen oder wenigstens nicht behalten, wenn nicht dazwischengesetzter Kalk beides zusammenklebt und zu einer Verbindung zwingt. Ist der Rohanwurf hergestellt, so wird statt feinsandigen Mörtels ein aus gestoßenen Tonscherben bereiteter angewandt, und alles Übrige in der Weise, wie dies oben bei Besprechung des Verputzverfahrens beschrieben wurde, ausgeführt.

(V.) 4. Die Ausschmückung des Verputzes aber richtet sich nach dem Geziemenden rücksichtlich der Örtlichkeit, sodass die Räume ein angemessenes und ihren Bestimmungsverhältnissen nicht widersprechendes Ansehen gewinnen. In Winterspeisesälen ist eine reiche Ausschmückung oder Darstellung von größeren Gruppen (Historienmalerei) nicht zweckmäßig, auch nicht die Verzierung der Gewölbe mit zartem Leistenwerk, weil alles dies von dem Rauch des Feuers und dem Ruß der vielen Lichter verdorben wird. Dagegen sind oberhalb dem Panelgürtel (untere Wandverschalung vom Fußboden an) Felder in schwarzer Farbe, von ockergelben oder zinnoberroten Zwickelfeldern unterbrochen, herzustellen und zu glätten.

Ist dann das Gewölbe einfach und glatt hergestellt, so wird auch unter den Fußbodenarten, wenn jemand sein Augenmerk darauf richten wollte, die ganz und gar nicht kostspielige und sehr zweckmäßige Herstellungsweise einer solchen, wie sie bei den Griechen für ihre Wintergemächer üblich ist, nicht missfallen.

5. Man gräbt nämlich den Boden ungefähr um zwei Fuß tiefer, als das Niveau des Fußbodens eines Speisesaals werden soll, aus, und nachdem der Boden festgestampft ist, legt man entweder die Estrichmasse oder das Backsteinpstaster auf, und zwar so unter einem Neigungswinkel, dass es einen Abfluss in eine Rinne habe. Nachdem man dann Kohlen aufgeschüttet und diese festgestampft, streiche man Mörtel, aus grobem Sand, Kalk und Flugasche gemischt, in einer Dicke von einem halben Fuß nach Richtscheit und Setzwaage darüber, und nachdem man die Oberfläche mit einem Schleifstein abgeschliffen, hat sie das Ansehen eines schwarzen Marmorbodens. Bei den Gastmählern der Griechen vertrocknet so das, was aus den Bechern verschüttet oder was beim Kosten ausgespritzt wird, sobald es auf den Boden kommt, und die dort weilenden Aufwärter verkälten sich nicht infolge eines solchen Fußbodens, selbst wenn sie barfuß gehen.

Fünftes Kapitel
Über die Wandmalerei

1. Was die übrigen Zimmer, nämlich die Frühlings-, Herbst- und Sommerzimmer, auch die Höfe sowohl mit als ohne Säulenstellungen betrifft, so pflegten da die Alten in den Wandgemälden von wirklichen Dingen getreue Nachbildungen zu geben. Denn ein Gemälde ist eine Nachbildung dessen, was wirklich ist oder sein kann, wie des Menschen, eines Hauses, eines Schiffes und der übrigen Dinge, aus deren Umrissen und wirklicher Körper-

lichkeit die Vorbilder zu ähnlicher Nachbildung genommen werden. Daher haben die Alten, welche diese Wandausschmückung einführten, zuerst die wechselnden Lagen der marmornen Belegplatten nachgeahmt, dann die Gesimse und die verschiedenförmig miteinander abwechselnden ockergelben (und mennigroten) Felder.

2. Darauf machten sie den Fortschritt, dass sie auch Gebäude und Säulen, wie hochragende und weit ausladende Giebel, in ihren Wandgemälden nachahmten, in offenen Räumen aber, wie in den Exedren, die Ansicht eines tragischen oder komischen oder Satyrspielbühnenhintergrundes malten, Gänge aber wegen ihrer ausgedehnten Länge mit Landschaften schmückten, indem sie in den Gemälden die wirklichen Eigentümlichkeiten der verschiedenen Plätze wiedergaben, denn es finden sich Häfen, Vorgebirge, Küsten, Flüsse, Quellen, Meerengen, Heiligtümer, Haine, Berge, Schafherden, Hirten dargestellt – an einigen Orten ferner Gruppenbilder malten, welche die Bildnisse von Göttern oder mythische Szenen, wohl auch die Kämpfe vor Troja oder die Irrfahrten des Ulysses mit landschaftlichem Hintergrund darstellten und anderes, was auf ähnliche Weise naturgetreu gegeben ist.

3. Aber das, was die Alten aus dem Kreis wirklicher Dinge zum Vorwurf nahmen, wird von der gegenwärtigen verderbten Mode verschmäht. Denn auf den Wänden werden vielmehr abenteuerliche Missgestalten als wirkliche Nachbildungen von bestimmteren Dingen gemalt: An die Stelle der Säulen z. B. werden Rohrstängel, an die Stelle der Giebel gestriemte und geschweifte Zierrate mit krausen Blättern und spiralförmig verschlungenen Ranken gesetzt, Lampenständer (Kandelaber) stützen die Tempelchen, über den Giebeln sprossen aus dort wurzelnden Gewächsen mehrere zarte Stängel mit geringel-

ten Ranken, auf welchen in sinnloser Weise Figuren sitzen, ja sogar aus den Blumen, welche aus den Stängeln treiben, kommen Halbfiguren, bald mit menschlichen, bald mit Tierköpfen zum Vorschein.

4. Derlei aber gibt es weder noch kann es geben, noch hat es gegeben. Dahin also hat es die neue Mode gebracht, dass man infolge der trägen Lässigkeit schlechter Kunstrichter für die wahre Trefflichkeit der Kunst keinen Sinn mehr hat. Denn wie kann ein Rohr in Wahrheit ein Dach tragen oder ein Lampenständer den Giebelschmuck oder ein schwacher und weicher Stängel eine sitzende Figur, oder wie können aus Pflanzen und Stängeln Blumen mit Halbfiguren hervorsprossen? Aber obwohl die Menschen solche Lügen sehen, tadeln sie dieselben nicht, sondern ergötzen sich daran und machen sich nichts daraus, ob etwas davon möglich ist oder nicht. Der durch krankhafte Geschmacksrichtung getrübte Sinn aber ist nicht imstande, das anzuerkennen, was Würde und Schicklichkeitsgefühl zulassen. Denn Gemälde, welche nicht naturgetreu sind, verdienen keine Anerkennung; auch wenn sie in Rücksicht auf künstlerische Ausführung reizend sind, darf man deshalb noch nicht sofort ein anerkennendes Urteil fällen, wenn sie nicht einen Vorwurf aus der Wirklichkeit ohne Verstöße gegen dieselbe darstellen.

5. Als einmal zu Tralles Apaturius aus Alabanda in dem kleinen Theater, welches bei ihnen Ekklesiasterion genannt wird, mit kunstfertiger Hand die Dekoration malte und an derselben Säulen, Statuen, gebälktragende Kentauren, Rundgebäude mit Kuppeldächern, eckig vorkragende Giebel, Gesimse mit Löwenköpfen geschmückt, was alles die Rücksicht auf die Ableitung des Regenwassers von den Dächern erheischt, herstellte,

oberhalb diesem aber nichtsdestoweniger noch ein oberes Bühnengeschoss malte, an welchem Rundgebäude, Tempelvorhallen, Halbgiebel und der ganze verschiedenartige Schmuck der Bedachung dargestellt war, so schmeichelte der Anblick dieser Dekoration durch den überraschenden Eindruck den Sinnen aller, und schon waren sie daran, ihren Beifall über das Werk kundzugeben, als der Mathematiker Likymnius vortrat und sprach:

6. »Die Alabander gelten, was alle öffentlichen Angelegenheiten betrifft, als ziemlich geweckte Köpfe, aber wegen eines keineswegs großen Verstoßes gegen das Schickliche stehen sie in dem Ruf, unverständig zu sein, weil nämlich die Standbilder in ihrem Gymnasion alle die von Rechtsanwälten, auf dem Forum aber die von Diskuswerfern, Wettläufern und Ballschlägern sind. So hat die in Rücksicht auf die Eigentümlichkeiten der gewählten Plätze unschickliche Aufstellung der Standbilder der Stadtgemeinde eine allgemein verbreitete üble Nachrede veranlasst. Sehen wir nun zu, dass jetzt des Apaturius Dekoration nicht auch uns zu Alabandern oder Abderiten mache. Denn wer von euch könnte Häuser oder Säulen oder Giebel auf Ziegeldächern haben? Diese kann man wohl auf Balkenlagen setzen, aber nicht auf Ziegeldächer. Wenn wir also das, was in Wirklichkeit vernünftiger Weise nicht hergestellt werden kann, in Gemälden billigen, so werden auch wir uns jenen Stadtgemeinden anreihen, welche wegen solcher Verstöße im Ruf des Unverstandes sind.«

7. Apaturius wagte darauf nichts zu erwidern, sondern er nahm die Dekoration weg, und nachdem er sie nach Maßgabe der Wirklichkeit umgeändert, übergab er sie verbessert der Öffentlichkeit. O möchten die unsterbli-

chen Götter es gewähren, dass Likymnius wieder von den Toten erstünde und der gegenwärtigen Sinnlosigkeit und unserer auf Abwege geratenen Wandmalerei entgegenträte.

Aber es wird am Ort sein darzutun, warum die Darstellungen von Ungereimtheiten über solche nach der Wirklichkeit den Sieg davongetragen haben. Das Ziel nämlich, welches die Alten mit Aufwand von Arbeit und Fleiß durch ihre Kunst anstrebten, das wird jetzt durch Farben und deren reizende Wirkung erreicht, und dass man den inneren Wert, welchen die zarte Sorgfalt des Künstlers dem Werk gab, nicht vermisse, dafür sorgt jetzt fürstlicher Aufwand.

8. Denn wer von den alten Malern dürfte sich nicht des Zinnobers so sparsam wie eines Heilmittels bedient haben? Jetzt dagegen sind hin und wieder meist ganze Wände damit überzogen; dasselbe ist der Fall mit Berggrün, Purpurrot und Armenischblau. Wenn aber solche Farben aufgelegt sind, so bieten sie, wenn auch nicht von Künstlerhand aufgetragen, doch dem Auge einen glänzenden Anblick dar, weil sie jedoch so kostbar sind, hat man sie durch die Gesetze bedacht, sodass sie ausnahmsweise von dem Bauherrn, nicht von dem Unternehmer geliefert werden müssen.

(VI.) Um nach Möglichkeit zu mahnen, dass man von dem Abweg, auf den man in der Wandmalerei geraten, wieder ablenken möge, habe ich mich jetzt genug ausgebreitet: Jetzt will ich von der Zubereitung der Verputzmaterialien und deren Vorteilen sprechen, und zwar, da von dem Kalk anfänglich schon gesprochen wurde, jetzt zunächst vom Marmor.

Sechstes Kapitel

Verarbeitung des Marmors zum Verputz

1. Der Marmor kommt nicht in allen Gegenden in gleicher Beschaffenheit vor, sondern nur an gewissen Plätzen haben die Marmorstücke ein durchscheinendes Korn wie Salz, und diese erweisen sich gestoßen und gemahlen als sehr passend für Verputz und Stuckatur. Wo aber das Material sich nicht so findet, werden die Marmorbruchsteine oder sogenannten Splitter, welche bei der Marmorbearbeitung abfallen, in eisernen Mörsern gestoßen, gemahlen und gesiebt. Dieses (in verschiedenen Graden) gesiebte Material aber wird in drei Gattungen geschieden, und die gröbere wird, wie dies oben beschrieben worden ist, zunächst nach dem feinsandigen Anwurf, und zwar mit Kalk gemischt, aufgetragen, dann die folgende und endlich die dritte, welche die feinste ist.

2. Nachdem diese aufgetragen und durch sorgfältiges Abschleifen des Verputzes geglättet sind, ist bezüglich der Farben darauf Bedacht zu nehmen, dass sie auf der Wand einen durchschimmernden Glanz erlangen. [Mit dem Unterschiede zwischen diesen und mit ihrer Herstellung verhält es sich so][1].

[1] Das in Parenthese Gegebene ist Ergänzung des Jocundus, von Schneider und Marini in der Hauptsache gebilligt. Lorentzen (*Observationes criticae ad Vitruvium.* Gotha 1858) bringt aber eine andere sehr scharfsinnige Zusammenstellung der von den Abschreibern sehr verwirrten Stelle in Vorschlag. Unter Beseitigung der Ergänzung des Jocundus fügt er nämlich die in den *Codd.* (c. 9, 3. Schneid.) nach den erst später ihre Fortsetzung findenden Worten *cum paries expolitus et aridus* eingeschobenen und dort offenbar ungehörigen Worte *est subcretum in operibus utuntur. Aliis locis ut inter Magnesiae et Ephesi fines sunt loca, unde foditur parata, quam nec molere nec eernere opus est, sed sic est subtilis, quemadmodum si qua est manu contusa et subcreta,* anstatt der Ergänzung an die abgerissene Stelle, von welchen Worten Jocundus und die sämtlichen Editoren nach ihm die Ersteren bis *utuntur* streichen und die übrigen am Schluss des siebenten Kapitels an die Besprechung des Sandaraks anfügen. Dadurch wird die moderne Ein-

(VII.) Es gibt einige Farben, welche schon als solche an gewissen Plätzen vorkommen und dort gegraben werden, einige andere werden aus anderen Dingen durch Bearbeitung oder Vermischung wie auch durch Zusammensetzung in gewissen Missverhältnissen bereitet, sodass sie in der Malerei denselben Dienst leisten.

Siebentes Kapitel
Natürliche Farben

1. Zuerst wollen wir aber diejenigen Farben in Behandlung ziehen, welche schon als solche gegraben werden, wie das Berggelb, das auf Griechisch Achra (Ocker) heißt. Dieses findet sich an vielen Orten, wie auch in Italien, aber das attische, welches das beste war, gibt es jetzt deshalb nicht mehr, weil zu Athen die Sklavenbanden, die zu den Silbergruben gehörten und damals die unterirdischen Stollen zur Auffindung des Silbers gruben, dem Ocker, wenn zufällig eine Ader desselben entdeckt wurde, nicht weniger als dem Silber nachspürten, und so konnten sich die Alten bei dem bedeutenden dadurch gewonnenen Vorrat an Berggelb desselben sogar zum Tünchen bedienen.

schiebung entbehrlich und mit einiger Änderung der Anfangsworte in *et ea materia cum, est subcreta* Sinn und Verbindung leidlich hergestellt, wie folgt: »Und man bedient sich dieses Materials, nachdem es gesiebt ist. An anderen Plätzen aber, wie an der Grenze zwischen dem magnesischen und ephesischen Gebiete, gibt es Stellen, wo dies Material schon fertig vorkommt und wo es weder des Mahlens noch des Siebens bedarf, sondern so fein ist, als ob es künstlich zerrieben und gesiebt worden wäre.« Würde nicht die Zusammenfügung noch etwas zu gewaltsam, in der Zusammenstellung von *contunduntur et moluntur et utuntur* sogar bedenklich sein, so könnte vom sachlichen Standpunkt aus Lorentzens Vorschlag nur Beifall finden.

2. Der Rötel ferner wird massenhaft an vielen Orten gewonnen, der beste aber nur an wenigen, wie in dem pontischen Sinope, in Ägypten, auf den spanischen Balearen, nicht minder auch auf der Insel Lemnos, wo (dafür[1]) Zoll zu erheben der Senat und das römische Volk den Athenern gestattet hat.

3. Das parätonische Weiß dagegen wird nur an dem Ort gegraben, woher es den Namen hat[2]. Ebenso verhält es sich mit dem melischen Weiß, weil dies das Haupterzeugnis eines Bergwerks auf der kykladischen Insel Melos sein soll.

4. Grüne Kreide ferner kommt an mehreren Orten vor, aber am besten zu Smyrna: Diese aber nennen die Griechen Theodotion, weil derjenige Theodotos hieß, auf dessen Grund und Boden diese Kreideart zuerst entdeckt worden ist.

5. Das Operment (Goldgelb), welches auf Griechisch Arsenikon heißt, wird in Pontos gegraben. Der Sandarak (Rötlichgelb)[3] ferner kommt an mehreren Orten vor, aber der beste hat in Pontos ganz nahe am Fluss Hypanis sein Bergwerk. [An anderen Orten, wie an der Grenze des Gebietes von Magnesia und von Ephesos, gibt es Plätze, wo er schon ganz fertig zugerichtet gegraben wird, sodass er weder des Mahlens noch des Siebens mehr bedarf, sondern so fein ist, als wie wenn er künstlich gestoßen und gesiebt wäre][4].

[1] Ich vermute, dass diese Ergänzung im Sinne liegt.
[2] Parätonium, Stadt im ägyptischen Libyen.
[3] Ebenso wie das Operment eine Arsenikfarbe mit Schwefel. Der letztere Zusatz ist bei dem Ersteren stärker.
[4] Vgl. die Anm. zu Kap. 6.

Achtes Kapitel

Zinnober und Quecksilber

1. Ich komme nun darauf, die Verhältnisse des Zinnobers[1] zu erklären. Dies aber ist, wie berichtet wird, zuerst in den zu Ephesos gehörigen kilbianischen Gefilden entdeckt worden und ist sowohl an sich als in seinen Wirkungen in der Tat sehr merkwürdig. Es wird als Erz gegraben, welches Anthrax (Kohle) genannt wird, und ist, bevor es durch Behandlung zum Zinnober wird, eine Ader wie die des Eisens, doch von mehr rötlicher Farbe, ringsum von rotem Staub umgeben. Wenn es gegraben wird, pressen ihm die Schläge mit den eisernen Werkzeugen viele Tränen von Quecksilber aus, welche von den Grubenarbeitern sorgfältig gesammelt werden.

2. Nachdem diese Erze in die Werkhütte zusammengebracht sind, wirft man sie wegen der Fülle ihres feuchten Inhalts in einen Glühofen, damit sie ausdörren, und der Rauch, der von der Hitze des Feuers aus ihnen erregt wird, wird, sobald er sich auf den Boden des Ofens gesetzt hat, als in Quecksilber verwandelt gefunden. Nachdem die Erze herausgenommen sind, können die Tropfen, welche (im Ofen) zurückbleiben werden, wegen ihrer Kleinheit nicht anders gesammelt werden, als dass man sie in ein mit Wasser gefülltes Gefäß zusammenkehrt, wo sie sich verbinden und in eine Masse zusammenfließen. Einem Volumen von vier Sextarien aber entspricht ein Gewicht von hundert Pfund.

[1] Die Alten nannten das Minium, was wir Zinnober nennen, nämlich das Quecksilberrot (Schwefelquecksilber), wir aber nennen das Mennige, was die Alten künstlichen Sandarak nannten, d. h. Bleirot (Bleioxid). Cinnabaris aber (von den Griechen auch Miltos genannt) hieß eine indische Pflanzenfarbe, welche jedoch dem Minium so ähnlich war, dass schon im Altertum Minium und Cinnabaris öfters verwechselt wurde. Plin. (XXXIII. 38), Dioskorides (*De Medic.* V. 109).

3. Wenn man das Quecksilber in ein Gefäß gießt und darauf einen hundertpfündigen Stein legt, so schwimmt dieser auf der Oberfläche und kann durch seine Last das flüssige Metall weder zusammendrücken noch herausdrängen, noch trennen: Nimmt man aber den Zentnerstein weg und legt statt dessen ein Skrupel (1⁄288 Pfund) Gold darauf, so schwimmt dieses nicht, sondern sinkt von freien Stücken zu Boden. Dass es daher bei der (relativen) Schwere[1] nicht auf die Größe des Gewichts, sondern auf die Art der verschiedenen Dinge ankomme, ist nicht zu leugnen.

4. Das Quecksilber aber ist vielfach sehr nützlich: Denn man kann ohne dasselbe weder Silber noch Bronze gut vergolden, und wenn an einem Kleid Gold eingewebt und dieses Kleid abgenutzt ist und wegen Alters anständigerweise nicht mehr getragen werden kann, so werden die Stoffstücke in Tongefäße, die man über Feuer stellt, gelegt und verbrannt; die Asche davon wirft man nebst einem Zusatz von Quecksilber ins Wasser, das Quecksilber aber wird alle Goldkörnchen an sich ziehen und zwingen, eine Verbindung mit ihm einzugehen. Hat man dann das Wasser abgegossen, so gießt man jenes in einen Tuchbeutel und presst es mit den Händen durch, so wird das flüssige Quecksilber durch die Gewebelöcher des Tuches durchdringen und das Gold, durch das Zusammendrücken zusammengeballt, rein in demselben zurückbleibend gefunden werden.

[1] Was wir spezifisches Gewicht nennen.

Neuntes Kapitel

Bereitung des Zinnobers
(Berggrün, Armenischblau und Indigo)

1. Ich will nun zur Bereitung des Zinnobers zurückkehren. Dabei verfährt man so. Die Schlacken des Quecksilbererzes zerstößt man in eisernen Mörsern und bringt es durch wiederholtes Schlemmen und Erhitzen dahin, dass nach Entfernung aller Unreinigkeiten die Farbe zum Vorschein kommt. Da aber aus dem Zinnober durch Abgebung des Quecksilbergehalts die ursprüngliche Kraft, welche er vorher in sich barg, entwichen ist, so wird er sehr empfindlicher und schwächlicher Natur.

2. Daher bewahrt er zwar, wenn er zur Ausmalung geschlossener Zimmer verwendet wird, seine Farbe, ohne Schaden zu nehmen: In offenen Räumen aber, wie in Säulenhöfen und Exedren und den Übrigen der Art, wo Sonne und Mond ihren Schein und ihre Strahlen hineinwerfen können, leidet er, soweit der Ort davon berührt wird, Schaden, und da die Farbe ihre Kraft verloren, dunkelt er nach. Als so z. B. unter vielen anderen auch der Notar Faberius, der sein Haus auf dem Aventin in den Säulenhöfen vornehm bemalt haben wollte, alle Wände mit Zinnober beziehen ließ, wurde diese Farbe schon nach dreißig Tagen unscheinbar und fleckig. Er ließ daher die Wände an der Stelle der Ersteren mit anderen Farben überziehen.

3. Aber wenn jemandem besonders daran liegt und derselbe will, dass der Zinnoberanstrich Farbe halte, so trage er, wenn die Wand bemalt und trocken ist, mit einem Borstenpinsel punisches Wachs[1], welches durch Erhit-

[1] Nach Plinius (XXI. 49) wohl nichts anderes als gebleichtes Wachs (Jungfernwachs); vielleicht war das Verfahren von den Karthagern entlehnt und so der Name.

zung flüssig gemacht und mit etwas wenig Öl versetzt ist, auf, dann bringe er vermittelst Kohlen in einem eisernen Becken das Wachs mit der Wand zunächst durch Erhitzung zum Schwitzen, und zwar so, dass es sich gleichmäßig verteilt; dann reibe er es mit einer Wachskerze[1] und mit einem Linnenlappen ab, wie man dies auch bei nackten Marmorstatuen vorzunehmen pflegt.

4. Dies Verfahren aber heißt auf Griechisch Koniasis[2]. So wird der schützende Panzer aus punischem Wachs nicht gestatten, dass Mondschein oder Sonnenstrahlen aus einem solchen Anstrich die Farben heraussaugen. Die Zinnoberhütten aber, welche bei den Bergwerken der Ephesier waren, sind jetzt nach Rom verlegt, deshalb, weil Adern desselben Metalls nachmals auch auf spanischem Boden gefunden wurden und die Erze aus diesen Bergwerken nach Rom gebracht werden, wo sie von Staatspächtern verarbeitet werden. Diese Werkstätten aber sind zwischen dem Tempel der Flora und des Quirinus.

5. Der Zinnober wird auch gefälscht, und zwar durch Beimischung von Kalk: Wer ihn also untersuchen will, ob er unverfälscht sei, wird es also machen müssen. Er nehme ein Eisenblech, lege etwas von dem Zinnober darauf und setze es ans Feuer, bis das Eisen glüht; sobald von der Glühhitze die Farbe verändert und schwarz ist, nehme man das Blech vom Feuer, und wenn der Zinnober, nachdem er wieder er-

[1] *candela*. Aus der Kerze machten einige Erklärer Wachsstücke. Es hat jedoch schon Schneider bemerkt, dass an der bereits mit Wachs bestrichenen Fläche Wachs überflüssig sein müsse, und Marini sucht daher einen anderen Ausweg. Es sagt nämlich Plinius (XVI. 70), dass man aus der Hülle der Binsen Kerzen mache, und Marini glaubt, dass demnach diese Hülle überhaupt *candela* genannt worden und hier gemeint sei. Ich kann indes dieser weit hergeholten Erklärung nicht beipflichten.

[2] Es ist dies Verfahren noch keineswegs die *encausis*, die enkaustische Malerei, bei der verschiedenfarbige Wachse aufgetragen und mit einem heißen Eisengriffel eingebrannt wurden, sondern die *circumlitio* (Plin. XXXV. 40).

kaltet ist, seine frühere Farbe wieder annimmt, so hat er sich als ungefälscht erprobt: wenn er aber die schwarze Farbe behält, so dürfte er sich als gefälscht erweisen (?).

6. Wie man sich also bezüglich des Zinnobers behelfen könne, habe ich angegeben. Das Berggrün[1] wird aus Makedonien eingeführt; es wird aber in der Nähe von Kupferbergwerken gegraben. Armenischblau[2] und Indigo zeigen durch ihre Namen selbst an, in welchen Gegenden sie gewonnen werden.

Zehntes Kapitel
Künstliche Farben. Schwarz

(IX.) 1. Ich will nun zu den Farben übergehen, welche, aus anderen Stoffen durch gewisse Verarbeitungen in solche verwandelt, die Eigenschaften von Farben annehmen, und zuerst von dem Schwarz sprechen, dessen Verwendung in den Gebäuden unentbehrlich ist, damit die Art und Weise, wie dasselbe kunstgerecht bereitet wird, bekannt sei.

2. Es wird nämlich ein Raum wie das Lakonikum (Schwitzbad) gebaut und in Marmorstuck sorgfältig abgeschliffen und geglättet; vor demselben wird ein Ofen angebracht, von welchem aus Abzugslöcher in das Lakonikum führen, und dessen Schürloch wohlbedacht sehr niedrig und eng angelegt[3], dass die Flamme nicht heraus-

[1] *Chrypocolla*, saftgrün (Plin. XXXIII. 27).

[2] Bläulichgrün. Die Handschriften geben *menium*, das *Compend. Architecturiae* gibt *argentum*. *Menium* ist offenbar ein Schreibfehler durch Weglassen der beiden ersten Buchstaben; das einzige Wort aber kann beweisen, dass nicht Vitruv vom Compendium entlehnt habe, wie Schultz will, sondern dass *argentum* ein Missverständnis des *(Ar)menium* war.

[3] *comprimitur*. Die meisten Erklärer, auch Schneider und Marini, verstehen unter *comprimere* verschließen.

schlägt. In dem Ofen wird Harz aufgehäuft: Die Gewalt des lodernden Brandes aber zwingt dieses, den Rauch durch die Abzugslöcher in das Lakonikum zu entsenden, wo er rings an den Wänden und an der Wölbung der Decke hängen bleibt: Nachdem man ihn dann gesammelt, wird er zum Teil mit Gummi versetzt und dient so als Tinte, während das Übrige von den Verputzarbeitern unter Beimischung von Leim an den Wänden verwendet wird.

3. Ist aber solches Material nicht fertig zur Hand, so ist, damit die Arbeit durch langwieriges Warten nicht aufgehalten wird, dem Drang der Umstände in folgender Weise Rechnung zu tragen. Man verbrenne Reisig oder Kienspäne; sobald sie in Kohlen verwandelt sind, lösche man sie aus: Dann zermalme man sie in einem Mörser unter Beifügung von Leim, so wird das Schwarz den Verputzarbeitern nicht unentsprechend sein.

4. Nicht minder wird auch Weinhefe, getrocknet, in einem Glühofen zu Kohle gebrannt und unter Zusatz von Leim gemahlen, zum Anstrich verwendet und erreicht nahezu den weichen Ton des gewöhnlichen Schwarz, und je besser der Wein, aus dem sie gewonnen, desto mehr wird sie nicht bloß das gewöhnliche, sondern auch das Indische Schwarz (Tusche) ersetzen.

Elftes Kapitel
Stahlblau und gebrannter Ocker

(X.) 1. Die Bereitung des Stahlblaus wurde zuerst in Alexandrien erfunden, später errichtete Vestorius auch zu Puteoli eine Fabrik. Sein Entstehen und die Dinge, aus welchen bestehend diese Farbe erfunden worden ist, sind in der Tat merkwürdig. Es wird nämlich Sand mit kohlensaurem Natron so fein gemahlen, dass er wie Mehl wird, mit zyprischem Kupfer, das mit groben Feilen wie Raspelspäne verarbeitet wird, gemischt und (mit Wasser) besprengt, damit es sich zusammenballt; dann werden durch Drehen mit der Hand daraus Ballen geformt und so zusammen aufgestellt[1], dass sie trocknen; wenn sie trocken sind, kommen sie zusammen in einen irdenen Topf und dieser in einen Glühofen. So verlieren sowohl das Kupfer als jener Sand, indem sie, durch die Heftigkeit des Feuers zusammenschmelzend, sich verbinden, wechselseitig ihre Ausdünstung übertragend und annehmend, ihre Eigentümlichkeiten und ihre ganze Wesenheit und werden, durch die Heftigkeit des Feuers ganz verarbeitet, in stahlblaue Farbe verwandelt.

2. Der gebrannte Ocker dagegen, welcher in der Wandmalerei sehr nützlich ist, wird so bereitet: Man erhitzt eine Scholle von gutem Berggelb so, dass sie im Feuer glühend wird, dann aber kühlt man sie mit Essig ab und erzeugt dadurch eine purpurne[2] Farbe.

Zwölftes Kapitel

Bleiweiß, Kupfergrün und (künstlicher) Sandarak

(XI.) 1. Auch das anzugeben, wie Bleiweiß, Kupfergrün, welches bei uns Aeruca heißt, und (künstlicher) Sandarak bereitet werden, ist jetzt am Ort. Dies geschieht also: Die Rhodier gießen Essig in Fässer und schichten Reisig darüber, auf welches sie Bleiklumpen legen; dann verschließen sie diese dicht mit den Deckeln, dass der Essigdunst keinen

[1] *colligantur*. Marini vermutet »an einer Schnur aneinandergereiht«.

[2] Dunkel, doch bekanntlich mehr braunrot.

Ausweg finden könne, und wenn sie dieselben nach einer bestimmten Zeit wieder öffnen, finden sie die Bleiklumpen in Bleiweiß verwandelt. Nach demselben Verfahren machen sie, indem sie dünne Kupferbleche in die Fässer legen, das Kupfergrün, welches Aeruca genannt wird.

2. Wenn dagegen Bleiweiß in einem Ofen erhitzt wird, so ändert es die Farbe und wird durch Brennen zum Sandarak. Dies aber hat man durch eine Feuersbrunst zufällig gelernt[1], und gerade dieser Sandarak bewährt sich als brauchbarer als derjenige, welcher schon als solcher in Bergwerken gegraben wird.

Dreizehntes Kapitel
Purpurfarbe

(XII.) 1. Ich beginne nun von der Purpurfarbe zu sprechen, welche vor allen genannten Farben beim Anblick den kostbarsten und herrlichsten Genuss gewährt. Man gewinnt sie aus einem Seeschaltier, aus welchem jener Purpur bereitet wird, der für den denkenden Beobachter nicht minder merkwürdig ist als viele andere Dinge in der Natur, weil er nicht an allen Orten, wo er vorkommt, eine und dieselbe Farbe hat, sondern weil diese je nach der Himmelsgegend ihre besonderen Nuancen hat.

2. So ist derjenige, welcher in Pontos und Galatien gesammelt wird, schwärzlich, weil diese Gegenden dem Norden zunächst liegen; geht man in nordwestlicher Richtung, so findet man ihn bläulich; der in den genau gegen Osten und Westen liegenden Gegenden gesammel-

[1] Durch eine Feuersbrunst im Piräus (Plin. XXXV. 20). Wie schon oben erwähnt, heißt dieser künstliche Sandarak jetzt Mennige.

te zeigt eine violette Farbe; derjenige dagegen, welcher in südlichen Gegenden gewonnen wird, erscheint in intensivem Rot, und so kommt dieser auch an der Insel Rhodos und an anderen derartigen Küsten, welche der Sonnenbahn am nächsten liegen, vor.

3. Wenn aber diese Schaltiere gesammelt sind, spaltet man die Muscheln mit einem eisernen Instrumente ringsum auf, und es wird aus dem Spalt der purpurne Saft wie Tränen heraustropfen, welcher ausgepresst und durch Reiben in einem Mörser bereitet wird[1]: Deswegen, weil die Farbe aus den Schalen von Seemuscheltieren[2] genommen wird, heißt sie Ostrum. Sie wird aber wegen des Salzgehaltes schnell durstig, wenn sie nicht durch Umhüllung mit Honig geschützt wird.

Vierzehntes Kapitel

Farben, welche den Purpur, der attische Ocker, das Berggrün und den Indigo ersetzen

(XIII.) 1. Man macht auch Purpurfarben dadurch, dass man Kreide mit Krappwurzel und Hysginum[3] färbt; nicht minder werden auch andere Farben aus Blumen bereitet. Wenn daher die Verputzarbeiter attischen Ocker ersetzen wollen, werfen sie getrocknete Levkojen[4] in ein Gefäß mit

[1] Dabei fehlt offenbar die Angabe des mineralischen Zusatzes, ohne welchen die Wandfarbe unvollendet ist und ohne welchen auch das »Reiben in einem Mörser« des Vitruv keinen Sinn gibt. Nach Plinius (XXXV. 26) war dieser Zusatz Kreide.

[2] Griechisch ὄστρακον.

[3] Eine sichere Bestimmung des Hysginum ist bis jetzt noch nicht gelungen: Nur das erhellt aus Nikander (*Theriaca* V. 511), dass es eine Pflanze mit roten Blüthen sei.

[4] *violae*. Es sind darunter wohl gelbe Blumen zu verstehen.

Wasser und sieden sie am Feuer; wenn dies dann gehörig geschehen ist, schütten sie dieselben über ein Linnentuch, und dies mit den Händen auspressend, sammeln sie das von den Levkojen gefärbte Wasser in einem Mörser, schütten Kreide dazu und erlangen, diese zerstampfend, eine Farbe wie die des attischen Ockers.

2. Nach demselben Verfahren Hyazinthen[1] auskochend und mit Milch mischend, machen sie eine stattliche Purpurfarbe. Diejenigen ferner, die sich des Berggrüns wegen seines hohen Preises nicht bedienen können, färben das Stahlblau mit einem Kraut, welches Lutum (Gilbkraut) genannt wird, und haben dann ein intensives Grün zu ihrer Verfügung. Dieses aber wird das gefärbte Berggrün genannt. Ferner färben sie aus Mangel an Indigo selinusische oder Ringkreide mit der Waidpflanze, welche die Griechen Isatis nennen, und ersetzen dadurch den Indigo.

3. Durch welches Verfahren und womit der Verputz je nach den Verhältnissen dauerhaft gemacht und wie die Gemälde in einer der Kunst geziemenden Weise ausgeführt werden müssen, ferner welche Eigenschaften alle Farben in sich tragen, das habe ich, soweit dies in meiner Macht stand, in diesem Buch behandelt. Und so ist die Herstellung aller Gebäudearten und die entsprechende Berechnung, welche ihr zugrunde liegen soll, in den sieben Büchern zum Abschluss gebracht: In dem folgenden aber werde ich von dem Wasser handeln und entwickeln, auf welche Weise man an den Orten, wo keines ist, dasselbe auffindet, durch welches Verfahren man es leitet und durch welche Dinge man es erprobt, ob es gesund und tauglich sei.

[1] Nach der Benennung der Griechen, denn wir geben einer anderen Blume diesen Namen. Welche Blume aber die griechische Hyazinthe gewesen, ist zweifelhaft, wahrscheinlich die Schwertlilie (Ovid. Metam. X. V. 210).

Achtes Buch

Vorwort

1. Von den sieben Weisen hat Thales aus Milet das Wasser als den Urstoff aller Dinge bezeichnet, Heraklit das Feuer, die Priesterschaft der Mager das Wasser und das Feuer; des Anaxagoras Zuhörer Euripides, welchen die Athener den Bühnenphilosophen nannten, die Luft und die Erde, indem diese, durch Empfängnis des vom Himmel kommenden Regens befruchtet, die Stammpaare der Völker und aller Tiere auf der Welt gebärend geschaffen habe und indem alles das, was aus ihr entsprossen, durch das Gebot der Zeiten gezwungen, sich auflösend zu derselben zurückkehre und ebenso das, was aus der Luft entstanden, wieder gen Himmel zurücksteige und nichts untergehe, sondern nur durch Auflösung verändert in seine frühere Wesenheit zurücksinke. Pythagoras dagegen, Empedokles, Epicharmos und andere Naturforscher und Philosophen haben vier Grundstoffe aufgestellt, und zwar Luft, Feuer, Wasser und Erde, deren gegenseitige Verbindung durch eine von der Natur vollzogene Zusammensetzung die je nach den Unterschieden der Arten verschiedenen Eigentümlichkeiten verleihe.

2. Wir machen aber die Beobachtung, dass diese nicht bloß die Urheber des erst Entstehenden sind, sondern auch dass alle Dinge ohne jene Kräfte weder ernährt werden noch wachsen, noch sich erhalten. Denn die Körper könnten ohne den regelmäßigen Wellenschlag des Atmens kein Leben haben, d. h. wenn nicht die einströmende Luft beim Ein- und Ausathmen unablässig neuen Zu-

wachs gäbe. Wäre anderseits nicht die gehörige Wärmebereitung in dem Körper, so würde keine tierische Belebung und keine kräftige Haltung in dem Körper sein, und die Speisen könnten nicht die entsprechende Verarbeitung finden. Werden ferner die Glieder des Leibes nicht mit der von der Erde kommenden Speise genährt, so schwinden sie zusammen und gehen so der Mischungsbestandteile aus dem erdigen Grundstoff verlustig.

3. Wären dagegen lebende Wesen ohne Einwirkung von Feuchtigkeit, so würden sie blutlos werden und, nachdem der Grundstoff ausgesogen, vertrocknen. Daher hat der göttliche Geist dasjenige, was dem Menschengeschlecht wahrhaft unentbehrlich ist, so eingerichtet, dass es nicht schwer erreichbar und kostspielig ist, wie dies Perlen, Gold, Silber und die übrigen Dinge sind, die weder Körper noch Natur erheischen, sondern sie hat die Dinge, ohne welche das Leben der Sterblichen nicht gesichert ist, leicht erreichbar über die ganze Welt ausgegossen. So bietet unter diesen Grundstoffen die Luft, welche zum Ersatz des etwa zum Atmen im Körper Fehlenden bestimmt ist, dasselbe dar, anderseits sichert, auf die Unterstützung der Körperwärme berechnet, die Wirkung der Sonne und die Erfindung des Feuers das Leben, ferner befriedigen die Früchte der Erde, Speisevorräte im Überfluss darbietend, die Bedürfnisse und ernähren unablässig die lebenden Wesen; das Wasser aber leistet, nicht bloß den Trank gewährend, sondern zahllosen anderen Bedürfnissen entgegenkommend, umso willkommenere Dienste, weil es unentgeltlich ist.

4. Diejenigen, welche ägyptische Priesterwürden bekleiden, wissen dem auch öffentlichen Ausdruck zu geben, dass alle Dinge durch die Einwirkung des Nassen bestehen: Wenn nämlich der gefüllte Wasserkrug zum

Tempel und in das Heiligtum getragen wird, dann werfen sie sich auf die Erde nieder und danken mit zum Himmel erhobenen Händen für diese Erfindung der göttlichen Güte. Da also sowohl von Naturforschern als von Philosophen als auch von Priestern die Ansicht ausgesprochen wird, dass alle Dinge durch die Macht des Wassers bestehen, so glaubte ich, in diesem Buch, nachdem in den vorausgehenden sieben die Grundsätze des Bauens entwickelt worden sind, von dem Auffinden des Wassers, von den Vorzügen, welche es je nach den örtlichen Eigentümlichkeiten habe, von der Art und Weise, es zu leiten, und von dem Verfahren, wie man es vorher als geeignet erprobe, schreiben zu müssen.

Erstes Kapitel

Das Auffinden des Wassers

1. Das Wasser ist das Unentbehrlichste, sowohl zum Leben als zur Verschönerung desselben und zum täglichen Gebrauch.

(I.) Es ist aber leicht genug zugänglich, wenn die Quellen, aus der Erde entspringend, zutage liegen; wenn aber dies nicht der Fall ist, so muss man die Wasseradern unter der Erde aufspüren und sammeln, wobei folgende Untersuchungen anzustellen sind. Man lege sich, noch ehe die Sonne aufgegangen ist, in der Gegend, in welcher man Wasser sucht, das Gesicht gegen die Erde gewendet, auf den Boden, und indem man das Kinn auf die Erde setzt und fest stützt, sehe man über jene Fläche hin. So wird nämlich, wenn das Kinn unbeweglich steht, das Auge nicht unstet höher streben, als es soll, sondern wird in sicherer Einschränkung die Niveauhöhe über die Gegend hin halten. An der Stelle nun, an welcher man Dünste sich kräuselnd in die Lust erheben sieht, da schlage man einen Schacht hinab: Denn an einem trockenen Ort kann sich dies Anzeichen nicht finden.

2. Ferner haben diejenigen, welche nach Wasser suchen, auf die Beschaffenheit der Plätze wohl achtzugeben, denn es findet sich in gewissen Bodenarten. In Kreideboden ist der Vorrat spärlich, schwach und seicht, auch wird es nicht den besten Geschmack haben. Auch in lockerem grobkörnigen Sandboden, jedoch nur an tiefer gelegenen Plätzen, wird spärliches Wasser gefunden, dieses wird trübe und nicht wohlschmeckend sein. In schwarzer Erde aber wird dürftige, tropfenweise Ausschwitzung gefunden, welche, von den winterlichen Regenstürmen angesammelt, in dichtem und festem Boden durchsickernd, sich lagert; dieses Wasser hat den besten Geschmack. In Kies dagegen findet man mittelmäßige und nicht verlässliche Adern, auch diese sind von ausgezeichnetem Wohlgeschmack. Im festgelagerten[1] grobkörnigen Sand, im feinen Sand und im roten Tuffsand sind die Wasserzuflüsse verlässlicher und beständiger, und auch diese sind von gutem Geschmack; in rotem Tuffstein sind sie sowohl reichhaltig als gut, doch können sie durch Querspalte die Richtung verlieren und versiegen. An dem Fuß von Bergen und in Basaltgestein sind sie stärker und rascher fließend, und diese sind auch frischer und gesünder. Von den Brunnen auf dem flachen Land aber ist das Wasser salzig, schwer, lau und nicht wohlschmeckend, wenn es nicht, aus dem Gebirge kommend und unter der Erde fortsi-

[1] *sabulo masculus* ist wohl der Gegensatz zum oben genannten *sabulo solutus*, dem lockeren, grobkörnigen Sand. Von demselben war schon oben (II. 3) bei dem Ziegelmaterial die Rede, wonach er wohl tonhaltig sein muss.

ckernd, sich einen Weg mitten in das Flachland bahnt und dort, von Bäumen beschattet, den Wohlgeschmack von Gebirgsquellen gewährt.

3. Kennzeichen der Stelle aber, an welcher von den oben beschriebenen Bodenarten Wasser zum Vorschein kommt und gefunden werden kann, sind: zarte Binsen, wilde Weiden, Erlen, Keuschlamm, Schilf, Efeu und andere Gewächse der Art, welche ohne Feuchtigkeit nicht gedeihen können. Es pflegen aber dergleichen auch in Bodensenkungen zu wachsen, welche, tiefer als das übrige Gefilde liegend, die Feuchtigkeit von den Regengüssen aufnehmen und den Äckern den Winter über und noch länger infolge ihrer muldenförmigen Beschaffenheit bewahren; diesen aber ist nicht zu trauen, sondern an andern Gegenden und Landstrichen, nur nicht an Bodensenkungen, wo jene Anzeichen ungesät, vielmehr durch den Trieb der Natur selbst von freien Stücken wachsen, da muss man nach Wasser forschen.

4. Wenn aber an diesen Plätzen keine Dinge der Art den Fundort anzeigen, so hat man folgende Versuche anzustellen. Man grabe ein Loch, das nach jeder Richtung fünf Fuß misst, und setze in dasselbe um Sonnenuntergang einen bronzenen oder bleiernen Becher oder ein solches Becken, was von beiden eben zur Hand ist, streiche es aber vorher von innen mit Öl aus und stelle es umgestürzt hinein, bedecke dann die Oberfläche der Grube mit Schilfrohr und schütte dies mit Erde zu; öffnet man dann am folgenden Tag die Grube wieder, so wird der Boden, wenn das Gefäß angelaufen ist und Tropfen enthält, Wasser bergen.

5. Ebenso kann man den Versuch mit einem irdenen noch ungebrannten Geschirr machen. Ist nämlich das Gefäß auf dieselbe Weise in die Grube gestellt und be-

deckt, so wird es, wenn der Ort Wasser enthält, nachdem man es wieder aufgedeckt hat, feucht sein und wohl auch durch die Einwirkung der Feuchtigkeit zerfallen. Und wenn man einen Büschel Wolle in jene Grube gelegt hat, am folgenden Tag aber Wasser herauszupressen ist, so zeigt dies an, dass jener Ort Vorrat an Wasser enthalte. Nicht minder kann man den Versuch mit einer Lampe machen. Hat man diese, gehörig zugerichtet, mit Öl gefüllt und angezündet, an jenen Ort gestellt und bedeckt, und sie ist am folgenden Tag, wenngleich sie noch Öl und Docht übrig hat, erloschen und wird selbst feucht gefunden, so wird sie anzeigen, dass jener Ort Wasser enthalte, und zwar deshalb, weil alle Wärme die Feuchtigkeit an sich zieht. Wenn man ferner an jener Stelle Feuer anmacht und die erwärmte und angebrannte Erde einen nebelartigen Dunst von sich gibt, so wird jene Stelle Wasser enthalten.

6. Nachdem also solche Versuche gemacht und die oben beschriebenen Anzeichen gefunden sind, schlage man an jener Stelle einen Brunnenschacht ein, und wenn man eine Wasserader gefunden, grabe man noch mehrere Schächte ringsum und leite sie alle durch Verbindungsstollen in einen zusammen. Diese Adern aber hat man vorzugsweise in gebirgigen und in gen Norden gewandten Gegenden zu suchen, weil sie in diesen wohlschmeckender und gesünder und reichhaltiger gefunden werden; denn sie sind der Sonnenbahn abgewandt, an solchen Orten zumal sind die Bäume häufig und dicht, und die Berge selbst haben ihre eigenen Schatten, welche es verhindern, dass die Sonnenstrahlen ungebrochen auf die Erde gelangen und deren Feuchtigkeit ausbrennen.

7. Auch nehmen vorzugsweise die Einsenkungen in den Gebirgen das Regenwasser auf, und der Schnee hält

sich dort infolge der Dichtigkeit der Wälder durch den Schatten der Bäume und der Berge länger; endlich aber zu Wasser geworden, sickert er durch die Adern der Erde und gelangt so an den untersten Fuß des Gebirges, wo er in der Form von sprudelnden Quellen hervorbricht. Ebene Gegenden dagegen können keine Wasservorräte enthalten, und wenn sich solche finden, so können sie nicht gesund sein, weil die heftige Einwirkung der Sonne, von keinem Schatten behindert, durch ihre Glut die Feuchtigkeit aus ebenen Gefilden heraussaugt und sie wegrafft und weil die Einwirkung von oben aus dem Wasser, wenn solches hin und wieder dort zum Vorschein kommt, das, was das Leichteste, Zarteste und besonders Gesunde ist, hinwegnimmt und in die Luft verflüchtigt, während die Bestandteile, welche die schwersten, rau und nicht wohlschmeckend sind, in den in der Ebene befindlichen Quellen zurückbleiben.

Zweites Kapitel

Regenwasser

1. Es hat daher das Regenwasser gesündere Eigenschaften, weil es aus allen Quellen in deren leichtesten und zartesten Bestandteilen ausgelesen wird und dann, nachdem es durch die Einwirkung der Luft gleichsam durchgesiebt ist, von den Sturmwinden flüssig gemacht, auf die Erde kommt. Auch strömen die Regen nicht so häufig in ebenen Gegenden als in Gebirgen und bei den Bergen selbst. Dies geschieht deshalb: Wenn die Dünste morgens bei Sonnenaufgang aus der Erde hervorgetreten und aufgestiegen sind, so verdrängen sie, gegen welchen Teil des

Himmels sie sich auch richten mögen, dort die Luft und bekommen dann, wenn sie aufgestiegen sind, wegen des unter ihnen leer werdenden Raumes strömende Luftwellen auch hinter sich.

2. Die Luft aber, welche allenthalben auf die Dünste drängt, vermehrt durch die Kraft ihres Wehens auch die Heftigkeit der Windwellen. Wohin immer aber die aus den Quellen, Flüssen, Sümpfen und aus dem Meer sich zusammenballenden Dünste von den Winden getrieben werden, von der Sonnenwärme werden sie gesammelt, aufgeschlürft und so als Wolken in die Höhe gehoben; wenn sie dann, von der Luftströmung getragen, an die Berge gelangen, lösen sie sich durch den heftigen Widerstand dieser, infolge ihrer eigenen Fülle und Schwere zu Wasser werdend, auf und ergießen sich so auf die Erde.

3. Dass aber Dampf, Nebel und Dünste aus der Erde entstehen, scheint darin seinen Grund zu haben, weil die Erde sowohl glühende Hitze als heftigen Lufthauch, Kälte und eine große Wassermasse in sich birgt. Sobald daher der in der Nacht abgekühlte Erdkreis plötzlich von der aufgehenden Sonne berührt wird, erhebt sich auch das Wehen der Winde aus den Finsternissen, und aus den feuchten Gegenden steigen die Wolken in die Höhe: Die Luft aber, dann von der Sonne erwärmt, hebt mit dem Tau die aus der Erde kommenden Dünste empor.

4. Man kann dafür ein Beispiel aus den Bädern nehmen. Es hat doch kein gewölbtes Zimmer in den warmen Bädern Brunnen oberhalb, sondern die Luft in denselben, aus den Öfen durch den Hauch des Feuers erwärmt, zieht vom Fußboden Wasser an sich, trägt es mit sich an die gewölbte Decke empor und hält es dort; weil sich daher immer warmer Dampf in die Höhe drängt und anfangs wegen der geringen Menge nicht wieder herabfällt,

so tropft er endlich, sobald sich einmal mehr Dunst angesammelt hat, auf die Köpfe der Badenden herab. Auf diese Art hebt auch die freie Luft, sobald sie von der Sonne Wärme empfangen, die Feuchtigkeit, die sie allenthalben aufschlürft, empor und ballt sie zu Wolken zusammen. Die Erde entsendet auch ebenso infolge der Hitze die Dünste, wie der menschliche Körper infolge von Wärme Schweiß absondert.

5. Dass dies sich so verhalte, beweisen die Winde, von welchen diejenigen, welche von den kältesten Gegenden herkommen, nämlich der Nord- und der Nordostwind, infolge der Trockenheit in der Luft schneidend scharf wehen. Der Südwind aber und andere, welche von der Sonnenbahn her wehen, sind sehr feucht und bringen immer Regen, weil sie allen Ländern die Dünste, sie aufleckend, entraffen und sie so nach den nördlichen Gegenden führen, um diese zu übergießen.

6. Dass aber dies so geschehe, können die Quellen der Flüsse bezeugen, von welchen man die meisten und größten auf Landkarten und in Erdbeschreibungen im Norden entspringend verzeichnet findet. Es entspringen nämlich zunächst in Indien der Ganges und der Indus am Kaukasusgebirge[1], der Tigris und Euphrat in Syrien, in Pontos in Kleinasien ferner der Borysthenes, der Hypanis und der Tanais[2], in Kolchis der Phasis, in Gallien die Rho-

[1] Eine auch von Strabo, Plinius und vielen anderen im Altertum geteilte Ansicht.

[2] Ein leicht erklärbares Missverständnis entweder des Autors oder der Kopisten. Denn das konnte in Griechenland und Rom nicht unbekannt sein, dass diese drei Flüsse nicht das kleinasiatische Pontos durchströmen, wo man den Halys und den Iris genau kennen musste. Es handelt sich vielmehr um den Pontos (Euxinos), in welchen sich drei Flüsse – wenn auch der Tanais nicht unmittelbar – ergießen, und das Meer wurde eben mit dem gleichnamigen Land, vielleicht schon von Vitruv selbst, dessen Geografie auch weiterhin als keine besonders korrekte sich kennzeichnet, verwechselt.

ne, in der keltischen Provinz der Rhein[1], diesseits der Alpen der Timavus[2] und der Po, in Italien der Tiber, in Maurusien, welches unsere Landsleute Mauretanien nennen, an dem Berge Atlas der Siris[3], welcher, in nördlicher Gegend entsprungen, westwärts zum See Heptagonus[4] stießt und seinen Namen in Nigris verändert, dann vom See Heptagonus an strömt er, unter Wüstengebirgen hinfließend, durch südliche Gegenden und mündet in einen Sumpf namens Colon[5], umfließt Meroe, welches das Reich der südlichen Äthiopier ist, und von diesen Sümpfen an zu den Mündungen der Flüsse Astasoba und Astabora und mehrerer anderer sich fortwindend, gelangt er durch das Gebirge zu den Fällen, und diesen enteilend in nördlicher Richtung zwischen Elephantis und Syene und der thebaischen Ebene nach Ägypten und wird dort Nil genannt.

7. Dass aber die Quellen des Nil in Mauretanien entspringen[6], erkennt man hauptsächlich daraus, dass auch auf der anderen Seite des Berges Atlas Quellen von Flüssen, die sich in den westlichen Ozean ergießen, sind, wo man auch Ichneumone, Krokodile und andere den Niltieren ähnliche Arten von Landtieren und Fischen findet, jedoch mit Ausschluss des Nilpferdes.

8. Wenn wir mithin in den Erdbeschreibungen finden, dass alle bedeutenderen Ströme von Norden her kommen, und wenn die afrikanischen Gefilde, welche südlich

[1] Ein bedenklicher Verstoß gegen die Richtung dieses Stromes.

[2] Freilich nur ein ganz kleines Flüsschen bei Aquileia (Strabo V. 1, 8. 215), jetzt Timavo.

[3] Die Handschriften geben sehr schwankende Schreibweisen, die sich nach Plinius (V. 9, 54), Avienus (*Descr. Orae Mar.* v. 336 ff.) und Dionysios (*Perieg.* v. 223) am wahrscheinlichsten in Siris verbessern.

[4] Sonst nicht erwähnt, Plin. (a. a. O.) nennt einen See Nilis.

[5] Auch von Ptolemäos (IV. 8) und anderen erwähnt.

[6] Herrschende Ansicht der antiken Geografie.

unter der Sonnenbahn liegen, ihre Feuchtigkeit im Innern der Erde bergen und wenige Quellen und Flüsse haben, so ergibt sich, dass die Quellen gegen Norden und Nordosten viel besser befunden werden, es sei denn, dass sie in schwefel-, alaun- oder erdharzhaltigen Boden geraten sind, denn dann werden sie verändert und, mögen sie nun warmes oder kaltes Wasser haben, von einem üblen Geruch oder Geschmack durchzogen.

9. Denn an dem warmen Wasser ist an sich keine besondere Eigenschaft, sondern wenn kaltes Wasser in seinem Lauf in heißen Boden gerät, erhitzt es sich und tritt erwärmt durch die Adern aus der Erde hervor; deshalb kann es auch nicht länger warm bleiben, sondern wird in kurzer Zeit wieder kalt. Denn wenn es von Natur aus warm wäre, würde seine Wärme nicht wieder erkalten. Geschmack, Geruch und Farbe des Wassers aber wird nicht wieder nach dem ursprünglichen Zustand hergestellt, weil diese Eigenschaften demselben infolge seines porösen Wesens einverleibt und ganz mit ihm vermischt sind.

Drittes Kapitel

Warme Quellen und Eigentümlichkeiten verschiedener Quellen, Flüsse und Seen

1. Es gibt aber auch einige warme Quellen, aus welchen Wasser vom besten Geschmack entspringt, das so angenehm zu trinken ist, dass man sich dafür weder das Wasser der Camönenquelle noch Brunnenwasser von der marcischen Leitung[1] wünscht. Diese aber entstehen auf natürli-

[1] Von Plinius (XXXI. 24) als das beste Trinkwasser gepriesen.

chem Weg in folgender Weise. Wenn tief im Innern der Erde durch Alaun oder Bitumen oder Schwefel Feuer entzündet wird, macht es durch seine Hitze die Erde ringsum glühend, nach oben aber sendet es in den oberhalb liegenden Boden seinen Gluthauch aus, und wenn in den oberen Regionen Süßwasserquellen entspringen, so werden sie durch diesen Gluthauch innerhalb ihrer Adern erhitzt und treten so, ohne in ihrem Geschmack verdorben worden zu sein, zutage.

2. Es gibt auch kalte Quellen, welche keinen guten Geruch und Geschmack haben, nämlich solche, welche, tief im Innnern der Erde entsprungen, durch heiße Stellen hindurchgehen und hierauf, noch einen weiten Raum unterirdisch durchlaufend, wieder abgekühlt an die Oberfläche gelangen, jedoch mit verdorbenem Geruch und Geschmack, wie an der Straße nach Tibur das Flüsschen Albula[1] und im Gebiet von Ardea die ebenso riechenden kalten Quellen[2], welche man Sulphurati (Schwefelquellen) nennt, und andere an den Übrigen ähnlich beschaffenen Orten. Diese aber haben, obwohl sie kalt sind, doch den Anschein des Siedens, weil sie, wenn sie tief im Innern auf eine heiße Stelle fallen, beim Zusammenstoß des Nassen und des Feuers in heftigem Geprassel zerstäubend, die heftig erregten Luftströmungen in sich aufnehmen und so, von dem Druck des eingeblasenen Windes aufgebläht, häufig aufwallend aus den Quellenmündungen hervorsprudeln. Diejenigen von solchen Wassern aber, welche keine Quellöffnung haben, sondern von Felsen (oder anderen Hindernissen) eingeschlossen sind,

[1] Mehrfach erwähnt und noch jetzt wohlbekannt, da die Straße nach Tivoli das übel riechende Flüsschen, welches in der Nähe den See Solfatara mit seinen sogenannten schwimmenden Inseln bildet, ungefähr dreizehn Miglien von Rom überschreitet.

[2] Sonst nicht erwähnt.

werden von dem gewaltigen Druck der innen entwickelten Luft durch enge Adern bis zu den Gipfeln der Hügel empor- und hinausgedrängt.

3. Daher finden sich diejenigen, welche glauben, dass man dort in der bedeutenden Höhe solcher Hügel auch Quellmündungen erhalten könne, getäuscht, sobald sie die Adermündungen weiter öffnen. Denn wie das Wasser in einem Bronzegefäß, das nicht bis an den Rand voll, sondern nur zu zwei Drittteilen angefüllt und mit einem Deckel bedeckt ist, sobald es von der heftigen Hitze des Feuers berührt wird, sich erwärmt und, infolge seiner porösen Wesenheit den kräftigen Gluthauch in sich aufnehmend, nicht bloß das Gefäß vollmacht, sondern, durch den inneren Luftdruck den Deckel aufhebend und anschwellend, überläuft, nach Hinwegnahme des Deckels aber und nachdem die Aufblähungen in die freie Luft entwichen sind, wieder auf sein früheres Volumen zurücksinkt, so ist es auch bei den Quellmündungen: Sind diese durch Engen zusammengepresst, so treiben die Aufwallungen der im Wasser enthaltenen Luft nach oben, sobald aber die Quellen eine weitere Mündung erhalten, sinken sie infolge der porösen Wesenheit des Flüssigen, nachdem sie ausgegeistert, zurück und erlangen wieder die Eigenschaft, in ihrem eigentlichen Niveau zu bleiben.

4. Jeder warme Quell aber ist ein Heilbrunnen, und zwar deshalb, weil er, je nachdem er mit irgendeinem Stoff[1] erhitzt wurde, irgendeine bestimmte Kraft für den Heilgebrauch erhält. So heilen Schwefelquellen die Nervenleiden, indem sie durch ihr heißes Wasser die krankhafte Feuchtigkeit in dem Körper warm machen und aus demselben herausbrennen; die Alaunquellen aber heilen,

[1] Ich lese mit Marini *aliis* (*Cod. Florent. Fran.*) statt *pravis*.

wenn man sie für Glieder, die durch Schlagfluss oder irgendeine andere Krankheit gelähmt sind, gebraucht, die kalte Erstarrung durch die gegenteilige Einwirkung der Wärme, indem sie den erwärmenden Dunst durch die offenen Poren bringt. Erdharzhaltige Wasser dagegen pflegen, indem sie, wenn man sie trinkt, abführen, die innerlichen Leibesübel zu heilen.

5. Es gibt aber auch kalte Natronbrunnen wie zu Pinna, Vestina, Cutiliä und an andern Orten der Art, welche, getrunken, abführen und, durch den Unterleib ableitend, auch Drüsengeschwulst vermindern. Wo dagegen Gold, Silber, Eisen, Kupfer, Blei und die übrigen derartigen Mineralien gegraben werden, findet man zwar reichliche Quellen, diese sind aber meist schädlich; sie haben nämlich die schädlichen Bestandteile [der warmen Quellen, Schwefel, Alaun, Erdharz], und wenn solches Wasser durch Trinken in den Körper kommt und, durch die Poren dringend, mit den Sehnen und Gelenken in Berührung kommt, so wird es dieselben auftreiben und verhärten, daher werden die Sehnen, durch Aufblähung angeschwollen, in ihrer Länge zusammengezogen und machen so die Menschen entweder kontrakt oder podagrisch, deshalb, weil sie mit den härtesten, dichtesten und kältesten Bestandteilen die Poren verstopft haben.

6. Es findet sich ferner auch eine Art Wasser, welches, da dessen Adern nicht ganz klar sind, einen wie Sahne auf der Oberfläche schwimmenden Schaum hat, der in der Farbe dem Purpurglas ähnlich ist. Dies beobachtet man besonders in Athen, denn dort sind von derlei Quellen Brunnen in die Stadt und an den Hafen Piräus geleitet, von welchen aus dieser Ursache niemand trinkt, welche aber zum Baden und zu anderen Zwecken benutzt werden, man trinkt aber das Wasser aus künstlich gegrabenen

Brunnen und vermeidet so das Nachteilige der Ersteren. In Trözen kann man es aber nicht vermeiden, weil sich überhaupt kein anderes Wasser findet als das, welches diese sogenannten Kibdeli (die Trügerischen) enthalten; daher leiden auch in jener Stadt, wenn nicht alle, so doch die meisten an den Füßen. Bei der kilikischen Stadt Tarsus dagegen ist ein Fluss Namens Kydnos, in welchem die Podagristen ihre Beine baden und Linderung der Schmerzen finden.

7. Es gibt aber auch viele andere Arten von Wasser, welche ihre besonderen Eigenschaften haben, wie der Himerafluss in Sizilien, welcher, nachdem er seine Quelle verlassen, sich in zwei Teile spaltet; der Teil aber, welcher in der Richtung gegen Etrurien fließt, ist, weil er süßsaftigen Boden durchströmt, ungemein süß, während der andere, welcher durch jenen Landstrich strömt, wo Salz gegraben wird, einen salzigen Geschmack hat. In Parätonium ferner und auf dem Weg zum Ammonium und auf dem Berg Casius bei Ägypten gibt es sumpfige Seen, welche so salzhaltig sind, dass sie eine Salzkruste auf der Oberfläche haben. Auch an mehreren andern Orten gibt es sowohl Quellen als Flüsse als auch Seen, welche, durch Salzgruben hindurchgehend, notwendigerweise salzhaltig werden.

8. Andere Quellen dagegen, welche durch fettige Erdadern fließen, kommen ölhaltig zum Vorschein, wie bei Soli, einer Stadt in Kilikien, ein Fluss Namens Liparis, von dessen Wasser selbst die, welche darin schwimmen oder baden, eingeölt werden. In ähnlicher Weise salbt ein in Äthiopien befindlicher See diejenigen, welche in demselben schwimmen, und ein anderer in Indien schwitzt bei heiterem Wetter eine große Masse Öl aus. In Karthago ferner ist eine Quelle, auf deren Oberfläche Öl

schwimmt, das wie Zitronenschalen riecht, mit welchem Öl man auch Schafe zu schmieren pflegt. Auf Zakynthos und in der Gegend von Dyrrhachium sind Quellen, welche mit dem Wasser eine große Menge Teer ausspeien. Unterhalb Babylons ist ein sehr weit sich erstreckender großer See, Limne Asphaltitis (Asphaltsee) genannt, in welchem flüssiges Erdharz schwimmt, mit welchem Semiramis die Backsteinmauer herstellte, womit sie Babylon umgab. Bei Joppe in Syrien und im numidischen Arabien sind ebenfalls Seen von bedeutender Größe, welche sehr große Massen von Erdharz absondern, deren sich die Umwohnenden bemächtigen.

9. Das ist aber nichts Wunderbares, denn dort sind Brüche von hartem Erdharz häufig. Wenn daher die Gewalt des Wassers durch Erdharz enthaltende Erde sich einen Weg bahnt, so nimmt sie dasselbe mit sich fort, und wenn das Wasser auf die Oberfläche getreten ist, wird es wieder ausgeschieden und wirft das Erdharz aus. Auch befindet sich in Kappadokien auf dem Wege von Mazaka nach Tuana ein beträchtlicher See, welcher die Eigentümlichkeit hat, dass, wenn man etwas Schilf oder etwas von einer andern Pflanzenart in denselben taucht und am folgenden Tag wieder herausnimmt, der aus dem Wasser herausgezogene Teil versteinert gefunden wird, während der Teil, welcher über dem Wasser geblieben ist, seine ursprüngliche Beschaffenheit beibehält.

10. In gleicher Weise sprudelt auch zu Hierapolis in Phrygien warmes Wasser in Menge, welches man in Gräben, die man rings um die Gälten und Weinberge gezogen, hineinleitet. Dies aber setzt nach einem Jahr eine Steinkruste ab, und nachdem man zur Rechten und zur Linken von dem Graben einen Schutzrand von Erde aufgeworfen, leitet man so das Wasser Jahr für Jahr in densel-

ben, bis aus diesen Krusten endlich eine Umfriedung für die Äcker geworden ist. Dies dürfte aber so auf eine natürliche Weise geschehen, dass in diesen Gegenden und in jenem Boden, wo die Quelle entsteht, ein Saft enthalten ist, welcher eine dem gerinnen machenden Lab ähnliche Eigenschaft hat: Wenn dann die gemischte Flüssigkeit durch die Quellenmündungen auf die Oberfläche heraustritt, wird sie durch die Wärme der Sonne und der Luft gezwungen, sich zu verdichten, wie man dies auch in den Salinenteichen sieht.

11. Ferner sind die durch bitteren Erdsaft kommenden Quellen intensiv bitter, wie in Pontos der Fluss Hypanis, welcher von seinem Ursprung an etwa vierzig Meilen weit ganz süß schmeckend dahinfließt, dann aber, wenn er an eine Stelle kommt, die von seiner Mündung noch ungefähr hundert und sechzig Meilen entfernt ist, ein gar kleines Quellchen in sich aufnimmt, welches, sobald es in denselben gemündet, den ganzen großen Fluss bitter macht; jenes Wasser wird jedoch dadurch bitter, dass es durch eine Erdart und durch Adern fließt, wo Sandarak gegraben wird.

12. Dies aber wird durch den je nach der Eigentümlichkeit des Bodens verschiedenen Geschmack bewirkt, wie man das auch an den Früchten sieht. Wenn nämlich die Wurzeln der Bäume oder der Reben oder der anderen Pflanzen nicht den ihrem Boden gerade eigentümlichen Saft aufnähmen und dadurch die Qualität der Früchte bedingten, so würde der Geschmack aller Früchte an allen Plätzen und in allen Gegenden gleichartig sein. Wir bemerken aber, dass die Insel Lesbos Protyrerwein, Mäonien Katakekaumener, Lydien Tmoliter, Sizilien Mamertiner, Kampanien Falerner, Terracina und Fundi Cäcuber und die meisten übrigen Plätze

Weinarten mit unaufzählbarer Mannigfaltigkeit ihrer Eigenschaften erzeugen, was nicht anders geschehen kann, als dass die Feuchtigkeit der Erde, mit dem ihr hier oder dort gerade eigentümlichen Geschmacke in die Wurzeln eingedrungen, den Stamm nährt und durch diesen bis an den Gipfel aufsteigend den jedem dieser Orte oder jeder Gattung eigentümlichen Geschmack ihrer Frucht abgibt.

13. Wenn die Erde durch die Arten ihres Feuchtigkeitgehaltes nicht an den verschiedenen Orten unähnlich und ganz verschieden wäre, so würden nicht bloß in Syrien und Arabien im Schilf, in den Binsen und an allen Kräutern Wohlgerüche enthalten sein, noch würden nur da die Weihrauch tragenden Bäume und diejenigen, welche die Pfefferbeeren liefern, und diejenigen, aus welchen die Myrrhe träufelt, wachsen noch bloß in Kyrene der wohlriechende Lasersaft in den Dolden, sondern alle Länder, Gegenden und Plätze würden alles gleichartig hervorbringen. Zu solchen Verschiedenheiten je nach Gegenden und Plätzen aber bringt das Klima und die Einwirkung der Sonne, je nachdem sie näher oder entfernter ihre Bahn verfolgt, die Feuchtigkeit der Erde; welche Eigenschaften man nicht bloß in diesen Dingen, sondern auch an Schafen und Zugvieh unterscheiden kann. Die Wirkung derselben würde nicht so unähnlich sein, wenn nicht die Eigentümlichkeiten der einzelnen Landstriche in den Weltteilen durch den mächtigen Einfluss der Sonne bedingt würden.

14. So haben die Flüsse Kephisos und Melas in Böotien, Crathis in Lucanien, Xanthus in Troja und andere Quellen und Flüsse im Gebiete von Klazomenä, Erythrä und Laodikeia die Eigenschaft, dass die Schafe, wenn sie während ihrer alljährlichen Begattungszeit täg-

lich an dieselben zur Tränke geführt werden, infolge davon, wenn sie gleich selbst weiß sind, hier fahle, dort grauschwarze und wieder an anderen Orten rabenschwarze Lämmer werfen. So pflanzt die Eigentümlichkeit des Flüssigen, in den Körper eingetreten, die innewohnende Eigenschaft ihrer besonderen Art fort. Daher sollen auch die Ilienser den Fluss, an welchem in den troischen Gefilden die Zugtiere rötliche und die Schafe fahle Junge werfen, deshalb Xanthus (den Blonden) genannt haben.

15. Es finden sich auch todbringende Wasserarten, welche ein verpesteten Saft enthaltendes Erdreich durchrieselnd, den Giftgehalt in sich aufnehmen, von welcher Art in Terracina eine Quelle gewesen sein soll, welche die neptunische genannt wurde, durch welche diejenigen, welche unklugerweise daraus tranken, das Leben verloren, weshalb sie schon in der Vorzeit zugeworfen worden sein soll. Auch bei der thrakischen Stadt Chrobs ist ein See, welcher bewirkt, dass nicht bloß die daraus Trinkenden, sondern auch die darin Badenden davon sterben; auch in Thessalien sprudelt eine Quelle, von welcher kein Schaf kostet, welcher überhaupt keine Art von Tieren sich nähert; dieser Quelle unmittelbar nahe befindet sich ein Baum mit purpurnen Blüten.

16. Dasselbe kommt in Makedonien vor, wo an der Stelle, an welcher Euripides begraben liegt, zwei Bäche, der eine zur Rechten, der andere zur Linken vom Grabmal kommend, in ein Bett zusammenströmen. An dem einen der beiden Bäche nun pflegen die Wanderer wegen der Güte des Wassers sich zu lagern und das Frühmahl einzunehmen, dem Bach auf der anderen Seite des Denkmals nähert sich niemand, weil er ein todbringendes Wasser haben soll. In Arkadien ferner ist ein Landstrich, No-

nakris genannt, auf dessen Gebirge sehr kalte Feuchtigkeit von dem Gestein tropft, welches Stygos Hydor (Styxwasser) genannt wird. Dieses kann weder ein silbernes noch ein bronzenes, noch ein eisernes Gefäß halten, sondern es zerspringt und zersplittert; man kann es aber nicht anders aufbewahren und einschließen als mit einem Becher aus Maultierhuf, und so wurde es auch nach der Überlieferung von Antipater in die Provinz, wo Alexander war, durch seinen Sohn Jollas gebracht und mit jenem Wasser der König getötet.

17. In den Alpen ferner im Reich des Cottus befindet sich ein Wasser, von welchem diejenigen, die es kosten, sogleich tod zusammenstürzen. Im Faliskerland aber an der kampanischen Straße befindet sich im cornetischen Gefilde ein Hain, in welchem eine Quelle entspringt, an der man die Gebeine von Vögeln, Eidechsen und anderen Reptilien liegen sieht.

Ferner gibt es einige Sauerbrunnen, wie zu Lyncestum[1], im Velinergebiet in Italien, in Teanum in Kampanien und an mehreren anderen Orten, welche die treffliche Eigenschaft haben, Harnblasensteine im menschlichen Körper durch Trinkkur zerteilend zu vertreiben.

18. Es scheint dies aber auf natürliche Weise so zu geschehen, dass der scharfe und saure Saft, der in jenem Boden enthalten ist, durch welchen die Quelladern hervorbrechen, auch dieselben mit seiner Schärfe sättigt und so, nachdem das Wasser in den Körper gekommen, das, was ihm an Niederschlägen von anderen Wassern und an Verhärtungen aufstößt, zerteilend beseitigt. Warum aber solche Schäden durch Sauerbrunnen vertrieben werden, das können wir an Folgendem beobachten. Hat man ein Ei

[1] Die Lyncester, Völkerschaft im südwestlichen Makedonien.

seit längerer Zeit in Essig gelegt, so erweicht sich seine Schale und löst sich auf; hat man ferner Blei, welches doch sehr zäh und fest ist, in ein Gefäß gelegt und Essig darauf gegossen, das Gefäß aber bedeckt und den Rand verstrichen, so wird sich zeigen, dass das Blei aufgelöst und in Bleiweiß verwandelt wird.

19. Auf dieselbe Art wird auch Kupfer, das doch noch von dauerhafterer Beschaffenheit ist, wenn man es in ähnlicher Weise behandelt, zerfressen und in Grünspan verwandelt. Die Perle ferner und nicht minder Basaltgestein, welche doch weder Eisen noch Feuer allein auflösen kann, werden, nachdem sie von Feuer erwärmt worden, infolge von Essigaufspritzungen zerspringen und sich auflösen. Da wir mithin dieses vor unseren Augen sich so vollziehen sehen, dürfen wir schließen, dass aus denselben Gründen auch Harnblasensteinkranke mit Sauerbrunnen durch die Schärfe des Saftes naturgemäß in ähnlicher Weise geheilt werden können.

20. Es gibt aber auch Quellen, die gleichsam mit Wein gemischt sind, wie eine solche in Paphlagonien ist, von welcher diejenigen, die jenes Wasser trinken, ohne Wein betrunken werden. Zu Äquiculi in Italien aber und in den Alpen da, wo die Völkerschaft der Meduller wohnt, ist eine Wasserart, welche denen, die davon trinken, Satthälse verursacht.

21. In Arkadien dagegen ist eine bekannte Stadt namens Klitor, in deren Gebiet eine aus einer Höhle sprudelnde Quelle ist, durch welche die davon Trinkenden dem Wein abhold werden. An jener Quelle aber ist ein Epigramm in griechischen Versen in den Felsen gehauen, des Inhalts, dass jenes Wasser zum Baden nicht bloß nicht tauglich, sondern auch den Reben feind sei, weil bei jener Quelle Melampus die Töchter des Proitos durch Opfer

von der Raserei gereinigt und dem Verstand jener Jungfrauen die frühere ungetrübte Gesundheit wiedergegeben habe. Das Epigramm aber lautet wie folgt:

Landmann, wenn um Mittag dich und die Herden die Hitze
Drückt, die über Klitors weite Gefilde sich zieht,
Schöpfe sodann aus der Quelle den Trunk und lasse die Ziegen
Bei den Nymphen ruhn, welche am Bächlein sich freun.
Aber nimmer doch, wann du glühst vom feurigen Trunke,
Tauche den Leib in die Flut, dass dich die Quelle nicht letzt,
Fliehe die Quelle, der Rebe verhasst, seit einstens Melampus,
Da er die Schwestern wusch rein von der schrecklichen Wut,
Als er von Argos kam zu des rauen Arkadiens Bergen,
Alle läuternde Kraft heimlich für immer ihr nahm.

22. Auf der Insel Chios ferner ist eine Quelle, welche denjenigen, die so unklug sind, daraus zu trinken, den Verstand raubt. Auch dort ist ein Epigramm eingemeißelt, des Inhalts, dass zwar der Trunk aus jener Quelle angenehm sei, dass aber des daraus Trinkenden Sinne sich versteinern werden. Die Verse aber sind folgende:

Süß ist das Nass des kühlenden Trunkes, welches die Quelle
Ausströmt, aber es wird steinern des Trinkenden Sinn.

23. Auch in Susa, in welcher Stadt sich der Herrschersitz der persischen Könige befindet, ist eine Quelle, durch welche die, welche daraus trinken, die Zähne verlieren. Auch dort steht ein Epigramm geschrieben, des Inhalts, dass jenes Wasser zwar vortrefflich zum Baden sei, dass es aber, wenn man es trinke, die Zähne an den Wurzeln lockere. Die ins Griechische übersetzten Verse des Epigrammes lauten also:

Fremdling, du schaust allhier das Felsengewässer,
womit wohl
Jeder die Hände kann reinigen ohne Gefahr;
Bringst du aber ins Innere des Leibs das
schimmernde Wasser
An der Quelle Rand netzend die Lippe im Durst,
Alsogleich entfallen zur Erd die schneidigen Zähne
Und der Kiefer Gestalt wird durch
die Leere entstellt.

24. Es finden sich auch an einigen Plätzen Quellen, welche die Eigentümlichkeit haben, dass durch sie bei den Eingebornen jener Gegenden vortreffliche Singstimmen sich entwickeln, wie in Tarsus, in Magnesia und in anderen derartigen Gegenden. Zwanzig Meilen von der afrikanischen Stadt Zama, welche der König Juba mit einer doppelten Mauer umgab und dort seine Residenz aufschlug, ist ein befestigter Flecken namens Ismuk, dessen Gebiet durch eine unglaubliche Eigenschaft von den übrigen abgegrenzt und geschieden wird. Während nämlich Afrika die Mutter und Ernährerin der wilden Tiere, besonders der Schlangen ist, kommt im Gebiet jenes Städtchens keines zur Welt, und wenn einmal ein solches dahin gebracht wird, stirbt es sogleich; doch nicht bloß das,

sogar wenn Erde von dieser Gegend in eine andere gebracht wird, geschieht dasselbe auch dort. Derartige Erde soll es auch auf den Balearen geben, jene aber hat auch eine andere, noch wunderbarere Eigenschaft, von welcher ich folgendermaßen Kunde erhalten habe.

25. C. Julius, des Masintha Sohn[1], der die Ländereien jener ganzen Stadt in seinem Besitze hatte, leistete mit seinem Vater unter Cäsar Kriegsdienste[2]. Da er nun bei mir als Gast weilte, war es im täglichen Zusammenleben unvermeidlich, im Gespräch auf wissenschaftliche Dinge zu kommen. Als nun unter anderem unser Gespräch auf den Einfluss des Wassers und auf dessen Vorzüge kam, erzählte er, die Quellen in jenem Land hätten die Eigenschaft, dass die dort Geborenen vortreffliche Singstimmen erhielten, weshalb man immer schöne überseeische Jungen und reife Mädchen kaufe und sie miteinander verbinde, damit die von ihnen Erzeugten nicht bloß eine treffliche Stimme, sondern auch eine hübsche Gestalt erhielten.

[1] Die Handschriften nennen den C. Julius einen Sohn des Massinissa, was nicht unmöglich wäre, doch ist dabei nicht an den berüchtigten Dränger Karthagos, den Zeitgenossen des Scipio und Polybius, sondern an einen späteren gleichnamigen Sprössling des numidischen Königsgeschlechtes zu denken. Galiani aber bezieht hierher eine Stelle des Sueton (*Caes.* 71), woraus auf eine intime Freundschaft Cäsars mit Masintha von Numidien geschlossen werden kann, woraus sich weiterhin erklärt, dass des numidischen Fürsten Sohn den Namen C. Julius erhalten konnte.

[2] *cum patre Caesare militavit* nach den *Codd.* Dadurch wird der numidische Prinz in einem und demselben Satz mit zwei Vätern bedacht. Die einen Erklärer schlossen aus dem Namen des Prinzen auf ein galantes Abenteuer Cäsars, wonach diese Doppelheit einige Richtigkeit gewänne. Andere, welche glaubten, dass der Autor dem Sohn Cäsars, dem Augustus, derlei Anzüglichkeiten nicht so unverblümt sagen konnte, meinten, es sei mit dem Ausdruck *patre Caesare* der Vater des angeredeten Cäsar Augustus betont. Allein Vitruvius dürfte ihn lieber mit dem Prädikat *Divus* unterschieden haben. Am wahrscheinlichsten bleibt die Emendation Galianis und Marinis, wonach ein zwischen *patre* und *Caesare* eingeschobenes *sub* die ganze Schwierigkeit hebt.

26. Da die Natur den verschiedenen Dingen eine so große Mannigfaltigkeit zugeteilt hat, dass in dem menschlichen Körper, der nur teilweise aus erdigem Stoff besteht, doch viele Arten von Feuchtigkeit wie Blut, Milch, Schweiß, Harn, Tränen enthalten sind, so ist es, wenn in einem so kleinen Teilchen von Erdigem ein so großer Unterschied des Geschmacks gefunden wird, nicht zu verwundern, wenn in der Erde bei ihrer ungeheuren Größe unzählige Verschiedenheiten ihrer Säfte sich finden, durch deren Adern das Wasser hindurchfließt und damit gesättigt an die Quellmündungen gelangt, indem dadurch die Quellen wegen der Verschiedenheit des Bodens, wegen der Eigenschaften der Gegenden und wegen der unter sich unähnlichen Eigentümlichkeiten der Landstriche in ihren besonderen Arten ungleich und mannigfaltig werden.

27. Von diesen Verhältnissen aber habe ich manches durch eigene Untersuchung erforscht, das Übrige fand ich in griechischen Büchern, deren Verfasser Theophrastos[1], Timäos[2], Poseidonios[3], Hegesias[4], Herodot, Aristeides und Metrodoros[5] sind, welche durch sehr aufmerksame Beobachtung und durch unermüdlichen Eifer es dahin gebracht haben zu erklären, dass die Eigen-

[1] Schüler des Aristoteles. Sein wahrer Name war Tyrtamos, aber wegen seiner Beredsamkeit wurde ihm erst der Name Euphrastos, später Theophrastos beigelegt.

[2] Wahrscheinlich ein Lokrer und Zeitgenosse des Sokrates.

[3] Vielleicht jener Poseidonios aus Rhodos, den Pompejus und Cicero hörten, ein Schüler des Panaitios.

[4] Von diesem wissen wir durch Columella und Varro nur, dass er aus Maronea in Thrakien und ein Philosoph war. Es wäre möglich, dass ursprünglich der Name Ktesias an der Stelle des fraglichen gestanden habe, der von Plinius (XXXI. 5, 15) bei Besprechung der Eigentümlichkeiten der Gewässer als seine Quelle genannt wird.

[5] Welcher von den bekannten Aristeides und Metrodoros gemeint sei, ist ungewiss.

tümlichkeiten des Bodens, die Beschaffenheit der Gegend und die guten Eigenschaften des Wassers von dem Himmelsstrich bedingt werden. Ihrem Vorgang folgend habe ich bezüglich der Mannigfaltigkeit des Wassers in diesem Buch dargelegt, was ich für ausreichend hielt, um durch diese Beschreibung den Menschen die Auswahl von Quellen, von welchen sie Brunnenleitungen nach den größeren und kleineren Städten führen können, zu erleichtern.

28. Denn keines von allen Dingen dürfte für den Gebrauch ein so wichtiges Bedürfnis sein als das Wasser: Alle lebenden Wesen nämlich könnten, wenn sie der Getreidefrucht beraubt würden, mit Baumfrüchten oder Fleisch oder Fischen oder, wenn sie auch irgendeiner von diesen Speisen beraubt würden, mit den übrigen ihr Leben fristen; ohne Wasser aber kann weder ein tierischer Körper geboren und erhalten noch irgendeine Speise tauglich bereitet werden. Daher sind in Rücksicht auf die Wohlfahrt des menschlichen Lebens die Quellen mit großer Vorsicht und Mühe auszuwählen.

Viertes Kapitel
Untersuchung des Wassers

1. Die Untersuchung und Erprobung der Quellen aber ist auf folgende Weise vorzunehmen. Wenn sie selbst hervorquellen und offen zutage liegen, so beobachte und erforsche man, ehe man die Leitungsarbeiten beginnt, genau, von welcher Gliederbeschaffenheit diejenigen seien, die rings herum wohnen, und wenn diese kräftig sind, eine gesunde Hautfarbe haben, nicht an den Beinen leiden

und nicht triefäugig sind, so werden sie vollständig erprobt sein. Wenn ferner ein neuer Brunnenquell gegraben wurde und das Wasser, welches man in ein korinthisches Gefäß oder in ein anderes von guter Bronze gespritzt hat, keine Flecken zurücklässt, so wird es sehr gut sein. Auch das Wasser ferner, von welchem man in einem ehernen Gefäße gekocht, es dann eine Zeit lang stehen gelassen und endlich abgegossen hat, ohne dass sich ein sandiger oder schlammiger Niederschlag am Boden des Gefäßes findet, wird vollkommen gebilligt werden können.

2. Auch wenn Gemüse mit jenem Wasser in ein Gefäß gebracht und ans Feuer gesetzt schnell gar gekocht ist, so ist das Wasser als gut und gesund erwiesen. Nicht minder wird auch ein Quellwasser, wenn es klar und durchsichtig ist und wenn, wohin es immer hingelangt oder hinfließt, dort weder Moos noch Binsen wachsen, noch ihr Bett von irgendeinem Niederschlag beschmutzt, sondern von reinem Aussehen sein wird, sich selbst als ein treffliches und sehr gesundes kennzeichnen.

Fünftes Kapitel

Nivellierung zu Wasserleitungen und hierzu gehörige Instrumente

1. Jetzt will ich von der Leitung des Wassers zu Wohnungen und Städten handeln. Das Erste, was man dabei vorzunehmen hat, ist das Nivellieren. Man nivelliert aber mit dem Diopter (Visierinstrument) oder mit der Wasserwaage oder mit dem Chorobat (Grundwaage); allein am genauesten mit dem Letzteren, weil Diopter und Wasserwaage unzuverlässig sind. Der Chorobat aber besteht aus

einem etwas längeren Richtscheit von etwa zwanzig Fuß, welches an den äußersten Enden ganz gleichartig gefertigte Schenkel hat, die in die Enden des Richtscheites nach dem Winkelmaß eingefugt sind, und Streben[1] zwischen dem Richtscheit und den Schenkeln, die durch Einzapfung festgemacht sind. Diese Streben haben lotrechte Linien aufgezeichnet, und diesen einzeln entsprechend hängen von dem Richtscheit Bleilote herab, welche, wenn das Richtscheit aufgestellt ist und wenn sie genau auf die verzeichneten Linien einspielen, eine waagrechte Lage anzeigen.

2. Wenn aber der Wind störend einwirkt und die Linien durch die so hervorgebrachte Bewegung kein verlässliches Kennzeichen mehr darbieten können, dann soll das Instrument oben eine Rinne von sechs Fuß Länge, einem Zoll Breite und anderthalb Zoll Tiefe haben, in welche man Wasser hineinzugießen hat, und wenn nun das Wasser in durchaus gleicher Höhe den Rand der Rinne berührt, so wird man wissen, dass die Lage waagrecht sei. Hat man so mit jenem Chorobat das Niveau ermittelt, so ergibt sich auch das Verhältnis des Gefälles.

3. Es könnte aber vielleicht jemand, der des Archimedes Bücher gelesen, einwenden, dass man mit Wasser keine verlässliche Nivellierung vornehmen könne, weil das Wasser nach dessen Ansicht keine waagrechte Oberfläche bilde, sondern eine sphäroidische Figur beschreibe und dort ihren Mittelpunkt habe, wo ihn auch die Erde hat. Allein mag nun das Wasser eine Ebene oder ein Sphäroid bilden, so besteht doch die Notwendigkeit,

[1] *transversaria*, schräge Hölzer, die sich zu dem beiderseitigen rechten Winkel, welchen die Schenkel mit den Enden des Horizontalbalkens bilden, verhalten wie die Hypotenuse.

dass die beiden Enden der Rinne auf dem Richtscheit, wenn dieses in waagrechter Lage ist, das Wasser in einer beiderseits gleichen Höhe halten. Wenn aber das Instrument schräg geneigt ist, so wird auf der Seite, welche durch ihre Erhebung auch die Rinne auf dem Richtscheit höher stellt, das Wasser den Rand der Rinne nicht berühren. Denn notwendig muss das Wasser, wohin man es auch gießen mag, in der Mitte eine Schwellung und Krümmung haben, an den Enden zur Rechten und Linken aber beiderseits unter einer waagrechten Linie liegen. Ein Muster von einem Chorobat aber wird sich am Ende dieses Buches verzeichnet finden[1]. Ist nun das Gefälle stark, so wird der Lauf des Wassers erleichtert, wenn es aber Unterbrechungen durch Talsenken gibt, so wird man durch Unterbauten nachhelfen müssen.

Sechstes Kapitel

Leitung des Wassers, das Brunnengraben, die Zisternen

1. Die Leitung des Wassers geschieht auf dreierlei Art: als Quellbach in gebauten Rinnen oder in bleiernen Röhren oder in tonernen; dabei ist das Verfahren folgendes: Wird das Wasser in Rinnen geleitet, so mache man das Mauerwerk so dauerhaft als möglich und sorge dafür,

[1] Die verlorene Figur würde nach dem Text leicht zu ergänzen sein. Man stelle sich nämlich eine lange niedrige Bank vor, die rechtwinklig angesetzten kurzen und massiven Beine noch mehr befestigt durch schräge Verbindungshölzer, welche zu den rechtwinkligen Dreiecken, wie sie das waagrechte Nivellierstück und die Beine bilden, die Hypotenuse geben. An diesen schrägen Verbindungshölzern aber waren die senkrechten Linien verzeichnet, auf welche die am Nivellierstück angeknüpften Schnüre der Senklote einspielen mussten, wenn der Apparat waagrecht stand.

dass die Sohle der Rinne ein Gefälle von mindestens einem halben Fuß aus je hundert Fuß Länge erhalte[1], und überwölbe die gemauerte Rinne, damit die Sonne so wenig als möglich auf das Wasser Einfluss habe, und wenn es an die Stadt kommt, errichte man einen Sammelraum[2] und mit diesem verbunden zur Aufnahme des Wassers ein dreifaches Reservoir und bringe an dem Sammelraum drei in gleichmäßiger Verteilung zu den drei Reservoirkammern führende Röhren an, welche Reservoirs so miteinander in Verbindung stehen, dass der Überschuss an Wasser in den beiden äußeren Kammern in die mittlere überfließt.

2. An der mittleren Kammer sodann werden die Röhren angebracht, die zu allen Bassinbrunnen und Springbrunnen führen, aus der zweiten sollen sie zu den Bädern[3] führen, woraus dem Staat jährliche Einkünfte erwachsen, und aus der dritten zu den Privathäusern. Die Gründe aber, warum ich eine solche Abteilung anordne, sind diese, damit es für den öffentlichen Gebrauch nicht daran gebreche; denn es kann demselben nicht entzogen werden, da jede Kategorie von oben an

[1] Das Gefälle war nicht überall gleich, und bei Plinius XXXI. 31 wird als Minimum sogar nur ein Viertelzoll bei einer Länge von hundert Fuß angegeben. Entweder glaubte man in augusteischer Zeit bei minder entwickelter Statik eines stärkeren Gefälles zu bedürfen, oder es ist, was noch wahrscheinlicher, durch Korruption ein halber Fuß statt eines halben Zolls in den Text gekommen.

[2] *castellum*, nach Festus ursprünglich *dividiculum* genannt. Doch würde die Bezeichnung Verteilungsraum der allgemeineren Bedeutung des Wortes *castellum*, welches auch für Fassungsraum an der Quelle wie für die wiederholten Sammelräume in der Leitungslinie selbst gebraucht wird, wenn auch hier, so doch nicht in den beiden letzteren Fällen passen.

[3] Unter den *balneae* dürfen natürlich nur die Privatunternehmungen und nicht die späteren Thermen verstanden werden, auf welche Letztere die Notiz von den dem Staat daraus erwachsenden Einkünften nicht passen würde, auch wurden für die Thermen der Kaiserzeit öfters besondere Aquädukte gebaut.

ihre gesonderten Leitungen hat, und diejenigen, welche das Wasser für sich in die Häuser leiten wollen, werden dies vermittelst Abgaben durch die Wasserleitungspächter erlangen.

3. Liegen aber Berge zwischen den Stadtmauern und dem Quellanfang, so hat man so zu verfahren, dass man einen unterirdischen Stollen nach dem oben beschriebenen Gefälle nivellierend treibt und dass man, wenn der Berg aus Tuff oder aus anderem Felsen ist, die Rinne in diesem selbst aussprengt, wenn aber der Boden aus Erde oder Sand besteht, den Stollen mit Wänden und überwölbt ausmauert und so die Leitung herstellt, und dass man in Abständen von zweihundertvierzig Fuß[1] auf denselben herab von oben senkrechte Schächte[2] abteuft.

4. Wenn aber die Leitung mit Bleiröhren hergestellt werden soll, so erbaue man zunächst an der Mündung der Quelle einen Fassungsraum und lege dann die Röhren, deren Durchmesser nach der Mächtigkeit der Quelle berechnet sein soll, von dem Fassungsraum bis zum Sammelraum innerhalb der Mauern. Die Röhren sollen nicht unter zehn Fuß Länge gegossen werden, und diese sollen einzeln, wenn sie hundertzöllig sind, ein Gewicht von 1200 Pfund, wenn achtzigzöllig, von 960, wenn fünfzigzöllig, von 600, wenn vierzigzöllig, von 480, wenn dreißigzöllig, von 360, wenn zwanzigzöllig, von 240, wenn fünfzehnzöllig, von 180, wenn zehnzöllig, von 120, wenn achtzöllig, von 96, wenn fünfzöllig, von 60 Pfund haben. Die Größenbezeichnung dieser Röhren aber wird aus der Breite nach Zoll genommen, welche die Bleibleche, bevor sie zur Röhre

[1] Vgl. Plin. XXXI. 31.
[2] Als Luftzüge (Wetterschächte).

zusammengebogen werden, haben: Wenn man z. B. aus einem Blech, welches fünfzig Zoll breit ist, eine Röhre macht, so wird diese eine fünfzigzöllige genannt und auf eine entsprechend ähnliche Weise die übrigen.

5. Eine solche Leitung aber, welche mit Bleiröhren hergestellt werden soll, wird also auszuführen sein. Wenn der Anfang derselben in Rücksicht auf die Stadtmauer im gehörigen Höhenverhältnis steht und die zwischenliegenden Hügel nicht zu hoch sind, um ein Hindernis in den Weg zu legen, so ist es nötig, die Talsenken zwischen ihnen bis zum Niveau der Leitung zu unterbauen, ebenso wie bei den Quellbach- und Rinnenleitungen, wenn aber der Umweg nicht lang sein wird, so führe man die Leitung (um dieselben) herum[1]; wenn sich aber die Täler in weiterer Ausdehnung hinstrecken, so wird man die Leitung an dem Abhang herabführen; sodann unten angelangt, gibt man ihr einen nicht hohen Unterbau, sodass sie so lange als möglich in demselben Niveau bleibe: Dies aber wird der Bauch sein, den die Griechen Koilia (Bauchhöhlung) nennen: Erreicht dann die Leitung die gegenüberliegende ansteigende

[1] Perrault vermutet, dass hier etwas ausgefallen sei, nämlich, »wenn höhere Berge im Weg sind«, so solle die Leitung um dieselben herumgeführt werden, vorausgesetzt, dass der Umweg nicht zu groß sei. Nach dieser von Schneider gebilligten Erklärung fehlt aber auch weiterhin die Vorschrift, was dann zu tun sei, wenn der Umweg zu groß ist, und man müsste erwarten, dass dann unser Autor einen Tunnelbau anordne. Marini, weniger geneigt als Schneider, hier eine Lücke anzunehmen, gibt dafür die ganz unzulässige Erklärung, dass man dann, wenn die Leitung von Anfang zu Ende in direkter Linie zu kurz wäre, mäßige Umwege machen solle! Ich finde beide Erklärungen ganz verfehlt und sehe keine Lücke. Der Satz *sin autem non longa erit circumitio, circumductionibus* steht im genauen Zusammenhang mit dem Vorausgehenden und besagt offenbar, dass man dann keine Aquäduktbrücken bauen solle, wenn man eine Talsenkung auf einem mäßigen Umweg an dem ein Talbecken einschließenden Höhenzug umgehen kann. Deshalb fährt auch Vitruv fort: *Sin autem valles erunt perpetuae*, d. h. wenn sie keine Talbecken, die man überbrücken oder umgehen kann, sondern ausgedehntere und nicht so eng eingeschlossene Tiefen sind …

Seite, so ist sie durch den langen Zwischenraum des Bauches sanft angeschwellt und wird so zum Gipfel der Anhöhe aufwärtsgepresst.

6. Wenn man dagegen in Tälern keinen Bauch angelegt noch einen waagrechten Unterbau hergestellt hat, sondern die absteigende Leitung nach aufwärts in einem Winkel bricht, so wird sie platzen und die Fügung der Röhren zerreißen. Auch im sogenannten Bauch sind Kammern anzulegen, damit durch diese die Gewalt des Luftdrucks abgeschwächt werde. Auf diese Weise werden diejenigen, welche das Wasser durch Bleiröhren leiten wollen, dies aufs Allerbeste ins Werk setzen können, weil sowohl die Senkungen als das Umgehen derselben, sowohl die sogenannten Bäuche als die Hebungen nach obigem Verfahren ausgeführt werden können, wenn das Niveau vom Anfang der Quelle bis zu den Stadtmauern das richtige Gefälle hat.

7. Ferner ist es nicht undienlich, in Abständen von 24 000 Fuß Sammelräume anzubringen, damit, falls einmal irgendeine Stelle Schaden nimmt, dadurch nicht das ganze Werk unbrauchbar wird und damit man leichter sieht, an welcher Stelle der Fehler liege. Aber jene Sammelräume dürfen weder bei einer Senkung noch in der vertieften Fläche des sogenannten Bauches, noch bei Hebungen, noch überhaupt an Tälern angebracht sein, sondern nur auf fortlaufender Ebene.

8. Will man aber mit geringerem Aufwand eine Wasserleitung legen, so hat man also zu verfahren. Man stelle Röhren aus dichtem Ton mindestens zwei Zoll stark her, jedoch so, dass diese Röhren sich nach einer Seite zu verjüngen, damit sie, eine in die andere hineingesteckt, sich aneinanderfügen können: Die Fugen derselben aber verstreiche man mit lebendem Kalk, der mit

Öl angemacht ist, und bringe an den Biegungen der beiden Enden der sogenannten Bauchfläche einen in diesem Winkel selbst gearbeiteten Block aus Rotstein an, der so durchbohrt ist, dass die letzte Röhre der Senkung in den Block eingefügt werden kann, und in ähnlicher Weise auf der anderen Seite die erste Röhre der Bauchebene; in derselben Art muss in der entsprechenden Hebung die letzte Röhre der Bauchebene in der Aushöhlung des Rotsteines stecken und die erste Röhre der Hebung ebenso eingefügt sein.

9. So wird durch die Bewahrung ungebrochener ebener Flächen, in welchen die Röhren sowohl der Senkung als der Hebung liegen, der Winkel nicht gesprengt werden. Es pflegt aber in Wasserleitungen ein so heftiger Luftdruck zu entstehen, dass er selbst die Steinblöcke zersprengt, wenn nicht das Wasser von der Quellfassung aus anfangs langsam und spärlich hineingelassen wird und an den Winkeln oder Kurven durch Bänder oder durch eine daraufgelegte Last von Sand bezwungen wird. Das Übrige ist alles wie bei einer Bleiröhrenleitung einzurichten. Ferner schütte man, ehe man zum ersten Mal das Wasser von der Quellfassung hineinlässt, Asche hinein, damit die Fugen, falls sie hin und wieder nicht gehörig verstrichen sein sollten, durch die Asche verklebt werden.

10. Es haben aber solche Tonröhrenleitungen die Vorteile, dass erstlich, wenn die Anlage irgendeine Beschädigung erlitten hat, jeder sie ausbessern kann und dass auch das Wasser aus Tonröhren viel gesünder ist als aus Bleiröhren; denn das durch Blei geleitete Wasser scheint deshalb nachteilig zu sein, weil aus dem Blei Bleiweiß entsteht, welches dem menschlichen Körper schädlich sein soll. Wenn daher das, was daraus entsteht, nachteilig ist, so un-

terliegt es keinem Zweifel, dass es auch an und für sich nicht der Gesundheit zuträglich sei.

11. Einen Beweis aber können wir von den Bleigießern nehmen, welche eine ganz bleiche Hautfarbe haben; wenn nämlich beim Gießen das Blei geschmolzen wird, legt sich der davon abgehende Dampf auf die Glieder und entzieht, Tag für Tag herausbrennend, den Gliedern das Blut. Deshalb dürften Wasserleitungen mit Bleiröhren am wenigsten herzustellen sein, wenn man will, dass jenes Wasser gesund sei, und dass auch der Geschmack des Wassers aus Tonröhren besser sei, darauf weist schon der tägliche Gebrauch hin, weil alle, welche gleichwohl reiche Gedecke von Silbergefäßen haben, doch sich tönerner Geschirre bedienen, welche die Reinheit des Geschmackes nicht benachteiligen.

(VII.) 12. Wenn es aber keine Quellen gibt, womit man die Wasserleitungen speisen könnte, muss man Brunnen graben. Beim Brunnengraben aber verschmähe man die Überlegung nicht, sondern ziehe die naturgemäßen Gründe der Dinge sehr genau und ernstlich in Betracht, da die Erde viele und mannigfache Wesenheiten in sich enthält. Sie ist nämlich, wie die übrigen Dinge, aus vier Elementen zusammengesetzt: Fürs Erste besteht sie aus dem Erdigen selbst, dann hat sie von dem feuchten Element die Quellen, ferner enthält sie Wärme, woraus Schwefel, Alaun und Erdharz entstehen, und endlich schreckliche Luftströmungen, die, wenn sie durch die Klüfte und Adern der Erde mit Dünsten geschwängert auf eine Brunnengrabung gelangen und dort mit Graben beschäftigte Menschen treffen, wie durch gewöhnlichen Dampf in der Nähe derselben den Atem hemmen, sodass die, welche nicht schleunigst aus der Grube entfliehen, dort zugrunde gehen.

13. Um aber dies zu verhüten, verfahre man also. Man lasse eine angezündete Lampe hinab, und bleibt diese brennend, so wird man ohne Gefahr hinabsteigen. Wird aber das Licht durch die Wucht des Dampfes ausgelöscht, so grabe man dann neben dem Brunnenschacht zur Rechten und Linken Wetterschächte, worauf die Luftströmung durch diese Wetterschächte gleichsam wie durch Nasenlöcher entweichen wird. Wenn dies so ausgeführt worden und wenn man zum Wasser gelangt ist, dann baue man dies ringsum mit Mauerwerk aus, damit die Adern nicht verschüttet werden.

14. Wenn aber der Boden hart ist oder die Wasseradern allzu tief liegen, dann hat man die von den Dachtraufen und von höher liegenden Orten abfließenden Wassermassen in Zisternen von signinischer Arbeit aufzufangen. Bei Anlegung signinischer Zisternen aber hat man also zu verfahren. Man beschaffe erstlich sehr reinen und sehr rauen Sand und schlage Basaltbruchsteine in Stücke, die nicht über ein Pfund schwer sein dürfen; dann mische man in der Mörteltruhe sehr strengen Kalk mit dem Sand, sodass fünf Teile Sand auf zwei Teile Kalk treffen, und schütte dazu noch die Bruchsteine in die Mörteltruhe: Dann wird die Zisterne bis an den beabsichtigten Höhenrand ausgegossen und mit eisenbeschlagenen Holzschlägeln festgetrieben.

15. Nachdem die Wände festgeschlagen sind, räume man das in der Mitte befindliche Erdreich bis an den unteren Rand des Wandverputzes weg, und nachdem man eine Ebene hergestellt, beschlage man auch die Sohle in der festgesetzten Dicke. Hat man aber solche Zisternen zu zweien oder dreien nebeneinander angelegt, damit sie vermittelst Durchsickerung ihr Wasser wechseln können, so wird sich dieses Wasser als viel ge-

sünder und wohlschmeckender bewähren. Denn wenn der Schlamm zur Ablagerung Gelegenheit findet, wird das Wasser klarer und ohne Geruch seinen Geschmack bewahren; wenn nicht, so wird es nötig sein, es durch Hineinwerfen von Salz zu klären.

Was ich von den Vorzügen und der Mannigfaltigkeit des Wassers, von dem Nutzen, den es gewährt, und von der Art und Weise, wie man es leitet und prüft, wusste, habe ich in diesem Buch niedergelegt: von dem Uhrenwesen dagegen und von der Einrichtung der Stundenzeiger werde ich im folgenden Buch handeln.

Neuntes Buch

Vorwort

1. Die alten Griechen haben den berühmten Wettkämpfern, welche in den olympischen, pythischen, isthmischen und nemeïschen Spielen gesiegt hatten, so große Auszeichnung zuerkannt, dass sie nicht bloß in der Festversammlung mit Palme und Siegeskranz stehend gefeiert wurden, sondern auch wenn sie mit dem Sieg in ihre Städte zurückkehrten, im Triumph auf einem Viergespann in die Stadt und zu ihrem väterlichen Haus gefahren wurden und von Staats wegen lebenslänglich aus den Staatsgefällen ihren Unterhalt bezogen. Im Hinblick auf dies nun wundere ich mich darüber, dass dieselben Auszeichnungen und selbst noch größere nicht auch den Schriftstellern, welche für alle Zeit allen Völkern unendliche Dienste leisten, zuteilgeworden sind. Das wäre würdiger gewesen, eingeführt zu werden: Denn während die Ringkämpfer durch Übung ihren Körper stählen, arbeiten die Schriftsteller, indem sie nicht bloß ihre eigenen Sinne, sondern auch durch ihre Bücher den Geist aller schärfen, ihre Lehren zum Zweck des Lernens aus.

2. Was nützt wohl der Krotoniat Milo dadurch, dass er nie besiegt wurde, den Menschen, oder was nützen die Übrigen, welche Sieger gleicher Art waren? Nur so lange sie selbst lebten, behaupteten sie eine hervorragende Stellung unter ihren Mitbürgern. Die Lehren des Pythagoras, des Demokrit, des Platon, des Aristoteles und der übrigen Weisen dagegen bringen, täglich von fortdauerndem Fleiß gepflegt, nicht bloß den Bürgern der Städte, denen

sie angehörten, sondern allen Völkern immer wieder neue und frische Früchte, wodurch diejenigen, welche sich von zarter Jugend an mit der Fülle von Wissenschaften sättigen, den höchsten Grad von Weisheit erlangen und in den Bürgergemeinden höhere Sitten, eine geordnete Rechtspflege und Gesetze einführen, ohne welche kein Staat gedeihlich bestehen kann.

3. Da mithin den Menschen so große Gaben sowohl für den Einzelnen als für das allgemeine Wohl durch die Weisheit der Schriftsteller dargeboten worden sind, geht meine Meinung dahin, dass diesen nicht bloß Palmzweige und Kränze zuerteilt, sondern auch Triumphe zuerkannt und dass dafür gestimmt werden sollte, ihnen einen Platz unter den Göttern zu weihen. Von dem aber, was sie zur Verbesserung des menschlichen Lebens Nützliches erfunden und erdacht, will ich aus vielem nur einzelnes wenige beispielsweise anführen, damit die Menschen es anerkennend zugestehen müssen, man müsse diesen notwendig jene Ehre erweisen.

4. Und so will ich zunächst von den vielen höchst brauchbaren mathematischen Lehrsätzen des Plato einen, und zwar so, wie er von diesem entwickelt worden ist, anführen. Wenn ein Raum oder Acker, der gleichseitig und ein Quadrat ist, in derselben Form verdoppelt werden soll, so wird sich die zugrunde zu legende Zahl, welche durch Multiplikation nicht gefunden wird, durch das Beschreiben von Linien finden. Damit aber verhält es sich also: Ein Quadrat, welches zehn Fuß lang und zehn Fuß breit ist, enthält hundert Quadratfuß. Wenn es also doppelt so groß gemacht werden und folglich zweihundert Quadratfuß bei gleichen Seiten enthalten sollte, so stellt sich die Frage, wie groß eine Seite eines solchen Quadrats werden solle, damit dasselbe durch Vermehrung mit sich selbst ei-

nem Flächeninhalt von zweihundert Fuß entspräche. Dafür aber kann niemand eine Zahl finden: Denn gesetzt, man nähme 14, so werden daraus, mit sich selbst vermehrt, 196: Nimmt man 15, so entstehen daraus 225.

5. Weil demnach diese Länge nicht durch eine Zahl ausgedrückt werden kann, so ziehe man in jenem zehn Fuß langen und zehn Fuß breiten Quadrat eine Diagonallinie (A B) von einem Winkel zum anderen, sodass es in zwei Dreiecke von gleicher Größe geteilt wird, und beschreibe unter Zugrundlegung der Länge der Diagonallinie über diese mit gleichen Seiten ein Quadrat: So werden, wie in dem kleineren Quadrat zwei Dreiecke von je fünfzig Quadratfuß Flächeninhalt durch die Diagonale verzeichnet wurden, in dem größeren vier von derselben Größe und demselben Inhalt an Quadratfuß sich ergeben. Auf diese Weise ward die Verdoppelung auf geometrischem Weg, so wie die Figur unten verzeichnet ist[1], von Plato entwickelt.

6. Pythagoras ferner zeigt uns, wie man einen rechten Winkel ohne die Manipulationen eines Handwerkers finden könne, und während die Werkleute das Winkelmaß mit großer Mühe kaum zur Vollkommenheit bringen kön-

[1] Die verlorene Figur ist selbstverständlich diese:

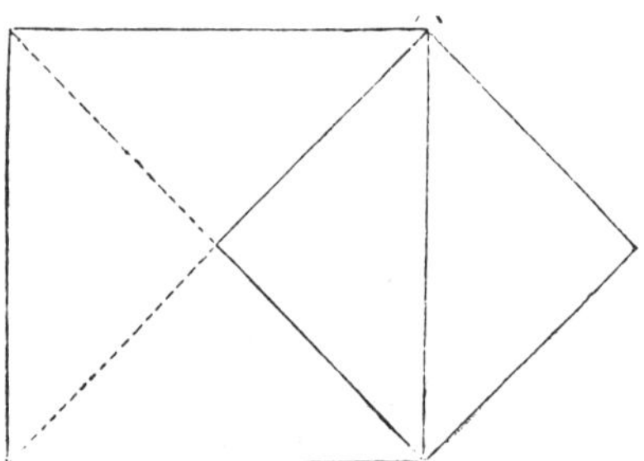

Fig. 29

nen, wird der rechte Winkel, wenn man ihn nach seinen Vorschriften berechnet und beschreibt, leicht und fehlerfrei hergestellt. Nimmt man nämlich drei Lineale, von welchen das eine drei, das andere vier, das dritte fünf Fuß lang ist, und verbindet diese so miteinander, dass sie, in Dreieckform ausgehend, an den äußersten Spitzen sich treffen, so werden sie einen ganz fehlerfreien rechten Winkel bilden. Beschreibt man aber unter Zugrundlegung der Länge der einzelnen Lineale auf diesen mit gleichen Seiten Quadrate, so wird dasjenige, dessen eine Seite drei Fuß misst, einen Flächeninhalt von neun Quadratfuß haben, dasjenige mit einer Seite von vier Fuß sechzehn Quadratfuß, und das mit einer Seite von fünf Fuß fünfundzwanzig Quadratfuß.

7. So wird denselben Flächeninhalt an Quadratfuß, welchen die zwei Quadrate mit dreifüßigen und vierfüßigen Seiten zusammengenommen enthalten, auch das eine über der fünffüßigen Seite beschriebene haben. Als Pythagoras diesen Lehrsatz erfunden hatte, soll er, nicht zweifelnd, dass ihm diese Erfindung von den Musen eingegeben worden sei, denselben den größten Dank gezollt und Opfertiere geschlachtet haben.

Dieser Lehrsatz aber ist außer seiner Nützlichkeit in vielen anderen Dingen und Messungen auch zum Bauen bei Anlage der Treppen sehr vorteilhaft, damit die Stufen die gehörige Steigung erhalten.

8. Teilt man nämlich die Höhe eines Geschosses von der oberen Seite der Balkenlage bis zum Niveau des unteren Fußbodens in drei Teile, so werden die schrägen Treppenbalken, wenn sie fünf solche Teile messen, die rechte Länge haben, vier solche Teile aber, wie deren senkrecht von der Balkenlage bis zum Fußboden drei sind, gehe man von jener senkrechten Linie zurück und

setze dort den Fuß der Treppenbalken ein: Denn so wird die Lage der Stufen und der Treppe selbst im richtigen Verhältnis stehen. Auch davon wird sich eine Figur verzeichnet finden[1].

9. Von all den vielen wunderbaren und mannigfachen, wohl auch unendlich sinnreichen Entdeckungen des Archimedes aber will ich nur die anführen, welche auf eine überaus kluge Weise gewonnen worden sein dürfte. Als nämlich Hieron, nachdem er zu königlicher Macht erhoben worden, für seine glücklichen Taten einen goldenen Kranz, den er gelobt hatte, in irgendeinem Heiligtum weihen wollte, ließ er diesen gegen Arbeitslohn anfertigen und wog das dazu nötige Gold dem Unternehmer genau vor. Dieser überliefert seiner Zeit das zur vollen Zufriedenheit des Königs gefertigte Werk, und auch das Gewicht des Kranzes schien genau zu entsprechen.

10. Als aber später Anzeige gemacht wurde, es sei Gold unterschlagen und dafür bei der Herstellung des Kranzes ebenso viel Silber beigemischt worden, da beauftragte Hieron, aufgebracht darüber, hintergangen worden zu sein, ohne einen Weg finden zu können, jene Unterschlagung zu erweisen, den Archimedes, die Ausfindigmachung eines solchen Überführungsweges auf sich zu nehmen. Dieser, damit eifrig beschäftigt, kam nun zufällig in ein Bad, und als er dort in der Wanne hinabstieg, bemerkte er, dass das Wasser in gleichem Maß über die Wanne austrete, in welchem er seinen Körper mehr und mehr in dieselbe niederließ. Sobald er nun auf den Grund dieser Erscheinung gekommen war, verweilte er nicht länger, sondern sprang von Freude getrieben aus der Wanne, und

[1] Die Figur des pythagoreischen Lehrsatzes zu reproduzieren, dürfte so überflüssig sein wie die Beschreibung der Treppe über der schrägen Linie der Hypotenuse.

nackend seinem Haus zulaufend, zeigte er mit lauter Stimme an, er habe gefunden, was er suche. Denn im Lauf rief derselbe auf Griechisch aus: εὕρηκα, εὕρηκα (Ich habe es gefunden!).

11. Dann soll er, von jener Entdeckung ausgehend, zwei Klumpen von demselben Gewicht, wie sie der Kranz hatte, den einen von Gold, den anderen von Silber zusammengestellt haben. Nachdem er dies getan, füllte er ein weites Gefäß bis an den obersten Rand mit Wasser und senkte dann den Silberklumpen hinein, worauf das Wasser in gleichem Maß herausfloss, als der Klumpen allmählich in das Gefäß getaucht wurde. Nachdem dann der Klumpen wieder herausgenommen war, füllte er das Wasser umso viel, als es weniger geworden war, das Neuzugegebene mit einem Sextar messend, wieder auf, sodass es in gleicher Weise wie früher mit dem Rand in gleiche Höhe kam. So fand er daraus, welches Gewicht Silber einem bestimmten Volumen Wasser entspräche.

12. Nachdem er dies erforscht hatte, senkte er den Goldklumpen in ähnlicher Weise in das volle Gefäß, und als er auch diesen herausgenommen, fand er, nachdem er das fehlende Wasser auf dieselbe Weise vermittelst eines Hohlmaßes nachgefüllt hatte, dass nun von dem Wasser nicht so viel abgeflossen war, sondern um so viel weniger, als ein Goldklumpen von gewissem Gewicht ein minder großes Volumen hat als ein Silberklumpen von demselben Gewicht. Nachdem er hierauf das Gefäß abermals gefüllt und den Kranz selbst in das Wasser gesenkt hatte, fand er, dass mehr Wasser bei dem Kranz als bei dem gleich wiegenden Goldklumpen abfloss, und entzifferte so aus dem, was mehr bei dem Kranz als bei dem Klumpen abfloss, die Beimischung des Silbers zum Gold und machte die Unterschlagung des Unternehmers offenbar.

13. Wenden wir dann den Blick auf das, was Archytas aus Tarent und Eratosthenes von Kyrene ausgedacht haben, denn diese haben viele und der Menschheit willkommene Entdeckungen auf mathematischem Gebiet gemacht. Auch in ihren übrigen Entdeckungen alle Anerkennung verdienend, kamen sie vorzugsweise durch ihren Wettstreit in einem Problem zu Ansehen. Denn sie brachten, jeder auf seine eigene Weise, zu Wege, was Apollo durch sein Orakel befohlen hatte, dass nämlich sein Altar zu Delos um das Doppelte seines Kubikinhaltes vergrößert werden sollte, wodurch die Bewohner der Insel Sühne finden sollten.

14. Die beiden haben nun dasselbe zustande gebracht, Archytas durch Berechnung vermittelst Halbzylindern, Eratosthenes durch Anwendung seines Mesolabion genannten Instrumentes[1]. Da alles dieses mit so großer und gründlicher Gelehrsamkeit erforscht ist, können natürlich diese Entdeckungen, wenn wir die Folgen der einzelnen Dinge erwägen, nicht ohne Eindruck auf uns bleiben; ich bewundere aber auch, viele Dinge mit Aufmerksamkeit verfolgend, des Demokrit Bücher über das Wesen der Dinge und dessen Abhandlung, welche Cheirokmeton betitelt ist, in welcher er auch mit seinem Ring auf weichem Wachs zu besiegeln pflegte, was er durch Versuche erprobt hatte.

15. Was demnach solche Männer ausgedacht, ist nicht bloß zur Verbesserung der Lebensweise, sondern auch zum Vorteil aller für alle Zukunft geschaffen. Die Berühmtheit der Athleten aber altert in kurzer Frist mit ihren Körpern, und diese können daher weder solange ihr Ruhm in höchster Blüte steht, noch der Nachwelt durch ihre Lehren, wie

[1] Ein Instrument, womit Eratosthenes die beiden mittleren Proportionallinien gewann.

dies durch das, was die Weisen für das menschliche Leben ausersonnen haben, geschieht, etwas nützen.

16. Indem aber weder der Trefflichkeit ihres Charakters noch der ihrer Lehren Auszeichnungen zuerkannt werden, erzwingt es dafür ihr auf höhere Regionen gerichteter und auf den Stufen des Andenkens zum Himmel emporgetragener Geist, dass nicht bloß ihre Lehrsätze, sondern auch ihre Persönlichkeiten in Ewigkeit bekannt sein werden. So werden diejenigen, deren Geist durch die Reize der Literatur angeregt ist, unfehlbar des Dichters Ennius Bild, wie das der Götter, weihevoll in ihrem Herzen tragen. Denen aber, welche sich nachhaltiger an den Gedichten des Accius ergötzen, dürfte nicht bloß die Kraft seiner Worte, sondern auch seine Persönlichkeit immer gegenwärtig sein.

17. Ferner werden mehrere, die nach unserem Zeitalter das Licht der Welt erblicken, mit Lukrez, gleichsam als ob er noch vor ihnen stände, über die Wesenheit der Dinge zu disputieren scheinen, mit Cicero dagegen über die Rhetorik; viele von unseren Nachkommen werden mit Varro über die lateinische Sprache ein Gespräch anknüpfen, und nicht minder werden auch mehrere gelehrte Literaturfreunde in vielfachen Erörterungen mit den griechischen Weisen Unterredungen zu halten scheinen. Und überhaupt haben die Aussprüche der weisen Schriftsteller, wenn sie, nachdem deren Leib dahingegangen, mit ihrem Alter immer mehr in Aufnahme kommend, bei Beratungen und gelehrten Unterhaltungen angewandt werden, ein größeres Ansehen, als das aller Gegenwärtigen ist.

18. Und so habe ich, o Cäsar, auf solche Gewährsmänner gestützt und ihre Gedanken und Ratschläge verwertend, diese Bücher verfasst, und nachdem ich vom ersten

bis siebenten von den Gebäuden und im achten vom Wasser gesprochen, werde ich in diesem von den Regeln für die Sonnenuhren, so wie sich diese mit den Strahlen der Sonne durch die Schatten des Sonnenzeigers ergeben haben, und von den Gesetzen, nach welchen sich diese (Schatten) verlängern oder verkürzen, handeln.

Erstes Kapitel

Der Gürtel der zwölf Sternbilder und die entgegengesetzte Bahn der Planeten

1. Das aber ist durch den göttlichen Geist so eingerichtet und erregt billig bei denen, welche es beobachten, große Verwunderung, dass der Schatten des Sonnenzeigers in der Zeit der Tagundnachtgleiche in Alexandria von anderer Länge ist,als in Athen, von anderer in Rom, und wieder abweichend in Placentia und an verschiedenen anderen Plätzen des Erdkreises. Daher differieren auch die Verzeichnungen von Uhren bei Veränderung des Ortes: Denn nach der Länge der Schatten während der Tagundnachtgleiche werden die Analemmafiguren verzeichnet, durch welche nach Maßgabe der Örtlichkeit und des Schattens der Sonnenzeiger die Stundenzeichen aufgetragen werden. Ein Analemma ist eine nach der Sonnenbahn erforschte und durch Beobachtung des von der Sommersonnenwende an wachsenden und von der Wintersonnenwende an abnehmenden Schattens erfundene mathematische Figur, nach welcher durch architektonische Regeln und Beschreibung von Kreislinien eine Vorstellung der Wirkung der Sonne im Weltraum gewonnen worden ist.

2. Der Weltraum aber ist der Inbegriff aller Dinge in der Natur, und der Himmel, der von den Gestirnen und den Sternenbahnen gebildet ist. Der Himmel dreht sich beständig um Erde und Meer, und zwar um die beiden Enden der Weltachse[1]. Denn an diesen Enden hat es die schöpferische Natur so angeordnet und diese Achsenenden gleichsam als Achsenpunkte angebracht, eines über Erde und Meer zuoberst im Weltraum und noch hinter den Sternen des großen Bären, das andere jenseits auf der entgegengesetzten Seite unterhalb der Erde im Süden, und dort rings um jene Achsenenden und diese als Achsenpunkt nehmend, hat sie kleine Kreise wie beim Drecheln verzeichnet, welche die Griechen Poloi nennen, nach welchen sich der Himmel in Ewigkeit dreht, und so ist natürlicherweise die Erde mit dem Meer an der Stelle des Mittelpunktes in die Mitte gesetzt.

3. Dies ist also von der Natur so angeordnet, dass der Mittelpunkt nördlich (das nördliche Achsenende) hoch über der Erde stehe, der südlich gegenüberstehende in dem unterhalb der Erde liegenden Raum von der Erde verdunkelt werde. Dann ist auch in der Mitte davon quer und gegen Süden schräg geneigt der breite Kreisgürtel der zwölf Sternbilder verzeichnet, welcher durch die in zwölf

[1] Der ganzen Darstellung liegt die im Altertum vulgäre Anschauung zugrunde, dass die Erde als Scheibe horizontal innerhalb des hohlkugelförmigen Himmels- oder Gestirnraumes schwebe, welche Himmelssphäre sich beständig rings um den Scheibenrand drehe. Es könne deshalb nur die nördliche Achse den auf der Oberfläche der Erde wohnenden Menschen sichtbar sein, da aber die beiden Achsenpunkte des Sternenhimmels, der Nord- und Südpol, in ihrer Verbindungslinie (Weltachse) sich nicht senkrecht zur Erde verhielten, so würde doch ein großer Teil der südlichen Gestirnhemisphäre auf der einen Seite sichtbar, welcher gegenüber ein entsprechend großer Teil der nördlichen Hemisphäre unterhalb der Erdscheibenoberfläche verschwände. Dies beträfe aber vorzugsweise den Tierkreis, welcher einen Gürtel bilde, der, zwischen beiden Polen in der Mitte liegend, die Himmelssphäre umschlinge.

gleichen Teilen verteilten Sterne die natürlichen Erscheinungen nach gebildeten verschiedenartigen Gestalten dieser Sternbilder zeigt. Und so verfolgen sie leuchtend, mit dem Himmelsraum und mit der Pracht der übrigen Gestirne rings um Erde und Meer sich herumdrehend, ihre Bahn nach der Kreisform des Himmels.

4. Alle aber sind je nach ihrer durch bestimmte Zeiten bedingten Stellung entweder sichtbar oder unsichtbar, und zwar so, dass, während sechs von diesen Sternbildern oberhalb der Erde am Himmel hinziehen, die übrigen, unterhalb der Erde ihren Lauf fortsetzend, von dem Schatten der Erde verdunkelt werden. Sechs von ihnen aber erglänzen immer über der Erde; denn ebenso viel als von dem äußersten Sternbild, das bei der Umdrehung durch die schräge Senkung niedergedrückt wird, unter die Erde untergeht, ebenso viel taucht von dem entgegengesetzten Sternbild, das durch die gemeinsame Umdrehung gebunden nach Vollendung seiner Kreisbahn wieder aufwärtsgedrängt wird, von den verborgenen und dunklen Orten ans Licht empor: Denn eine und dieselbe Kraft und Notwendigkeit bewirkt beides, sowohl Aufgang als Untergang.

5. Wie aber dieser Sternbilder zwölf sind und je den zwölften Teil des Weltraumes einnehmen und sich beständig von Ost nach West drehen, so kreisen in entgegengesetzter Bahn durch jene Sternbilder der Mond, der Merkur, die Venus, die Sonne, der Mars, Jupiter und Saturn, stufenweise hindurchziehend, das eine Gestirn in engerer, das andere in weiterer Kreisbahn, im Weltraum. Der Mond durchläuft in achtundzwanzig Tagen und ungefähr einer Stunde den Umkreis des Himmels und vollendet durch seine Rückkehr in das Sternbild, von welchem er ausgegangen, den Mondmonat.

6. Die Sonne aber geht einen vollen Monat durch den Raum eines Sternbildes, welcher der zwölfte Teil des Weltraumes ist, und vollendet so, nachdem sie in zwölf Monaten die Räume der zwölf Sternbilder durchzogen hat, durch ihre Rückkehr in das Sternbild, mit welchem sie begonnen hat, einen Jahrgang. Demnach durchmisst die Sonne denselben Kreis, welchen der Mond in zwölf Monaten dreizehnmal zurücklegt, innerhalb derselben Monate einmal. Die Sterne Merkur und Venus aber, die strahlende Sonne als ihren besonderen Mittelpunkt mit ihren Bahnen rings umkränzend, machen rückgängige Bewegungen und verzögern sich, verweilen auch wegen jener Umkreisung auf Standplätzen innerhalb der Sternbilderräume.

7. Dass aber dies sich so verhalte, kann man am besten aus der Venus ersehen. Denn diese erscheint, der Sonne nachfolgend, nach dem Untergang derselben sichtbar werdend am Himmel, und so ungemein glänzend wird sie Vesperugo (Abendstern) genannt: Zu anderer Zeit aber der Sonne vorauseilend, geht sie schon vor derselben auf und heißt dann Luzifer (Lichtträger, Morgenstern). So verweilen sie manchmal mehrere Tage in einem Sternbild und treten dann an anderen Tagen umso schneller in ein anderes Sternbild ein. Weil sie daher nicht eine gleiche Zahl von Tagen in den einzelnen Sternbildern verweilen, bringen sie das, um was sie vorher durch Verweilen zurückgeblieben sind, vorwärtseilend durch beschleunigten Lauf wieder herein, und so wird bewirkt, dass, wenn sie auch in einigen Sternbildern zurückbleiben, sie dennoch, indem sie sich von ihrem notwendigen Verhalten aufraffen, bald wieder die gehörige Stelle in ihrer Kreisbahn erreichen.

8. Merkur aber umkreist seine Bahn im Himmelsraum so, dass er, die Räume der Sternbilder durchziehend, an dem dreihundertundsechzigsten Tag wieder zu dem

Sternbild gelangt, von welchem aus er bei der vorausgehenden Umkreisung seinen Lauf begann, und somit verteilt sich seine Bahn so, dass er im Durchschnittsverhältnis dreißig Tage in jedem einzelnen Sternbild war.

9. Die Venus aber durchkreuzt, wenn sie von der Behinderung durch die Sonnenstrahlen frei ist, dreißig Tage lang den Raum eines Sternbildes; um was sie aber weniger als vierzig Tage in den einzelnen Sternbildern sich aufhält, das ersetzt sie, wenn sie einen Stillstand macht, in einem Sternbild sich aufhaltend, zur Gesamtsumme und kehrt daher, den ganzen Kreislauf am Himmel in vierhundertfünfundachtzig Tagen durchmessend, wieder in jenes Sternbild zurück, von welchem aus sie ihre vorige Bahn begonnen.

10. Mars dagegen gelangt, nachdem er in ungefähr sechshundertdreiundachtzig Tagen die Räume der Gestirne durchzogen, dahin, von wo aus er vorher seine Bahn begonnen: Und um was er im Verhältnis zu der ihm vorgesetzten Gesamtzahl von Tagen einige Sternbilder rascher durchzog, das ergänzt er, indem er Stillstand macht, wieder. Jupiter aber, ruhigeren Schrittes sich der Umdrehung des Weltraumes entgegen bewegend, kommt nach elf Jahren und dreihundertdreizehn Tagen ans Ziel und kehrt in jenes Sternbild zurück, in welchem er vor zwölf Jahren gewesen war. Saturn endlich, in neunundzwanzig Monaten und etlichen Tagen durch den Raum eines Sternbildes hindurchgehend, trifft nach neunundzwanzig Jahren und ungefähr hundertsechzig Tagen wieder in dem Zeichen ein, in welchem er dreißig Jahre vorher gewesen war, und scheint deshalb, weil er, je geringer sein Abstand von dem äußersten Rand des Weltraumes ist, eine umso größere Kreisbahn zu durchlaufen hat, langsamer zu sein.

11. Diese (Letzteren) aber, welche oberhalb der Sonnenbahn ihren Kreislauf verfolgen, schreiten namentlich

dann, wenn sie sich in einem (Sternbild-)Dreieck[1] befinden, in welches auch die Sonne eingetreten ist, nicht vorwärts, sondern verhalten sich rückwärtsgehend, bis die Sonne selbst von jenem Dreieck in ein anderes Zeichen übergegangen ist. Dies geschieht aber nach der Ansicht einiger so: Sie sagen, die Sonne sei, indem sie in einem gewissen Abstand weiter entfernt sei, den innerhalb diesem Raum auf dunklen Bahnen irrenden Gestirnen durch die länger anhaltende Verdunkelung hinderlich. Uns dagegen scheint sich dies nicht so zu verhalten. Denn der Glanz der Sonne ist im ganzen Weltraum wahrnehmbar und ohne irgendwelche Verdunkelung offen liegend, wie dies auch uns selbst dann, wenn diese Sterne zurückgehen und sich verhalten, offenbar ist: Und wenn demnach bei so großen Zwischenräumen unser Gesicht dies wahrnehmen kann, wie mögen wir dann uns dafür entscheiden, dass so dem Glanz und Schimmer der Gestirne Verdunkelung im Weg stehen könne!

12. Es steht mithin für uns folgende Erklärung fest: Wie die Wärme alle Dinge herauslockt und an sich zieht, so wie wir z. B. durch den Einfluss der Wärme die Früchte aus der Erde in die Höhe wachsen und ebenso die Wasserdämpfe von den Quellen durch die Lüfte zu den Wolken getragen sehen, aus demselben Grund zieht auch die gewaltige Einwirkung der Sonne mit ihren durch die Figur eines (Sternbild-)Dreieckes dringenden Strahlen die Ster-

[1] Die zu weit führende Erklärung dieser Theorie ist zumeist aus Ptolemäos (*Harm.* III. 9. und *M. Synt.* XII.) zu schöpfen. Hier mag bezüglich dieser Dreiecke genügen, sich zu vergegenwärtigen, dass man sich nicht bloß den Gürtel des Tierkreises in zwölf Teile geteilt dachte, sondern dass man die Teilungslinien nach Art unserer Längengradeinteilung bis an den Pol verlängerte, wo sie endlich alle zusammenliefen. Es entstand somit für jedes Sternbild des Tierkreises eine Art von gleichschenkligem Dreieck, dessen Grundlinie gleich dem zwölften Teil des Umfangs des Tierkreises und dessen Höhe gleich dem Abstand des Tierkreises vom Pol war.

ne an sich und lässt die vorankreisenden, sie gleichsam zügelnd und zurückhaltend, nicht mehr vorwärtsschreiten, sondern zwingt sie, zu ihr zurückzugehen, bis sie in das Sternbild eines anderen Dreiecks eintritt[1].

13. Man könnte aber vielleicht die Frage aufwerfen, warum denn die Sonne vielmehr in dem von ihr aus fünften Sternbild und nicht in dem ihr näher liegenden zweiten oder dritten diese Zurückhaltungen durch ihre Hitze bewirke. Ich will daher den Grund, aus welchem dies so geschehen dürfte, entwickeln. Die Strahlen der Sonne verbreiten sich in Geraden nach der Gestalt eines gleichseitigen Dreieckes im Weltraum: Dies aber reicht genau bis zum fünften Sternbild von der Sonne an gerechnet[2]. Wenn nämlich die Strahlen über den ganzen Weltraum ausgegossen in Kreislinien herumschweiften und nicht geradlinig in Dreieckform sich ausbreiteten, so würden sie das Näherliegende verbrennen. Dies scheint auch der griechische Dichter Euripides wahrgenommen zu haben: Er sagt nämlich, dass die Sonne das von ihr Entferntere heftiger brenne, das Nähere dagegen mäßig erwärme. Seine Worte im Stück Phaeton lauten aber also: **καίει τὰ πόρρω, τἀγγύθεν δ' εὔκρατ' ἔχει** (sie brennt das Ferne und hält in mäßiger Wärme das Nähere).

[1] So ändert Marini die dem Obigen widersprechende und unhaltbare Stelle, *non patitur progredi, sed ad se cogit regredi et in alterius trigoni signum esse*. Sollte die Änderung des letzten Satzes *et in alterius sq.* in *donicum in alterius … eat* zu gewaltsam sein, so könnte nur durch Versetzung abgeholfen werden, sodass die Stelle lautete: *non patitur progredi et in alterius trigoui signum esse, sed ad se cogit regredi.*

[2] Ich lese *ad quintum ab eo signum* statt des gewöhnlichen *ad quintum ab eo signo*, welche Änderung ich für zweifellos halte, obwohl ich bekenne, nicht zum vollen Verständnis dieser barocken Erklärung Vitruvs gelangen zu können. Einfacher wäre es vielleicht gewesen, sie mit Schneider und Marini ganz mit Stillschweigen zu übergehen. Möglicherweise ist hier etwas ausgefallen.

14. Wenn demnach die Sache selbst und deren Begründung und das Zeugnis eines alten Dichters dies so darlegt, so darf man sich meines Erachtens nicht anders entscheiden als in der Art, wie wir es oben angegeben haben. Jupiter aber, zwischen dem Mars und Saturn kreisend, verfolgt eine Bahn, die größer ist als die des Mars und kleiner als die des Saturn, und so scheinen auch die übrigen Sterne, je weiter sie von dem äußersten Rand des Himmels entfernt und mit ihrer Bahn der Erde zunächst sind, umso schneller zu kreisen, weil jeder von diesen, eine kleinere Kreisbahn beschreibend, öfter unterhalb weglaufend, an dem höher befindlichen Stern vorbeizieht.

15. Eine beispielsweise Vorstellung kann man also gewinnen. Wenn man auf eine Scheibe, wie sie die Töpfer gebrauchen, sieben Ameisen gesetzt und auf der Scheibe um deren Mittelpunkt ebenso viele konzentrische Kreisrinnen mit nach dem Rand der Scheibe zu immer mehr vergrößertem Durchmesser ausgehöhlt hat, in welchen die Ameisen ihre Kreisbahn durchlaufen müssen, und wenn man dann die Scheibe in entgegengesetzter Richtung dreht, so müssen diese Ameisen der Umdrehung der Scheibe entgegen nichtsdestoweniger ihre entgegengesetzte Bahn zurücklegen, und diejenige von ihnen, welche zunächst am Mittelpunkt ist, wird sie schneller durchlaufen, während diejenige, welche die äußerste Kreisbahn der Scheibe verfolgt, auch wenn sie mit gleicher Geschwindigkeit kriecht, doch wegen der Größe des Umkreises ihre Bahn viel langsamer zurücklegen wird. In ähnlicher Weise vollenden auch die schimmernden Gestirne (Planeten), der Bewegungsrichtung des Weltraumes entgegen, auf ihren besonderen Bahnen ihren Kreislauf, werden aber auch durch die Umdrehung des Himmelsraumes im täglichen Kreislauf in entgegengesetzter Richtung rückwärtsgerafft.

16. Dass aber von den Sternen die einen von gemäßigter Wärme, die anderen heiß und wieder andere kalt sind, davon scheint der Grund der zu sein, dass von allem Feuer die Flamme sich nach oben erhebt. Da mithin die Sonne den Luftraum, der über ihr ist, mit ihren Strahlen erhitzt, so macht sie den Raum, in welchem Mars seine Bahn hat, glühend, und so wird auch er von dem Sonnenbrand glühend. Saturn dagegen ist, weil er dem äußersten Rand des Weltraumes zunächst ist und die eisigen Himmelsregionen berührt, grimmig kalt. Somit dürfte Jupiter, da er zwischen den Kreisbahnen beider seine Bahn hat, zwischen der Kälte und Wärme beider in der Mitte liegend, die ihm dadurch zukommende vollkommen gemäßigte Wärme haben.

(II.) Von dem Gürtel der zwölf Sternbilder und von der Tätigkeit und der Bahn der sieben Planeten, von den Gesetzen und dem Zahlenverhältnis, wonach sie ein Sternbild nach dem anderen durchziehen, und von dem Umfang ihrer Bahnen habe ich, so wie ich dies von den Lehrern empfangen habe, gehandelt: Jetzt will ich von dem wachsenden und abnehmenden Licht des Mondes, so wie uns dies von unseren Vorgängern überliefert worden ist, sprechen.

Zweites Kapitel

Von dem wachsenden und abnehmenden Licht des Mondes

1. Berosos[1], welcher, von dem Staat oder vielmehr Volk der Chaldäer kommend, in Asien auch eine chaldäische Schule eröffnete, hat sich bezüglich des Mondes zu fol-

[1] Ob dieser Chaldäer Berosos derselbe sei, der unter Alexander dem Großen geboren, als Belpriester drei Bücher über die Chaldäer geschrieben, welche

gender Ansicht bekannt: Er sei ein Ball, der auf einer Seite leuchte, auf der anderen aber die Farbe des Himmels habe. Wenn er nun, seine Bahn verfolgend, unterhalb die Sonnenscheibe kommt, dann werde er von ihren Strahlen und von ihrer heftigen Hitze erfasst und seine leuchtende Seite wegen ihrer verwandten Lichteigentümlichkeit dem Licht zugewendet; wenn aber diese zu der Sonnenscheibe abgezogen nach oben schaut, dann werde der untere Teil desselben, da dieser nicht leuchte, wegen seiner Ähnlichkeit mit der Luft dunkel erscheinen, und wenn er so in senkrechter Linie zu den Strahlen der Sonne steht[1], so wird sein ganzes Licht in der Richtung nach oben festgebannt, und dann nennen wir ihn Neumond (erste Mondphase)[2].

2. Wenn er an der Sonne vorbeigehend nach der Ostseite des Himmels sich bewegt, lasse der Einfluss der Sonne nach und der äußerste Rand seiner leuchtenden Seite, eine ganz dünne Linie bildend, sende seinen Glanz auf die Erde, und dies werde die zweite Mondphase genannt; bei der durch die Umdrehung täglich vermehrten Umwendung werde sie die dritte, vierte und jeden folgenden Tag sofort genannt. Am siebenten Tag, wenn die Sonne im Westen ist, der Mond aber zwischen

er dem syrischen König Antiochus Soter zueignete, oder ob der Astronom von dem Geschichtschreiber zu unterscheiden sei, ist zweifelhaft. Dem Belpriester würden astronomische Kenntnisse wohl eignen, da z. B. der berühmte terrassierte Beltempel von Borsippa (Birs Nimrud), wie nach Strabo XVI. 739 zu vermuten ist, eine der hervorragendsten chaldäischen Sternwarten war. Vergl. meine Geschichte der Baukunst im Altertum S. 19–25. Wie aus dem sechsten Kapitel hervorgeht, gründete Berosos auf der Insel Kos eine Schule. Von hier aus wahrscheinlich machte sich auch Berosos durch seine astronomischen oder astrologischen Vorhersagen einen in Griechenland bekannten Namen, sodass ihm die Athener im Gymnasium eine Statue mit vergoldeter Zunge errichteten. (Plin. VII. 37.)

[1] D. h. in der Linie der Höhe des oben besprochenen Strahlendreiecks der Sonne.

[2] Hier *luna prima*, unten auch *luna nova* genannt.

Ost und Nord in der Mitte des Firmamentes steht, wende dieser, weil er um den halben Himmelsraum von der Sonne entfernt stehe, folglich die Hälfte seiner glänzenden Seite der Erde zu. Wenn dagegen Sonne und Mond um den ganzen Weltraum voneinander entfernt sind und die Sonne bei aufgehendem Mond zum Untergang gelangt, so werde der Mond, da er noch weiter von den Sonnenstrahlen absteht, am vierzehnten Tag wieder vollständig umgewendet als Vollmond erglänzen, und an den folgenden Tagen füge er sich, täglich bis an das Ende des Mondmonats abnehmend, in seiner Drehung und Bahn der Anziehung der Sonne gemäß unter deren Scheibe und Strahlen und bewirke so das Monatsystem der Tage.

3. Ich will indes auch die abweichende, aber mit großem Scharfsinn ausgeführte Erklärung, welche der Mathematiker Aristarchos von Samos[1] über denselben Gegenstand überlieferte, darlegen. Es entgeht ihm nämlich nicht, dass der Mond nicht selbst ein ihm eigentümliches Licht habe, sondern dass er wie ein Spiegel sei und seinen Glanz von der Einwirkung der Sonne empfange. Der Mond nämlich beschreibt von den unter den sieben Planeten den der Erde nächsten, mithin unter den Bahnen kleinsten Kreisring: So wird er in jedem Monat an dem Tag, an welchem er, bevor er vorüberzieht, unter die Sonne und deren Strahlen gelangt, verdunkelt und wird, wenn er in diesem Stellungsverhältnis zur Sonne steht, Neumond genannt. An dem folgenden Tag aber, an welchem er als zweite Mondphase bezeichnet wird, lässt er, an der Sonne vorbeiziehend, einen dünnen beleuchteten Kreisrand sichtbar werden; am

[1] Vgl. I. Buch 1. Kap. § 17. Anm. 1.

dritten Tag seiner Entfernung von der Sonne nimmt er zu und wird mehr beleuchtet; täglich aber sich weiter entfernend, leuchtet am siebenten Tag, wenn er von der untergehenden Sonne ungefähr um den halben Firmamentsraum entfernt in der Mitte steht, seine Hälfte, und zwar der der Sonne zugewendete und beleuchtete Teil.

4. Am vierzehnten Tag, wenn er um den Durchmesser des ganzen Weltraumes von der Sonne entfernt ist, wird er zum Vollmond und geht auf, wenn die Sonne am Untergang ist, deshalb, weil er in dem Abstand des ganzen Weltraumes derselben gegenübersteht und durch die Einwirkung der Sonne den Lichtglanz für die ganze Scheibe bezieht. Am siebzehnten Tag neigt er sich, wenn die Sonne aufgeht, zum Untergang. Am einundzwanzigsten Tag nimmt der Mond, wenn die Sonne aufgegangen ist, ungefähr die Mitte des Firmamentes ein, und die Seite gegen die Sonne hin ist beleuchtet, das Übrige dunkel. Indem er also Tag für Tag seine Bahn verfolgt, gelangt er ungefähr am achtundzwanzigsten Tag wieder unter die Strahlen der Sonne und vollendet so das Monatsystem.

(III.) Nun werde ich davon sprechen, wie die Sonne, je nachdem sie in den verschiedenen Monaten durch verschiedene Sternbilder hindurchgeht, die Länge der Tage und Stunden vermehrt und vermindert[1].

[1] Die Römer teilten nicht Tag und Nacht zusammen in vierundzwanzig gleiche Stunden, sondern nur den Tag in zwölf. Daraus folgt, dass im Winter die Stunden des Tages viel kürzer waren als im Sommer.

Drittes Kapitel

Verlängerung und Verkürzung der Tagesstunden je nach dem Durchgang der Sonne durch die verschiedenen Sternbilder

1. Wenn nämlich die Sonne in das Sternbild des Widders eintritt und den achten Teil desselben durchzieht, so bewirkt sie die Frühlingsnachtgleiche. Wenn sie zu dem Schweif des Stieres[1] und dem Siebengestirn, aus welchem die vordere Hälfte des Stieres hervorragt, vorwärtsschreitet, rückt sie über die südliche Hälfte des Weltraumes hinaus und tritt in die nördliche ein. Wenn sie vom Stier in die Zwillinge eintritt zur Zeit des Aufgangs des Siebengestirnes, so verlängert sich ihr Aufenthalt über der Erde und sie vermehrt die Länge der Tageszeit. Geht sie dann von den Zwillingen zum Krebs, wo ihre Bahn am Himmel die längste ist[2], so erfolgt, wenn sie den achten Teil des Sternbildes zurückgelegt hat, die Sonnenwendezeit, und weiterziehend gelangt sie zum Haupt und zur Brust des Löwen, welche Teile zum Sternbild des Krebses gerechnet werden.

2. Nachdem aber die Sonne aus der Brust des Löwen und aus den Grenzen des Sternbildes des Krebses heraus-

[1] Sonst gab die Vorstellung der Alten nur das Vorderteil des Stieres. Doch auch Plinius (II. 41) spricht von der *cauda Tauri*.

[2] Dies muss jedenfalls der Sinn der sehr verderbten Stelle *qui brevissimum tenet coeli spatium* sein, wie aus der den kürzesten Tag bezeichnenden entgegengesetzten Stelle beim Durchgang durch den Schützen und Steinbock unten *ad partem octavam brevissimum coeli percurrit spatium* hervorgeht. Dies hat schon Barbarus bemerkt, ohne dass eine ausreichende Änderung erfolgte, und wenn Marini richtig an erster Stelle, statt *brevissimum*, *longissimum* setzt, so genügt auch dies nicht, da sich das Relativ auf *cancer* und nicht auf *sol* bezieht. Entsprechender wäre die Änderung *quo longissiumum percurrit coeli spatium*. Vgl. unten § 3, *brevissimum coeli percurrit spatium*, wenn von der entgegengesetzten Jahreszeit der Wintersonnenwende die Rede ist.

getreten, lässt sie, die übrigen Teile des Löwen durchziehend, die Länge des Tages und ihrer Kreisbahn abnehmen und kehrt wieder zu einer Bahn zurück, welche der durch die Zwillinge gehenden gleich ist. Dann aber von dem Löwen in die Jungfrau übertretend und bis zu dem Faltenüberschlag ihres Kleides[1] vorgehend, verengert sie ihre Kreislinie und macht ihre Bahn derjenigen gleich, welche sie im Stier hat. Von der Jungfrau aber durch den Faltenüberschlag, welcher die ersten Teile des Sternbildes der Waage bildet, zum achten Teil des Letzteren vorwärtsgehend, bewirkt sie die Herbstnachtgleiche und macht da den Umkreis ihrer Bahn gleich demjenigen, wie er im Sternbild des Widders war.

3. Wenn aber die Sonne in den Skorpion eingetreten ist in der Zeit des Untergangs des Siebengestirns, lässt sie, in die Südhälfte des Weltraumes übergehend, die Länge der Tage abnehmen. Wenn sie vom Skorpion weiterrückend in das Sternbild des Schützen eintritt und zu den Schenkeln desselben gelangt, kreist sie in noch mehr verengerter Tagesbahn. Wenn sie aber von den Schenkeln des Schützen, welcher Teil schon zum Sternbild des Steinbocks gerechnet wird, anfangend, den achten Teil des Letzteren zurücklegt, durchmisst sie die kürzeste Bahn am Himmelsraum, und so kommt von der Kürze der Tageszeit der Name dieser Zeit (Wintersonnenwende) Bruma oder Brumaltage[2]. Vom Steinbock aber übergehend in den Wassermann, vermehrt sie die Länge der Tageszeit wieder und macht sie derjenigen, wie sie beim Durchgang durch die Bogenschützen gewesen, gleich. Vom

[1] *sinus vestis*, d. h. der über die Gürtung überschlagende und bis zu den Hüften herabhängende Faltenbausch des griechischen Peplon oder der römischen Palla.

[2] *bruma*, von *brevis*.

Wassermann in die Fische eingetreten, gewinnt sie in der Zeit, in welcher der Favonius (Westwind) weht, eine Bahn, welche der durch den Skorpion hindurchgehenden gleich ist. So verlängert und verkürzt die Sonne, während sie durch jene Sternbilder ringsum hindurchgeht, zu gewisser Zeit die Dauer der Tage und Stunden.

(IV.) Nun will ich von den übrigen Sterngruppen, welche, zur Rechten und Linken von dem Sternbildergürtel auf der südlichen und nördlichen Seite des Weltraumes sich befindend, durch die in gewissem Verhältnis angeordneten Sterne gebildet sind, sprechen.

Viertes Kapitel

Die Sterngruppen des Ostens zur Rechten zwischen dem Sternbildergürtel und dem Großen Bären[1]

1. Es hat nämlich der Große Bär, welchen die Griechen Arktos (Bär) oder Helike (das um seine Achse kreisende Gestirn) nennen, hinter sich gestellt den Hüter. Nicht weit davon entfernt zeichnet sich die Jungfrau, über deren rechter Schulter ein überaus glänzender Stern schimmert, den wir Römer Provindemiator (der Vorwinzer), die Griechen Protrygetes (der Stern vor der Weinlese) nennen, es glänzt aber noch mehr die Ähre der Jungfrau. Ein anderer Stern ferner ist gegenüber dem Wächter des Bären zwischen die Beine gestellt, und dieser wird Arkturos (Bären-

[1] Dieses und das folgende Kapitel, in Handschriften und Ausgaben an vielen Stellen bis zur Unverständlichkeit verderbt, ist ganz nach Marinis Herstellung des Textes, die auf gründlicher Verwertung der klassischen Schriften über Astronomie unter Beiziehung des Himmelsglobus von dem farnesischen Atlas in Neapel (Abb. bei Marini und Jughirami, *Monumenti Etruschi* Vol. VI.) beruht.

schwanzstern) genannt, weil er in dieser Stelle angenommen wird.

2. Bei dem Kopf des Großen Bären und in einer Stellung, deren Linie zu den Beinen der Zwillinge einen Winkel bildet, steht auf der Spitze des Hornes der Fuhrmann, ferner enthält der Fuhrmann ganz unten an dem Fuß, welcher auf der Spitze des linken Hornes steht, einen Stern, und andere Sterne, welche Zicklein genannt werden, sind in der Hand des Fuhrmanns, die sogenannte Ziege auf seiner linken Schulter. Oberhalb des Stieres und des Widders ist der laufend dargestellte Perseus, zur Rechten über sich den Fuhrmann und unter sich als Standort das Siebengestirn habend, während sich zur Linken das Haupt des Widders befindet, und mit der rechten Hand sich auf das Bild der Kassiopeia stützend, hält er mit der linken das Gorgoneion, es der Andromeda zu Füßen legend.

3. Neben der Andromeda dann sind die Fische und der Leib des Pferdes (Pegasus) und die Flügel, welche sich über das Rückgrat des Pferdes erheben, von dessen Unterleib der leuchtendste Stern die Grenze des Pferdleibes und des Hauptes der Andromeda bildet: Die rechte Hand der Andromeda ist oben auf das Bild der Kassiopeia gelegt, die linke an den nordöstlichen Fisch. Ferner das Bild des Wassermanns über dem Kopf des Pferdes, welches Letzteren Ohren die Flasche des Wassermanns berühren. Kassiopeia ist in die Mitte (der Seite) gesetzt; über den Steinbock in die Höhe der Adler und der Delfin, neben ihnen ist der Pfeil. Weiterhin kommt der Vogel (Schwan), dessen rechter Fittich Hand und Szepter des Kepheus berührt, während der linke sich auf Kassiopeia stützt: Unterhalb des Schwanzes des Vogels befinden sich die Beine des Pferdes. In dem engen Raum zwischen ihnen windet sich

der Delfin. Dem Schnabel des Schwanes gegenüber ist die Lyra vorangestellt.

4. Über den Sternbildern des Schützen, des Skorpions und der Waage ferner ist die Schlange, welche mit dem Ende ihres Rachens den Kranz berührt; diese Schlange hält Ophiuchos (der Schlangenmann), mit seinem linken Fuß mitten auf das Gesicht des Skorpions tretend, mit seinen Händen in der Mitte. Weiterhin zur Seite des Hauptes des Ophiuchos und unweit davon ist das Haupt desjenigen, welcher der Kniende[1] genannt wird; die begrenzenden Scheitellinien der beiden Köpfe aber sind ziemlich leicht zu unterscheiden, weil sie nicht von schwach leuchtenden Sternen gebildet werden.

5. Der Fuß des Knienden stützt sich auf die Schläfe jener Schlange[2], die sich zwischen den beiden Bären, welche die Nordgestirne heißen, ringelt. Zwischen den Schultern des Bärenwächters und des Knienden ferner ist der Kranz angesetzt. Im nördlichen Polarkreis aber sind die beiden Bären, und zwar mit einander zugewandter Rücklinie und mit abgewandter Brust; der kleinere von diesen wird von den Griechen Kynosura (Hundeschwanz), der größere Helike genannt; ihre Köpfe sind so gestellt, dass sie nicht zusammenschauen, die Schwänze dagegen sind in der Darstellung so angebracht, dass sie wechselseitig vor dem Kopf des nachfolgenden Bären stehen.

6. Der Stern, welcher Polarstern genannt wird und welcher sich bei ihnen ganz oben befindet, leuchtet am hellsten und ragt, die Sterne beider übertreffend, am meisten hervor. Die Schlange ferner soll sich mit dem Schweif

[1] Nach Eratosthenes u. a. Herakles als Schlangentöter, nach Hegesianax (bei Hyginus) Theseus, der zu Trözene den Stein aufhebt, unter welchem seine bekannten Erkennungszeichen, Schwert und Sandalen, ruhen.

[2] Oft Drache genannt.

noch bis ungefähr an den Kopf des Großen Bären[1] erstrecken, ungefähr bei dem Kopf des Kleinen Bären schlingt sie einen Knoten und streckt sich dann dessen Füßen zunächst hin, dann aber noch einen Ring bildend und wieder aufgerollt, wendet sie sich erhebend ihren Rachen und die rechte Schläfe ihres Kopfes zurück von dem Kopf des Kleinen Bären zu dem Schwanz des Großen. Über dem Schwanz des Kleinen Bären ferner sind die Füße des Kepheus, und dort an der höchsten Spitze sind Sterne, welche ein gleichseitiges Dreieck bilden. Über dem Sternbild des Widders, des Kleinen Bären und dem Bild der Kassiopeia aber sind mehrere verworrene Sterne.

(V.) Ich habe somit angegeben, welche Gestirne zur Rechten vom Aufgang zwischen dem Tierkreis und den Sterngruppen des Bären verteilt sind: Jetzt will ich entwickeln, welche Gestirne zur Linken vom Aufgang und in der südlichen Hälfte des Weltraumes gruppiert sind.

Fünftes Kapitel

Die Gestirne zur Linken vom Aufgang zwischen dem Tierkreis und dem Süden

1. Zunächst unter dem Steinbock ist der südliche Fisch gegen den Schweif des Ketos[2] (Seeungeheuer, Walfisch) hinsehend. Von diesem bis zum Bogenschützen ist ein leerer Raum. Das Weihrauchfass ist unter dem Stachel

[1] Der Zusatz: »Denn da der Große Bär dem Drachen zunächst ist, rollt er sich um dessen Kopf«, obwohl von Marini im Text belassen, ist offenbar später eingeschoben und nichts anderes als ein misslungener und dasselbe sagender Erklärungsversuch.

[2] Name jenes Seeungeheuers, welchem des Kepheus Tochter Andromeda ausgesetzt worden sein und von welchem sie Perseus befreit haben soll.

des Skorpions. Der Vorderteil des Kentauren ist der Waage und dem Skorpion zunächst, er trägt jene Tierfigur in der Hand, welche die der Gestirne Kundigen das Tier schlechthin nennen. Die Jungfrau, den Löwen und den Krebs umgürtet die sich ringelnde und über eine Masse von Sternen sich hinziehende Wasserschlange, den Rachen nach der Gegend des Krebses gerichtet, in der Gegend des Löwen auf der Mitte ihres Körpers den Mischkrug (Becher) tragend und mit dem Schweif, auf welchem der Rabe sitzt, bei der Hand der Jungfrau endigend.

2. Bei dem Unterleib der Wasserschlange unterhalb des Schweifes befindet sich der Kentaur. Neben dem Mischkrug und dem Löwen ist das Schiff, welches Argo genannt wird, dessen Vorderteil unkenntlich ist, aber den Mast und das, was in der Gegend des Steuers ist, sieht man klar; das Hinterteil des Schiffes selbst steht mit dem Schweifende des (Großen) Hundes in Verbindung. Den Zwillingen aber folgt der Kleine Hund dem Kopf der Wasserschlange gegenüber. Der Große Hund ferner folgt dem kleineren Orion, aber befindet sich quer darunter, bedräut von dem Huf des Stieres, in der Linken ein Fell haltend, während die andere eine Keule zu den Zwillingen erhebt.

3. Bei seinem Standort aber verfolgt der (Große) Hund den in kleinem Zwischenraum vorauseilenden Hasen. Unter dem Widder und den Fischen befindet sich der Walfisch, von dessen Kamm ausgehend, zu beiden Fischen verteilt schmale Streifen von Sternen, welche auf Griechisch die Harpedonai (die Seile) heißen, sich befinden, von welchen geschlängelten Streifen der Knoten, in großem Abstand einwärtsgedrückt, den Kamm des Walfisches oben berührt. Durch Sterne gebildet, strömt dann der Fluss Eridanus, am linken Fuß des Orion seinen Quellursprung nehmend. Das Wasser aber, welches der

Wassermann ausgießen soll, fließt zwischen dem Kopf des südlichen Fisches und dem Schweif des Walfisches.

4. Hiermit habe ich die Sternbilder, welche, von der Natur und dem göttlichen Geist verzeichnet, im Weltraum gebildet und zusammengestellt sind, nach den Annahmen des Naturphilosophen Demokrit dargestellt; jedoch nur diejenigen, welche wir selbst auf- und untergehend wahrnehmen und mit Augen schauen können. Denn wie die beiden Bären, rings um den Pol der Weltachse kreisend, nicht untergehen können und nicht unterhalb der Erde gelangen, so sind folgerichtig die Gestirne, welche rings um den Südpol kreisen, welcher der geneigten Stellung der Welt gemäß unterhalb der Erde ist, verborgen und es ist ihnen der Aufgang über die Erde unmöglich, und so ist die Gestalt dieser Gestirne wegen der den Anblick hindernd verdeckenden Erde nicht bekannt. Dafür gibt der Stern Kanopus einen Beleg, welcher in unseren Gegenden unbekannt ist, von welchem aber Kaufleute berichten, welche in die fernsten Landschaften Ägyptens und in die Gebiete, die den äußersten Grenzen der Erde zunächst liegen, gelangt sind.

Sechstes Kapitel

Die Sternkunde auf Nativitätsstellungen und Witterungsprophezeihungen übertragen

1. Über die Umdrehung des Weltraumes und der zwölf Sternbilder rings um die Erde und über die Verteilung der Gestirne auf der nördlichen und südlichen Seite habe ich Bericht erstattet, damit dies klar vorschwebe, denn aus dieser Umdrehung der Welt und aus der entgegengesetzten

Bahn der Sonne durch die Sternbilder des Tierkreises und aus den Schatten der Sonnenzeiger in der Zeit der Tagundnachtgleichen werden die Verzeichnungen der Analemmen entwickelt.

2. Das Übrige aus dem Gebiet der Sternkunde (Astrologie), nämlich das auf die Einflüsse, welche die zwölf Sternbilder, die fünf Planeten, Sonne und Mond auf die Lebensverhältnisse der Menschen haben, Bezügliche müssen wir den Berechnungen der Chaldäer überlassen, weil diesen die Kunst der Genethliologie (Nativitätsstellung) eigen ist, die Kunst, noch nicht geschehene und künftige Dinge durch Rechnungen aus den Sternen zu erforschen. Diese und die übrigen Erfindungen aber sind Belege für die Geschicklichkeit und den großen Scharfsinn derjenigen, welche aus jener Nation der Chaldäer hervorgegangen sind. Und zuerst war es Berosos[1], welcher auf der Insel und in der Stadt Kos sich niederließ und dort eine solche Schule eröffnete; hierauf kam der ihm nacheifernde Antipater und dann Achinapolos, der Nativitätsstellungen hinterließ, die nicht bloß aus der Geburtszeit, sondern aus der Empfängniszeit berechnet waren.

3. Vom physikalischen Standpunkt aus haben Thales von Milet, Anaxagoras von Klazomenä, Pythagoras von Samos, Xenophanes von Kolophon und Demokrit von Abdera die Gesetze, nach welchen und wie die Naturerscheinungen gelenkt werden und welche Wirkung sie ausüben, erforscht und uns hinterlassen. Deren Entdeckungen ausbeutend, haben Eudoxos[2], Euktemon[3], Kallippos[4], Meto[5],

[1] Vgl. Kap 2. 1.
[2] Aus Knidos, blühte um Ol. 103. Er war Astronom, Arzt und Gesetzgeber. Seine astronomischen Schriften sind verloren.
[3] Aus Athen, von Ptolemäos genannt.
[4] Aus Kyzikos, von Ptolemäos und Plinius erwähnt.
[5] Athener, mehrfach erwähnter Astronom, blühte um Ol. 86.

Philippos[1], Hipparchos[2], Aratos[3] und die Übrigen aus der Gestirnkunde es erfunden, welches Wetter Aufgang und Untergang der Gestirne anzeige, haben dies auf astronomischen Tafeln niedergelegt und diese der Nachwelt hinterlassen. Ein solches Wissen müssen die Menschen bewundern, da es diese so weit gebracht haben, mit wahrhaft göttlichem Geist auch das durch die Gestirne angezeigte Wetter für die Zukunft voraussagen zu können. Wir müssen indes dieses den Bemühungen und Forschungen jener überlassen und davon Umgang nehmen.

Siebentes Kapitel

Verzeichnung der Analemmen

1. Dagegen aber müssen wir davon andere Gesetze für uns herauslesen und die Abnahme und auch Zunahme der Tageslängen in den einzelnen Monaten entwickeln. Wenn nämlich die Sonne in der Zeit der Tagundnachtgleiche durch die Sternbilder des Widders und der Waage geht, so wirft der Sonnenzeiger unter dem Himmelsstrich, unter welchem Rom liegt, einen Schatten, welcher acht Neuntel der Länge des Sonnenzeigers entspricht; zu Athen ferner hat der Schatten eine Länge von drei Vierteln des Sonnenzeigers, zu Rhodos von fünf Siebenteln, zu Tarent neun Elfteln, zu Alexandria drei Fünfteln, und so findet sich an allen übrigen Orten, dass die Schatten

[1] Medmeer, öfters erwähnt

[2] Aus Nikäa, blühte um Ol. 160.

[3] Aus Soloi, Mathematiker, Arzt, Grammatiker und Dichter, Zeitgenosse des makedonischen Königs Antigonos Gonatas, an dessen Hof er lebte um Ol. 125. Zwei seiner Schriften sind noch erhalten: Φαινόμενα und Διοσημεῖα.

der Sonnenzeiger um die Tagundnachtgleiche in voneinander abweichender Länge geworfen werden.

2. Wo daher eine Sonnenuhr verzeichnet werden soll, da lege man den Schattenwurf während der Tagundnachtgleiche zugrunde, und wenn, wie z. B. zu Rom, der Schatten acht Neuntel des Sonnenzeigers beträgt, so ziehe man horizontal eine Gerade und setze in der Mitte eine Senkrechte darauf, sodass diese dem Winkelmaß entspreche, und diese wird Gnomon (Sonnenzeiger) genannt; von der horizontalen Linie dann angefangen, teile man die Linie des Gnomon mit dem Zirkel in neun Teile und bestimme den Punkt, an welchem das Zeichen des neunten Teiles ist, als den Mittelpunkt, da, wo der Buchstabe A, ist, und beschreibe mit einer Zirkelöffnung von jenem Mittelpunkt bis zur horizontalen Geraden, da, wo B ist, eine Kreislinie, welche die Mittagslinie genannt wird (Fig. 29).

3. Dann nehme man von den neun Teilen, welche von der Horizontalen bis zum Mittelpunkt der Gnomonslinie sind, acht, und verzeichne sie auf der horizontalen Geraden bis zu Punkt C. Diese Länge aber wird der Schatten des Gnomons in der Tagundnachtgleiche sein, und von jenem Punkt, wo der Buchstabe C ist, ziehe man durch den Mittelpunkt A eine Gerade, wodurch die Richtung des Sonnenstrahls in der Tagundnachtgleiche gegeben ist. Dann nehme man eine Zirkelöffnung vom Mittelpunkt bis zur Horizontallinie (A B) und verzeichne damit (von der Horizontallinie aus) die gleich weit entfernten Punkte, wo die Buchstaben E links und I rechts beiderseits neben den Kreislinien zu stehen kommen, und ziehe durch den Mittelpunkt eine Gerade, wodurch der Kreis genau in zwei Halbkreise geteilt wird; diese Linie aber wird von den Mathematikern Horizon genannt.

4. Hierauf nehme man den fünfzehnten Teil der ganzen Kreislinie in den Zirkel und setze einen Schenkel in dem Punkt der Kreislinie ein, in welchem sie die dem Sonnenstrahl in der Nachtgleiche entsprechende Linie (A C) schneidet, nämlich da, wo der Buchstabe F ist, und verzeichne rechts und links die Punkte, wo die Buchstaben G und H stehen. Dann zieht man von diesen aus durch den Mittelpunkt (A) Geraden und verlängere sie bis zur Horizontallinie, wo die Buchstaben T und R zu

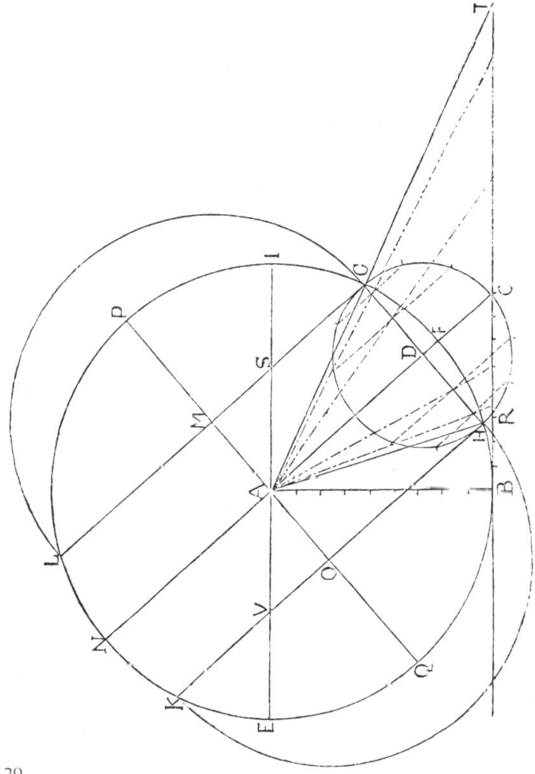

Fig. 29

stehen kommen: So wird die eine dem Sonnenstrahl im Winter, die andere dem im Sommer entsprechen. Dem E gegenüber aber ist der Buchstabe I, da, wo die Gerade, welche durch den Mittelpunkt A gezogen ist, die Kreislinie durchschneidet, und den Buchstaben C, F und A gegenüber wird der Buchstabe N sein.

5. Dann sind Durchmesser (Sehnen) zu ziehen von G zu L und von H zu K, und der obere Teil wird den sommerlichen, der untere den winterlichen Teil bezeichnen. Diese Sehnen sind in zwei gleiche Teile zu teilen, und in der dadurch gewonnenen Mitte verzeichne man die Mittelpunkte M und O und ziehe durch diese Punkte und durch den Mittelpunkt A eine Gerade, so weit fortgeführt, bis sie die Kreislinie schneidet an den Punkten, welche durch die Buchstaben P und Q bezeichnet sind. Diese Linie wird senkrecht auf der Strahlenlinie der Tagundnachtgleiche stehen und wird in den mathematischen Regeln Axon genannt. Und nachdem man von denselben Mittelpunkten (M und O) eine Zirkelöffnung bis an das Ende der Sehnen (L G und K H) genommen, beschreibe man zwei Halbkreise, von welchen der eine der Sommer-, der andere der Winterhalbkreis ist.

6. Daraus wird an den Punkten, in welchen die Parallellinien (die Sehnen) jene Gerade, welche Horizon heißt, schneiden, auf der rechten Seite der Buchstabe S, auf der linken der Buchstabe V zu stehen kommen, worauf man von dem Ende des Halbkreises, das mit dem Buchstaben G bezeichnet ist, bis zu dem Ende des linken Halbkreises, wo der Buchstabe H ist, eine Gerade, parallel mit der sogenannten Axonlinie, zieht; diese Parallellinie aber wird Skiotomos (?) (Schattenteiler) genannt. Dann setze man einen Schenkel des Zirkels an dem Punkt ein, in welchem diese Gerade von der Strahlenlinie der

Nachtgleiche geschnitten wird, da, wo der Buchstabe D zu stehen kommt, und öffne den Zirkel bis zu dem Punkt, in welchem die Strahlenlinie des Sommers die Kreislinie schneidet, nämlich bei dem Buchstaben H; dann beschreibe man von dem Mittelpunkt an der Nachtgleichelinie (D) mit der Zirkelöffnung bis zur Sommerlinie (G) die Kreislinie des monatlichen Kreises, welcher Menaios (der Monatliche) genannt wird[1]. So wird man die Verzeichnung eines Analemma erhalten.

(VII.) 7. Nachdem dies so beschrieben und entwickelt ist, wird man unter Zugrundlegung der Analemmen die Stundeneinteilung sowohl nach den Winterlinien als auch nach den Sommerlinien und den Linien der Tagundnachtgleiche oder auch nach monatlicher Abteilung auf dem Zeichenraum[2] zu verzeichnen haben; es werden aber hinsichtlich der Zwischenräume dabei, je nach den Arten der Uhren, viele Verschiedenheiten herrschen, und die Verzeichnung wird nach entsprechendem künstlichen Verfahren vorgenommen. Alle Arten von Formen und Verzeichnungen aber werden in der Hauptsache mit dem einen erzielt, dass man sowohl den Tag der Tagundnachtgleiche als den der Winter- und Sommersonnenwende in zwölf gleiche Teile einteile. Wenn ich dieses im Einzelnen übergehe, so geschieht das nicht, weil mich die Mühe

[1] Hier bricht die Theorie ab, während man noch die Einteilung des Monatkreises in zwölf Teile erwartet (vgl. Fig. 29). Der Verfasser mochte fühlen, dass ihn die Fortsetzung zu weit führen und einen Raum erfordern würde, welcher zu seinen rein architektonischen Büchern in keinem Verhältnis stünde. Deshalb behandelt er auch weiterhin die verschiedenen Formen von Sonnenuhren nur flüchtig. Eine erschöpfende Erklärung all des Folgenden aber würde noch mehr die Grenzen einer Übersetzung nach vorliegender Anlage überschreiten. Die massenhafte Literatur über die Sonnenuhren der Alten findet sich in der Marini'schen Ausgabe des Vitruv zusammengestellt.

[2] *subjectiones*, der Raum, auf welchen der Schatten wirkt, modern gesprochen, das Zifferblatt.

zurückschreckt, sondern deshalb, um nicht durch eine weitläufige Abhandlung darüber zu ermüden; doch werde ich die Erfinder der einzelnen Uhrenarten und ihr Verzeichnis darlegen. Denn ich kann jetzt weder neue Arten erfinden, noch möchte ich fremde Erfindungen für die meinigen ausgeben. Ich will daher die uns vorliegenden Arten und ihre Erfinder verzeichnen.

Achtes Kapitel

Einige Arten von Uhren. Wasseruhren

1. Die Sonnenuhr, in Form eines Halbkreises in einen Quaderstein gehöhlt und in einem der Polhöhe entsprechenden Winkel geschnitten, soll der Chaldäer Berosus erfunden haben[1]; die Uhr in Form einer Schale oder einer ausgehöhlten Halbkugel[2] Aristarchos von Samos; ferner in Form einer horizontal gelegten runden Platte derselbe; die sogenannte Spinnengewebe-Uhr[3] soll der Sterndeuter Eudoxos, nach anderen Apollonios erfunden haben; die Uhr, welche die Platten- oder Felderdecken-Uhr[4] genannt wird, wie sich eine solche auch im Circus Flaminius findet, Skopinas aus Syrakus; die sogenannte Prostahistorumena-Uhr[5] Parmenion; die Prospanklima-Uhr[6] Theodo-

[1] Ein Beispiel ähnlicher Art wurde 1746 auf der Höhe von Tusculum gefunden (*Zuzzeri Dissertazione sopra un antieo oriuolo a sole scavato nella Villa antica sul monte Tusculano.* Ven. 1746).

[2] Eine Sonnenuhr der Art, die Schale senkrecht gestellt und von einem Atlanten getragen, befand sich vormals zu Ravenna.

[3] Der Name Arachne (Spinnengewebe) hat wohl in der Gestalt der Verzeichnung, die durch Radiallinien und Sehnen in Kreisen einem Spinnengewebe nicht unähnlich war, seinen Grund.

[4] *lacunar*, wahrscheinlich in einer rechteckigen Kassettenform vertieft.

[5] πρὸς τὰ ἱστορούμενα, für historisch bekannte Plätze, hier unverständlich.

[6] πρὸς πᾶν κλῖμα, die für jede Polhöhe passende Uhr, eine Universaluhr.

sios und Andrias[1]; die doppelbeilförmige Uhr Patroklos, die kegelförmige Dionysodoros, die köcherförmige Apollonios; auch noch andere Arten haben sowohl die oben verzeichneten Männer als auch mehrere andere erfunden und hinterlassen, wie die keilförmig vertiefte Spinnengewebe-Uhr[2] und die antiboreische Plattenuhr. Wie ferner aus diesen Arten transportable Reiseuhren gemacht werden können, darüber haben schon mehrere besondere Abhandlungen geschrieben, und wer dies wünscht, wird nach den Schriften dieser die Uhrenverzeichnungen entwerfen können, wenn er nur der Herstellung der Analemmafigur kundig ist.

(VIII.) 2. Auch das Verfahren, vermittelst Wasser Uhrwerke herzustellen, ist von denselben Gelehrten erforscht worden, und zwar zuerst von Ktesibios aus Alexandria, welcher auch den natürlichen Luftdruck und die Verwendung desselben entdeckte. Es ist wohl der Mühe wert, dass die Lernbegierigen erfahren, wie diese Entdeckung gemacht wurde. Klesibios nämlich, in Alexandrien geboren, war der Sohn eines Barbiers; an Talent und großem Fleiß aber vor den Übrigen hervorragend, hatte er, wie berichtet wird, an mechanischen Künsten seine Freude. Da er nun in der Barbierstube seines Vaters einen Spiegel so aufhängen wollte, dass, wenn man ihn herabgezogen hatte und man ihn wieder hinaufbringen wollte, dann eine verborgene Schnur das Gewicht des Spiegels wieder aufwärtszog, da brachte er zu dem Zweck folgende Vorrichtung an.

[1] Andrias sonst nirgends erwähnt: Theodosios, vielleicht der Astronom aus Tripolis, der in der Mitte des zweiten Jahrhunderts vor Chr. lebte. Auch von den beiden nächstgenannten, Patroklos und Dionysodoros, ist sonst nichts Sicheres zu ermitteln.

[2] Die Handschriften geben *conarchenen conatum*, ein Unding, das Marini in *conarachnen cavatum* verwandelt, unter dem ersteren Wort eine Zusammenstellung von *conus* und *arachne* vermutend.

3. Er stellte unter einem Deckbalken (der Stube) eine hölzerne Rinne her und setzte in dieselbe Rollen ein; durch die Rinne zog er dann die Schnur bis an die Ecke und stellte dort eine senkrechte Röhrenfügung her, in welche er eine Bleikugel, an die Schnur befestigt, hinabließ. Da nun das Bleigewicht durch sein Hinabsinken in die enge Höhlung der Röhren auf die in derselben enthaltene Luftmasse drückte, drängte sie die durch den Druck verdichtete Luftmasse in raschem Entweichen durch die Mündung in die freie Luft und presste ihr, sobald sie mit der Letzteren in Berührung trat, einen hellen Ton aus.

4. Als daher Ktesibios beobachtet hatte, dass aus dem mit der freien Luft in Berührung tretenden ausgepressten Lufthauch Töne entstünden, erbaute er zuerst, auf diese Grundlage fußend, Wasserorgeln, ferner Wasserdruckwerke, die sogenannten Automateninstrumente, und viele Arten von auf Verschönerung des Lebens berechneten Werken, unter welchen er namentlich auch die Herstellung der durch Wasser getriebenen Uhrwerke entwickelt hat.

Zuerst stellte er nämlich eine Mündung her, indem er diese entweder in einem Stück Gold ausarbeitete oder mit einem durchbohrten Edelstein; denn diese beiden Körper werden weder von dem Hindurchfließen des Wassers angegriffen, noch bildet sich an ihnen Unreinigkeit, welche das Mündungsloch verstopfen könnte.

5. Indem nun das Wasser ganz gleichmäßig durch diese Mündung hindurchfließt, hebt es ein umgestürztes Becken, das von den Technikern der Kork oder die Scheibe genannt wird, auf welchem ein Stab angebracht ist, der mit gleichen Zähnchen besetzt ist wie die damit in Verbindung stehende Drehscheibe, welche Zähnchen, ineinander eingreifend, eine langsame regel-

mäßige Drehung und Bewegung verursachen[1]. Andere, damit in Verbindung stehende und in derselben Weise gezahnte Drehscheiben, die alle durch ein und dieselbe bewegende Kraft getrieben werden, bewirken durch ihre Drehung die verschiedenen Bewegungen, nach welchen Figuren sich bewegen, Kegelsäulen sich drehen, Kügelchen oder Eier fallen, Blasinstrumente ertönen und andere Nebendinge mehr.

6. Bei diesen Uhrwerken sind die Stunden entweder auf einer Säule oder auf einem Pfeiler verzeichnet und eine von unten heraufsteigende menschliche Figur zeigt den ganzen Tag über mit einem Stäbchen auf diese hin; die Abnahme und Zunahme der Stundenlänge muss durch das Einstecken oder Wegnehmen von Keilen für jeden einzelnen Tag oder Monat erzielt werden. Der Verschluss zur Regulierung des Wassers muss so hergestellt werden: Man lasse zwei Kegel, von welchen der eine massiv, der andere hohl ist, drechseln, und zwar so, dass der Erste in den Letzteren sich hineinfügt und genau passt und dass die Lockerung oder engere Zusammenfügung durch einen Regulatorstab entweder das Einschließen des Wassers in jene Gefäße lebhafter oder sanfter macht. So werden nach diesen Regeln und mit dieser durch Wasser

[1] Man denke sich in einem sich allmählich mit Wasser füllenden Bottich einen deckelförmigen, gehöhlten Schild mit nach unten gekehrter Hohlung schwimmen und so angebracht, dass kein Hin- und Herschwanken, sondern nur bei regelmäßig sich erhöhendem Wasserstand ein regelmäßiges Aufsteigen desselben möglich ist. An dem Scheitel dieses Schildes nun ist eine senkrechte Stange angebracht, welche selbstverständlich auch mit gehoben wird. Greift nun diese Stange, auf einer Seite ausgezahnt, mit ihren Zähnchen in die entsprechenden Zähnchen eines Rades oder einer Scheibe ein, so setzt sie auch diese in Bewegung, die sich dann auch durch Vermittelung eines anderen gezahnten Rades auf eine zweite mit Zähnchen versehene Stange fortsetzt, die an ihrem oberen Ende eine Figur trägt, welche mit einem Stäbchen auf eine Säule zeigt. An dieser aber sind von unten bis oben die Stundenzahlen verzeichnet. Je höher sich also die Figur hebt, eine desto vorgerücktere Stunde wird ihr Stab zeigen.

in Bewegung gesetzten Vorrichtung Uhrwerke für den Winter[1] hergestellt.

7. Wenn aber die Abnahme oder Zunahme der Tageslängen vermittelst der Hinzufügung und Wegnahme der Keile nicht stimmen will, weil die Keile oft Fehler verursachen, so wird man sich also zu helfen haben. Man schreibe die Stunden unter Zugrundlegung der Analemmen schräg rings um[2] die Säule und verzeichne für jeden Monat eine besondere Zahlenreihe, die Säule aber muss drehbar gemacht werden, sodass sie durch ihre entsprechende Drehung die Zunahme und Abnahme der Stundenlängen in jedem gehörigen Monat zeige.

8. Man macht aber auch eine andere Art von Winteruhren, welche Anaphorika[3] genannt und nach folgenden Regeln gefertigt werden. Man verteilt die Stunden unter Zugrundlegung der Analemmafigur, indem man an der Außenwand vom Mittelpunkt aus radienförmig Kupfer-

[1] Die Verschiedenheit der Stundenlänge im Winter und im Sommer machte bei solchen Wasseruhren noch eine weitere sehr kitzlige Zutat nötig. Es musste nämlich der Wasserzufluss modifiziert werden, was nur durch allmähliche Verengerung und Wiedererweiterung des Mündungsloches geschehen konnte. Dies scheint mit einem doppelten Keil oder Kegel geschehen zu sein, nämlich mit einem Hohlkegel, in welchem ein massiver Kegel steckte. Je nachdem man nun den Letzteren lockerer oder strammer einsteckte, umso sanfter oder lebhafter floss das Wasser. Dass aber dieses Regulierungsverfahren auf volle Genauigkeit keinen Anspruch machen konnte, liegt nicht bloß in der Natur der Sache, sondern wird auch von Vitruv im folgenden Kapitel zugestanden.

[2] *transverse*, also nicht bloß in einer senkrechten Linie von unten bis oben, sondern zwölfmal ringsum, sodass sich dem Stab der aufsteigenden Figur in jedem Monat eine andere der zwölf Zahlreihen zuwenden konnte. Da nun ohne Vermittelung der Keile die Figur immer in gleicher Geschwindigkeit aufsteigt, die zwölf Tagesstunden im Winter aber kürzer sein müssen als im Sommer, so mussten auch an der im Dezember dem Stab zugewendeten Seite der Säule die Stundenzahlen enger aneinanderstehen als im Juni. Während demnach die untersten Zahlen der ersten Stunde horizontal rings um die ganze Säule herumliefen, waren die folgenden nicht mehr damit parallel und ihre Schrägung wuchs bis zur zwölften Stunde.

[3] Von αναφέϱειν, aufwärtstragen.

drähte zieht, um diese aber Kreise spannt, welche die monatlichen Zeiträume begrenzen. Hinter diesem Drahtnetz bringt man eine Scheibe an, auf welcher das Weltall verzeichnet und dargestellt ist und der Tierkreis und die Verzeichnung der zwölf Sternbilder abgebildet ist. Von dem Mittelpunkt dieses ausgehend, verzeichne man das Zeitverhältnis eines jeden Sternbildes, das eine größer, das andere kleiner. Auf der Rückseite der Scheibe aber ist in der Mitte das Ende einer drehbaren Welle eingefugt und über diese ist ein weiches Kupferdrahttau gewunden, an dessen einem Ende der sogenannte Kork oder die Hohlscheibe, welche von dem Wasser gehoben wird, befestigt ist, während an dem anderen ein Sandsack hängt, der ganz dasselbe Gewicht hat wie der sogenannte Kork.

9. So wird dies Sandgewicht, indem es in demselben Maß, in welchem der Kork vom Wasser gehoben wird, nach abwärts sinkt, die Welle drehen, die Welle aber die Scheibe, deren Drehung bald bewirkt, dass der größere Teil des Tierkreises, bald, dass der kleinere Teil bei seinen Umdrehungen in der gehörigen Zeit die je nach Jahreszeit ungleich langen Stunden bezeichnet. In den einzelnen Sternbildern sind nämlich so viele Löcher, als jeder entsprechende Monat Tage hat, ein in dieselbe eingestecktes Knöpfchen, welches an den Uhren das Bild der Sonne zu tragen pflegt, zeigt die Stundenlängen an, und dieses Knöpfchen, von einem Bohrloch in das andere bis zum Ende eines Monats gesteckt, verfolgt seine Bahn.

10. Wie daher die Sonne, während sie die Sternbilder der Reihe nach durchzieht, die Tage und Stunden verlängert und verkürzt, so gibt an diesen Uhren das Knöpfchen, von einem Loch zum andern täglich in der Linie gegen den Mittelpunkt weiterrückend, indem es in der einen Zeit durch weitere, in der andern durch engere Räume

kreist, innerhalb jeden Monats das Abbild der Stunden und Tage[1].

Um aber den Wasserzugang gehörig regulieren zu können[2], muss man es so machen:

11. Hinter der Uhrwand im Innern lege man den Wasserbehälter an, in welchen das Wasser durch eine Röhre fällt und welcher ganz unten eine Mündung hat. Vor die-

[1] Eine schwierige Uhrenkonstruktion, an welcher auch Marinis Auslegung und Verzeichnung scheiterte. Das zwar ist klar, dass, ähnlich der oben beschriebenen Wasseruhr, durch das Steigen des Wassers die Hebung des Hohlschildes und dadurch die Umdrehung der Welle oben, über welche ein Kupferdrahttau geschlungen ist, erzielt wird und dass dadurch auch die Scheibe, auf welcher das Gnomon hier in Form eines Knöpfchens oder Stiftes eingesteckt ist, langsam im Kreis herumgedreht wird. Auch das ist klar, dass, wenn vor diese Drehscheibe ein Zifferblatt, aus einem Drahtnetz bestehend, so vorgespannt wird, dass es feststeht, während sich die Scheibe darunter dreht, dann der Zeiger von einem Stundenzeichen zum anderen wandernd, die Stunde bezeichne. Ganz unverständlich aber ist aus Vitruv, wie das Drahtnetz beschaffen gewesen sei, um die verschiedenen Stundenlängen in den verschiedenen Jahreszeiten zu geben. Er sagt nur, dass man das Knöpfchen täglich versetzte, um dies zu erzielen. Marini nun, dessen Wortkargheit darüber bei seiner sonstigen behaglichen Breite die Unbehaglichkeit verrät, scheint anzunehmen, das Drahtnetzzifferblatt habe, unserem ähnlich, die zwölf Ziffern unveränderlich behalten. Passt aber das kreisförmige Zifferblatt konzentrisch auf die Drehscheibe, so würde es für die Dauer der Beschreibung des Kreises durch das Gnomonknöpfchen ganz gleichgültig sein, ob das Letztere näher oder ferner vom Mittelpunkt steckt, wie die Länge oder Kürze unserer Uhrzeiger ohne Einfluss ist. Es war daher jedenfalls für jeden Monat eines Halbjahrs eine eigene Uhr in je einem konzentrischen Kreis verzeichnet, nur in einem Monat aber schloss sich, wie bei uns, der Kreis der zwölf Ziffern vollständig, nämlich in der Zeit der Sommersonnenwende, in den folgenden sechs Monaten aber wurde mit der zunehmenden Kürze des Tages der Zwischenraum, den der Gnomon nicht mehr durchlief, immer größer, weshalb auch das Knöpfchen der Versetzung sowohl in Rücksicht auf den Anfang der Stundenbahn als auch in Rücksicht auf die konzentrischen Kreise, innerhalb welcher die Stunden für jeden einzelnen der sechs Monate verzeichnet waren, bedurfte.

[2] D. h. durch Verstärkung oder Verringerung des Zuflusses die Stunden verlängern oder verkürzen zu können. Es ist jedoch nicht einzusehen, wie dies bei der besprochenen Uhr nötig war, da die Modifikation der Stundenlänge schon in der oben besprochenen Uhrscheibe vorgesorgt war. Man vermisst daher hier die Angabe, dass dies nur zu geschehen brauche, wenn man die weniger genau regulierbare Stundenverteilung außen nicht für zweckmäßig erachtete.

se aber ist ein bronzener Hohlzylinder zu heften, mit einem Loch versehen, durch welches das Wasser aus dem Behälter in den Zylinder hineinfließt. In diesem aber ist noch ein kleinerer Hohlzylinder eingeschlossen, und zwar in kreisförmigem Falz und entsprechender Falzpfanne gehend, die so ineinandergefugt sind, dass der kleinere Zylinder, wenn man ihn wie einen Hahn in dem größeren Zylinder herumbewegt, sich eng anschließend und doch sanft drehe.

12. Der Rand des größeren Hohlzylinders hat in gleichen Abständen dreihundertfünfundsechzig Punkte verzeichnet; die schließende Scheibe des kleineren dagegen hat an ihrem Kreisrand ein Zünglein festgenietet, dessen Spitze nach den Punkten zeigt; an dem Scheibenrand ist das Mündungsloch sorgfältig hergestellt, weil durch dieses das Wasser zum sogenannten Kork[1] fließt und durch dieses die Speisung der Wasseruhr vollzogen wird. Da aber am Rand des größeren Zylinders die Figuren der Sternbilder des Tierkreises sind und dieser größere Zylinder unbeweglich ist, so muss er ganz oben das Zeichen des Krebses, von da in senkrechter Linie unterhalb das des Steinbockes, zur Rechten für den gegenüberstehenden Beschauer das der Waage, zur Linken das des Widders haben, und es sollen auch die übrigen zwischen den Räumen dieser so verzeichnet sein, wie man sie am Himmel sieht.

13. Wenn daher die Sonne im Steinbock steht, so wird, während das Zünglein der Scheibe (des inneren

[1] Nur dieser kann hier unter *tympanum* verstanden werden. Die vierfache Bedeutung, unter welcher dieses Wort bei den Wasseruhren allein erscheint, nämlich für den schwimmenden Hohlschild (Kork), für das Zahnrad, für die Uhrscheibe und für die Mündungszylinder, erschwert die Erklärung nicht wenig. Auch Marini hat hier unter dem Tympanon statt des Hohlschildes den größeren Mündungszylinder verstanden und dadurch die Vorstellung von diesem Zylinderhahn vollständig verwirrt.

Zylinders) auf der Seite des Steinbockes an dem Rand des größeren Zylinders Tag für Tag je einen Punkt berührt und der starke Druck des abfließenden Wassers senkrecht seine Entladung findet, dieser Druck es rasch durch das Mündungsloch in das das Wasser aufnehmende Gefäß drängen, und weil das Letztere in verkürzter Frist gefüllt ist, so wird er die Tages- und Stundenlängen beeinträchtigen und verkürzen. Wenn aber das Zünglein des kleineren Zylinders, Tag für Tag in der Umdrehung weiterrückend, im Raum des Wassermannes eintritt, dann weicht das Mündungsloch von der senkrechten Richtung ab und das Wasser wird gezwungen, von seiner heftigen Strömung abzulassen und seinen Strahl etwas langsamer zu entsenden; und je weniger rasch das Gefäß das Wasser empfängt, desto mehr werden die Stundenlängen wachsen.

14. Steigt dann das Mündungsloch der Scheibe an den Punkten innerhalb der Räume des Wassermanns und der Fische wie auf Stufen aufwärts, so wird es, indem es im Widder den achten Teil berührt, mit gemäßigter Stärke des Wasserstrahls die Stundenlänge der Tagundnachtgleiche erzielen. Gelangt dann das Mündungsloch durch die Umdrehung des Zylinders vom Widder durch die Räume des Stieres und der Zwillinge bis zu den höchsten Punkten des ersten Achtels des Krebses dem Scheitel zugehend, so wird die Kraft des Wasserstrahls gemindert, und durch das langsamere Fließen dehnt es die Tageslängen aus und erzielt die Stundenlängen der Sonnenwende im Sternbild des Krebses. Wenn sich dann das Mündungsloch vom Krebs an abwärtsneigt und in seiner Drehung durch den Löwen und die Jungfrau bis zu den Punkten des ersten Achtels der Waage vorwärtsschreitet, vermindert es stufenweise die Stundenlängen, und so zu den

Punkten der Waage gelangend, bringt es wieder die Stunden der Tagundnachtgleiche zur Darstellung.

15. Indem sich dann endlich die Mündung durch die Räume des Skorpions und des Bogenschützen noch weiter abwärts bewegt und nach seiner vollen Umdrehung in das erste Achtel des Steinbockes zurückkehrt, wird auch die Raschheit seines Wasserstrahls wieder der Kürze der Stunden in der Zeit der Wintersonnenwende entsprechend hergestellt[1].

Die Regeln und Vorrichtungen bei Herstellung von Uhren habe ich nun, um sie für die Anwendung zugänglicher zu machen, so klar, als es mir möglich war, beschrieben: Es ist nun noch übrig, über den Maschinenbau und die dafür geltenden Grundsätze zu handeln. Ich will daher von diesen in dem folgenden Buch zu schreiben beginnen, damit dieses Handbuch der Architektur lückenlos zum Abschluss gebracht werde.

[1] Es war also der Mündung ein Regulator vorgeheftet, bestehend aus zwei Teilen, welche Vitruv das größere und kleinere Tympanon nennt. Dieser hahnartige Regulator war ohne Zweifel zylinderförmig, und zwar so, dass zwei Hohlzylinder ineinandergesteckt und nur der äußere an dem Wasserbehälter festgenietet waren; der innere ließ sich, zwar vollkommen schließend, wie z. B. die Zylinder eines Fernrohrs, drehen, jedoch nicht herausziehen, da er in einem kreisförmigen Falz, der in den äußeren Zylinder eingefugt war, ging. Der innere Zylinder war nach vorne durch eine Scheibe geschlossen, an deren Rand das Mündungsloch und neben diesem ein Stift oder Zünglein angebracht war. Der Stift diente dazu, um für jeden Tag die Drehung anzuzeigen; denn innerhalb eines Jahres musste der innere Zylinder einmal herumgedreht werden, mithin täglich um ein Dreihundertfünfundsechzigstel des Kreises. Deswegen war der Rand des äußeren Zylinders in ebenso viele Teile geteilt, auf welche Einteilung das Züngelchen hinsah. Die Umdrehung hatte den Zweck, dass das Wasser, wenn das Mündungsloch senkrecht nach unten sah, rascher floss, als wenn es als springender Strahl durch das senkrecht nach oben schauende Mündungsloch getrieben wurde. In demselben Maß aber, als das Mündungsloch von einem dieser beiden Punkte zum andern gerückt wurde, modifizierte sich auch, wie das Vitruv ausführlich beschreibt, die Raschheit des Wasserflusses, mithin auch die Raschheit des Steigens des Hohlschildes oder Korkes und die Raschheit des Uhrganges.

Zehntes Buch

Vorwort

1. In der viel genannten und großen griechischen Stadt Ephesos soll schon in früher Zeit von den Vorfahren ein zwar hartes, aber nicht ungerechtes Gesetz eingeführt worden sein. Es muss nämlich der Baumeister bei Übernahme der Bauführung an einem Staatsgebäude einen Kostenvoranschlag machen, und nachdem er diesen Voranschlag der Obrigkeit übergeben, mit seinem Vermögen haften, bis das Gebäude vollendet ist. Nachdem dies Ziel erreicht ist, wird er, sofern die Kosten seinem Voranschlag entsprechen, durch anerkennende Erlasse und durch Auszeichnungen geehrt; auch in dem Fall, dass die Kosten den Voranschlag um nicht mehr als um ein Vierteil überschreiten, wird auch dies zur Voranschlagssumme hinzu bewilligt und von Staatsmitteln bezahlt und nicht weiter geahndet: Wenn aber die Kosten die Vorausschätzung um mehr als um ein Vierteil überschreiten, so wird der zur Vollendung des Werkes erforderliche Überschuss von dem Vermögen des Baumeisters genommen.

2. O hätten doch die unsterblichen Götter es so gefügt, dass dasselbe Gesetz auch für das römische Volk, und zwar nicht bloß für Staats-, sondern auch für Privatgebäude bestünde! Denn dann würden solche, die keine Leute von Fach sind, nicht ungestraft ihr Unwesen treiben, sondern nur diejenigen, welche in den einschlägigen Wissenschaften gründlich erfahren sind, würden

dann kein Bedenken tragen, sich mit dem Fach der Baukunst zu befassen. Dann würden auch nicht die Bauherren zu endlos fortgesetzten Zahlungen veranlasst, sodass sie sogar dabei um ihr Vermögen gebracht werden, und auf der anderen Seite würden die Baumeister durch die Besorgnis vor Geldbußen gezwungen, in genauer erwogener Rechnung den Kostenvoranschlag herzustellen. Denn diejenigen, welche viermalhunderttausend Sesterzen[1] leisten können, diese werden, wenn sie noch hunderttausend daraufzahlen müssen, durch die Freude, welche bei ihnen die gehoffte Vollendung bewirkt, darüber beruhigt, diejenigen aber, welchen eine Nachzahlung im Betrag der Hälfte des Voranschlages und darüber aufgebürdet wird, sind oft gezwungen, nachdem sie die Hoffnung auf günstigen Erfolg verloren und die Zahlung verweigert haben, mit ruinierten Vermögensverhältnissen und mit gebrochenem Mut von dem Unternehmen abzustehen.

3. Dies sollte nicht bloß bei Gebäuden so sein, sondern auch bei den Gerüsten für Festspiele, die von den Obrigkeiten entweder in der Form von Gladiatorenkämpfen auf dem Forum oder von Theatervorstellungen gegeben werden, bei welchen weder Verzögerung noch Bedenkzeit zugestanden wird, wo vielmehr der Drang der Verhältnisse zur Vollendung des Werkes in bestimmter Zeit zwingt; nämlich bei der Herstellung der Sitzbänke des Zuschauerraumes, des Zugwerks der Segeltuchüberspannung wie auch alles dessen, was nach dem Gebrauch bei Theatervorstellungen durch Maschinerie an dekorativer Ausstattung dem Volk geboten wird. Dabei aber bedarf es eines geübten Verständnisses und der

[1] *quadrigenta*, mithin 29 003 Rthlr. (nach Hultsch).

Erfindungsgabe eines sehr ausgebildeten Geistes, weil nichts der Art ohne Kunde des Maschinenbaues und ohne mannigfache und tüchtige Fachkenntnisse hergestellt werden kann.

4. Da demnach dies so herkömmlich und stehende Einrichtung ist, so dürfte es wohl am Platz sein, dass man mit Überlegung und höchster Sorgfalt die für solche Werke geltenden Regeln geläufig mache, ehe die Werke selbst hergestellt werden. Und weil denn weder Gesetz noch Gebrauch vorliegt, was jenes erzwingen könnte, und alljährlich sowohl Prätoren als Ädilen zum Zweck der abzuhaltenden Spiele künstliche Gerüste aufschlagen müssen, so scheint es mir, o Imperator, nicht ungehörig, nun, nachdem ich bereits in den vorausgehenden Büchern von den Gebäuden gehandelt habe, in diesem, das den Abschluss meines Gesamtlehrbuches bilden soll, die Grundsätze des Maschinenwesens durch Vorschriften zu erläutern.

Erstes Kapitel

Maschine und Instrument

1. Eine Maschine ist eine zusammenhängende Verbindung von Holz, welche zur Hebung von Lasten die größten Vorteile gewährt. Sie wird auf künstliche Weise in Tätigkeit gesetzt, nämlich durch Kreisumdrehung, welche die Griechen Kyklike Kinesis (Kreisbewegung) nennen. Es gibt aber eine besondere Art von solchen Konstruktionen, nämlich den Sitzstufenbau, welcher auf Griechisch Akrobatikon (Stufenwerk) heißt;

dann die Luftdruckmaschinen, welche die Griechen Pneumatika nennen; drittens die Hebemaschine, von den Griechen Barulkon (Lastenheber) genannt. Ein Sitzstufenbau nun entsteht, wenn man die Gerüste so aufgestellt hat, dass man, nachdem die Balken in ansteigender Höhe aufgestellt und durch Querbalken verbunden sind, ohne Gefahr zur Beschauung der vorbereiteten Vorstellung hinaufsteigen kann. Ein pneumatisches Instrument ist ein solches, welches durch Luftdruck in Tätigkeit gesetzt wird und welchem durch instrumentale Behandlung Töne und Klänge entlockt werden. Hebemaschinen endlich sind diejenigen, welche entweder Lasten schleppen oder sie aufheben und an ihre Stelle bringen. Beim Sitzstufenbau erntet man nicht durch Kunst, sondern durch Kühnheit Ruhm, ein solcher wird durch Verklammerungen, Querriegel, Verkämmungen und Streben zusammengehalten. Jenes Instrument aber, welches durch die Kraft der komprimierten Luft in Gang gebracht wird, strebt durch seine feine Konstruktion nur auf Kunstgenuss berechnete Ziele an. Die Hebemaschine dagegen hat größere und wundervolle Vorteile für das Bedürfnis und, wenn sie mit Verständnis gehandhabt wird, die höchsten Vorzüge.

2. Von diesen werden einige als Maschinen, die anderen als Instrumente gehandhabt. Der Unterschied zwischen Maschinen und Instrumenten scheint der zu sein, dass es bei den Maschinen mehrerer Arbeiten oder einer größeren Kraft bedarf, um sie zum Wirken zu bringen, wie bei den Ballisten und bei den Kelterpressen; die Instrumente aber erfüllen bei kundiger Behandlung durch eine einzige Arbeit ihre Bestimmung, wie dies durch die Kurbelumdrehung beim Skorpion und bei den Anisoky-

klen[1] geschieht. Es sind demnach sowohl Instrumente als Maschinen für den Gebrauch notwendig, und in Ermangelung derselben kann nichts unbehindert ausgeführt werden.

3. Alle Mechanik aber ist von der Natur der Dinge vorgebildet und von dieser Lehrerin und Meisterin durch die Umdrehung der Welt gelehrt. Betrachten wir nämlich zuvörderst das Zusammenhangsverhältnis von Sonne und Mond und auch von den fünf Planeten. Würden diese nicht nach mechanischen Gesetzen kreisen, so würden wir nicht abwechselnd Licht haben noch die Früchte zur Reife gelangen. Da also unsere Vorfahren diesen Sachverhalt erfasst hatten, nahmen sie die Natur zum Vorbild und schufen, indem sie dieses, durch die göttlichen Werke darauf geführt, nachahmten, diese für das Leben so vorteilhaften Vorrichtungen. Sie führten daher, um es sich leichter zu machen, das eine mit Maschinen und vermittelst der damit verbundenen Umdrehungen, anderes mit Instrumenten aus, und was sie als für den Gebrauch nützlich erprobten, das suchten sie stufenweise durch Nachforschungen, Künste und Regeln wissenschaftlich zu verbessern.

4. Richten wir nämlich zuerst unser Augenmerk auf eine durch das Bedürfnis gebotene Erfindung wie die der Kleidung, so sehen wir, wie durch Beihilfe der Webinstrumente die Zusammenfügung der Kette mit dem Einschlag nicht bloß dem Körper durch Umhüllung ein Schutzmittel schafft, sondern überdies auch standesgemäßen Schmuck verleiht. Anderseits würden wir nicht so reichliche Speise haben, wenn nicht Joche

[1] D. h. Räderwerke aus mehreren Radscheiben bestehend, welche ungleichen Durchmesser haben.

und Pflüge für Rinder und alles andere Zugvieh erfunden worden wären, und wenn wir nicht zum Keltern die Vorrichtungen der Winden, Pressen und Hebel hätten, so würden wir weder das glänzende Öl noch die Frucht der Rebe zur Verschönerung unseres Lebens haben können, und es gäbe keine Zufuhr von alle dem, wenn sie nicht die Erfindung der offenen und geschlossenen Frachtwagen zu Lande und die der Schiffe zu Wasser vermittelte.

5. Die Prüfung der Dinge durch das Gewicht mit Schnellwaagen[1] und anderen Waagen sichert das Leben in gerechter Weise vor Übervorteilung. Nicht minder gehören auch die unaufzählbaren anderen Vorrichtungen hieher, welche uns täglich dienlich sind, wie z. B. die Räder, die Blasbälge der Schmiede, die vierrädrigen Personenwagen und die zweiräderigen zweisitzigen Reisewagen, die Drehbänke und so weiter, was alles allgemein bekannte Vorteile im Gebrauch des alltäglichen Lebens gewährt. Wir wollen daher beginnen, dasjenige zur Kenntnis zu bringen, was selten zur Anwendung gelangt.

Zweites Kapitel

Die Hebemaschine

1. An erster Stelle wollen wir über die Herstellung derjenigen Vorrichtungen, welche zur Aufführung von Tempeln und von Staatsgebäuden notwendigerweise be-

[1] *trutina* unterscheidet sich von anderen Waagen durch die Einteilung des Waagebalkens in Grade zum Zweck der Hebelverlängerung und -verkürzung vermittelst verschiebbarer Gewichte (Laufgewichte).

schafft werden müssen, Auskunft geben. Man richtet zwei Balken von einer der Größe der Lasten entsprechenden Stärke zu, verbindet sie am oberen Ende mit einem Bolzen und stellt sie so auf, dass sie nach unten auseinandergespreizt sind, und hält sie durch Haltseile, welche am oberen Ende herumgeschlungen und ringsum angespannt sind, aufrecht. Man bindet dann oben einen Flaschenzugkloben (Schere), welchen auch einige Rechamus nennen, an, und fügt in demselben zwei sich um ihre besonderen Achsen drehende Rollen ein und schlägt das Zugseil um die obere Rolle; dann zieht man das Seil herab und schlägt es um die Rolle einer unteren Schere, führt es aber dann wieder hinauf bis zu der unteren Rolle der oberen Schere und von dort kommt es abermals herab zu der unteren Schere, in deren Ring es festgebunden wird: Das andere Ende des Seiles wird zwischen die beiden Balken, und zwar an deren unteres Ende, geführt.

2. An der Rückseite der rechtwinkelig behauenen Balken heftet man da, wo sie sich schon weit genug auseinanderspreizen, Zapfenlager an, in welche man die Zapfen eines Haspels einsteckt, sodass deren Achsen sich leicht drehen. Dieser Haspel hat zunächst an den Zapfen je zwei Löcher, die so eingeschnitten sind, dass Hebel in dieselben hineingesteckt werden können. An der unteren Flasche aber wird ein eiserner Doppelhaken angebunden, dessen Zähne in die Bohrlöcher der Bausteine einbeißen. Ist aber das Ende des Seiles an dem Haspel befestigt, und dreht man den Letzteren mittelst Handhabung der Hebel um, so wird das Seil, indem es sich um den Haspel herumschlingt, straff gespannt und hebt so die Lasten in die Höhe und an den gehörigen Platz.

3. Diese Art von Hebemaschine, welche mit drei Rollen arbeitet[1], wird Trispastos (dreizügig) genannt. Wenn dagegen in der unteren Schere zwei und in der oberen drei Rollen laufen, so nennt man die Maschine Pentaspastos (fünfzügig). Sind aber die Maschinen für größere Lasten einzurichten, dann wird man sich solcher Balken bedienen müssen, die sowohl an Länge als an Dicke stärker sind, und in demselben Verhältnis muss auch die Verbolzung oben und das Haspelzeug unten verstärkt werden. Nachdem dies so hergestellt ist, werden vorher noch die vorderen Haltseile schlaff gelassen[2]; die hinteren Haltseile schlinge man oft wiederholt um die oberen Balkenenden der Maschine, und wenn sonst kein Gegenstand in der Nä-

[1] Vgl. die beifolgende Figur:

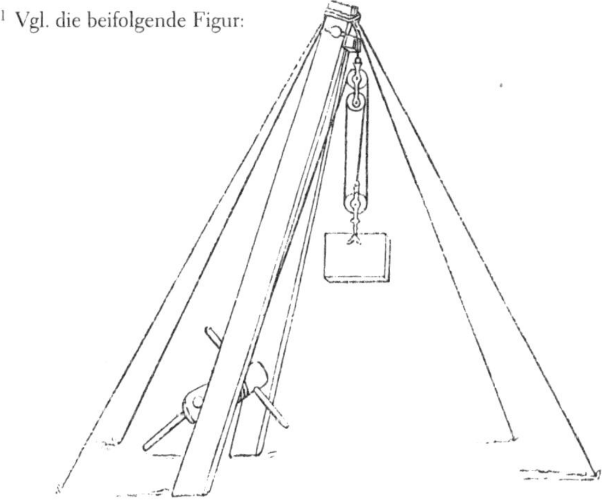

Fig. 30

[2] Die Maschine ist vorderhand noch am Boden liegend gedacht und soll nun aufgezogen werden. Um sie dann stehend zu erhalten, bedarf es der vier Haltseile, von welchen die vorderen beim Aufzug der beiden verbundenen noch schlaff bleiben, während man durch Anspannen der hinteren die zwei verbundenen Balken zur Erhebung bringt, bis die endliche Anspannung der vorderen Haltseile Einhalt gebietet.

he ist, an welche ihre anderen Enden festgebunden werden können, so treibe man Pfähle schräg in den Boden ein und befestige diese durch Einstampfung der Erde ringsum, damit sie so zum Festbinden der Seile dienen können.

4. Dann knüpfe man eine Flasche[1] vermittelst eines Taues ganz oben an den Hebebock und ziehe von demselben aus[2] ein anderes Seil bis zu der Flasche herab, welche unten an einen Pfahl gebunden ist, schlinge es um die Rolle dieser und führe es dann wieder zu jener Flasche, welche am oberen Ende des Hebebockes angebunden ist, hinauf; nachdem man aber das Seil auch oben um die Rolle geschlagen, lasse man es wieder herab bis an den Haspel, der unten am Hebebock sich befindet, und binde es dort fest: Der Haspel wird nun unter Handhabung der Hebel umgedreht und die Maschine wird sich von selbst aufstellen. So wird, nachdem man die Seile ringsum verteilt hat und die hinteren Haltseile straff an die Pflöcke gespannt sind[3], die Maschine auf eine ziemlich bequeme Art instand gesetzt sein: Nun werden der Hebelflaschenzug und das Zugseil in der oben beschriebenen Weise in Tätigkeit gesetzt.

(III.) 5. Wenn aber Riesenlasten an Größe und Gewicht zu versetzen sind, so ist die Anwendung des Haspels nicht zulässig, sondern so wie sonst ein Haspel in die Zapfenlager eingefügt ist, so schließe man da einen Wellbaum ein, der in der Mitte eine Seiltrommel[4] hat, welche einige

[1] D. h. Schere mit den Rollen.

[2] D. h. das Seilende an den Haken unten an der Schere gebunden.

[3] Erst wenn die Aufziehung vollendet ist, kann mit dem Anbinden der hinteren Haltseile an die Pflöcke vorgegangen werden. Der Aufstellungsflaschenzug mit seinem Seil ist dann überflüssig, und das Letztere muss von dem Haspel abgenommen werden, um dem Zugseil des Hebeflaschenzuges Platz zu machen.

[4] Eine Verstärkung des Wellbaumes, d. h. einen Zylinder mit größerem Durchmesser, als ihn der Zylinder des Wellbaumes hat.

Rad, die Griechen aber Amphieryon[1] oder Peritrochion (Kreisläufer) nennen.

6. Bei diesen Maschinen aber werden die Flaschen nicht auf dieselbe Weise wie oben, sondern etwas abweichend eingerichtet: Sie haben nämlich unten und oben doppelt nebeneinander gestellte Rollen. Dann wird das Zugseil so weit durch den Ring der unteren Flasche gezogen, bis die beiden Enden bei ausgespanntem Seil gleich lang sind, und wird hierauf dort an der unteren Flasche mit einem dünneren Strick so umwunden und zusammengeschnürt und beide Teile des Seiles so zusammengefügt, dass es sich weder nach rechts noch nach links verrücken kann. Hierauf hebe man die beiden Enden des Seiles zur oberen Flasche hinauf und schlage sie von der äußeren Seite aus um die beiden unteren Rollen derselben, führe sie dann wieder herab und schlinge sie von der inneren Seite um die Rollen der unteren Flasche, führe sie dann abermals hinauf rechts und links[2] bis an das obere Ende der oberen Flasche und lege sie um das obere Rollenpaar derselben.

7. Und nachdem dies von der äußeren Seite aus geschehen, führe man sie zum Wellbaum herab und binde sie dort rechts und links von der Seiltrommel fest an. Dann aber schlingt man um die Seiltrommel ein anderes Tau und führt dies zu einem Göpel[3]. Mit diesem dann herumgedreht, dreht das Seil auch die Trommel und den Wellbaum, die Zugseile werden dadurch, dass

[1] Nach Marini, sonst schrieb man seit Jocundus (auch Schneider) ἀμφίρευσιν, statt der sinnlosen Schreibweisen *amphiesen*, *amphieren*, *amphiersen*, *amphresen* der Handschriften. Beide Korrekturen entsprechen dem Sinn des Drehens.

[2] D. h. parallel nebeneinander laufend.

[3] *ergata*, Göpel oder Erdwinde, unterscheidet sich dadurch von einer *sucula* (Haspel), dass Letztere einen horizontalen, Erstere einen vertikal gestellten Wellbaum hat.

sie sich um den Wellbaum aufwinden, gleichmäßig gespannt und heben so die Lasten leicht und gefahrlos auf. Hat man aber ein größeres Trommelrad entweder in der Mitte oder an einem Ende des Wellbaumes angebracht, so wird man ohne Göpel dadurch, dass Männer dieses Rad durch Treten in Bewegung setzen, rascher zum Ziel gelangen können.

8. Es gibt aber noch eine andere, und zwar ziemlich sinnreiche Art von Hebemaschine, welche auch für den Gebrauch den Vorteil der Arbeitsbeschleunigung hat, die aber nur von kundigen Leuten gehandhabt werden kann. Man stellt nämlich nur einen Baum auf und spannt ihn auf vier Seiten mit Haltseilen fest, unter den Haltseilen[1] heftet man zwei Backen (Auffütterungshölzer) fest, knüpft die Flasche mit Seilen über die Backen und legt der (oberen) Flasche ein etwa zwei Fuß langes, sechs Zoll breites und vier Zoll dickes Querholz unter. Die Flaschen werden so eingerichtet, dass die Rollen zu je drei nebeneinanderlaufen. Nun werden drei Zugseile an der oberen Flasche[2] festgeknüpft, dann zur unteren Flasche herabgeführt und von innen um die drei oberen Rollen derselben geschlungen, dann werden sie wieder zur oberen Flasche hinaufgeführt und von außen nach innen über die unteren Rollen derselben geschlungen.

9. Wenn dann die Seile wieder auf den Boden herabgelangt sind, schlägt man sie von innen nach außen über die drei Rollen, die an zweiter Stelle stehen, und führt sie

[1] D. h. unter der Verschnürung derselben am oberen Ende des Balkens. Diese Backen sind Holzstücke, welche zu beiden Seiten des Standbaums festgenagelt waren, um das Seil, woran der Flaschenzug gehängt wurde, am Herabgleiten zu verhindern. Außerdem wurde die obere Flasche des Zuges noch durch ein untergelegtes Querholz vom Baum fern und hierdurch frei gehalten.

[2] An dem unteren Haken oder Ring der oberen Schere.

dann wieder nach oben zu den zweiten Rollen daselbst, und nachdem man sie über diese geschlungen, werden sie abermals nach unten und von unten noch einmal nach oben geführt, und nachdem sie über die obersten Rollen geschlagen sind, leitet man sie an den Fuß des Hebebockes (Standbaumes) selbst. Am unteren Ende der Maschine aber[1] ist ein drittes Rollengehäuse angebracht, welches die Griechen Epagon (Zieher) nennen, wir Römer aber Artemon[2] (Leitflasche). Dieses Rollengehäuse wird am Fuß des Standbaumes festgeknüpft und enthält drei Rollen, um welche die Seile geschlungen werden und dann ihre Enden den Leuten zum Ziehen darbieten: So können ohne Göpel drei Reihen von Leuten ziehen, und die Last wird schnell in die Höhe gebracht.

10. Diese Art von Maschine wird Polyspastos (vielzügig) genannt, weil sie, in vielen Rollen gehend, sowohl leichte als rasche Handhabung gewährt. Der Umstand aber, dass nur ein Baum dabei aufgestellt ist, hat den Vorteil, dass man vorher, ehe man eine Last versetzt, die Maschine nach Belieben auf die rechte und linke Seite neigen kann. Alle diese Maschinenarten, welche oben beschrieben worden sind, finden nicht bloß hiebei, sondern auch bei Verladung und Ausladung der Schiffe Anwendung, bald aufrecht stehend, bald waagrecht auf Krahndrehscheiben angebracht. Nicht minder wird es auch ohne Aufstellung von Standbäumen nach demselben Verfahren und vermittelst Zugseilen und Flaschen bewerkstelligt, die Schiffe ans Land zu ziehen.

(V.) 11. Es dürfte aber auch nicht ungehörig sein, die sinnreiche Erfindung des Chersiphron zu entwickeln. Als nämlich dieser die Säulenschäfte für den ephesischen Ar-

[1] D. h. des Standbaumes.

[2] Sonst das hoch am Mast befindliche Bramsegel.

temistempel aus den Steinbrüchen schaffen wollte und wegen der Größe der Last und der Weichheit der Wege in der Ebene dem Transport zu Wagen nicht traute, aus Furcht, es würden die Räder versinken, so ersann er folgendes Auskunftsmittel: Er fügte vier Holzbalken, welche so behauen waren, dass ihre Dicke ein Drittteil ihrer Breite betrug, nämlich zwei Querbalken mit zwei Längebalken, deren Länge den Säulenschäften entsprach, zusammen und verkämmte sie; dann befestigte er eiserne Zapfen, die in Doppelschwalbenschwänzen endigten, vermittelst Bleiverguss in die beiden Stirnen der Schäfte[1] und ließ metallene Futterringe, in welchen die Zapfen liefen, in das Holzwerk ein, außerdem verband er die Enden mit Strängen aus Rindsriemen[2] geflochten:

Die Umdrehung der in die Futterringe eingeschlossenen Zapfen aber war ganz unbehindert, sodass die Säulenschäfte, als sie vorgejochte Ochsen zogen, sich mit den Zapfen in den Futterringen umdrehend, ohne Anstand fortrollten.

12. Nachdem aber die Schäfte alle so herbeigezogen waren und die Beischaffung der Gebälkstücke bevorstand, übertrug des Chersiphron Sohn Metagenes dasselbe Verfahren von dem Transport der Schäfte auf den der Gebälkstücke[3]. Er ließ nämlich Räder von ungefähr zwölf Fuß Durchmesser zimmern und schloss die beiden En-

[1] D. h. eiserne Achsen, welche an ihrem in die Säulenschäfte eingebleiten Ende rechtwinklig in einen Doppelschwalbenschwanz auszweigten.

[2] Nach Marinis Emendation, statt des früheren schwer erklärbaren *baculis ligneis*. Es bleibt jedoch unsicher, wo dieser Verband angelegt war; Marini glaubt, dass die verkämmten Ecken des Rahmens noch mit diesem Riemen verschnürt gewesen seien, da aber dies höchst überflüssig erscheint, so dürfte die Vermutung wahrscheinlicher sein, dass man die Schaftenden, um die Kanten vor dem Abstoßen zu schützen, mit solchen Riemen umwickelt habe.

[3] Plinius XXXVI. 96 schreibt auch das Legen des Gebälks am ephesischen Tempel dem Chersiphron zu.

den der Gebälkstücke mitten in die Räder ein, und auf dieselbe Weise ließ er auch die Zapfen einerseits in die Stirnen der Gebälkstücke, anderseits in die Futterringe ein. Als daher jener Rahmen aus dritteldicken Balken von den Ochsen gezogen wurde, brachten die in den Futterringen eingeschlossenen Zapfen die Räder zur Drehung, die Gebälkstücke aber, welche wie Achsen in die Räder eingefugt waren, kamen auf dieselbe Art wie die Säulenschäfte ohne Hindernis auf den Bauplatz. Eine Vorstellung davon können wir uns nach den Walzen machen, mit welchen man in den Palästren (Ringschulen) die Gänge ebnet. Doch wäre dies nicht ausführbar gewesen, wenn nicht zunächst die geringe Entfernung unterstützt hätte, denn von den Steinbrüchen zum Tempel sind nicht mehr als achttausend Fuß, und dann ist dort auch kein Hügel, sondern die Ebene ist ununterbrochen.

13. Als dann zu meiner Zeit in jenem Tempel das Fußgestell des Kolossalstandbildes des Apollon vor Alter geborsten war und man befürchtete, es möchte jenes Standbild stürzen und zertrümmern, da gab man den Auftrag, in denselben Steinbrüchen ein neues Fußgestell zu brechen. Es übernahm dies ein gewisser Päonios[1]. Dieses Fußgestell aber, welches zwölf Fuß lang, acht Fuß breit und sechs Fuß hoch war, wollte der ehrgeizige Päonios nicht auf dieselbe Art wie Metagenes an Ort und Stelle bringen, sondern beschloss, dazu zwar nach demselben Grundverfahren, aber in einer anderen Art eine Vorrichtung zu konstruieren.

14. Er ließ nämlich Räder von ungefähr fünfzehn Fuß Durchmesser zimmern und schloss in diesen Rädern die

[1] Selbstverständlich nicht jener Päonios, der mit Daphnis das Didymäon von Milet neu baute und mit Demetrios den Artemistempel von Ephesos vollendete.

Enden des Marmorblockes ein. Dann brachte er rings um den Block zwei Zoll starke Dielen, die von einem Rad zum anderen reichten, an und ließ sie so im Kreis herum in die Räder ein, dass sie höchstens einen Fuß voneinander abstanden. Hierauf wickelte er um diese Dielensprossen ein Tau und ließ dieses durch vorgejochte Ochsen ziehen, und als es sich so abwickelte, rollten zwar die Räder, aber er konnte die Last nicht auf dem rechten Weg in gerader Linie führen, sondern sie wich bald nach der einen, bald nach der anderen Seite von dem Weg ab, und so wurde es nötig, sie wieder rückwärtszuziehen. So vergeudete Päonios mit dem Hin- und Herziehen sein Geld so, dass er die Zahlungen einstellen musste.

15. Ich will mir aber eine kleine Abschweifung erlauben und von der Entdeckung dieser Steinbrüche Bericht erstatten. Es war einmal ein Hirt namens Pixodaros, und dieser weidete seine Herde in dieser Gegend. In derselben Zeit aber, als die Bürger von Ephesos mit dem Plan umgingen, das Heiligtum der Artemis aus Marmor herzustellen, und darüber beratschlagten, ob man dazu parischen, prokonnesischen, herakleischen oder thasischen Marmor beschaffen solle, da trieb Pixodaros eben seine Schafe an diese nämliche Stelle zur Weide. Dort gerieten zwei Widder miteinander in Kampf, rannten aber, in der Absicht zusammenzustoßen, sich verfehlend aneinander vorbei und einer stieß in heftigem Anlauf mit seinen Hörnern so gegen den Felsen, dass davon ein Splitter von blendend weißer Farbe herabfiel. Da soll nun Pixodaros seine Schafe im Gebirge zurückgelassen und spornstreichs den Splitter nach Ephesos, wo gerade entscheidend über die Sache verhandelt wurde, gebracht haben. Dafür wurden ihm sogleich Ehrenbezeugungen zuerkannt und sein Name geändert, sodass er nun statt Pixodaros Evangelos (der gute

Bote) hieß, und heutzutage noch begibt sich eine obrigkeitliche Person allmonatlich an jene Stelle, um ihm ein Opfer darzubringen, und wenn sie dies unterlässt, wird sie sogar bestraft.

Drittes Kapitel

Die Elemente aller Bewegung, die Gerade und der Kreis

(VI.) 1. Von den Hebewerken habe ich nun, soweit ich es für nötig erachtete, gehandelt. Die Bewegungen und Kräfte von zwei verschiedenen und unter sich unähnlichen Dinge, jedoch als Elemente zusammenwirkend und sich deckend, erzeugen die eben behandelten Wirkungen; das eine von den beiden ist das Element der geraden Linie, welches die Griechen Eutheia (gerade Linie) nennen, das andere das Element des Kreises, welches bei den Griechen Kyklote heißt. Dies will ich durch Erläuterung verständlich machen.

2. Man steckt durch das Mittel der Rollen die Rollennägel und fügt sie in die Scheren, und das Seil bewirkt, um diese Rollen geschlungen, durch geradlinigen Zug und, um den Haspel geführt, durch die Umdrehung mit den Haspelhebeln das Aufsteigen der Lasten in die Höhe, und so bewirken auch die Zapfen des Haspels, welche in ihren Achsen geradlinig in den Zapfenlagern liegen, und die in die Bohrlöcher des Haspels eingesetzten Hebel, welche, an ihren Enden gefasst, kreisförmig herumgeführt werden, durch ihre kreisförmige Umdrehung dasselbe.

Ein Beispiel bietet auch die eiserne Hebstange dar. Bringt man diese an eine Last, welche eine Masse von

Händen nicht bewegen kann, legt dann als Drehungspunkt eine Druckunterlage, welche die Griechen Hypomochlion (Hebelunterlage) nennen, unter[1] und bringt die gebogene Spitze der Hebstange unter die Last, so lüpft die Stange, wenn ein einziger Mensch das obere Ende der Hebstange niederdrückt, die Last.

3. Dies geschieht aber dadurch, dass der kürzere Teil vor jener den Drehungspunkt bildenden Druckunterlage unter die Last hineingesteckt ist und dass das weiter von jenem Drehungspunkt abstehende andere Ende, welches abwärtsgedrückt wird, einen Kreisbogen beschreibend, durch den Gegengewichtsdruck mit wenigen Händen das Gewicht der größten Last zwingt, sich zu heben. Anderseits wird, wenn die gebogene Spitze der eisernen Hebstange unter die Last gebracht, ihr oberes Ende aber nicht nach unten gedrückt, sondern umgekehrt in die Höhe gehoben wird, die Hebstange, indem ihre Spitze sich gegen die Bodenoberfläche stemmt, diese als Last haben; die Kante der Last dagegen als Drucklage, und so wird die schwere Last, wenn auch nicht so leicht wie auf dem Weg des Abwärtsdrückens, aber trotz der Schwierigkeit dennoch aufgerichtet. Wenn dagegen die gekrümmte Spitze einer Hebstange, auf eine Unterlage gelegt, unter die Last geschoben wird, und das obere Ende, an welchem man drückt, näher an dem Drehungspunkt ist[2], so wird sie die Last nicht lüpfen können, wenn man nicht, wie dies oben beschrieben worden ist, das richtige Wiegeverhältnis der Hebestange durch den größeren Abstand des für das Abwärtsdrücken bestimmten oberen Endes herstellt.

[1] Das prismatische oder runde Querstück, das man unter die Hebstange legt.
[2] D. h. wenn der Teil von der Unterlage bis an die untere Spitze der Hebstange länger ist als der obere Teil, auf welchen man drückt.

4. Dies aber kann man an den Waagen, welche man Schnellwaagen nennt, beobachten. Wenn nämlich die Schere näher an dem Ende, an welchem die Schale hängt, den Drehungspunkt der Waage bildend angebracht ist, und wenn das Gewicht gegen die andere Seite des Waagbalkens hin von Marke zu Marke geschoben weiter und weiter von dem Drehungspunkt weg bis an den Rand gerückt wird, so wird die Abwägung mit dem kleinen und unverhältnismäßigen Gewicht einer so großen Schwere des zu wiegenden Gegenstandes gegenüber durch die waagrechte Stellung des Waagbalkens das Gleichgewicht ergeben[1]. Und so sinkt ein verhältnismäßig leichtes Gewicht einem schwereren zu wiegenden Gegenstand gegenüber sofort langsam und zwingt dagegen diesen, sich sanft aufwärtszuheben.

5. Ein Beispiel bietet auch ein Lastschiff dar: Der Steuermann des größten Lastschiffes nämlich wendet, den Hebel des Steuerruders, welcher bei den Griechen Oiax heißt, haltend, indem er mit einer Hand nach den Regeln der Kunst zu beiden Seiten des Drehungspunktes durch Druck wirkt, das Schiff, selbst wenn es mit den schwersten und ganz ungeheuren Ladungen von

[1] Der Wortlaut der *Codd.*, mit welchem Editoren und Ausleger bisher vergeblich gekämpft, ist folgender: … *et [cum] aequipondium in alteram partem scapi per puncta vagtando, quo longius, aut etiam ad extremum perducitur, paulo et impari pondere amplissimam pensionem parem perficit per scapi librationem (et) examinatio longius a centro recedens.* Schneider und Marini haben es für ausreichend gehalten, das (oben durch Klammern gekennzeichnete) *et* zu streichen; doch hätten sie nicht übersehen sollen, dass *examinatio longius a centro recedens* jedem Versuch, sich von der Sache auch eine Vorstellung zu machen, Hohn spricht. Überdies ist die Ungehörigkeit des *quo longius* oben und die Wiederholung des *longius* unten auffällig und führt den Übersetzer auf den Gedanken, dass sich hier etwas verschoben habe. Ich ordne deshalb den Satz so: *et [cum] aequipondium in alteram partem scapi per puncta vagando, longius a centro recedens aut etiam ad extremum perduicitur, paulo et impari pondere amplissimam pensionem parem perficit per scapi librationem examinatio.*

Waren und Lebensmitteln befrachtet ist. Auch kann das Schiff, wenn seine Segel nur in der Höhe des halben Mastes hängen, nicht schnell segeln; wenn aber die Rahen bis an die Spitze des Mastes aufgezogen sind, dann wird es in größerer Geschwindigkeit vorwärtskommen, weil die Segel nicht am Fuß des Mastbaumes, welcher den Drehungspunkt darstellt, sondern ganz oben und weiter von jenem Drehungspunkt hinaufgerückt den Wind fangen.

6. Wie daher die unter eine Last gesteckte Hebstange schwerer zu bezwingen ist, wenn man sie in der Mitte gefasst niederdrücken will, und der Kraft nicht weicht, wenn sie aber am oberen Ende gefasst niedergedrückt wird, die Last leicht lüpft: So haben in ähnlicher Weise auch die Segel, wenn sie in der Mitte des Mastes ausgespannt sind, eine geringere Wirkung, wenn sie aber oben an das obere Ende des Mastes gesetzt werden, so erzwingen sie, weiter vom Drehungspunkt abstehend, nicht etwa bei heftigerem, sondern bei ganz gleichem Wehen des Windes durch den Druck an der Spitze ein rascheres Vorwärtsschreiten des Schiffes. Auch die an den Dollen mit Reisigbändern angebundenen Ruder treiben das in gerader Linie fahrende Schiff, indem sie von den Händen des Ruderers angezogen und immer wieder aufgehoben werden, mit dem die Wellen durchschneidenden Vorderteil in heftiger Raschheit vorwärts, wenn die Enden der Ruderblätter vom Drehungspunkt weit entfernt die schäumende Woge des Meeres berühren[1].

[1] Hier ist das Verhältnis ein anderes als bei der sonstigen Hebelbewegung, denn hier ist der von den Ruderern gehandhabte Teil näher am Drehungspunkt des Ruders als der über das Schiff hinausragende und das Wasser berührende Teil. Hier soll aber auch das Schiff samt den Rudern bewegt werden und nicht das Wasser, es ist sonach der Widerstand des Wassers als die bewegende Kraft gefasst.

7. Lastträger dagegen, welche zu sechs oder zu vier an einer Tragstange sehr schwere Lasten tragen, suchen für diese genau das Mittel der Tragstange, damit auf diese Art, indem die Masse der Last nach einem bestimmten Teilungsverhältnis verteilt ist, die einzelnen Träger gleiche Gewichtsteile ihrem Nacken zumuten. Dabei ist der Mittelteil der Tragstangen, an welchem die Riemen der Träger eingehängt werden[1], durch Nägel abgegrenzt, damit die Riemen nicht nach der einen oder der anderen Seite sich verrücken. Denn wenn sie sich über jenen Mittelraum verschieben, wirft sich die Schwere auf jene Seite, welcher sie näher kommen, wie dies bei der Schnellwaage geschieht, wenn das Gewicht von dem Punkt des Gleichgewichts gegen das Ende des Waagbalkens hin vorgeschoben wird.

8. Aus gleichem Grund ziehen die Lasttiere, wenn das Joch eines solchen Gespannes mit Riemen in der Mitte (an die Deichsel) gebunden ist, die Lasten gleichmäßig: Wenn aber die Kräfte der Zugtiere ungleich sind und eines, das mehr zieht, das andere zurücklässt, so macht man durch Versetzung des Riemens den einen Teil des Joches länger, wodurch dem schwächeren Zugtier das Ziehen erleichtert wird[2]. So wird bei Tragstangen und Jochen, an welchen die Riemen nicht in der Mitte, sondern seitwärts

[1] Nämlich die Riemen, an welchen die Lasten hingen; die beiden Enden der Tragstangen, die manchmal auch leiterartig gedoppelt waren, ruhten auf den Schultern der Träger, wie dies an dem Relief der Trajanssäule ersichtlich ist.

[2] Diese Ungleichmäßigkeit des Joches, nämlich des Querholzes am vorderen Ende der Deichsel, welches den Zugtieren auf den Nacken gebunden wurde, konnte auf zweifache Weise erzielt werden: Entweder band man das Deichselende nicht genau in die Mitte des Joches, oder man band das Tier mehr oder weniger an das Ende des Joches, um dadurch den Hebel zu verlängern oder zu verkürzen. Im ersteren Fall blieb das Tier immer an gleicher Stelle, und dies Verfahren wird hier gemeint sein und nicht, wie A. Rich will, das Letztere, welchem die weiterhin folgende Zusammenstellung der Tragstange mit dem Joch entschieden widerspricht.

angebracht sind, je weiter der Riemen sich von dem Mittelpunkt entfernt, umso kürzer der eine und desto länger der andere Teil, und auf diese Weise wird, wenn man, jenen Punkt, um welchen der Riemen geschlungen ist, als Mittelpunkt nehmend, mit den beiden Enden Kreise beschreibt, der längere Teil eine größere, der kürzere eine kleinere Kreislinie ergeben.

9. Wie aber kleinere Räder sich strenger und schwerer bewegen als größere, so drücken auch die Seiten der Tragstangen und der Joche, deren Enden von dem Knotenpunkt weniger weit abstehen, schwer auf die Nacken, während dagegen die Seiten, bei denen der Abstand zwischen Knotenpunkt und Ende größer ist, den Ziehenden und Tragenden die Lasten erleichtern.

Wie alles dies seine Bewegung aus den zwei Elementen, der zu einem Mittelpunkt in Beziehung stehenden Geraden und der kreisförmigen Führung erhält, so erzielen auch Karren und vierrädrige Wagen, Schöpfräder, Seiltrommeln, Schnecken, Skorpione, Ballisten, Pressen und die übrigen Maschinen nach denselben Gesetzen durch die zu einem Mittelpunkt in Beziehung stehende Gerade und durch die kreisförmige Umdrehung ihre vorgesetzten Wirkungen.

Viertes Kapitel

Verschiedene Arten von Wasserschöpfmaschinen

(VII.) 1. Nun will ich von der Herstellung der verschiedenen zum Wasserschöpfen erfundenen Vorrichtungen handeln und unter diesen zuerst vom Schöpfrad sprechen. Dieses nun hebt zwar das Wasser nicht hoch auf, aber schöpft dafür sehr rasch und leicht eine große Wassermenge. Es wird dazu ein Wellbaum entweder auf der Drehbank bearbeitet oder nach dem Zirkel behauen, an den beiden Enden Eisenbeschläg angebracht und um die Mitte ein Trommelrad[1] herumgelegt, welches aus zusammengefugten Dielen gemacht wird; der Wellbaum aber wird auf Pfähle gelegt, welche da, wo die Enden des Wellbaumes ihr Lager haben, ebenfalls mit Eisenblech bekleidet sind. In den inneren hohlen Raum des Trommelrades werden acht Bohlen radial eingefugt, welche von der Welle bis an den Zylindermantel der Trommel reichen und das Innere des Trommelrades in gleiche Räume abteilen.

2. Der Zylindermantel ringsum wird durch zusammengefugte Dielen gebildet, die halbfußbreite Öffnungen frei lassen, durch welche das Wasser ins Innere aufgefangen wird. Dann werden zunächst am Wellbaum auf einer Seite des Trommelrades rundliche Löcher eingeschnitten, jedem einzelnen der (acht) Räume entsprechend. Das nach Art der Schiffe geteerte Trommelrad aber wird durch Treten von Menschen umgedreht[2], und indem es durch die Öffnungen an dem Zylindermantel des Trommelrades das

[1] Ein rings mit Dielen verschaltes hohles Rad von bedeutend größerem Durchmesser als der Wellbaum, welcher Letztere wie die Achse eines Mühlrades durch das Zentrum des Trommelrades hindurchgesteckt war.

[2] Über die Tretvorrichtung selbst gibt Vitruv keine Vorschrift. Deshalb wurde sie auch in den verschiedenen Restaurationen verschieden gegeben: Newton brachte außen am Zylindermantel des Trommelrades Leisten an, Perrault und Marini u. a. fügten ein besonderes Tretrad von etwas kleinerem Durchmesser als das Trommelrad an das Letztere. Das erstere Verfahren erfordert zwar am wenigsten Arbeit bei der Herstellung, nur Leisten außerhalb und ein auf die Zapfenlagerpfähle gestütztes Bockgerüst, an welchem sich die Treter hielten. Doch je näher der Treter der durch die Achse des Wellbaumes gehenden Vertikalen sich befindet, desto geringer ist der Effekt. Das letztere Verfahren enthält nur das Befremdliche, dass das Tretrad kleiner sein soll als der Zylindermantel des Trommelrades, was nicht bloß die Herstellung wesentlich erschwert, sondern auch die Kraft – durch den kürzeren Hebel – verringert, wogegen die Beschleunigung der Umdrehung kaum ausreichend ins Gewicht fällt. Jedenfalls aber ist das Treten von innen, was selbstverständlich nur bei dem letzteren Verfahren anwendbar, vorzuziehen.

Wasser schöpft, gibt es dasselbe durch die rundlichen Löcher zunächst an dem Wellbaum wieder in ein daruntergesetztes hölzernes Becken ab, mit welchem eine ableitende Rinne in Verbindung steht. So wird zur Bewässerung von Gärten und für Salinen zum Auslaugen eine Menge Wasser geliefert.

3. Wenn aber das Wasser höher gehoben werden soll, so hat dasselbe Verfahren folgende Abänderungen zu erleiden: Man zimmert rings um die Welle ein Schöpfrad von einer der erforderlichen Hebehöhe entsprechenden Größe; rings um den äußeren Rand desselben herum befestigt man seitwärts kubische Kästchen, die mit Teer und Wachs wasserdicht verstrichen sind. Wenn daher das Rad von den Tretern umgedreht wird[1], so werden die (unten) gefüllten Kästchen nach oben gebracht und gießen, sich wieder nach unten drehend, ihren Inhalt in den Sammelkasten.

4. Wenn aber das Wasser an noch höhere Punkte geliefert werden soll, so schlingt man um die Welle eines solchen (Tret-)Rades ein Paar eiserne Ketten, welches so eingerichtet ist, dass es bis unter den Wasserspiegel hinabreicht, und hängende Bronzeeimer, die etwa einen Congius[2] fassen, trägt[3]. So wird die Drehung des Rades dadurch, dass die Doppelkette sich um die Welle herumwindet, die Eimer nach oben bringen, diese aber werden, sobald sie über die Welle gehoben sind, notwendig gestürzt und müssen ihren Wasserinhalt in den Sammelkasten entleeren.

[1] Hier kann an ein Treten von außen nicht leicht gedacht werden, da hier dem Zylindermantel des Schöpfrades die Schöpfkästen vorgeheftet sind und das Wasser sich oben entlädt. Doch wäre hier im Innern des Schöpfrades dazu Raum, wenn man nicht ein besonderes Tretrad um den Wellbaum legen wollte.

[2] Congius = sechs Sextarii = 3 1/14 Maß bayer., 2 1/3 Maß österr., 3 1/2 Kanne sächs., 3 2/5 Quart hannöv. (nach Hultsch).

[3] Ein sogenanntes Paternosterwerk.

Fünftes Kapitel

Das Flussschöpfrad. Die Wassermühle

(VIII.) 1. Man macht auch in Flüssen Schöpfräder auf dieselbe Weise, wie dies oben beschrieben worden ist. Nur befestigt man außen an den Schöpfrädern Schaufeln, welche, von dem Andrang des Wassers gefasst, durch ihr Vorwärtsgehen die Räder zwingen, sich zu drehen, und so in dem Kästchen das Wasser schöpfend und nach oben bringend, leisten sie, ohne die Arbeit des Tretens durch die Strömung des Flusses selbst umgedreht, die nötigen Dienste.

2. Auf dieselbe Weise werden auch die Wassermühlen getrieben, bei welchen sonst alles dasselbe ist, mit Ausnahme des Umstandes, dass an einem Ende der Welle ein Zahnrad (a) läuft. Dieses aber ist senkrecht gestellt und dreht sich gleichmäßig mit dem Schaufelrad in derselben Richtung: In dieses eingreifend, ist ein zweites kleineres[1]

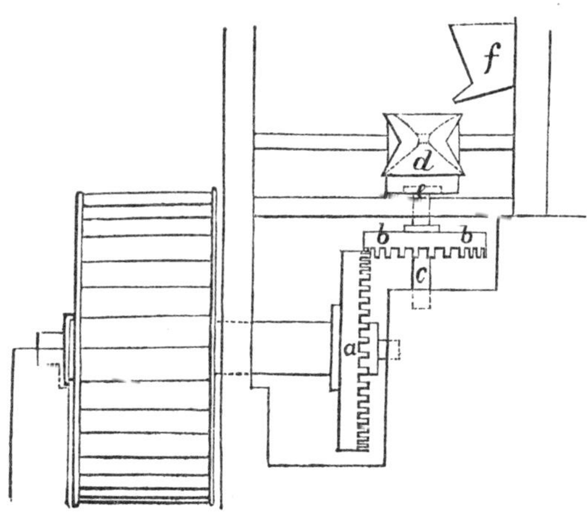

Fig. 32

[1] *tympanum minus*; die Handschriften geben *maius*. Doch bereits Perrault und Galiani haben bemerkt, dass dies sachlich unvernünftig sei. Man denke

Zahnrad (b) waagrecht angebracht, welches in einer Welle (c) läuft, die am oberen Ende einen eisernen Doppelschwalbenschwanz (e) hat, welcher in den Mühlstein eingekeilt ist. So zwingen die Zähne jenes an die Welle (des Schaufelrades) angefügten Zahnrades dadurch, dass sie, in die Zähne des waagrechten Zahnrades eingreifend, dieses treiben, die Mühlsteine (d) zur Umdrehung; die über dieser Maschine hängende Gosse (f) gibt den Mühlsteinen immer das Getreide zu, und durch dieselbe Umdrehung wird das Mehl gemahlen.

Sechstes Kapitel

Die Schnecke

(XI.) 1. Es gibt aber auch eine Maschine, die Schnecke genannt, welche zwar eine große Wassermasse schöpft, aber nicht so hoch hebt wie das Schöpfrad. Diese Maschine wird folgendermaßen hergestellt. Man nimmt einen Balken von so viel Fuß Länge, als er Zoll in der Dicke misst, und behaut ihn nach dem Zirkel walzenförmig. An den beiden Stirnflächen nun teilt man die Peripherie mit Quadranten[1] in vier und mit Oktanten[2] in acht Teile und bringt jene Einteilungslinien so an, dass, wenn man die Walze flach auf den Boden legt, die Linien von beiden

sich nämlich die relativ langsame Umdrehung eines Schaufelrades einer Mühle. Wird nun diese Umdrehung von einem kleineren Zahnrad (a) auf ein größeres (b) transmittiert, so wird die Umdrehung der Mühlsteine dadurch noch langsamer als die Umdrehung des Schaufelrades. Da das Unpraktische dieser Anordnung selbst jedem Nichtsachverständigen in die Augen springt, so begreift sich schwer, wie Rode, Schneider und Marini bei der alten Lesart verharren konnten.

[1] Sektoren mit einem Winkel von 90°.

[2] Sektoren mit einem Winkel von 45°.

Enden nach der Setzwaage sich entsprechen[1], dann ziehe man auch an der waagrecht auf den Boden gelegten Walze nach Maßgabe der Setzwaage Geraden von einem Ende zum anderen[2] und teile hierauf auch die Länge der Walze in Teile ab, welche so groß sind wie der achte Teil der Peripherie[3]. Durch diese Einteilung werden gleich große Abstände sowohl in der Richtung der Peripherie als in der Längsrichtung erzielt. Wo nun diese (Kreis-)Linien gezogen werden, treffen sie auf die Geraden in der Längsrichtung und schneiden sie an bestimmten Durchschnittspunkten.

2. Nachdem dies so sorgfältig verzeichnet ist, nimmt man eine dünne Leiste aus Weidenholz oder eine gespaltene Latte aus Keuschlamm[4], und nachdem man sie in

[1] Die kreisförmigen Stirnflächen der beiden Walzenenden, wie dies an der beifolgenden, ein Stück der Walze darstellenden Figur 33 ersichtlich ist, werden durch zwei oder vier Durchmesser wie a b in Winkeln von 90° oder 45° geteilt. Bei dem Auftragen dieser Teilungslinien aber hat man darauf zu sehen, dass die Quadranten oder Oktanten der beiden Stirnflächen sich decken oder dass je zwei Einteilungsdurchmesser der beiden Stirnflächen in einer Ebene liegen.

[2] D. h. Geraden von jedem Einteilungspunkt der Peripherie der einen Stirnfläche zu den entsprechenden Einteilungspunkten am anderen Ende, somit in der Richtung der Linien a c und b d.

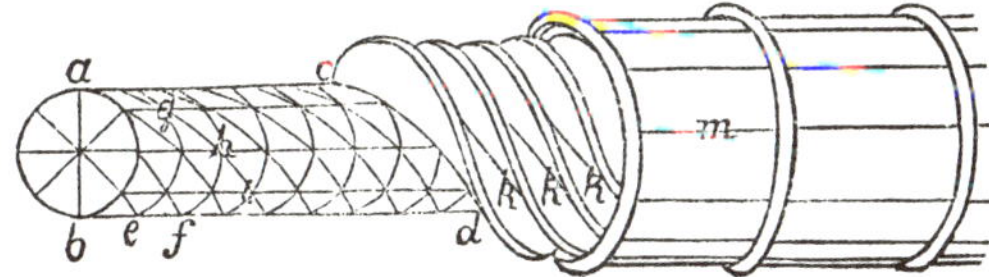

Fig. 33

[3] Diese Einteilung der Längslinien geschieht durch Kreislinien, die parallel mit der Peripherie der Stirnfläche um die Walze beschrieben werden, in Abständen wie von b zu e, von e zu f.

[4] Um nun das Gewinde der Schraube selbst herzustellen, besorgt man sehr dünne Latten aus geschmeidigem, biegsamem Holz. Von diesen wird nun eine an dem ersten jener Durchschnittspunkte, z. B. in dem Punkt a, angeheftet, dann schräg zu den folgenden Durchschnittspunkten g, h, i geführt und an denselben angeheftet, und so in spiralischer Windung weiter.

flüssigen Teer getaucht, heftet man sie an den ersten jener Durchschnittspunkte; dann führt man sie schräg zu den folgenden Durchschnittspunkten der Längslinien und der Kreislinien, und indem sie, regelmäßig vorwärtsgeführt, die einzelnen Punkte berührt und sich so ringsum windet, wird sie an den einzelnen Durchschnittspunkten festgemacht, und so gelangt sie, indem sie seit ihrem Anfang den achten Punkt berührt, zu derselben Geraden, von welcher sie ausgegangen und an welcher ihr unterer Teil festgenagelt wurde[1]. Desgleichen erreicht sie auch, wie sie schräg den Raum von acht Punkten durchzogen, ebenso der Länge nach den achten Punkt. Nach demselben Schema bilden die an den Durchschnittspunkten der Längslinien und Kreislinien schräghin gehefteten Leisten, wie sie an den acht Abtbeilungen des Kreises wiederholt werden[2], spiralförmige Rinnen (k), in richtiger und naturgemäßer Nachahmung des spiralförmigen Schneckengehäuses.

3. Auf dieser so hergestellten Grundlage werden dann andere in flüssigen Teer getauchte Leisten eine über die andere aufgeheftet und dadurch so lange aufgehöht, bis der Durchmesser des Ganzen den achten Teil der Länge beträgt[3]. Auf diese Spiralen legt und nagelt man dann ringsum eine Dielenverschalung (m), um die Spiralengänge zu schließen, dann wird diese Verschalung mit Teer gesättigt und mit eisernen Reifen zusammengehalten, sodass sie durch den Einfluss des Wassers nicht mehr sich

[1] Mit der Berührung des achten Durchschnittspunktes hat nämlich die Spirale die Peripherie der Walze zurückgelegt und trifft wieder in der Längslinie a c ein.

[2] Mit der Spirale a g h i parallel werden von jedem der acht Einteilungspunkte der Peripherie der Stirnfläche aus solche Spiralleisten angeheftet.

[3] Während vorher die Walze den sechzehnten Teil der Länge (so viele Zoll, als die Länge Fuß *pes = 16 digiti* maß) dick war, gewann sie durch die Aufhöhung der Spiralen den doppelten Durchmesser.

klüften kann. Die Enden der Walze werden mit festgenageltem Eisenbeschlag gebunden und erhalten eingeschlagene eiserne Zapfen. Zur Rechten und Linken von der Wasserschraube aber werden Balken angebracht, welche an den beiderseitigen Enden durch Querbalken zu einem Rahmen verbunden sind[1], in die beiden Querbalken sind eiserne Zapfenlager eingelassen, in welche die Zapfen gesteckt werden, und so wird die Wasserschraube durch Treten von Menschen gedreht[2].

4. Sie soll aber unten in einem spitzen Winkel aufgestellt werden, und zwar der Figur des pythagoreischen rechtwinkligen Dreiecks entsprechend, d. h. so, dass man die Länge der Wasserschraube in fünf Teile teilt und drei davon der Höhe der Erhebung des oberen Endes der Schraube gibt, wonach der Raum von der senkrechten Linie des Dreiecks bis zu der unteren Mündung der Schraube vieren von jenen Teilen gleich sein wird. Damit man aber sehe, wie sie beschaffen sein müsse, ist am Schluss des Buches rückseits die Figur derselben verzeichnet[3].

(X.) Ich habe nun, so deutlich ich es vermochte, die aus Holz gefertigten Maschinen zum Wasserschöpfen, die Art und Weise ihrer Herstellung und die Gründe beschrieben, aus welchen sie sich bewegen und durch ihre Um-

1 Man stellte also einen länglichen Rahmen her, dessen Längsbalken so lang war, dass die Walze in den Rahmen hineingestellt werden konnte. Um nun in diesen Rahmen drehbar eingefügt werden zu können, muss die Walze unten und oben im Mittelpunkt der Stirnfläche mit Zapfen versehen werden, welche in eisenausgefütterten Zapfenlagern gehen, die in die Querstücke des Rahmens gebohrt sind.

2 Die Konstruktion des Tretrades und dessen Verbindung mit der Wasserschnecke bleibt wieder, wie oben bei dem Schöpfrad, der Fantasie des Lesers überlassen.

3 Soweit eine Anschauung nötig ist, wird sie sich aus der oben verzeichneten Figur 33, die einen Teil der Wasserschraube nach den verschiedenen Stufen ihrer Herstellung darstellt, besser ergeben als aus einer vollständigen Ansicht der Maschine, die gerade den inneren Mechanismus nicht sichtbar werden ließe.

drehung unendliche Vorteile gewähren, damit die Kunde davon allgemeiner verbreitet werde: Es folgt nun die Erklärung des Ktesibischen Druckwerks, welches das Wasser in die Höhe treibt.

Siebentes Kapitel

Das Ktesibische Druckwerk, welches das Wasser am höchsten treibt

1. Diese Maschine wird aus Bronze hergestellt. Sie besteht aus zwei gleichen bis unten reichenden Pumpenzylindern (Stiefeln), die nicht weit voneinander abstehen (a a), und gabelförmig abzweigende Verbindungsröhren (b b) haben, welche, in ähnlicher Weise sich vereinigend (c), in den mitten liegenden Windkessel (d)[1] münden; in diesem Windkessel bringt man Ventilklappen (e) (Druckventile) an der oberen Mündung der Verbindungsröhren an, welche exakt sitzen und, die Mündungslöcher schließend, das, was durch den Luftdruck in den Windkessel gepresst ist, nicht mehr zurücktreten lassen.

2. Auf den Windkessel ist eine Kappe, einem umgestürzten Trichter ähnlich, aufgepasst und durch eine Beröhrung mit durchgetriebenem Keil mit demselben zusammengeschlossen, damit nicht die Gewalt des hier eingepumpten Wassers sie aufzuheben vermöge. Darüber

[1] Die beifolgende Figur entspricht zwar nicht vollkommen den vitruvischen Angaben, hat aber dafür den Vorzug, einer Pumpmaschine nachgebildet zu sein, die sich aus dem Altertum erhalten hat und 1795 in den Ruinen von Castrumnovum (Chiaruccia) bei Civita Vecchia an der Küste ausgegraben wurde. E. Q. Visconti, *Descrizione di un' antica Tromba idraulica ultimamente scoperta presso Castronovo, ora la Chiaruccia, nel littorale di Civitàvecchia. (Giornale della Letteratura Italiana, Mantova 1795. tom. V. p. 103).*

wird eine Röhre (f), welche Steigröhre genannt wird, senkrecht in die Höhe führend angenietet[1]. Die Pumpenzylinder aber haben unterhalb der unteren Mündung der

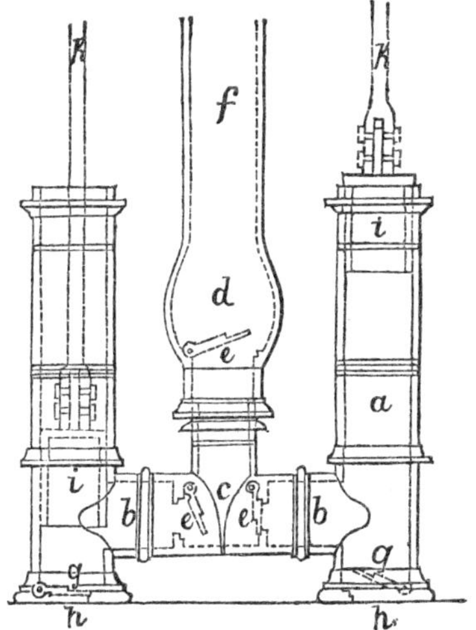

Fig. 34

[1] Der Unterschied zwischen der von Vitruv beschriebenen Pumpmaschine und der in den Ruinen von Castrumnovum gefundenen, oben abgebildeten, welche der von Heron beschriebenen näherstehet, besteht in Folgendem. Bei Vitruv münden die beiden Verbindungsröhren direkt (und schräg) in den Windkessel, sodass jede der beiden Röhren ihre eigene Ventilklappe an der Mündung hat, während an der gefundenen Maschine die Verbindungsröhren horizontal zusammenführen, wodurch drei Ventilklappen erforderlich werden, nämlich zwei Druckventile da, wo die beiden horizontalen Verbindungsröhren zusammentreffen, und eine dritte (Steigventil) an der Mündung der von da aus zum Windkessel führenden senkrechten Röhre, welche Röhre bei der von Vitruv beschriebenen Maschine überflüssig ist und ganz fehlt. Ferner ist auch der Windkessel an der gefundenen Maschine weniger entwickelt. Die Ausbauchung desselben ist schwach, nach den mir vorliegenden Zeichnungen sogar innen nicht benutzt, indem hier durch die bloß äußerliche Ausbauchung nur die Wandungen verstärkt erscheinen, was ich jedoch als unwahrscheinlich in meiner Zeichnung geändert habe. Ferner erscheinen an der gegebenen Maschine Windkessel und Kappe aus einem Stück, während wir bei Vitruv zwei Stücke finden, die kelchförmige untere Hälfte des Windkessels und die trichterförmige obere Hälfte, die Kappe, welche durch Veröhrung daraufgeschlossen ist. Endlich sondert sich auch an der gefundenen Maschine die Steigröhre nicht so deutlich ab als in der von Vitruv beschriebenen.

Verbindungsröhren (g) Ventilklappen über die am unteren Ende befindlichen Einmündungen gesetzt (h).

3. Von oben herab aber werden massive, abgedrehte, geschliffene und mit Öl geschmierte Kolben (i), welche in die Pumpzylinder eingeschlossen sind, vermittelst Kolbenstangen (k) und Hebeln in Bewegung gesetzt, und diese drücken in rascher Bewegung in beiden Pumpzylindern abwechselnd auf die mit dem Wasser dort eingeschlossene Luft, schließen die Ventilklappen an den unteren Öffnungen (g) und drängen durch die Luftpressung das Wasser durch die Mündungen der Verbindungsröhren in den Windkessel, von welchem sie in die Kappe steigt und durch den Luftdruck durch das Steigrohr in die Höhe getrieben wird. So wird von einer tief liegenden Stelle aus, nachdem man einen Sammelraum angelegt hat, das Wasser zu einem Brunnenstrahl geliefert.

4. Es soll jedoch Ktesibios nicht bloß diesen einzigen Apparat erfunden haben, sondern es werden noch mehrere andere von verschiedenen Arten gezeigt, welche ebenfalls mit Wasser, und zwar vermittelst der durch Druck komprimierten Luft der Natur abgelauschte Wirkungen erzielen, wie z. B. die durch ein Wasserwerk hervorgebrachte Stimme von Amseln und der Angibaten[1]-Apparat, welcher Wasser einschlürft und dadurch Figuren in Bewegung setzt, und dergleichen mehr, was, auf Augen- und Ohrenweide berechnet, den Sinnen schmeichelt. Von alledem habe ich das, was ich als das Nützlichste und als das Notwendige erachtete, ausgelesen, und im vorigen Buch von den Uhren, in diesem von den Pumpwerken handeln zu müssen geglaubt. Das Übrige, was nicht dem

[1] Über die Ableitung des Namens ist nichts Sicheres herzustellen; was die Sache betrifft, so hat man wohl an automatische Vorstellungen zu denken.

Bedürfnis, sondern dem Vergnügen und Genuss entgegenkommt, werden diejenigen, welche sich mehr für solche Künsteleien interessieren, in den Schriften des Ktesibios selbst finden können[1].

Achtes Kapitel

Die Wasserorgel

(XI.) 1. Von den Wasserorgeln und ihren Zusammensetzungsverhältnissen jedoch in tunlichster und verständlichster Kürze zu sprechen und schriftlich Nachweise zu geben, will ich nicht unterlassen. Auf eine aus fest zusammengezimmertem Holzwerk bestehende Unterlage (Fig. 35 a) setze man eine aus Bronze hergestellte Kufe (b). Auf der Basis stellt man auch rechts und links (von der Kufe) Ständer (c) senkrecht auf, die nach Art von Leitern durch Quersprossen (d) verbunden sind, und zwischen diesen schließt man bronzene Pumpenzylinder (e) ein, die bewegliche, auf der Drehbank sorgfältig abgeschliffene Böden (f) haben, welche in der Mitte eiserne gegliederte Kolbenstangen (g) durch Gelenke mit Hebeln verbunden enthalten und mit geschorenen Fellen gefüttert sind. In der oberen ebenen Decke der Pumpenzylinder sind Löcher (h) von ungefähr drei Zoll Durchmesser anzubringen, welchen Löchern zunächst bronzene Delfine (i) an Gelenken angebracht sind, welche in ihrem Mund an Ketten herabhängende und unterhalb der Löcher der Pumpenzylinder herabgelassene Schilddeckel (k) tragen.

[1] Des Ktesibios Schriften sind verloren, doch enthalten vieles davon die Πνευματικὰ des Heron.

2. Innerhalb der Kufe, wo das Wasser (l) steht, befindet sich der Dämpfer (m), einem umgestürzten Trichter vergleichbar, welchem Pflöcke (n), die ungefähr drei Zoll hoch sind, untergelegt werden und so einen gleichmäßigen Raum zwischen dem waagrechten Rand des Dämpfers und dem Boden der Kufe offen lassen[1]. Auf das obere Ende des Dämpfers ist die Windlade (o) angefügt, die den Hauptteil der Maschine, auf Griechisch Kanon Musikos genannt, trägt[2], welcher, wenn das Instrument vier Regis-

[1] Bis hierher behandelt Vitruv in allen wichtigen Dingen vollständig klar und durch die Vergleichung mit der beigefügten Figur hinlänglich anschaulich das Gebläse der Orgel. Nun aber folgt die ungleich schwierigere Beschreibung des Kanon Musikos, jenes Teiles der Orgel, durch welchen der hervorgebrachte Luftdruck auch bestimmten Pfeifenreihen und von diesen wieder zu den beliebigen einzelnen Tönen geleitet wird.

[2] Der Kanon Musikos, der den Windzutritt zu den beliebigen Pfeifenlagen und einzelnen Pfeifen vermittelnde Teil des Instrumentes, bestand aus vier waagrecht auf die Windlade und übereinander gelegten Gliedern. Das unterste der vier Glieder war ein niedriger Kasten, so lang und breit als das Brett, auf welchem die Pfeifen aufsitzen, und in der Breitenrichtung in so viele Fächer abgeteilt, als Pfeifenröhren hintereinanderstanden, somit in vier, in sechs oder in acht Fächer. An jedem Fach vermittelte ein Hahn den Luftzutritt, welche Hähne den Registerzügen unserer Orgeln ungefähr entsprechen. – Das zweite Glied war eine Dielenplatte von gleichen Längen- und Breitendimensionen wie das erste Glied und mit so vielen Löchern als Pfeifen, und diesen in ihrer Anordnung in vier, sechs oder acht Reihen entsprechend. Genauso war das ebenfalls wie das zweite unbewegliche oberste Glied, dessen Löcher in die unteren Pfeifenenden mündeten. Nun hätten aber ohne das Tastenglied alle Pfeifen derjenigen Reihe, deren Register gezogen, d. h. dem Windstrom geöffnet war, geklungen; um nun dies zu verhindern, war zwischen dem zweiten und vierten oder obersten Glied, mithin zwischen den beiden durchlöcherten Platten, das dritte Glied verschiebbar angebracht, aus so vielen schmalen Leisten bestehend, als Töne nebeneinanderlagen. Jede dieser Leisten hatte für die vier, sechs oder acht hintereinanderstehenden Pfeifen ebenso viele Löcher und lag gewöhnlich so, dass durch eine leise Verschiebung derselben der Winddurchzug durch die Löcher der beiden feststehenden Platten des ersten und zweiten Gliedes vorschoben war. Drückte man nun auf eine Taste, so schob sich der eine mit dieser Taste in Verbindung stehende Leisten so, dass der Wind durch die vier, sechs oder acht hintereinanderstehenden Löcher streichen und die entsprechenden Pfeifen in Tätigkeit sehen konnte, wofern die sämtlichen Register geöffnet waren. Bei Öffnung eines Registers tönte natürlich nur eine Pfeife in der diesem Register entsprechenden Reihe.

ter hat, der Länge nach in vier Kanäle, wenn es sechs Register hat, in sechs Kanäle, und wenn acht, in acht Kanäle eingeteilt ist.

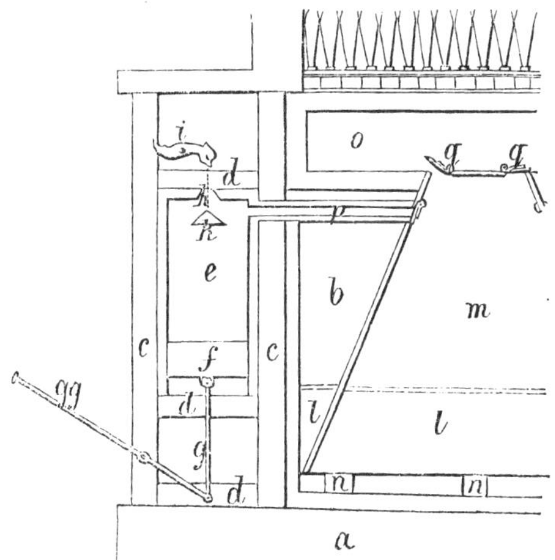

Fig. 35

3. Jedem einzelnen Kanal aber ist ein Hahn (Registerschlüssel) eingefügt, der mit eisernen Schlüsseln gehandhabt wird, durch deren Umdrehung die Mündungslöcher von der Windlade in die Kanäle geöffnet werden. Den Kanälen entlang aber enthält der Kanon (das Tonbrett) in quer gezogenen Reihen Löcher, welche auf die durch ein oberes Brett, welches auf Griechisch Pinax (Tafel) heißt, gebohrten Löcher passen. Zwischen diese Tafel und das untere Tonbrett sind flache Stäbe hineingesteckt, welche ebenfalls in entsprechenden Abständen mit Löchern versehen und mit Öl abgeschliffen sind, damit sie leicht aus- und eingerückt werden können; sie schließen jene Löcher und werden Plinthe (Platten) genannt; ihr Aus- und Einrücken schließt und öffnet die Bohrlöcher.

4. Diese Stäbe haben eiserne an ihnen befestigte Federdrücker, welche mit Tasten verbunden sind, sodass der Druck auf die Tasten eine Verschiebung der Stäbe zur Folge hat. Über der Tafel münden die Bohrlöcher, wo die gepresste Luft aus den Kanälen ihren Ausweg findet[1]; diesen sind Ringe vorgeleimt, in welche die unteren Mündungen der Pfeifen eingelassen werden.

Von den Pumpenzylindern aber gehen Verbindungsröhren (p) aus, welche mit dem oberen Ende des Dämpfers in Verbindung stehen[2]. Der Dämpfer aber reicht bis zu den Mündungslöchern an der Windlade (o), und an diesen Mündungslöchern sind auf der Drehbank gefertigte Ventilklappen (q) angebracht, welche, wenn die Windlade die Luftmasse aufgenommen, dieselbe nicht auch wieder zurückentweichen lassen, indem sie die Löcher verschließen.

5. Wenn nun die Hebel (g g) aufgehoben werden, so ziehen die gegliederten Kolbenstangen den Bodenkolben der Pumpenzylinder nach unten, und die Delfine, welche an Gelenken befestigt sind, füllen, indem sie ihre Schlussschilder in die Pumpenzylinder hinablassen, deren Raum mit Luft an, und wenn die Kolbenstangen in heftiger Raschheit des aufeinanderfolgenden Druckes die Bodenkolben nach oben heben und die oberen Löcher durch die Schlussschilder schließen, so drängen sie die dort eingeschlossene Luft durch den Druck in die Verbindungsröhren, durch welche sie in den Dämpfer strömt und durch dessen Oberteil in die Windlade. Durch eine wiederholte Bewegung der Hebel aber strömt die vermehrte

[1] D. h. in die Pfeifen.

[2] Dass auch an dieser Röhre ein nach innen sich öffnendes Ventil gewesen sein musste, welches das Zurückentweichen der im Dämpfer komprimierten Luft verhinderte, liegt in der Natur der Sache. Vgl. die beigegebene Figur.

und zusammengepresste Luft durch die Öffnungen der Hähne und füllt die Kanäle.

6. Wenn daher die Tasten durch drückende Berührung mit der Hand die Stäbe ununterbrochen vor- und rückwärtsschieben, werden sie, indem sich die Löcher bald schließen, bald öffnen, musikalisch kunstgerecht gehandhabt, Töne entlocken, welche in vielfachen Weisen abwechseln.

Ich habe mich, soweit ich dies erreichen konnte, bestrebt, diesen schwer verständlichen Gegenstand anschaulich vorzutragen: Es ist dies aber keine leichte Theorie und nicht allen wohlverständlich, sondern nur denjenigen, welche in derartigen Dingen durch Übung erfahren sind. Wenn aber auch jemand dies aus der Beschreibung nicht vollständig aufgefasst hat, so wird er doch, wenn er die Sache selbst praktisch kennenlernt, sicher zu dem Urteil kommen, dass alles in überlegter und scharfsinniger Weise angeordnet sei.

Neuntes Kapitel
Messung des zu Wagen oder zu Schiff zurückgelegten Weges

(XII.) 1. Lenken wir nun unsere Betrachtung auf ein anderes, keineswegs unnützes, sondern von den Vorfahren überaus geschickt entwickeltes und uns überliefertes Verfahren, nämlich jenes, wodurch man, sei es in einem Wagen sitzend oder auf dem Meer segelnd, immer wissen kann, welche Anzahl von Meilen man bereits vom Weg zurückgelegt habe. Dies aber wird auf folgende Weise geschehen. Es sollen, wenn es sich um einen Wagen handelt, die Räder einen Durchmesser von vierundeinsechstel Fuß haben[1], sodass das Rad, wenn an demselben ein gewisser Punkt gekennzeichnet ist und es von diesem ausgehend auf dem ebenen Weg sich vorwärtsbewegt und sich umdreht, dann, wenn es wieder mit dem Punkt, mit welchem anfangend es die Drehung begonnen hat, in dieselbe Lage kommt, ein bestimmtes Längenmaß von zwölfeinhalb Fuß zurückgelegt hat.

2. Nachdem dies so vorbereitet ist, treibe man in die Nabe des Rades an der Innenseite eine Scheibe (a) unverrückbar hinein, welche einen einzigen Zahn (b) hat, der über ihren Umfang hervorragt. Darüber an dem Wagenkasten ist ein Gehäuse festgeheftet mit einem senkrecht gestellten, in einer Achse gehenden Zahnrad (c), an dessen Umfang gleichmäßig verteilt vierhundert Zähnchen ausgeschnitten sind, in welche der Zahn der unteren Scheibe (der Nabe) eingreift; außer den vierhundert Zähnchen der oberen Scheibe wird diesem noch ein anderer Zahn (d) an die Seite geheftet, welcher noch über die Ersteren hervorragt.

3. Darüber aber wird ein drittes Zahnrad (e) der letzteren Art, waagrecht in einem anderen Gehäuse eingeschlossen, angebracht, in dessen Zähnchen jener Zahn, welcher an der Seite des zweiten Zahnrades angeheftet ist (d), eingreift: In demselben Zahnrad bohre man so viele Löcher, als ein Wagen Meilen in einer Tagereise zurücklegen kann – sind es etwas weniger oder mehr, so hat es nichts auf sich –, in alle diese Löcher lege man runde

[1] Dieses Maß geben die *Codd.* sowohl hier als unten bei den Schiffen. Da aber der Durchmesser von 4 ⅙ Fuß nicht genau der Peripherie von 12 ½ entspricht, so haben mehrere Herausgeber es vorgezogen, durch Weglassung des ⅙ der Wahrheit näherzukommen. Es scheint jedoch diesen Zahlen die summarische Annahme zugrunde zu liegen, dass die Peripherie dem dreifachen Durchmesser gleich sei.

Steinchen, und in den Boden (f) jener Kapsel oder jenes Gehäuses mache man ein Loch, das ein Röhrchen (g) aufnimmt, durch welches die in das Zahnrad gelegten Steinchen, wenn sie an jene Stelle kommen, einzeln in den Wagenkasten und in ein untergestelltes Bronzegefäß (h) fallen[1].

4. Wenn daher das Rad im Vorwärtsrollen die untere Scheibe (a) mit sich herumdreht und der Zahn derselben bei jeder einzelnen Umdrehung die einzelnen Zähnchen des oberhalb befindlichen Zahnrades (c) eingreifend vorwärtsbewegt, so wird sich ergeben, dass, wenn die untere Scheibe sich vierhundertmal umgedreht hat, das oberhalb befindliche Zahnrad sich einmal herumdreht und dass

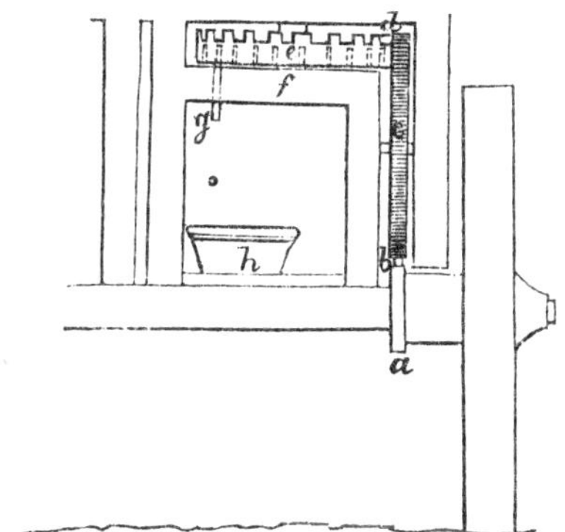

Fig. 36

[1] Die beigegebene Figur wird das meiste dieses Räderwerkes verständlich und anschaulich machen. Die Bohrlöcher im Horizontalrad, in welche die Steinchen gelegt wurden, entsprachen jedem einzelnen Zahn dieses Rades und waren demnach wohl hinter den Zähnchen senkrecht durch die Radscheibe gebohrt. Da aber diese Horizontalscheibe auf dem Gehäuseboden f auflag, so konnte jedes Steinchen nur dann hindurchfallen, wenn ein solches Bohrloch des Rades an die Stelle kam, wo der Gehäuseboden durchbohrt war, worauf das Steinchen durch die Röhre g hörbar in das Bronzegefäß herabfiel. Es musste aber, sooft der Zahn d des Vertikalrades c ein Zähnchen des Horizontalrades e vorwärtsschob (was nach Zurücklegung eines Weges von 5000 Fuß geschah), ein Steinchen fallen.

der Zahn (d), welcher an dem Letzteren seitlich befestigt ist, ein Zähnchen des waagrechten Zahnrades (e) vorwärtsrückt. Während mithin durch die vierhundert Umdrehungen der unteren Scheibe (s) das obere Zahnrad (c) einmal umgedreht wird, ergibt sich eine zurückgelegte Wegstrecke von fünftaufend Fuß, d.h. von einer Meile (tausend Doppelschritten). Es werden daher die einzeln klingend herabfallenden Steinchen die Zurücklegung der einzelnen Meilen zu erkennen geben: Die Gesamtzahl der Steinchen aber, welche man dann unten zusammen herausnimmt, wird die Anzahl der in einer Tagreise zurückgelegten Meilen anzeigen[1].

5. Auch bei der Schifffahrt wird eine ähnliche Wegmessung mit geringen Veränderungen nach demselben Verfahren bewerkstelligt. Man steckt nämlich durch die Seitenwände des Schiffes einen Wellbaum, dessen Enden noch über das Schiff hinausragen, und zimmert um diese Räder mit einem Durchmesser von viereinsechstel Fuß, welche an ihrer Peripherie ringsum Schaufeln angeheftet haben, die das Wasser berühren. Die zwischen beiden Schaufelrädern befindliche Welle enthält in der Mitte des Schiffes eine Scheibe mit einem über ihre Peripherie vorragenden Zahn. Dort wird dann ein Gehäuse angebracht, welches ein Zahnrad mit vierhundert gleichmäßig verteilten Zähnchen einschließt, in welche der Zahn der um die Welle geschlagenen Scheibe eingreift: Außerdem enthält das Zahnrad seitlich einen anderen Zahn angeheftet, der noch über die Peripherie vorragt.

6. Darüber in einem anderen, mit jenem ersteren verbundenen Gehäuse eingeschlossen, wird ein anderes, waagrecht gelegtes Zahnrad angebracht, in dessen Zäh-

[1] Wagen der Art, »welche Stunden- und Meilenzeiger hatten«, werden auch von Capitolinus (*Pertinax* c. 8) erwähnt.

ne der Zahn, welcher seitlich an dem senkrecht gestellten Zahnrad angeheftet ist, eingreift, sodass dieser von den Zähnen des waagrechten Zahnrades je einen bei jeder einzelnen Umdrehung vorwärtsrückend, das waagrechte Zahnrad im Kreis herumdreht. In dem waagrechten Zahnrad aber stelle man Löcher her, in welche man runde Steinchen legt, und bohre in dem Unterbrett desselben oder in dem Gehäuse ein Loch, das man mit einem Röhrchen versieht, durch welches das Steinchen, sobald es von der hindernden Unterlage frei wird, in ein Bronzegefäß fällt und den Fall klingend bemerkbar macht[1].

7. Wird daher ein Schiff durch Ruderkraft oder durch das Wehen des Windes fortbewegt, so werden die an den Rädern befindlichen Schaufeln, das widerstrebende Wasser berührend, durch den heftigen Widerstand rückwärtsgetrieben und drehen so die Räder um; diese aber übertragen ihre Umdrehung auch auf den Wellbaum, die Welle endlich auf die Scheibe, deren herumgeführter Zahn bei jeder einzelnen Umdrehung je eines der Zähnchen der zweiten Scheibe (des oberen Zahnrades) vorwärtsrückt und so deren mäßig rasche Umdrehung bewirkt. Wenn daher die Räder von den Schaufeln vierhundertmal herumgedreht worden sind, wird das einmal umgedrehte Zahnrad mit jenem Zahn, welcher seitlich angeheftet ist, einen Zahn des waagrechten Zahnrades vorwärtsrücken. So wird endlich das waagrechte Zahnrad, sooft dessen

[1] Die Vorrichtung ist demnach genau dieselbe wie beim Wagen und der Unterschied nur der, dass an die Stelle des Wagenrades ein Schaufelrad von gleichem Durchmesser tritt, welches durch den Widerstand des stehenden Wassers ebenso herumbewegt wird wie das Wagenrad auf der Straße. Selbstverständlich aber konnte das Resultat kein so genaues werden: Auf fließendem Wasser aber war diese Messungsart überhaupt nicht anwendbar, ohne die Strömungsverhältnisse besonders in Rechnung zu ziehen.

Drehung ein Steinchen an das Loch führt, dasselbe durch das Röhrchen fallen lassen und so durch Klang die Zahl der Meilen der zurückgelegten Fahrt anzeigen.

(XIII.) Ich glaube nun vollends behandelt zu haben, wie die Maschinen, welche in friedlichen und ungefährlichen Zeiten dem Bedürfnis und dem Vergnügen dienen, hergestellt werden müssen. Jetzt endlich will ich von der auf einheitlichen Maßverhältnissen beruhenden Herstellung derjenigen Maschinen handeln, welche zum Schutz in der Gefahr und zur Rettung in der Bedrängnis des Krieges erfunden worden sind.

Zehntes Kapitel

Katapulte und Skorpione[1]

1. Alle Maßverhältnisse der waagrecht gerichteten Geschütze berechnen sich aus der gegebenen Länge des Pfeiles, welchen die fragliche Maschine schleudern soll, und zwar soll dem neunten Teil dieser Pfeillänge die Größe der Löcher (Fig. 37 a), durch welche die die Bogenarme umschließenden Spannstränge gespannt werden, entsprechen.

2. Nach der Größe dieser Spannlöcher aber bemisst sich die Höhe und Breite des Spannrahmens[2]. Die

[1] Der Bearbeitung dieses zehnten und des folgenden Kapitels sind in der Hauptsache die vortrefflichen kriegswissenschaftlichen Forschungen von Köchly und Rüstow (Geschichte des griechischen Kriegswesens von den ältesten Zeiten bis auf Pyrrhos. Aarau 1352, S. 378 ff., und Griechische Kriegsschriftsteller, griechisch und deutsch, mit kritischen und erklärenden Anmerkungen. Leipz. 1853) zugrunde gelegt.

[2] Es ist demnach der Durchmesser dieses Spannloches die Maßeinheit für alle Teile dieser Geschütze, wie bei den Tempeln die Säulendicke oder die Triglyphe. Vgl. Buch II. Kap. 2. 4. Die S. 416 folgenden Figuren zeigen ein

waagrechten Stücke (b b), welche das Ober- und Unterteil des Spannrahmens bilden und Peritreta (die Durchbohrten) genannt werden, sollen eine Dicke gleich einem Spannloch und eine Breite, welche an den Enden anderthalb Spannlochdurchmesser und sonst eindreiviertel desselben gleich ist, haben; die senkrechten Stücke (c c) des Spannrahmens rechts und links sollen vier Spannlochdurchmesser hoch sein, die Zapfen ungerechnet, und fünf Achtel desselben Durchmessers dick; die Zapfen aber sollen den halben Spannlochdurchmesser dick sein. Vom senkrechten Rahmenstück bis zum Spannloch soll ein Abstand von einem Viertel jenes Durchmessers sein und derselbe vom Spannloch bis zum senkrechten Mittelstück (d)[1]. Die Breite dieses Mittelstücks betrage eindreiviertel Spannlochdurchmesser, die Dicke einen.

3. Der Ausschnitt (e) im senkrechten Mittelstück, wo der Pfeil aufgelegt wird, sei dem vierten Teil des Spannlochdurchmessers gleich. Die vier Ecken rings am Spannrahmen beschlage und festige man an den Seiten und am äußeren Umfang mit Eisenblech und bronzenen Bolzen und Nägeln.

Der Läuferbahn (f)[2], welche auf Griechisch Syrinx (Pfeife) heißt, gebe man eine Länge von neunzehn

Katapult in drei Ansichten. A den Spannrahmen in der Geschützrichtung selbst gesehen, B das Geschütz von oben gesehen, C das Geschütz von der Seite gesehen, samt dem Gestell. Schon daraus werden die drei Hauptbestandteile des Geschützes ersichtlich, wie sie auch nacheinander zur Besprechung kommen, nämlich der Spannrahmen mit den Bogenarmen, die Lafette mit Zugehör und das Gestell.

[1] Der vitruvische Spannrahmen der Katapulte unterscheidet sich von der griechischen dadurch, dass der Erstere nur ein senkrechtes Mittelstück hat, das in der Mitte zum Durchstecken des pfeiltragenden Läuferstückes ausgeschnitten ist, während der griechische zwei senkrechte Mittelstücke hatte, welche die Lafette mit dem Läufer zwischen sich nahmen.

[2] Nun folgt die Beschreibung der Lafette (Läuferbahn), welche den schiebba-

Spannlochdurchmessern; die Leisten (g), welche einige die Backen nennen, und welche rechts und links an die Läuferbahn genagelt werden, sollen eine Länge von siebzehn, eine Höhe von einem Spannlochdurchmesser und eine Dicke von (drei Achtel?) haben. Es werden auch zwei Leisten (h) angenagelt, in welche der Haspel (i) eingelegt wird, die eine Länge von drei und eine Breite von einem halben Durchmesser haben sollen. Die Dicke jenes Leistenstückes (k), welches Bänkchen oder, wie einige wollen, Gehäuse genannt, angeheftet und mit Schwalbenschwänzen eingezapft wird, soll einen Spannlochdurchmesser lang und einen halben hoch sein[1]. Die Länge des Haspels soll drei Spannlochdurchmesser[2], die Dicke desselben drei Viertel betragen.

4. Die Länge des Drückers (l) soll drei Viertel, dessen Dicke ein Viertel, desgleichen die Dicke seines Zapfenlagers; die Länge des Hebels (m), welcher auch Hand-

ren Läufer in einer Rinne trägt, die durch beiderseits vorgenagelte schmale Dielen (Backen) gebildet wird. Diese Letzteren werden etwas kürzer angegeben als die den Boden bildende Läuferbahn; sie reichten nämlich nur bis an den Spannrahmen, während die um zwei Spannlochdurchmesser längere Läuferbahn, durch den Spannrahmenausschnitt hindurchgesteckt, über diesen noch etwas hinausragte. Bei dem griechischen Katapult war die Läuferbahn aus einem kanalartig ausgehöhlten Stücke hergestellt, bedurfte also der beiden Backendielen nicht.

1 Ich weiche hierin von Köchly und Rüstow ab, welche unter *buccula* oder *scamillum* oder *loculamentum* (denn diese drei Namen gibt Vitruv für das aus den griechischen Originalen nicht erklärbare Glied) etwas verstehen, was den sonst geordneten Zusammenhang der Beschreibung zerreißt, nämlich ein der Läuferbahn am hinteren Ende untergelegtes Querstück, welches zur Unterlage und zugleich zur Elevation dient. Ich halte diese *buccula* für ein die beiden als Haspellager dienenden Leisten am hinteren Ende quer verbindendes Leistenstück, welches nicht bloß als Abschluss notwendig ist, sondern welches auch genau die Dimensionen und die Schwalbenschwanzverzapfung erfordert, wie sie Vitruv angibt.

2 Demnach war der Haspel, oder richtiger, die Welle des Haspels länger, als der Zwischenraum der Lager angenommen werden kann. Es ragten also die Enden beiderseits über die Lafette hinaus, mussten aber an den Lagern ausgeschnitten und durch Spangen an den Lagern festgehalten sein. In den Enden steckten die Handspeichen

habe genannt wird, drei, dessen Breite und Dicke einhalb; die Länge des Läufers (n) aber sechzehn Spannlochdurchmesser, die Dicke einhalb, die Höhe drei Viertel betragen[1]. Die Basis (o)[2] des Ständers (p) am Bo-

[1] Der Läufer, welcher bei den Griechen Diostra heißt, ist ein Stück Holz von der Länge eines Pfeiles und in Breite und Dicke von solchen Dimensionen, dass es genau in die Rinne der Lafette, welche durch die Läuferbahn mit den beiderseits angenagelten sogenannten Backenleisten gebildet wird, passt und in derselben hin- und hergeschoben werden kann. Dieser Läufer nun enthält die Rinne, in welche der Pfeil gelegt wird, und zwar so, dass die Sehne hinter das hintere Ende des Pfeiles kommt, um im gewünschten Augenblick den Pfeil abschnellen zu können. Um aber dies ins Werk zu setzen, muss die Sehne, wenn man den Läufer, der an seinem hinteren Ende an das um den Haspel geschlungene Seil gebunden ist, zurückzieht, durch einen hakenförmigen Drücker (l) am Läufer festgehalten werden, um durch das Zurückziehen des Läufers gespannt werden zu können. Erst wenn der Läufer durch Haspelumdrehung so weit als möglich zurückgezogen und die Sehne straff gespannt war, löste man vermittelst des Schlusshebels den hakenförmigen Drücker, und die losschnellende Bogensehne schleuderte den Pfeil. Das Losschnellen aber musste dann eintreten, wenn der Drücker oder Hahn, welcher in seiner Mitte in einer horizontalen Achse ging, mit seinem vorderen Ende sich hob, wodurch sein Haken am vorderen Ende die Sehne nicht mehr halten konnte. Diese Hebung des vorderen Endes wurde durch eine Senkung des hinteren Endes erwirkt, welche ein besonderer Hebel vermittelte. K. und R. erklären diesen letzten Vorgang so, dass der Drücker an seinem massiven hinteren Ende schwerer als an seinem vorderen ausgeschnittenen Hakenende und also für gewöhnlich mit seinem vorderen Ende gehoben gewesen sei. Beim Spannen nun habe man das kurze Ende des Schusshebels (m), der sich horizontal um eine senkrechte Achse dreht, unter das hintere Ende des Drückers geschoben, um dadurch das Niedergehen des hinteren Endes und das Offenstehen des Drückers (Hahnes) zu verhindern. Der Schuss aber habe sich vollzogen, sobald man durch einen horizontalen Druck auf jenen Hebel diesen wieder unter dem hinteren Ende des Drückers herausgeschoben, wodurch das hintere Ende durch seine eigene Schwere gesunken sei, das vordere aber sich geöffnet und die Sehne entlassen habe.

[2] Das Gestell des vitruvischen Katapults enthält zunächst einen Hauptständer (p), welcher unten in ein Querstück (o) eingezapft ist, dessen Richtung die der Lafette rechtwinklig schneidet. Da Vitruv für diese Basis (o) nur eine Längendimension angibt, nehme ich auch dafür kein mehrteiliges Fußgestell an, sondern nur einen Balken von acht Spannlochdurchmesser Länge. Ein solcher genügt auch vollständig, denn wie dadurch in der Breite zwei Stützpunkte gegeben sind und einen dritten die hintere Stütze (s) bildet, so haben wir damit ein Gestell mit drei Stützpunkten, das auch bekanntlich am ruhigsten trägt. Da jedoch die Einzapfung des Ständers in das Querstück (o) nicht verlässlich genug erscheinen mochte, so gab man dem Ständer

den soll acht Spannlochdurchmesser betragen, die Breite des Ständers in der unteren Platte, in welche der Ständer gesteckt wird, drei Viertel, die Dicke fünf Ach-

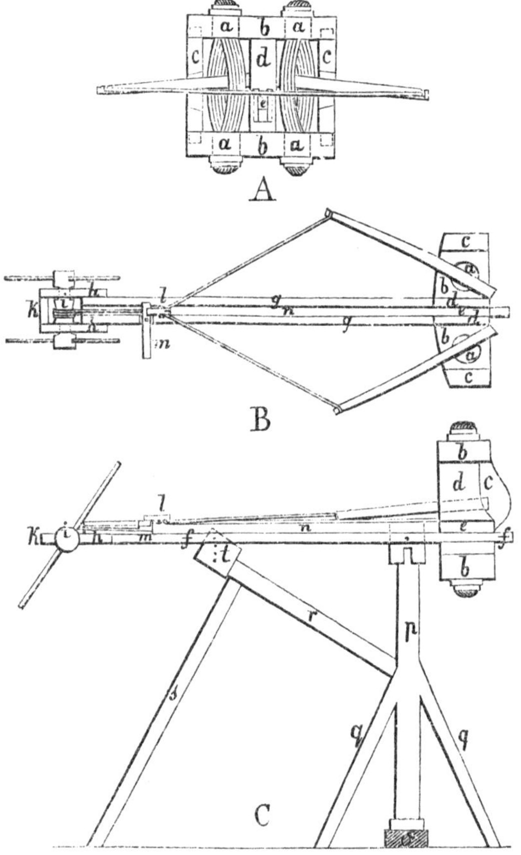

Fig. 37

noch drei Streben (q), welche indes schon vermöge ihrer Dreiheit nicht wohl auf dem Querstück, sondern auf dem Boden aufstehen mochten.

tel, die Höhe des Ständers bis zum Zapfen zwölf, die Breite drei Viertel und die Dicke drei Viertel. Die drei Streben (q) des Ständers sollen eine Länge von acht Spannlochdurchmessern, eine Breite von einem halben und eine Dicke von sieben Sechzehnteln haben. Die Länge des Zapfens des Ständers soll anderthalb Spannlochdurchmesser, die Länge des Ständeraufsatzes zwei, die Breite des vorgehefteten Stückes drei Viertel und dessen Dicke einhalb betragen[1].

5. Die hintere kleinere Stütze (r), welche auf Griechisch Antibasis (Gegenstütze) heißt, soll eine Länge von acht Spannlochdurchmessern, eine Breite von drei Vierteln, eine Dicke von fünf Achteln haben; die daruntergestellte Strebe (s) eine Länge von zwölf und eine Breite und Dicke wie jene kleinere Stütze. Über der kleineren Stütze befindet sich das Tragstück oder Auflager (t), dritthalb Spannlochdurchmesser lang, anderthalb hoch, drei Viertel breit. Die Handspeichen des Haspels sollen dritthalb Spannlochdurchmesser lang, einen halben dick und einen halben breit sein. Die Querstücke[2] sollen mit den

[1] Die Bedeutung der letzteren Glieder des Gestelles ist unklar, doch dienten sie wahrscheinlich zum Richten des Geschützes. Die hintere Stütze, über deren Beschaffenheit aus Vitruv nichts Sicheres zu entnehmen ist, konstruiere ich von K. und R. abweichend und dem Zweck wie der vitruvischen Darstellung vielleicht mehr entsprechend. Überdies ist die Antibasis (r), welche auch beim Gestell der Balliste erscheint, bei der Letzteren nur in ähnlicher Form möglich.

[2] Auch mit diesen *transversaria* kann ich der Ansicht von Köchly und Rüstow nicht beipflichten, welche darunter die Länge der durch den Haspel gesteckten Hebel verstehen, denn eine solche Längenbestimmung macht nicht bloß die vorausgehende überflüssig, sondern widerspricht sogar derselben, denn wenn der auf einer Seite aus dem Haspel hervorstehende Hebelteil 2½ Spannlochdurchmesser lang ist, der Haspel aber nur einen Durchmesser von drei Viertel Spannlochdurchmesser hat, so kann die Gesamtlänge der durchgesteckten Hebel nicht 10 solche Spannlochdurchmesser betragen. Außerdem ist das Durchstecken von Hebeln, die einen halben solchen Durchmesser haben, durch einen Rundbaum von wenig größerem Durchmesser (¾) wegen des Aussprengens des Haspels unzulässig, und es

Zapfen eine Länge von zehn, eine Breite von einem halben und eine Dicke von einem halben Spannlochdurchmesser haben. Die Länge des Bogenarmes soll sieben Spannlochdurchmesser, die Dicke am inneren Ende fünf Achtel, am äußeren einen halben und die Krümmung des Armes ein Achtel betragen.

6. Nach diesen Maßverhältnissen werden diese Maschinen gezimmert, jedoch mit gewissen Maßzusätzen oder -verringerungen. Wenn man nämlich die Spannrahmen höher gemacht hat, in welchem Fall die Geschütze hochspannige genannt werden, so verkürze man die Arme, damit in demselben Maße, in welchem die Stimmung der Stränge wegen der Höhe des Spannrahmens tiefer wird, die Kürze des Bogenarmes den Schlag kräftiger mache. Hat man dagegen die Höhe des Spannrahmens verringert, in welchem Fall das Geschütz kurzspannig heißt, so müssen wegen der kräftigen Straffheit der Stränge die Bogenarme ein wenig länger gemacht werden, damit sie leicht gespannt werden können. Wie nämlich mit einer fünf Fuß langen Hebstange eine gewisse Last von vier Menschen aufgehoben wird, dieselbe Last aber mit einer Hebstange von zehn

waren diese Hebel oder Haspelspeichen nur eingezapft, wie das auch bei den früheren Maschinen ausdrücklich angegeben ist. Was aber K. und R. unter den »Griffen der Handspeichen (Haspelspeichen)« anderes verstehen als die Griffe der Griffe, ist meiner Vorstellung vom Haspel unzugänglich. Bezüglich dieser Querstücke eine andere annehmbare Vermutung auszusprechen, ist umso schwerer, als hier bei Vitruv der Zusammenhang zerrissen ist und die Beschreibung von dem Gestell plötzlich auf die Handspeichen des Haspels und dann nach diesen fraglichen Querstücken auf die Bogenarme überspringt. Einen Zweck aber mussten sie haben, und es fehlt in der bisherigen Beschreibung noch ein wichtiges Glied, das gerade zum Haspel gehört. War nämlich mit dem Haspel der Läufer zurückgezogen und die Sehne gespannt, wie wurde dann der Haspel eingesetzt und gehemmt? Ich vermute, dass dies durch diese Querhölzer geschah, welche man nur z. B. in den Winkel t oder an eine andere Stelle einzulegen brauchte, um die Speichen am Zurückgehen zu verhindern.

Fuß Länge von nur zwei Menschen gelüpft wird, ebenso lassen sich die Bogenarme, je länger sie sind, desto leichter, je kürzer, desto schwerer spannen.

(XIV.) Ich habe damit die Einrichtung der Katapulte und ihre Glieder und Maßverhältnisse beschrieben.

Elftes Kapitel

Die Einrichtung und die Maßverhältnisse der Ballisten

1. Die Einrichtung der Ballisten[1] wird verschieden und voneinander abweichend, doch mit Rücksicht auf eine und dieselbe Wirkung angeordnet. Die einen nämlich werden vermittelst Hebeln und Haspeln, einige vermittelst Flaschenzügen, andere mit Göpeln, einige auch vermittelst verzahnter Räder gespannt. Es wird jedoch keine Balliste anders hergestellt als im Verhältnis zu einem gewissen Gewicht des Steines, welchen dieses Geschütz schleudern soll. Deshalb ist das Verhältnisgesetz derselben nicht allen geläufig, sondern nur denjenigen, welche der Berechnungen und Vermehrungen nach geometrischen Verhaltnissen kundig sind.

2. Es werden nämlich in den Spannrahmen die Spannlöcher, zwischen welchen die aus Haaren, und

[1] Die Unterscheidung zwischen Katapulten und Ballisten ist nicht hellenisch. Unter καταπέλται verstanden die Griechen überhaupt alles grobe Geschütz, das sie dann als Horizontalgeschütz (τὰ εὐθύτονα, *catapultae*) und als Wurfgeschütz mit Winkelspannung (τὰ παλίντονα, *balistae*), oder in Bezug auf das Geschoss als Pfeilgeschütze (ὀξυβελεῖς) und als Steingeschütze (λιθοβόλοι) unterschieden. Äußerlich besteht, abgesehen von den viel bedeutenderen Dimensionen der Balliste, der Hauptunterschied derselben von den Katapulten in der Winkelstellung der Lafette, deren hinteres Ende bei der Balliste auf dem Boden aufsteht.

zwar vorzugsweise Frauenhaar, oder aus Sehnen gedrehten Stränge gespannt werden, im Verhältnis zur Größe des Gewichtes des Steins, welchen eine solche Balliste schleudern soll, gebohrt, und es wird den Maßverhältnissen derselben ebenso die Schwere des Geschosses zugrunde gelegt, wie bei den Katapulten die Länge der Pfeile. Damit also auch denjenigen, welche in Geometrie nicht bewandert sind, die Sache geläufig sei und sie nicht in Kriegsgefahr sich mit dem Ausfindigmachen der Verhältnisse verhalten, will ich hier entwickeln, was ich selbst durch eigene Erfahrung als verlässlich erkannt und was ich teilweise als schon erledigt von den Meistern überkommen habe, und während bei den Letzteren den bestimmten Maßverhältnissen griechische Gewichte zugrunde liegen, will ich dafür unsere Maße angeben, welche diesen Verhältnissen entsprechen.

3. Wenn nämlich eine Balliste zu zimmern ist, die einen zweipfündigen Stein schleudern soll, so wird das Spannloch in ihrem Spannrahmen fünf Zoll Durchmesser bekommen, wenn sie einen vierpfündigen schleudern soll, sechseinviertel Zoll, wenn einen sechspfündigen, siebeneinviertel Zoll, wenn einen achtpfündigen, acht Zoll, wenn einen zehnpfündigen, achteinhalb Zoll, wenn einen zwanzigpfündigen, zehndreiviertel Zoll, wenn einen vierzigpfündigen, dreizehndreiviertel Zoll, wenn einen sechzigpfündigen, fünfzehneinhalb Zoll, wenn einen achtzigpfündigen, einen Fuß ein Zoll, wenn einen hundertpfündigen, einen Fuß zweieinhalb Zoll, wenn einen hundertzwanzigpfündigen, einen Fuß dreieinhalb Zoll, wenn einen hundertvierzigpfündigen, einen Fuß viereinhalb Zoll, wenn einen hundertsechzigpfündigen, einen Fuß sechs Zoll, wenn einen hundertachtzigpfündigen, einen Fuß sechs-

einhalb Zoll, wenn einen zweihundertpfündigen, einen Fuß siebeneinviertel Zoll, wenn einen zweihundertvierzigpfündigen, einen Fuß achtdreiviertel Zoll, wenn einen dreihundertsechzigpfündigen, einen Fuß zwölfeinhalb Zoll.

4. Wenn danach die Größe des Spannloches bestimmt ist, so verzeichne man an dem Querstück des Spannrahmens, welches auf Griechisch Peritretos (das Durchbohrte) heißt, eine Figur, deren Länge zwei oder zwei[1] Spannlochdurchmesser beträgt, die Breite aber zweiundeinhalb Sechstel, ziehe eine Mittellinie (Diagonale), und nachdem durch diese die Figur geteilt ist, ziehe man die korrespondierenden Winkel jener Figur zusammen, sodass sie nicht mehr rechtwinklig (sondern im Rhomboid) und die Längenseite um ein Sechstel, die Breitseite aber da, wo die stumpfen Winkel sind, um ein Viertel verringert werde[2]. Nach der Richtung aber, wo die Ausrundungen sind, gegen welche hin die spitzen Winkel laufen, wende man auch die (Längenachse der) Bohrlöcher, und die kleine Achse der Breite ziehe

[1] Dass diese Zahlen falsch sind, darauf weist schon ihre Wiederholung II vel II hin. Auch erscheint so die Länge als geringer denn die Breite, wonach wohl beiderseits die Brüche ausgefallen sind. Wenn wir demnach diese Zahlen verwerfen müssen, versteht es sich von selbst, dass uns auch die folgende Erklärung der Bohrung im Querstück, wie sie K. und R. geben, nicht ohne Zusatz annehmbar erscheint. Um wenigstens den äußeren Zusammenhang herzustellen und absolute Unmöglichkeiten zu beseitigen, setze ich statt *describatur scutula, quae graece περίτρητος appellatur, cuius longitudo etc.* vielmehr *describatur in scutula quae graece περίτρητος appellatur, forma, cuius longitudo etc.* Diese Figur wäre dann das Rechteck, nicht eines der waagrechten Stücke des Spannrahmens selbst. In Betreff dieser Stücke ist aber bei der Balliste zu bemerken, dass sie abweichend von dem Katapult aus zwei Spannrahmen bestand, welche dann durch Leisten oben und unten zu einem Stück verbunden wurden.

[2] Diese Verzeichnung eines Rhomboids auf den waagrechten Stücken der Spannrahmen hat den Zweck, die Lage der elliptischen Spannlöcher zu bestimmen; vgl. K. und R. Griechische Kriegsschriftsteller. I. p. 399 ff. und Tab. X.

sich nach innen um ein Sechstel zurück. Das elliptische Bohrloch aber soll um so viel länger wie breit sein, als die Dicke des Spannbolzens beträgt. Wenn das Loch gebohrt ist, schleife man die Peripherie glatt ab, damit sie eine geschmeidige Rundung erhalte. Die Dicke des waagrechten Spannrahmenstückes soll einen Spannlochdurchmesser betragen.

5. Es werden dann die Spannköpfe[1] angebracht, einsiebenzwölftel Spannlochdurchmesser lang, einfünfzwölftel breit, und mit Ausschluss des in das Bohrloch eingesenkten Teiles drei Viertel dick, an den Enden aber einen halben breit. Die Länge der senkrechten Rahmenstücke beträgt fünfdreisechzehntel Spannlochdurchmesser, der Ausschnitt einen halben, die Dicke elf Achtzehntel; die Breite aber erhält in der Mitte, dem vorderen Ausschnitt entsprechend, (hinten) einen Zusatz von …

6. Die innere Leiste[2] am Tisch (Doppelspannrahmen) soll eine Länge von acht Spannlochdurchmessern haben, eine Breite und Dicke von einem halben; die Zapfen sollen einen Spannlochdurchmesser lang, einen halben dick sein, die Krümmung der Leiste soll drei Viertel betragen. Breite und Dicke der äußeren Leiste soll der inneren gleich sein, die Länge aber ist nach Maßgabe der schrägen Stellung der Figur und nach der Breite der senkrechten Rahmenstücke herzustellen. Die Leisten des oberen waagrechten Rahmenstückes sollen denen des unteren gleich sein; die Querleisten des Tisches sollen ein Viertel des Spannlochdurchmessers stark sein.

1 Zylinderförmig oder elliptisch ausgehöhlte Polygone, welche in die Spannlöcher so eingelassen wurden, dass sie noch etwas über dieselben hinausragten.

2 Die beiden Spannrahmen waren durch doppelte Leisten oder Dielen oben und unten miteinander verbunden und durch Querstücke noch mehr befestigt.

7. Die Länge der Lafette[1] betrage neunzehn Spannlochdurchmesser, die Dicke ein Viertel, der Abstand der beiden Schäfte voneinander einen und ein Viertel, die Höhe einen und ein Achtel. Den oberen Teil der Lafette, welcher den Bogenarmen zunächst und mit dem Doppelspannrahmen verbunden ist, teile man seiner ganzen Länge nach in fünf Teile, von diesen gebe man zwei jenem Glied, welches die Griechen Chelonion (Läufer) nennen. Die Breite dieses Läufers beträgt einen und ein Viertel, die Dicke ein Viertel, die Länge elfeinhalb Spannlochdurchmesser, er ragt um einen halben über die Lafette hervor; das Zapfenlager für den Drücker ist ein Viertel Spannlochdurchmesser stark. Der Lafettenteil aber, welcher die Welle des Haspels enthält und die Querseite genannt wird, beträgt drei Spannlochdurchmesser in der Länge.

8. Die Breite der (sprossenartigen) Querleisten der Lafette beträgt fünf Sechzehntel, ihre Dicke drei Sechzehntel. Der Rahmen des Läufers, welcher die Lafette innen verdeckt, wird durch einen schwalbenschwanzförmigen Falz in die Schäfte der Lafette eingelassen[2]. Dieser Rahmen ist drei Sechzehntel Spannlochdurchmesser breit, ein Zwölftel dick. Die Dicke des quadratischen Dielenstückes[3] an der Lafette ist gleich einem Viertel des Spannlochdurchmessers, der Durchmesser der runden Achse (der Haspelwellen) soll an den Enden gleich dem Durchmesser der Drückerachse sein,

[1] Der Name »Leiter« bezeichnet schon im Allgemeinen die Gestalt der Lafette. Sie bestand aus zwei Schäften, welche durch sprossenartige Querstücke verbunden waren.

[2] Bei Erklärung dieser Stelle scheinen K. und R., von dem Bestreben geleitet, die Geschützbeschreibungen nach Philon und Heron allzu genau auf Vitruv zu übertragen, dem vitruvischen Text zu sehr Gewalt anzutun.

[3] Wahrscheinlich dasselbe, was bei dem Katapult *buccula, scamillum, loculamentum*, vgl. Anm. S. 414.

an den Zapfenschlüsseln[1] aber sieben Sechzehntel betragen.

9. Die Länge der Streben soll drei, die Breite unten einhalb, die Dicke oben drei Sechzehntel betragen. Die Länge der Basis, welche Eschara (Rost) genannt wird, soll acht Spannlochdurchmesser sein, die Gegenstütze vier, die Dicke und Breite beider einen betragen[2]. In halber Höhe aber wird ein Ständer befestigt, einen halben (?) Spannlochdurchmesser breit und dick, seiner Höhe aber wird nicht die Maßeinheit des Spannloches zugrunde gelegt, sondern sie wird nach dem Erfordernis des jeweiligen Gebrauches geregelt. Die Länge des Bogenarmes beträgt sechs Spannlochdurchmesser, die Dicke am inneren Ende fünf Achtel, am äußeren einhalb.

(XV.) Ich habe nun von den Ballisten und Katapulten die zusammenstimmenden Maßverhältnisse, wie ich sie für die zweckmäßigsten erachtete, dargelegt; nun will ich aber auch nicht unterlassen, soweit ich es schriftlich fasslich zu machen vermag, zu erklären, wie sie durch Bespannung von Strängen, die aus Sehnen oder Haaren gedreht sind, gestimmt werden.

[1] Nach K. u. R. Verstärkungen, welche die Achse der Haspelwelle neben den Pfannen oder Zapfenlagern erhielt, um ein Seitwärtsschieben zu verhindern.

[2] Man vergleiche das Gestell des Katapults, bei welchem jedoch die Horizontallage der Lafette außer der Gegenstütze (r) noch eine Strebe (s) erfordert, welche bei der Balliste, deren Lafettenschwanz am Boden aufsteht, wegfällt. Ganz passend und der schrägen Stellung der Lafette entsprechend, hat aber die Gegenstütze der Balliste nur die halbe Länge im Vergleich mit der Gegenstütze des Katapults.

Zwölftes Kapitel

Bespannung und Stimmung der Katapulte und Ballisten

1. Man nimmt Balken von sehr namhafter Länge, befestigt darauf Zapfenlager und steckt in diese Haspelwellen ein[1]. Im Mittelraum der Balken aber werden Vertiefungen hineingeschnitten und herausgestemmt, in welche die Spannrahmen der Katapulte hineinpassen, die dann vermittelst Keilen dort festgerammt werden, dass sie bei dem Bespannen nicht nachgeben können. Dann werden bronzene Spannköpfe in jene Rahmen eingelassen und an diesen eiserne Keile (Bolzen), welche die Griechen Epizygides nennen, angebracht.

2. Hierauf werden die Enden der Stränge durch die Spannlöcher der Spannrahmen gesteckt und diese Stränge auf die andere Seite durchgezogen, dann werden sie an die Haspelwellen geführt und um diese geschlungen, sodass sie, durch Umdrehung der Haspel mit den Hebeln angespannt, wenn sie mit der Hand angeschlagen werden, beiderseits einen gleichen Ton geben. Dann aber werden sie durch Keile in den Spannlöchern festgehalten, dass sie nicht wieder nachlassen und lockerer werden können, und abermals nach der anderen Seite durchgezogen, werden sie auf dieselbe Weise wieder durch Umdrehung des Haspels mit den Hebeln straff angespannt, bis sie wieder den gleichen Ton geben. Und so werden die Katapulte durch (Spannung und dann) Festhaltung derselben vermittelst der Keile mit Rück-

[1] Nämlich an den beiden Enden des Balkenpaares, sodass diese Haspelwellen gleichsam die erste und letzte Sprosse der Spannleiter bilden, die waagrechten Stücke der Spannrahmen aber die mittleren Sprossen. Vgl. die Figur bei K. und R. Geschichte des griech. Kriegswesens, S. 382, und griech. Kriegsschriftsteller Tab. III. Fig. 10.

sicht auf den Klang nach musikalischem Gehör gestimmt.

(XVI.) Von diesen Dingen habe ich nun nach bestem Wissen gesprochen, es erübrigt noch, vom Belagerungswesen zu handeln und davon, wie durch Maschinen den angreifenden Feldherrn der Sieg und den Städten die Verteidigung gelingen könne.

Dreizehntes Kapitel

Vom Belagerungswesen

1. Zuerst soll für die Belagerung der Widder erfunden worden sein, und zwar auf folgende Weise. Die Karthager nämlich schlugen, um Gades zu blockieren, ein Lager; als sie aber ein Vorwerk genommen hatten, suchten sie dies zu schleifen. Da sie jedoch zum Schleifen desselben kein Eisengerät hatten, nahmen sie einen Balken, und diesen mit den Händen schwingend und mit dem oberen Ende fortgesetzt oben an die Mauer stoßend, warfen sie die oberen Steinreihen herab und brachen so allmählich, von Lage zu Lage kommend, das ganze Bollwerk ab.

2. Durch dieses Verfahren und diese Erfindung angeregt, stellte darauf ein tyrischer Techniker namens Pephasmenos einen Mastbaum auf, hing daran quer wie einen Waagbalken im Gleichgewicht schwebend einen anderen und brach mit diesem, indem er ihn fortgesetzt zurückzog und wieder vorwärtsstieß, durch heftige Stöße in die Mauer von Gades eine Bresche. Der Kalchedonier[1] Geras fer-

[1] So die meisten Handschriften. Salmasius setzt dafür nach Athenäus, welcher dieselbe Geschichte (nach Agesistratos) erzählt, *Carchedonius*, d. h. *Carthaginiensis*, was allerdings sehr viele Wahrscheinlichkeit für sich hat, da

tigte zuerst aus Holzwerk ein Fußgestell mit daruntergesetzten Rädern und zimmerte darüber ein Gerüst aus aufrecht stehenden und quer darübergelegten Balken und hing an dieses den Widder und brachte aus Rindshäuten eine Schutzdecke an, damit diejenigen, welche an jener Maschine zum Berennen der Mauern mit dem Widder beordert wären, mehr gesichert seien. Weil aber diese Maschine sich nur schwerfällig bewegte, brachte er dafür den Namen Widderschildkröte auf.

(XVII.) 3. Nachdem nun damit die ersten Versuche in derartigen Maschinen gemacht waren, stellte später, als Philippos, des Amyntas Sohn, Byzanz belagerte, der Thessaler Polyeidos dieselben in mehreren und in handlicheren Arten her, und von diesem bezogen Diades[1] und Chares[2], welche unter Alexander dienten, diese Technik. Diades legt auch in seinen Schriften dar, dass er die beweglichen Türme erfunden habe, welche er auch zerlegt mit dem Heer mitzuführen pflegte, ferner den Mauerbohrer und die Steigmaschine (Fallbrücke), vermittelst welcher man wie auf ebenem Boden auf die Mauer gelangt, auch den Apparat zum Mauerschleifen, den Raben, welchen einige Kranich nennen[3].

4. Nicht minder bediente er sich auch des auf Räder gestellten Widders, von dessen Herstellungsart er eine Beschreibung hinterließ.

Nach diesem Gewährsmann aber soll die geringste Höhe für einen Belagerungsturm nicht unter sechzig und dessen

auch der Name *Geras*, statt des korrumpierten *Ceteras* der Handschriften, aus Athenäus bezogen werden musste.

[1] Schon früher in der Vorrede des siebenten Buches § 14 erwähnt. Athenäus nennt ihn den Verfasser eines Buches über Mechanik.

[2] Auch des Mitylenäers Chares, welcher nach Athenäus und Plutarch und Aulus Gellius eine Geschichte Alexanders des Großen schrieb, wurde schon an der oben bezeichneten Stelle des siebenten Buches gedacht.

[3] Davon noch einiges am Schluss dieses Kapitels.

Breite nicht unter siebzehn Cubitus (Ellen)[1] betragen, er soll sich aber um ein Fünftel seines unteren Breitenmaßes verjüngen. Die Ständer im unteren Teil des Turmes sollen drei Viertel Fuß stark sein, die Ständer oben einen halben. Es soll aber nach seiner Angabe ein solcher Turm zehn Geschosse und stellenweise Fenster haben.

5. Ein Turm von der größeren Art dagegen soll hundertzwanzig Ellen hoch, dreiundzwanzigeinhalb breit sein[2] und sich ebenfalls um ein Fünftel verjüngen; die Ständer sollen unten einen Fuß, oben einen halben Fuß stark sein. Die ganze Höhe aber gliedert er in zwanzig Stockwerke, die so eingerichtet sind, dass jedes außerhalb einen Umgang von drei Ellen Breite hat[3]. Äußerlich aber verkleidet er den Turm mit ungegerbten Häuten, um ihn dadurch vor jeder Schädigung sicher zu stellen.

6. Die Herstellung der Widderschildkröte wurde auf dieselbe Weise bewerkstelligt. Sie hatte einen Innenraum von dreißig Ellen in der Breite und von vierzig in der Länge, die Höhe betrug mit Ausschluss des Giebels vierzehn Ellen. Die Höhe des Giebeldaches aber betrug von der Horizontaldecke an bis zur Giebelspitze sieben Ellen[4]. Über dem Giebeldach in der Mitte, da, wo der Giebel schon mindestens um zwei Ellen sich erhoben, errichtete

[1] Da ein Cubitus nach Hultsch einem modernen Längenmaß von 1,52 Fuß (bayer. und hannov.) oder von 1,4 Fuß (österr.) entspricht, so berechnet sich die Höhe des kleinsten Turmes auf 91,2 Fuß (bayer. und hannov.) und 84 Fuß (österr.), die Breite aber auf 25,8 Fuß (bayer. und hannov.), 23,8 Fuß (österr.).

[2] D. h. 182,4 Fuß (bayer. und hannov.) oder 168 Fuß (österr.) hoch und 35,7 Fuß (bayer. und hannov.) oder 32,9 Fuß (österr.) breit.

[3] Wie aus Athenäus erhellt, dienten diese äußeren Umgänge dazu, Angriffe auf diese Türme durch Ausfälle oder Brand zurückzuweisen, was von innen aus schwieriger gewesen wäre.

[4] Marinis Änderung der Zahlen auf Grundlage der Parallelstelle bei Athenäus erscheint nicht gerechtfertigt. Die beifolgende Figur 38 wird dies im Gegensatz zur Marini'schen Figur erhärten.

man einen kleinen Turm von achtzehn Ellen Höhe und von drei Böden, auf deren höchstem Skorpione und Katapulte aufgepflanzt waren, während man in den unteren Stockwerken einen großen Wasservorrat hielt, um das Feuer, im Fall solches angelegt oder geschleudert wurde, zu löschen. Innerhalb wurde die Widdermaschine, welche auf griechisch Kriodoke (Widdergestell) heißt, errichtet, und an diesem ein zylinderförmig abgedrehter Balken angebracht, an welchem der Widder, vorne aufgesetzt, durch Ziehen und Zurücklassen der Taue seine bedeutenden Wirkungen vollzog. Es wurde aber der Widder wie der Turm mit ungegerbten Häuten verkleidet.

7. Bezüglich des Mauerbohrers entwickelt Diades in seinen Schriften folgendes Verfahren: Er stellt das Gerüst wie bei der Schildkröte her, in der Mitte entlang eine auf senkrechte Ständer gestellte Horizontalrinne (Lafette), wie sie auch für Katapulte und Ballisten hergestellt zu werden pflegt, tragend, die in der Länge fünfzig Ellen, in der Höhe eine misst, an welcher quer ein Haspel angebracht wird, zur Rechten und Linken aber Flaschenzüge, durch welche der in jener Rinne gehende, an der Spitze mit Eisen beschlagene Balken in Bewegung gesetzt wird; die Bewegung aber wird durch zylinderförmige Hölzer, die in geringen Abständen unter dem Stoßbalken in die Rinne eingelassen sind, beschleunigt und verstärkt, oberhalb aber sind zum Schutz des in der Rinne gehenden Stoßbalkens in geringen Abständen bogenförmige Hölzer über die Rinne gespannt, um die Decke aus ungegerbter Haut zu tragen, in welche die Maschine eingehüllt wird.

8. Von dem Belagerungskrahn[1] etwas Naheres anzugeben, hielt Diades nicht für der Mühe wert, da er die

[1] κοραξ, Mast-Fallbrücke. Sie bestand aus einem Rollkarren, auf welchem ein Mast aufgestellt war, der bis hinauf Sprossen zum Ersteigen, oben aber eine

Erfahrung gemacht, dass jene Maschine keinen Wert habe. Was aber die Fallbrücke, welche auf Griechisch Epibathra (Steigmaschine)[1] heißt, und die Seekriegmaschinen, durch welche man auf ein Schiff gelangt, betrifft, so fand ich mit lebhaftem Bedauern, dass Diades in seinen Schriften zwar verspricht, von den Regeln für die Herstellung zu handeln, in der Tat aber das Versprechen nicht erfüllt.

(XVIII.) Soweit Diades über Maschinen und deren Zusammenstellung Aufzeichnungen hinterlassen hat, habe ich darüber gehandelt; nun will ich noch einiges, so wie ich es von meinen Lehrern überkommen und wie ich es als zweckmäßig fand, erörtern.

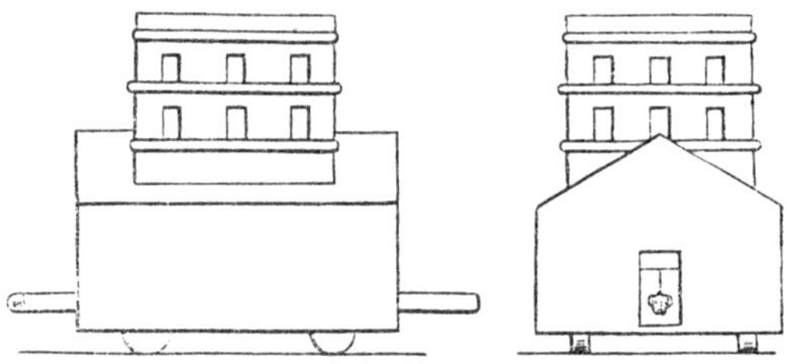

Fig. 38

Rolle hatte, über welche das Tau geschlungen war, mit welchem man die Fallbrücke auszog und fallen ließ; die Fallbrücke selbst ging in ihrem hinteren Ende in einem durch den Mastbaum selbst in ziemlicher Höhe getriebenen Zapfen.

[1] Die *scansoria machina* (ἐπιβάθρα) war eine Fallbrücke, die sich nur dadurch von der vorigen unterschied, dass die Brücke länger war und mit ihrem hinteren Ende, statt in der Mitte des Mastes, am Fuß desselben aufsaß.

Vierzehntes Kapitel

Die zum Zweck der Ausfüllung von Gräben eingerichtete Schildkröte

1. Die Schildkröte, welche zum Zweck der Ausfüllung der Gräben gezimmert wird und dadurch es möglich macht, an die Mauer zu gelangen, muss folgendermaßen hergestellt werden. Man zimmere eine Unterlage, welche auf Griechisch Eschara (Rost) heißt, und zwar von quadratischer Gestalt, auf jeder Seite fünfundzwanzig Fuß messend (Fig. 39 a b c d), und schlage vier Querbalken (e) darüber; diese aber sollen von zwei anderen (f) durch Verkämmung zusammengehalten werden, die anderthalb Fuß dick und anderthalb Fuß breit sind[1].

Es sollen aber die Querbalken ungefähr anderthalb Fuß voneinander abstehen; in jedem der dadurch entstehenden Zwischenräume[2] werden die Radständer ein-

[1] Die Handschriften geben dafür die Maße FS und S, von welchen das Erstere ganz unverständlich, das Letztere aber offenbar durch Verstümmelung zu gering ist. Abgesehen von einer späteren Bezugnahme darauf, ist die Ermittlung der Zahlen für die Stärke dieser Balken von geringer Relevanz; ich schloss mich in der Übersetzung der Korrektur von Newton (IS und IS) an, welche wenigstens den Einwurf der Schwächlichkeit der Konstruktion unmöglich macht; der Einwand Marinis gegen die Wiederholung von gleichen Zahlen für Dicke und Breite ist in Rücksicht auf das öftere Vorkommen dieses Verhältnisses in den vorausgehenden, das Geschütz behandelnden Kapiteln grundlos. Sachlich wichtiger ist die Disposition dieser Querbalken, bezüglich deren ich weder der Perrault'schen noch der Newton'schen, noch der Restauration Marinis vollkommen beipflichten kann. Es ist nämlich von sechs Querbalken die Rede, nämlich von den vieren, welche über den Rost geschlagen sind, und von den zweien, welche die vier Ersteren (durch Verkämmmung) zusammenhalten, während die Perrault-Newton'sche Restauration nur vier, die Marini'sche dagegen sechs zeigt. Ich verstehe unter den vier Ersteren mit Marini die auf dem beigefügten Plan mit e bezeichneten, lege aber die beiden anderen (f) weder doppelt wie Marini (was die Worte *ab alteris duobus* nicht gestatten) noch diagonal wie Newton, was dem Begriff der Querbalken zuwiderläuft.

[2] Nämlich in den quadratischen Zwischenräumen (g), welche durch die Balkenlage entstehen. Hier werden nun die Hamaxopoden eingesetzt, von welchen die Nebenfigur (h i k) eine Vorstellung geben wird. Sie bestanden

gesetzt, die auf Griechisch Hamaxopodes (Wagenfüße) heißen, in welchen die in eisenbeschlagene Lager eingesteckten Achsen der Räder laufen; diese Radständer sind so eingerichtet, dass sie in Zapfen (l) drehbar sind und Löcher ausgestemmt haben, in welche Hebel (n) eingesteckt sind, die zum Umdrehen derselben dienen, sodass die Schildkröte vermittelst dieser drehbar eingerichteten Radständer vorwärts und rückwärts, nach der rechten und linken Seite oder auch, wenn dies nötig ist,

aus einem walzenförmig behauenen Balken (h), welcher an seinem unteren Ende und unterhalb der Balkenlage eine gabelförmige Verzweigung (i) mit Zapfenlagern für die Achse des Rades k hatte. Die Hebel (n) dienten dazu, den Rundbaum (h) und hiermit auch das Rad beliebig zu drehen, wodurch man die Bewegbarkeit der Maschine nach verschiedenen Richtungen erzielte.

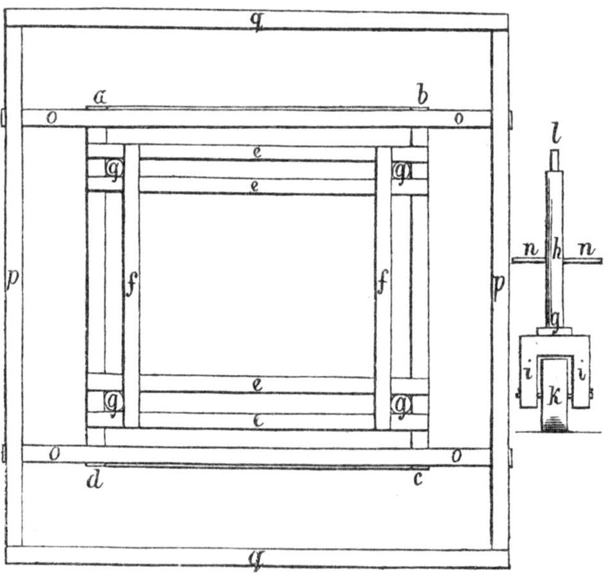

Fig. 39

schräg in der Richtung der Ecken der Schildkröte bewegt werden kann.

2. Über den Rost aber werden zwei Balken (o) gelegt, welche beiderseits um je sechs Fuß vorstehen, und an deren Enden zwei andere Balken (p) eingekämmt, welche über die Ersteren wieder um sieben Fuß vorragen und so dick und breit sind, wie sich dies bei den Rostbalken angegeben findet[1]. Über diesem verkämmten Rahmen stelle man eingezapfte Ständer auf, die mit Ausschluss der Zapfen neun Fuß hoch und eineinviertel Fuß nach beiden Richtungen stark sind[2] und in Abständen von anderthalb Fuß voneinander stehen, und schließe diese oben durch verzapfte Horizontalbalken ab. Über diesen Horizontalbalken richte man die durch Verzapfung verbundenen Sparren auf, in einer Erhebung von neun Fuß, über die Sparren aber lege man einen quadratisch behauenen (First-)Balken, durch welchen die Sparren verbunden werden.

3. Die Sparren aber werden an den Seiten durch pfettenartige Horizontalstücke zusammengehalten und mit

[1] Für die Rahmen a b c d des Rostes findet sich zwar keine Stärke angegeben, wohl aber für die Rostbalken e und f, welche sicher hier gemeint sind. – Die beiden Balken q des Planes sind eine sachlich unvermeidliche Ergänzung, die überdies im folgenden Kapitel § 3 ihre volle Rechtfertigung findet.

[2] Nachdem Marini einmal zu kleine Zahlen für die Stärke der Rostbalken zugrunde gelegt, fährt er fort, hier auch die übrigen Zahlen, im Gegensatz zu seiner sonstigen Gewissenhaftigkeit, willkürlich zu verändern. So ändert er die Höhe der Ständer auf vierzehn, die Stärke derselben auf einen halben Fuß. Die bedeutsame Stelle aber, welche oben die Dicke der Grundbalken des äußeren Rahmens der Dicke der Rostbalken gleichsetzt, scheint er zu ignorieren. Es mussten ja demnach die vier Balken, welche die Ständer, das Dach und überhaupt die ganze Verkleidung der Schildkröte trugen, nach seiner Herstellung der Stärke der Rostbalken nur elf Sechzehntel Fuß dick und einen halben Fuß breit sein. Der erste einige Zentner schwere, von den Mauern herabgeschleuderte Stein dürfte die Marini'sche Schildkröte zertrümmern.

Dielen verkleidet, die am besten aus Palmenholz[1] oder, wenn dies nicht vorhanden, aus anderem Bauholz sind, nur nicht aus Fichten- oder Erlenholz, denn dieses ist brüchig und fängt leicht Feuer. Rings um die Dielenverschalung befestige man sehr dicht verflochtene und aus dünnen und möglichst frischen Zweigen bestehende Faschinen und verkleide dann die ganze Maschine mit frischen ungegerbten Häuten, die doppelt übereinandergenäht und mit Seegras oder mit essigbefeuchteter Spreu ausgestopft sind: wodurch sowohl die Geschosse der Ballisten als auch die Anzündungsversuche wirkungslos zurückgewiesen werden.

Fünfzehntes Kapitel

Andere Schildkrötmaschinen

1. Es gibt aber auch noch eine Schildkröte anderer Art, welche zwar alles übrige ebenso wie die oben beschriebenen Maschinen, doch keine Sparren, sondern vielmehr ringsum eine Brustwehr und Zinnen aus Dielen hat und oben schräg vorspringende Vordächer[2], welche Dielen tragen, die mit Nägeln und fest darübergezogenen Häuten zusammengehalten werden, und auf welche man mit Haar gekneteten Lehm in einer Dicke, dass jene Maschi-

[1] *primis* der Handschriften, nach den Parallelstellen bei Philon und Heron in *palmeis* verändert. Schneider zieht die Lesart *carpineis* (Hagebuche) oder *cupressinis* (Zypresse) vor.

[2] Diese Schildkröte ist also nicht mit einem vollständigen Giebeldach versehen, sondern hat nur ringsum schmale Vordächer zum Schutz der Holzwände und zeigt oben einen flachen Boden, mit Soldaten, welche sich durch die Zinnen decken, und wohl auch mit grobem Geschütz besetzt. Solche Schildkröten empfahlen sich besonders beim Angriff auf niedrige Mauern, wo man von oben herab weniger zu befürchten hatte.

ne durch Feuer ganz und gar nicht mehr beschädigt werden kann, aufstreicht. Es können aber diese Maschinen, wenn es nötig ist, auch achträdrig gemacht werden, wenn nämlich die natürliche Beschaffenheit der Örtlichkeit diese Änderung erfordert[1].

Solche Schildkröten aber, die zum Zweck des Schanzgrabens hergestellt und auf Griechisch Oryges (Grabwerkzeuge) genannt werden, haben alles Übrige in der oben beschriebenen Weise, nur die Stirnseite nicht, welche nach Art eines Dreieckwinkels nach vorne spitz (kantig) hergestellt wird[2], damit die von der Mauer aus auf dieselben abgeschleuderten Geschoss nicht rechtwinklig auf die Fläche der Stirnseite anprallen, sondern damit die innen befindlichen Schanzgräber von den schräg an die Seiten treffenden Geschossen ungefährdet und davor geschützt wären.

(XIX.) 2. Auch dünkt es mir am Platz zu sein, von der Schildkröte, die der Byzantiner Hegetor baute, nach ihrer Herstellungsweise zu handeln. Es war nämlich deren Rost dreiundsechzig Fuß lang, zweiundvierzig Fuß breit[3]. Die vier über den Rostrahmen gestellten Ständer waren aus je zwei Balken zusammengezimmert und maßen sechsunddreißig Fuß in der Länge, eineinviertel Fuß in der Dicke, anderthalb in der Breite. Der Rost hatte acht Räder, vermittelst deren die Maschine in Bewegung gesetzt wird; die Höhe dieser Räder aber betrug sechsdreiviertel, die Dicke drei Fuß; sie waren aus drei

[1] Wahrscheinlich dann, wenn der Boden nicht fest genug war und man die Maschine durch mehr oder breitere Räder vor dem Einsinken zu sichern suchte.

[2] Die Stirnseite dieser Schildkröte war demnach von der Gestalt unserer an Lokomotiven vorgesteckten Schneegräber.

[3] Die Maße sind hier und auch weiter unten nach den Parallelbeschreibungen bei Philon und Athenäus rektifiziert.

Holzklötzen mit wechselseitiger Schwalbenschwanzverzapfung gezimmert[1] und mit kalt geschmiedeten Eisenbändern beschlagen,

3. und gingen in den Radständern (welche auch Hamaxopodes genannt werden). Auf dem horizontalen Balkenrahmen[2], der auf dem Rost lag, waren Ständer errichtet, achtzehn Fuß hoch, drei Viertel breit, fünf Achtel (?) dick und drei Viertel Fuß voneinander abstehend, und über diesen hielten fortlaufend ringsum zusammengestoßene Horizontalbalken von einer Breite von einem Fuß und einer Dicke von drei Viertel Fuß das ganze Gerüst zusammen. Über diesen erhoben sich die Sparren zu einer Giebelhöhe von zwölf Fuß, und ein über die Sparren gelegter Firstbalken vermittelte die Verbindung derselben, diese hatten ferner quer aufgenagelte Pfetten, über welche die Dielenverschalung herumgelegt wurde und so die unteren Räume schützend deckte.

4. Die Maschine hatte aber in der Mitte einen auf kleine Balken gestellten Dielenboden[3], wo die Skorpione und Katapulte aufgepflanzt waren. Dann waren zwei aus doppelten Balken bestehende Ständer, fünfundvierzig Fuß hoch, anderthalb Fuß dick und zwei Fuß breit, aufgerichtet, an ihren oberen Enden vermittelst Einzapfung durch einen Querbalken und noch durch einen zweiten in der Mitte zwischen den beiden Ständern ein-

[1] Da der Durchmesser dieser Räder zu groß war, waren sie nicht mehr aus einem Stück herstellbar. Die einzelnen drei Stücke eines Rades konnten durch nichts solider verbunden werden als durch Schwalbenschwanzverzapfung, welche so eingerichtet war, dass jedes Stück sowohl den Schwalbenschwanzzapfen für den entsprechenden Ausschnitt des benachbarten Stückes als auch den Ausschnitt für den Schwalbenschwanzzapfen desselben benachbarten Stückes hatte.

[2] Vgl. Fig. 39 p q und Anm. 1, S. 433.

[3] Wahrscheinlich über dem Dach.

gezapften und mit Eisenbändern beschlagenen Querbalken verbunden. Auf den letzteren Querbalken und bis zu dem anderen (oberen) reichend ist ein Holzstück gestellt und vermittelst Krampen und Haken fest zwischen beide Querbalken eingeschlossen, und zwischen den Ständern und jenem Holzstück waren zwei auf der Drehbank gefertigte Rollen, um welche die Taue geschlagen waren, die den Widder trugen[1].

5. Über dem oberen Ende des den Widder tragenden Gerüstes war eine Brüstung angebracht, welche einem Türmchen ähnlich ausgestattet ist, sodass zwei Soldaten gefahrlos und sicher stehen und spähen und über die Anschläge der Gegner berichten konnten. Der Widder dieser Maschine aber hatte eine Länge von hundertachtzig Fuß[2], in der Breite maß er an seinem hinteren Ende eineinviertel Fuß, einen Fuß in der Dicke, an seinem vorderen Ende, nach welchem zu er sich verjüngte, einen Fuß in der Breite, drei Viertel in der Dicke.

6. Dieser Widderbalken aber hatte aus starkem Eisen einen Schnabel der Art, wie ihn die Langschiffe gewöhnlich haben, und von diesem Schnabel zogen sich vier fünfzehn Fuß lange Eisenbeschläge am Balken zurück. Vom vorderen bis zum hinteren Ende des Widderbalkens waren vier Taue, acht Zoll (einen halben Fuß) dick, ausgespannt und so angebunden, wie dies bei dem vom Schiffshinterteil zum Vorderteil geneigten Mast der Fall ist, und in Zwischenräumen von eineinviertel Fuß

[1] Dieses Widdergerüst war demnach oben statt mit einem Querstück mit zweien verbunden, welche nicht weit voneinander abstanden. Der Zwischenraum zwischen beiden wurde aber noch durch ein senkrecht stehendes Holzstück abgeteilt, und die dadurch entstehenden zwei Räume nahmen zwei Rollen auf, welche in Achsen gingen, die nach außen in den Ständern, nach innen in dem senkreckten Mittelstück ihre Lager hatten.

[2] Vgl. die obige Anmerkung.

waren Seile ringsum geschnürt, über diesen aber der ganze Widder mit ungegerbten Häuten umwickelt. Die Stränge aber, an welchen der Widder hing, waren an ihren Enden von Eisen, nämlich aus einer vierfachen Kette bestehend, und auch diese waren mit ungegerbten Häuten umhüllt.

7. Ferner hatte das vordere Ende einen aus Dielen gezimmerten und festgemachten Verschlag, unter welchem sich eine aus Tauen der größeren Art geflochtene Leiter befand, auf welcher man, ohne – wegen der Rauheit der Taue – auszugleiten, leicht auf die Mauer gelangen konnte. Und dieser Widder ließ sich nach sechs Richtungen hin in Bewegung setzen, nämlich geradeaus, ferner nach der rechten und nach der linken Seite, er ließ sich auch nicht minder durch eine Neigung nach aufwärts nach einer größeren Höhe dirigieren und durch eine Neigung abwärts nach unten. Es konnte aber dieser Widder bis zu einer Höhe gehoben werden, dass er eine etwa hundert Fuß hohe Mauer zu zerstören vermochte, und so bestrich er auch in der Richtung von rechts nach links einen Raum von mindestens hundert Fuß. Er wurde aber bei einem Gewicht von viertausend Talenten, das einem Gewicht von viermalhundertachtzigtausend Pfund[1] entspricht, von hundert Mann bedient.

[1] Pfund, d. h. sizilische Litren. Vgl. Hultsch, Griech. und Röm. Metrologie S. 206. 290.

Sechzehntes Kapitel

Vom Verteidigungswesen

(XX.) 1. Ich habe nun von den Skorpionen und Katapulten und Ballisten, auch von den Schildkröten und Türmen, soweit sie mir vorzugsweise zweckmäßig erscheinen, gehandelt und sowohl ihre Erfinder angegeben als auch die Art und Weise, wie sie hergestellt werden müssen, entwickelt. Von den Sturmleitern dagegen und von den Kranen und von anderen Dingen, deren Verhältnisse einfacher sind, zu schreiben hielt ich für unnötig: Diese pflegen auch entweder die Soldaten selbst herzustellen, oder sie sind nicht allerorts und nicht immer in gleichen Verhältnissen zu gebrauchen, weil nach den Verteidigungswerken und je nach der Tapferkeit der Völker die Angriffswerke verschieden sind. Anders müssen nämlich die Maschinen eingerichtet sein, die man zum Angriff auf kühne und verwegene, anders die, welche man gegen bedächtige, und wieder anders die, welche man gegen feige Feinde vorbereitet.

2. Wer aber die gegebenen Vorschriften gehörig würdigen und, aus der Mannigfaltigkeit derselben das Passende auswählend, es auf ein Angriffswerk übertragen will, dem wird es nicht an Hilfsmitteln mangeln, sondern er wird jegliches Werk nach den Erfordernissen der Verhälnisse und der Örtlichkeit ohne Bedenken konstruieren können. Über die Verteidigungsmaschinen dagegen sind schriftliche Erörterungen nicht am Platz, denn die Feinde rüsten ihre Belagerungsmaschinen nicht nach unseren Schriften aus, sondern ihre Belagerungswerke werden meistens durch einen klugen und rasch ersonnenen Handstreich auch ohne Maschinen wirkungslos gemacht: wie dies auch bei den Rhodiern sich ereignet haben soll.

3. Es war nämlich in Rhodos ein Architekt namens Diognetos, und diesem wurde von Staats wegen jährlich ein bestimmter, der Würde seiner Kunst angemessener Ehrensold erteilt. Da kam damals ein gewisser Kallias, ein Architekt von Arados, nach Rhodos, veranstaltete dort eine Vorlesung und zeigte dabei ein Modell, und zwar von einer Mauer, auf welche er an einem drehbaren Kran eine Vorrichtung angebracht hatte, mit welcher er eine an die Mauer anrückende Helepolis (Stadteroberungsmaschine) ergriff und innerhalb die Mauer hob. Als die Rhodier dies gesehen hatten, wurden sie so von Bewunderung erfüllt, dass sie dem Diognetos den ihm jährlich bewilligten Sold entzogen und diese Auszeichnung dem Kallias übertrugen.

4. Da begab es sich um diese Zeit, dass König Demetrios, welcher wegen der Beharrlichkeit seiner Bestrebungen Poliorketes (der Städtebelagerer) zubenannt wurde, sich zum Krieg gegen Rhodos rüstete und den Epimachos, einen berühmten athenischen Architekten, mit sich hin nahm. Dieser aber erbaute mit ungeheurem Aufwand, mit rastloser Tätigkeit und Mühe eine Eroberungsmaschine, deren Höhe hundertfünfundzwanzig und deren Breite sechzig Fuß betrug[1], und sicherte ihre Decke so mit Haarausstopfung und mit ungegerbten Häuten, dass sie ein von einer Balliste geschleudertes Steingeschoss von einem Gewicht von dreihundertsechzig Pfund aushielt; die Maschine selbst aber hatte ein Gewicht von dreimalhundertsechzigtausend Pfund. Als nun die Rhodier an Kallias das Ansuchen stellten, gegen die Stadteroberungsmaschine eine Gegenmaschine zu konstruieren und jene, wie er sich früher vermes-

[1] Marini korrigiert die Zahlen nach den Parallelstellen bei Athenäus, Diodor und Plutarch in CXXXV und LXXII.

sen hatte, über die Mauer zu heben, musste er gestehen, dass er es nicht könne.

5. Denn nicht alles kann nach denselben Regeln bewerkstelligt werden: Sondern es gibt manches, was kleinen Modellen ähnlich ins Große übertragen seine Wirkung tut; anderes dagegen lässt keine Modellbildung zu, sondern wird ohne Modell für sich ausgeführt; einiges endlich, was im Modell wahrheitsgetreu zu sein scheint, hält, wenn man es in größere Verhältnisse zu übertragen beginnt, nicht Stand, wie wir dies auch an folgendem Beispiel beobachten können. Man bohrt mit einem Bohrer ein halbzölliges, einzölliges oder auch ein anderthalbzölliges Loch; wollten wir aber auf dieselbe Weise ein viertelfüßiges herstellen, so würde das nicht gelingen, an ein halbfüßiges oder noch größeres aber scheint überhaupt nicht einmal gedacht werden zu können.

6. Nun sieht man aber bei einigen Modellen, dass, wie etwas bei solchen im kleinsten Maßstab geschehe, dies auch in gleicher Weise bei größeren geschehe[1]: Und so fügten, von derselben Annahme getäuscht, die Rhodier dem Diognetos mit der Schmach auch Unrecht zu. Als sie aber den Feind in seiner drohenden Stellung beharren und die Gefahr der Sklaverei, den Maschinenbau zur Einnahme der Stadt fertig und die Verwüstung der Stadt vor Augen sahen, da baten sie den Diognetos demütig flehend, er möchte die Vaterstadt retten.

7. Dieser wies es zuerst von der Hand, dies tun zu wollen, nachdem jedoch edelgeborene Jungfrauen und Jünglinge gekommen waren, um Abbitte zu leisten, da versprach er es unter der Bedingung, dass jene Maschine, wenn er sie in seine Gewalt gebracht hätte, sein Eigentum

[1] Die Schneider'sche Korrektur des Textes ist ganz missverstanden.

sein solle. Nachdem dies so festgesetzt war, bohrte er an der Stelle, gegen welche hin die Maschine heranrückte, ein Loch in die Mauer und befahl, dass alle den Vorrat von Wasser, Kot und Schlamm, den jeder von öffentlichen Plätzen oder aus eigenem Haus auftreiben konnte, herbeifahren und durch jene Scharte vermittelst Rinnen vor die Mauer gießen sollte. Als nun dort in der Nacht eine große Masse von Wasser, Schlamm und Kot hinausgegossen war, blieb am folgenden Tag die heranrückende Stadteroberungsmaschine, noch ehe sie der Mauer ganz nahe kam, in dem durch die Feuchtigkeit gebildeten Sumpf stecken und konnte nicht mehr vorwärts- und später nicht mehr rückwärtsgeschoben werden. Als daher Demetrius sah, dass er durch die Klugheit des Diognetos überlistet sei, zog er mit seiner Flotte ab.

8. Hierauf statteten die durch die Anschlägigkeit des Diognetos von der Kriegsnot befreiten Rhodier demselben von Staats wegen ihren Dank ab und zeichneten ihn durch Ehren und Würden aus. Diognetos aber ließ die Eroberungsmaschine in die Stadt ziehen und stellte sie an einem öffentlichen Platz auf mit der Inschrift: Diognetos weiht dieses Geschenk aus der Kriegsbeute dem Volk. So gehören zum Verteidigungswesen nicht bloß Maschinen, sondern auch, und zwar vorzugsweise, kluge Anschläge.

9. In ähnlicher Weise verfuhr man zu Chios: Als nämlich die Feinde auf Schiffen sogenannte Sambuken aufgestellt hatten, warfen die Chier Erde, Sand und Steine vor die Mauer in das Meer. Als daher jene am folgenden Tag an die Mauer heranfahren wollten, strandeten die Schiffe auf der unter dem Wasser dadurch bewirkten Untiefe und konnten weder mehr der Mauer sich nähern noch auch wieder zurückgehen, sondern wurden, dort festsitzend, mit Brandpfeilen beschossen und verbrannt. Als ferner bei

der Belagerung von Apollonia die Feinde eine Mine gruben und so, ohne dass die Belagerten eine Ahnung davon hätten, in die Stadt einzudringen gedachten, die Apolloniaten aber durch Kundschafter davon in Kenntnis gesetzt worden waren, verloren diese, durch die Nachricht aus der Fassung gebracht und infolge des Schreckens ganz ratlos, vollständig den Mut, weil sie weder wissen konnten, wann, noch wo die Feinde hervorbrechen würden.

10. Da ließ der Alexandriner Trypho, der dort als Architekt sich niedergelassen, innerhalb der Mauern mehrere Gegenminen ziehen und so den Boden durchfurchend dieselben noch etwa eine Pfeilschussweite über die Mauern hinausführen, in allen aber Bronzegefäße aufhängen. In einem von diesen Stollen nun, welcher die Mine der Feinde kreuzte[1], begannen die aufgehängten Gefäße bei den Schlägen der eisernen Arbeitsgeräte der Feinde zu tönen, und daraus erkannte man, in welcher Richtung die Feinde ihre Mine trieben und einzudringen gedachten. Als so die endliche Bestimmung des Stollens erkannt war, ließ er Bronzegefäße mit heißem Wasser und Teer über den Köpfen der Feinde und Menschenkot und glühenden Sand zusammenbringen, dann nachts zahlreiche Löcher in die Mine bohren und plötzlich alles durch dieselben hinabgießen, wodurch er alle Feinde, die in der Mine waren, tötete.

11. Auch als bei der Belagerung von Massilia die Feinde mehr als dreißig Minen trieben und die Massilier den Plan gewahr wurden, gruben die Letzteren den ganzen vor der Mauer befindlichen Graben tiefer, sodass alle Minen in diesen Graben auslaufen mussten. An den Stellen aber, wo kein Graben gezogen werden konnte, teuften sie

[1] D. h. wohl oberhalb der feindlichen Mine hinwegführte.

quer über den Raum, wo die Mine getrieben ward, eine Grube von sehr beträchtlicher Länge und Weite ab, einem Wasserbehälter ähnlich, und füllten sie von den Brunnen und vom Hafen aus mit Wasser. Als daher die Mine an die Stelle kam, drang plötzlich durch die geöffneten Zugänge das Wasser mit ungeheurer Gewalt hinein und unterwühlte und stürzte die Stützbalken, und alle, welche in der Mine waren, gingen entweder durch die Wassermenge oder durch den Einsturz des Stollens zugrunde.

12. Auch einen Damm, den die Feinde gegen sie an die Mauer führen wollten und den sie mit gefällten und dahin geführten Bäumen auftürmten, beschossen sie aus Ballisten mit glühenden Eisenklötzen und steckten so das ganze Angriffswerk in Brand. Als aber die Widderschildkröte zum Bestoßen der Mauer herangerückt war, ließen sie eine Schlinge herab, und nachdem sie damit den Widder umschlungen, zogen sie, das Schlingentau vermittelst eines Göpels um ein Rad herumdrehend, das Vorderteil des Widderbalkens in die Höhe und verhinderten es so, die Mauer zu berühren, worauf sie die ganze Maschine mit Brandpfeilen und Ballistengeschossen zerstörten. So sind diese Städte nicht durch Maschinen, sondern trotz der Anwendung von Belagerungsmaschinen siegreich aus dem Kampf um die Freiheit hervorgegangen.

Ich habe nun die Einrichtung der Maschinen, soweit dies in meinem Vermögen lag und soweit ich sie für Friedens- und Kriegszeiten als besonders zweckdienlich erachtete, in diesem Buch erledigt. In jedem der vorausgehenden neun Bücher aber habe ich von einer besonderen Gattung und einem Teil der Bautätigkeit gehandelt, sodass das ganze Gesamtlehrbuch in seinen zehn Büchern alle Gegenstände der Baukunst dargestellt enthält.